Fritz Neumeyer

Der Klang der Steine

Nietzsches Architekturen

Fritz Neumeyer

Der Klang der Steine

Nietzsches Architekturen

Gebr. Mann Verlag · Berlin
Quart Verlag · Luzern

Gedruckt mit Unterstützung des Förderungs- und
Beihilfefonds Wissenschaft der VG WORT.

Die Deutsche Bibliothek - CIP-Einheitsaufnahme
Ein Titelsatz für diese Publikation ist bei
der Deutschen Bibliothek erhältlich.

Gedruckt auf säurefreiem Papier, das die US-ANSI-Norm über Haltbarkeit erfüllt.

Umschlagentwurf, Satz und Reproduktionen: Harald Weller · Berlin
Druck und Verarbeitung: druckhaus köthen · Köthen
Printed in Germany · ISBN 3-7861-2504-X
Lizenzausgabe für die Schweiz, Quart Verlag Luzern · ISBN 3-907631-63-3

Inhalt

»Denn die Menschen hören schwer: und wer klug ist, zerschlägt ihnen die Ohren, daß sie anfangen mit den Augen zu hören.«

Nachlaßfragment zum Zarathustra, 1882/1883

Einleitung:
Nietzsche und die Architektur?

Was als Behauptung auf Anhieb eher Skepsis und Stirnrunzeln auszulösen als zu überzeugen verspricht, entstammt nicht dem Reich der Spekulation, sondern hat einen durchaus greifbaren Bezug: im Denken von Friedrich Nietzsche hat auch die Architektur eine Rolle gespielt, sogar eine nicht ganz unwesentliche. Nietzsche in erster und einziger Linie auf seine Beziehung zur Architektur hin zu betrachten, muß dem bewanderten Leser, sei er Geisteswissenschaftler oder Architekt, als ein sonderbares, wenn nicht gar abwegiges Unterfangen anmuten. Was hat Nietzsche mit der Architektur zu tun, und umgekehrt, was geht die Architektur Nietzsche an? Sich auf die Merkwürdigkeiten dieser Fragen einzulassen, ist das Unterfangen der hier vorgelegten Untersuchung.

Nietzsche ist, wie kein zweiter Denker nach ihm, zu dem wohl größten Rezeptionsphänomen unserer Zeit geworden. Eine fast alle Lebensfragen berührende Nietzsche-Literatur liegt in kaum noch zu überschauender Fülle vor und wächst beständig weiter. Die Architektur ist als ein Bestandteil von Nietzsches Kunstbezug aus der Betrachtung allerdings bisher weitestgehend ausgeklammert geblieben. Die Beschäftigung mit der Ästhetik hat sich, aus guten Gründen, vornehmlich auf literarische und musikalische Aspekte konzentriert. Der Musikbezug ist für Nietzsches stark vom deutschen Idealismus geprägtes Denken ebenso offensichtlich wie dominierend und hat verständlicherweise in der Forschung stets Vorrang genossen. Der »Geist der Musik« hat im kunstphilosophischen Kosmos den Ton angegeben, und der Baukunst, der komplementären Schwesterkunst im Chor der Künste, ist eine eigene Stimme bisher versagt geblieben.

Nicht nur Nietzsches Verhältnis zur Baukunst, sondern seine Beziehung zu den bildenden Künsten überhaupt, ist bisher recht stiefmütterlich behandelt worden. Der Literaturhistoriker Theo Meyer widmet in seiner Studie »Nietzsche und die Kunst« den drei Gattungen »Architektur, Bildhauerkunst und Malerei« ein schmales Kapitel von nicht einmal zehn Seiten Umfang. Die sicherlich nicht unzutreffende Feststellung, »Nietzsche war kein Augenmensch«,[1] liefert für die geringschätzige Behandlung allerdings noch keine zufriedenstellende Begründung.

Abseits der eigentlichen Nietzsche-Forschung haben sich Vertreter der Architekturgeschichte und Architekturtheorie während der letzten Jahrzehnte zwar sporadisch mit der Nietzsche-Rezeption unter den Künstlern und Architekten des 19.

[1] Theo Meyer: Nietzsche und die Kunst, Tübingen/Basel 1993, 105.

und 20. Jahrhunderts beschäftigt, dabei aber um eine systematische Auslotung der labyrinthischen Gedankenwelt Nietzsches anhand seiner Schriften aus naheliegenden Gründen einen Bogen gemacht, denn ohne eine intimere Kenntnis des Gesamtwerkes ist diese Aufgabe nicht zu leisten. Erwähnen muß man, daß erst durch die von Giorgio Colli und Mazzino Montinari seit 1967 herausgegebene »Kritische Studienausgabe«[2] eine solche Kenntnis überhaupt erreichbar geworden ist.

So gesehen befindet sich die Nietzsche-Forschung in Sachen Baukunst immer noch in den Anfängen. Den Auftakt hat der 1999 erschienene Sammelband »Nietzsche and ›An Architecture of Our Minds‹« gemacht. Er enthält die Vorträge zu einer von Tilmann Buddensieg angeregten und anläßlich des 150. Geburtstags von Nietzsche 1994 in Weimar durchgeführten internationalen Tagung, die sich dem Architekturbezug und der Nietzsche-Rezeption in der modernen Architektur angenommen hat.[3] Auch der Verfasser dieses Buches hat mit seinem Beitrag »Nietzsche and Modern Architecture« zu dieser Unternehmung beigesteuert.[4] Als ein neuer Aspekt der Nietzsche-Forschung wird die Architekturbezug offenbar mit Interesse zur Kenntnis genommen. Dem jüngst erschienenen »Nietzsche-Handbuch« ist das Stichwort »Architektur« bereits ein eigener kleiner Artikel wert.[5]

Für die hier vorgenommene gesonderte Betrachtung der Architektur in Nietzsches musikbestimmtem Denken sprechen zwei Gesichtspunkte. Der erste ist, daß Nietzsches Musikenthusiasmus nicht ohne Einbußen über die Jahre gekommen ist. Als zweiter ist anzuführen, daß Architektur und Musik in Nietzsches Denken, ganz in der Tradition der idealistischen Kunstphilosophie, als komplementäre Gattungen im Kosmos der Künste unmittelbar aufeinander bezogen sind und ein Gegensatzpaar bilden. Auch wenn die Musik die Beschäftigung mit der Architektur bei weitem übertrifft, so bedeutet das keineswegs, daß die Baukunst als Schwesterkunst der Musik keine eigene Gegenwart hätte. So wie Nietzsche mit seinem vom Idealismus übernommenen Kategorienpaar des Dionysischen und Apollinischen aller Kunst ein Gegensatzprinzip zu Grunde legt, lassen sich auch

---

[2] Friedrich Nietzsche. Sämtliche Werke. Kritische Studienausgabe in 15 Bänden. Herausgegeben von Giorgio Colli und Mazzino Montinari, München/Berlin/New York 1980. Im Folgenden abgekürzt zu: KSA.

[3] Alexandre Kostka und Irving Wohlfahrt, Hrsg.: Nietzsche and »An Architecture of Our Minds«, Los Angeles 1999 (Issues & Debates, The Getty Research Institute for the History of Art and the Humanities). – Buddensieg gebührt auch das Verdienst, mit seinem Aufsatz: Das Wohnhaus als Kultbau, in: Peter Behrens und Nürnberg. Geschmackswandel in Deutschland. Historismus, Jugendstil und die Anfänge der Industriereform, München 1980, 37–47, das Thema der Nietzsche-Rezeption für die moderne Architektur angestoßen zu haben. – Siehe ferner Tilmann Buddensieg: Architecture as Empty Form: Nietzsche and the Art of Building, in: Kostka/Wohlfahrt, ebenda, 259–284.

[4] Fritz Neumeyer: Nietzsche and Modern Architecture, ebenda, 285–309.

[5] Henning Ottmann, Hrsg.: Nietzsche-Handbuch. Leben-Werk-Wirkung, Stuttgart/Weimar 2000, 190 f.

Musik und Architektur als miteinander im Streit liegende Gegensätze analog verstehen. In Nietzsches Denken ist zudem eine Entwicklung zu verzeichnen, die sich auch als ein Prozeß der Emanzipation der Architektur vom »Geiste der Musik« beschreiben läßt. Nur der frühe Nietzsche, der glühende Wagnerianer, steht ganz im Banne der Musik. Aber auch durch den Musiker Wagner und dessen Beziehung zu Gottfried Semper, einem der bedeutendsten Architekten und Theoretiker des 19. Jahrhunderts, kommt Nietzsche mit der Baukunst in Berührung. Sempers Schriften werden für ihn, was bisher völlig übersehen wurde, zu einer wichtigen Quelle der dionysischen Weltanschauung.

Der mittlere Nietzsche, der sich von den Wagnerschen Dionysien und der Schopenhauerschen Philosophie abwendet, wird von der Musik als einer »Ton-Baukunst« sprechen, um sie damit gleichsam auf ein apollinisch-architektonisches Fundament zurückzuverpflichten. Beim späten Nietzsche nährt die Verzweiflung an der Musik Wagners sogar den Zweifel, ob denn die Musik überhaupt zum »grossen Stil« der Selbsterbauung und Selbststeigerung des Menschen tauge, den unter allen Künsten offenbar allein nur noch die Architektur zu verwirklichen vermag. Gemessen an der Architektur als der Kunst am Äußerlichen, exemplarisch und paradigmatisch verkörpert im Palazzo Pitti, erscheint ihm jetzt die Musik als ein vornehmlich auf die Innerlichkeit des Gefühls abzielendes und darauf beschränktes Medium grundsätzlich fragwürdig. Was 1872 mit der Geburt der Kunst »aus dem Geiste der Musik« beginnt, mündet 1888 in jenen grundsätzlichen Zweifel an der »Seele der Musik«, den Nietzsche seinem Notizbuch vertraut:

> »Alle Künste kennen solche Ambitiöse des großen Stils: warum fehlen sie in der Musik? Noch niemals hat ein Musiker gebaut, wie jener Baumeister, der den Palazzo Pitti schuf?... Hier liegt ein Problem.«

Fragen wie diese machen deutlich, daß Musik und Architektur in einem dialektischen Zusammenhang gesehen werden, auch wenn die Liebe zur Musik – und auch das Leiden an der Musik – im Leben und Denken stets die treibende Kraft geblieben ist. Eine Betrachtung von Nietzsches Architekturen läßt sich daher nicht unabhängig von ihrem musikalischen Hintergrund vornehmen. Mehr noch, die Architektur selbst wird aus einer musikalisch-einfühlsamen Perspektive behandelt, denn Nietzsche belauscht auf seine Weise den Klang der Steine und betreibt auf diesem Wege Architekturpsychologie. Damit wird er zum Vorreiter einer modernen Architekturtheorie, wie sie von Adamy, Wölfflin, Göller und Schmarsow als den Begründern eines neuen Diskurses in der Folgezeit wissenschaftlich etabliert wird.

Mehr im Verborgenen als an der Oberfläche zieht sich die Beschäftigung mit der Architektur wie ein unsichtbar gesponnener roter Faden durch Gedanken und Werk. Ein inniges Verhältnis zur Baukunst hat Nietzsche mehrfach bekundet. Zwei Selbstzeugnisse mögen hier genügen, um die nicht unbedeutende Rolle der Baukunst vom Anfang und vom Ende her zu beleuchten. Das erste Dokument ist eine frühe autobiographische Schilderung, die der Fünfzehnjährige 1859 verfaßt; das zweite ist der letzte Brief aus Nietzsches Hand, datiert vom 6. Januar 1889 aus Turin, unmittelbar im geistigen Zusammenbruch geschrieben. Aus beiden Quellen spricht die symbolhafte Präsenz von Architektur. Architektur steht Nietzsche, zugespitzt formuliert, beim Eintritt in die Welt des Denkens wie auch bei deren Verlassen gleichnishaft vor Augen – und man könnte meinen, in fast identischer Form.

In der autobiographischen Schilderung von 1859, einem der frühsten Zeugnisse seiner literarischen Tätigkeit, spricht er erstmals von seiner Liebe zur Baukunst:

> »Ich habe von der frühesten Kindheit an Steckenpferde gehabt. Das erste waren die Blumen und Pflanzen, die Hülle der Erde. Das habe ich indes nur durch Traditionen gehört. – Dann kam die Liebe zur Baukunst (natürlich hauptsächlich auf Baukasten gegründet), die ich in allen Formen ausgebildet habe. Noch sehr klein erinnere ich mich während der Kirchzeit in Röcken eine kleine Kapelle gebaut zu haben. Später wurden dies prachtvolle Tempel mit mehreren Säulenreihen, hohe Türme mit gewundenen Treppen, Bergwerke mit unterirdischen Seen und innerer Beleuchtung und endlich Burgen.«[6]

Auch in anderen literarischen Versuchen der Jugendjahre, in Tagebuchaufzeichnungen und Erinnerungen, teilt sich von dieser »Liebe zur Baukunst« gelegentlich etwas mit, etwa wenn Nietzsche voller Hingabe die Schönburg bei Naumburg, das Rathaus von Naumburg und andere kleine Stadtszenen schildert. Unter den Pfortenser Gymnasiasten war die Architektur gelegentlich ein Gegenstand der Erörterung. Im engsten Freundeskreis hatte sich eine Art Privatgesellschaft gebildet, um den »produktiven Neigungen zur Kunst und Litteratur« nachzugehen und wie Nietzsche sich erinnert, mußte

> »(...) ein Jeder von uns verbindlich machen, von Monat zu Monat ein eignes Produkt, sei es eine Dichtung oder eine Abhandlung oder ein architektonischer Entwurf oder eine musikalische Produktion, einzusenden, über welches Produkt nun ein Jeder der anderen mit der unbegrenzten Offenheit freundschaftlicher Kritik zu richten befugt war.«[7]

Wenden wir den Blick von den Jugendjahren auf das Ende herüber: In dem letzten schriftlichen Zeugnis aus Nietzsches Hand, seinem Brief mit Datum vom 6. Januar 1889 an den ehemaligen Basler Professorenkollegen Jacob Burckhardt, steht ein Bauwerk im Mittelpunkt, das rückblickend wie die gebaute Quersumme jener Kindheitsarchitektur aus dem Baukasten erscheint. Im Übergang zum Wahnsinn, im allerletzten Dämmerlicht des Bewußtseins steht Nietzsche ein superlativischer Bau vor Augen, der die architektonische Bilderwelt aus der Kindheitszeit zu einer Art Über-Bau vereint, der »Kapelle« und »prachtvoller Tempel mit mehreren

---

[6] Autobiographische Notiz (1859); Friedrich Nietzsche. Werke in drei Bänden. Herausgegeben von Karl Schlechta, München 1966, Bd. III, 73.

[7] Ueber die Zukunft unserer Bildungsanstalten, Vortrag Anfang 1872, KSA 1.653.

Säulenreihen« in einem ist und noch dazu über den höchsten der »hohen Türme mit gewundenen Treppen« verfügt, den es bis dahin in Italien, ja, in ganz Europa gibt.

Das unglaublich klingende architektonische Wunderwerk war keine Ausgeburt irregewordener Phantasie. Es existiert als Bauwerk noch heute, und zwar als Wahrzeichen von Turin. Nietzsches Aufforderung an Burckhardt, »Lieber Herr Professor, dieses Bauwerk sollten Sie sehn«,[8] betraf die damals fast fertiggestellte »Mole Antonelliana«, benannt nach ihrem Schöpfer, dem piemontesischen Architekten Alessandro Antonelli. Nietzsche tat Recht daran, diesem eigenartigen Bauwerk besonderes Augenmerk zu schenken. Es stellt einen in der modernen Architekturgeschichte einzigartigen Turmbau zu Babel dar, der seine Existenz einer sonderbaren Baugeschichte verdankte, durch die er sich vom »Tempio Israelitico« und »Museo del Risorgimento Italiano« schließlich zum reinen Aussichtsturm mauserte, in dem die Architektur im wahrsten Sinne des Wortes in die Höhe und auf die Spitze getrieben wurde. Mit kühnen 167 m ist die Mole Antonelliana als das höchste in Mauerwerk ausgeführte Bauwerk der Welt in die Baugeschichte eingegangen und zum Wahrzeichen Turins geworden, so wie der Eiffelturm von 1889 für Paris.

Zu diesem Bauwerk verspürte Nietzsche eine solche Affinität, daß er sein eigenes Gedankengebäude mit ihm identifiziert, wie festgehalten im Entwurf eines Briefes vom 30. Dezember 1888 an den befreundeten Komponisten Heinrich Köselitz:

> »Vorhin gieng ich an der mole Antonelliana vorbei, dem genialsten Bauwerk, das vielleicht gebaut worden, – merkwürdig, es hat noch keinen Namen – aus einem absoluten Höhentrieb heraus, – erinnert an gar nichts außer an meinen Zarathustra. Ich habe es Ecce homo getauft und im Geiste einen ungeheuren freien Raum herumgestellt.(...) Ich war noch beim Begräbniß des uralten Antonelli zugegen, diesen November. – Er lebte genau so lange, bis Ecce homo, das Buch, fertig war. – Das Buch und der Mensch dazu.«[9]

In seinem an Burckhardt gerichteten letzten Brief unterdrückt Nietzsche diese Anspielungen auf das eigene Werk. Der Verzweifelte und Einsame wirft die »Mole Antonelliana« stattdessen als eine Art Köder für den Architektur- und Kunsthistoriker aus, um den väterlich verehrten Gelehrten vielleicht doch noch zu einem Be-

---

[8] An Jacob Burckhardt in Basel, (Turin,) Am 6. Januar 1889, in: Friedrich Nietzsche. Sämtliche Briefe. Kritische Studienausgabe in 8 Bänden. Herausgegeben von Giorgio Colli und Mazzino Montinari, München/Berlin/New York 1986 (im Folgenden abgekürzt zu: SB) 8.579. (Der Brief wurde von Nietzsche falsch datiert, denn auf dem Kuvert lautet der Poststempel »Torino Ferrovia 5. 1. 89«.) Original im Nachlaß Jacob Burckhardt, Nr. 18, Universitätsbibliothek Basel.

[9] An Heinrich Köselitz in Berlin (Entwurf), Sonntag (30. Dezember 1888), SB 8.565 f.

such nach Turin zu locken, – ein aussichtsloses Unternehmen, denn Burckhardt war, wie die meisten, schon längst auf Distanz zu dem dämonischen Denker gegangen. Nietzsche sah aber nicht nur sein Denken in der »Mole« bauliche Gestalt annehmen, sondern er identifiziert sich in seinem Wahn auch mit dem Architekten Antonelli höchstpersönlich. Der greise Baumeister war am 18. Oktober 1869 verstorben. Nietzsche betont auch Burckhardt gegenüber, an den Trauerfeierlichkeiten teilgenommen zu haben, betrachtet sich jetzt allerdings als der Begrabene selbst:

> »In diesem Herbst war ich, so gering gekleidet als möglich, zwei Mal bei meinem Begräbnisse zugegen, zuerst als conte Robilant (– nein, das ist mein Sohn, insofern ich Carlo Alberto bin, meine Natur unten) aber Antonelli war ich selbst.«[10]

Abgesehen von den Rätseln dieser Zeilen, aus denen die ausgebrochene Geisteskrankheit spricht, hat der Name Antonelli der Nietzsche-Forschung allein deshalb lange Zeit ein Rätsel aufgegeben, weil man einem Denker die Identifikationswilligkeit mit einem Architekten üblicherweise nicht unterstellt. Selbst dem großen Nietzsche-Forscher Montinari war es nicht auf Anhieb möglich, zu klären, wer denn jener Antonelli war, von dem Nietzsche spricht.[11] Für die Fachwissenschaft scheint die Sparte »Architekt« auf der Suche nach vermeintlichen Bezugspersonen, die sich hinter einem Namen verbergen, nicht naheliegend gewesen zu sein. Dies zeigt auch Karl Schlechta, der 1966 im Register zu seiner Werkausgabe hinter dem Namen Antonelli fälschlicherweise einen päpstlichen Staatssekretär unter Pius IX. vermutet.[12]

Es wäre leichtfertig, Nietzsches Rollentausch und Identifikation mit dem Architekten Antonelli allein auf den zerrütteten Geisteszustand zurückzuführen. Außer acht ließe man dabei die Fähigkeit und Gewohnheit, Architektur in der ganzen Bandbreite der Möglichkeiten als Metapher zu verstehen. In der Baukunst erblickte Nietzsche den grundsätzlichen Ausdruck eines natürlichen Behauptungswillens im Dasein. In dem ganz elementaren Sinn, daß der Mensch als Baukünstler sich selbst und seine eigene Welt errichtet, hatte der Baugedanke auch für die Gedankengebäude eine »architektonische« Verbindlichkeit. Das Wort Bauen wurde für Nietzsche zu einem kulturkritischen Begriff. Der Moderne drohte der elementare Sinn für »den bauenden Geist«[13] abhanden zu kommen, weshalb Nietzsche

---

[10] An Jacob Burckhardt in Basel, (Turin,) Am 6. Januar 1889, SB 8.578 f.

[11] Vgl. Anacleto Verecchia: La catastrofe di Nietzsche a Torino, Torino 1978; Zarathustras Ende. Die Katastrophe Nietzsches in Turin, Wien/Köln/Graz 1986, 234, Anm. 111.

[12] Schlechta, Hrsg.: Friedrich Nietzsche. Werke in drei Bänden. Siehe Band III, Namenregister zu den Briefen, 1461.

[13] »(...) man muß das künstlerische Grundphänomen verstehen, welches Leben heißt – den bauenden Geist, der unter den ungünstigsten Umständen baut: auf die langsamste Weise.« in: Nachgelassene Fragmente 1884 , KSA 11.129.

mutmaßte: »(..)wahrscheinlich wird es eine spätere Zeit ihren Bauten ansehen, dass sie zusammengekarrt, nicht zusammengebaut sind.«[14] Nach seiner düsteren Prognose würde der Schauspieler den großen Baumeister als Träger des neuen Zeitalters verdrängen und maskenhaftes Rollenspiel und scheinhafte Darstellung ihren verderblichen Einfluß auf die gesamte Kultur ausbreiten.

Die merkwürdig anmutende Identifikation mit einem Architekten ist keineswegs als der umnachtete Schlußpunkt am Ende des Weges abzutun, wie uns die Architektur in seinem Werk auch nicht erst am düsteren Ausgang entgegentritt. Im Gegenteil, bereits für den frühen Nietzsche ist eine weitgehende und bedeutsame Identifikation mit einem Architekten anhängig zu machen, wie zu zeigen ist. Er sollte gute Dienste dabei leisten, sich das eigene geistige Domizil angemessen einzurichten. Insofern ist die Baukunst in Nietzsches »Haus« mit am Werk. Wie sonst könnte der Dichter des »Zarathustra« in der »Mole« die Wiederkehr seiner eigenen Gedanken in anderer Erscheinung erkennen? Wohl auch deshalb erblickt er im Architekten Antonelli einen unmittelbaren Seelenverwandten, so, als sei der Unterschied zwischen einem Philosophen und einem Architekten letztlich nur ein morphologischer.

Mole Antonelliana, Turin

[14] Unzeitgemäße Betrachtungen II: Vom Nutzen und Nachteil der Historie für das Leben, KSA 1.301.

Nietzsche mit Bowler-Hut, Herbst 1871.

Gottfried Semper. Zürich, 1870.

Richard Wagner. Tribschen, 1867.

I

Architektur als Gleichnis: Dionysische Baugedanken

1

Friedrich Nietzsche und Gottfried Semper
Protokoll einer imaginären Begegnung

Gleich in den Eingangsräumen zu Nietzsches »Haus« trifft man auf einen Architekten, der zwar diskret, aber dennoch maßgeblich an der Gestaltung des Ganzen mitgewirkt hat. Trotzdem ist er – anders als Antonelli – von der Nietzsche-Forschung bisher unentdeckt geblieben. Dies verwundert um so mehr, als der Architekt, dessen Einfluß auf den frühen Nietzsche bisher noch keine Würdigung erfahren hat, einen großen Namen trägt. Die Rede ist von keinem Geringeren als von Gottfried Semper (1803–1879), einem der wichtigsten Baumeister und zugleich dem wohl bedeutendsten Architekturtheoretiker des 19. Jahrhunderts, dem der Philosoph Wilhelm Dilthey das Kompliment gemacht hat, sich in den Kunstbetrachtungen »als der wahre Erbe Goethes« auszuzeichnen.[15] Die Nietzsche-Forschung hat der Beziehung zu Semper bisher keinerlei nennenswerte Aufmerksamkeit geschenkt. Ähnliches darf aber auch in umgekehrter Richtung von der Semper-Forschung gesagt werden, die erst jüngst von einer möglichen Verbindung zu Nietzsche interessiert Notiz genommen hat und für mögliche Resonanzen hellhörig geworden ist.[16]

Auf die Fährte von Semper stößt man bereits in den allerersten Arbeiten der Basler Jahre. Zum Sommersemester 1869 wird Nietzsche im Alter von 24 Jahren und ohne abgeschlossenes Doktorexamen als Professor für klassische Philologie an die Universität Basel berufen. Am 28. Juni 1869 hält er in der Aula des dortigen Museums seine akademische Antrittsrede über die Persönlichkeit Homers. Dem außeruniversitären Publikum stellt sich der Frischberufene am selben Ort am 18.

---

[15] Wilhelm Dilthey: Die drei Epochen der modernen Ästhetik und ihre heutige Aufgabe (1892), in: Gesammelte Schriften, Bd. VI, Leipzig/Berlin 1924, 270.

[16] Harry Francis Mallgrave: Gottfried Semper. Architect of Nineteenth Century, New Haven/London 1996, 349 ff.

Januar 1870 mit einem Vortrag über »Das griechische Musikdrama« erstmals vor. In diesem Vortrag läßt Nietzsche auch den Architekten Semper zu Wort kommen, allerdings ohne ihn beim Namen zu nennen. Dergleichen schien sich zu erübrigen, denn Nietzsche kündigt seinen Zuhörern ein von Semper übernommenes Zitat als »das Wort des bedeutendsten lebenden Architekten«[17] an.

Ob die Zuhörerschaft dabei ebenso selbstverständlich an den Gemeinten dachte, der im benachbarten Zürich an der Eidgenössischen Technischen Hochschule lehrte, sei dahingestellt. Wichtiger ist vielmehr, daß Nietzsche seinen Zuhörern gegenüber offenbar keinen Zweifel darüber hegt, wem jenes Prädikat des bedeutendsten lebenden Architekten ganz selbstverständlich gebühre. In den Genuß eines derartigen Privilegs der Anonymität sind beim jungen Nietzsche nur noch Arthur Schopenhauer und Richard Wagner gekommen, von denen er gelegentlich, ebenfalls ohne Namensnennung, als Jahrhundertgrößen ihres Faches spricht. Allein die bemerkenswerte Art und Weise, in der Semper bei Nietzsche auftritt, wirft die Frage auf, was es wohl mit dieser Sympathiebekundung für eine nähere Bewandtnis hat.

Das von Nietzsche in den Vortrag übernommene Zitat ist dem ersten Band von Sempers berühmten Hauptwerk »Der Stil in den technischen und tektonischen Künsten« von 1860 entnommen, einer Lektüre, der Nietzsche für seinen Vortrag und darüber hinaus ein erhebliches Mehr an gedanklicher Anregungen verdankt, als es ein einziges wörtliches Zitat vermuten läßt. Werfen wir zunächst einen flüchtigen Blick auf jene Stelle des Vortrags, in die das Zitat aus dem »Stil« eingeflossen ist. Dem Zitat läßt Nietzsche den Hinweis auf eine grundsätzlich verschiedene Wahrnehmungsintensität vorangehen, durch die sich der moderne Theaterbesucher vom Zuschauer des antiken Dramas unterscheide:

> »Das war kein faules fatiguirtes allabendliches Abonnementspublikum, das mit müden abgehetzten Sinnen zum Theater kommt, um sich hier in Emotion versetzen zu lassen. Im Gegensatz zu diesem Publikum, das die Zwangsjacke unseres heutigen Theaterwesens ist, hatte der athenische Zuschauer seine frischen morgendlichen, festlich angeregten Sinne noch, wenn er sich auf den Stufen des Theaters niederließ. Das Einfache war für ihn noch nicht zu einfach. (...) Was das Wichtigste aber ist, er schlürfte den Trank der Tragödie so selten, daß er ihn jedesmal wie zum ersten Male genoß.«[18]

Zur Unterstreichung seines Argumentes schwenkt Nietzsche nun zu dem anerkannten Theaterbaumeister Semper hinüber, dem er als einer Autorität auf diesem Gebiet aber aus einem ganz anderen Grund das Wort erteilt:

> »In diesem Sinne will ich das Wort des bedeutendsten lebenden Architekten anführen, der für die Deckengemälde und ausgemalten Kuppeln sein Votum abgiebt. ›Nichts ist vortheilhafter, sagt er, für das Kunstwerk, als das Entrückt-

[17] Nachgelassene Schriften. Das griechische Musikdrama, KSA 1.522.

[18] Ebenda.

sein aus der vulgären unmittelbaren Berührung mit dem Nächsten und aus der gewohnten Sehlinie des Menschen. Durch die Gewohnheit des Bequemsehen's wird der Sehnerv so abgestumpft, daß er den Reiz und die Verhältnisse der Farben und Formen nur noch wie hinter einem Schleier erkennt.‹ Es wird sicher erlaubt sein, etwas Analoges auch für den seltnen Genuß des Dramas zu beanspruchen: es kommt den Bildern und den Dramen zu Gute, die mit etwas ungewohnter Haltung und Empfindung angeschaut werden: wenn damit auch noch nicht die altrömische Sitte, im Theater zu stehen, anempfohlen werden soll.«[19]

Dem auf Bequemlichkeit erpichten, vor sich hindämmernden modernen Zuschauer sollte und mußte also etwas zugemutet und abgefordert werden – dies wollte Nietzsche seinem Publikum mit Sempers Worten nahelegen. So radikal wie jener mochte Nietzsche sein Anliegen allerdings doch nicht vortragen. In der anschließenden, von ihm nicht mehr zitierten Passage postulierte Semper nämlich die Unbequemlichkeit als Verfremdungsmittel zum Prinzip einer sehr modern anmutenden, physiologisch begründeten Ästhetik, die mit dem einfachen wahrnehmungstechnischen Argument operiert, daß uns Dinge »als einer andern Welt, einer höhern Schöpfung« angehörig erscheinen, etwa, »wenn wir sie verkehrt, etwa durch die Beine hindurch, betrachten.« Der Perspektivismus, daß jede bestimmte Betrachtungsposition ihre eigenen Konsequenzen für die Wahrnehmung und die Erkenntnis des Gegenstands habe, wird von Semper zum wesentlichen Bestandteil der ästhetischen Realität erklärt, was er mit der folgenden Aussage unterstreicht:

»Etwas ganz analoges kommt den Bildern zu Gute, die mit etwas ungewohnter Haltung des Kopfes angeschaut werden; ganz derselbe Zauber wird durch das Fremdartige der Auffassung über sie ergossen. Ausserdem soll man ein gutes Bild nicht zu lange anglotzen. Du hast mit einer Anschauung genug, die solange währt, bis der Nacken ermüdet.«[20]

Solche Gründe bewogen Semper dazu, namentlich für Deckenmalereien Partei zu ergreifen, verlangen sie uns doch eine Betrachtungsweise ab, welche die normale Wahrnehmung durchbricht, weil die Bilder an der Decke »gleichsam in der umgekehrten Vogelperspektive«,[21] nur unter ungewohntem Sehwinkel und nur unter Verrenken des Kopfes betrachtet werden können, was also durchaus seinen Vorzug hat. Nicht nur auf das Perspektivische aller Wahrnehmung, auch auf die Frage nach dem Wahrheitsgehalt des Scheins und dem Wirklichkeitscharakter der Täuschung – kardinale Fragen für Nietzsches Philosophieren – hat Semper in diesem Kapitel einen tiefsinnigen Hinweis gegeben, der in der Formulierung gipfelt: »Aber was ist die Wahrheit? – vorzüglich in der Welt der Farben, wo alles auf Täuschung

---

[19] Ebenda, KSA 1.522 f.

[20] Gottfried Semper: Der Stil in den technischen und tektonischen Künsten, oder praktische Aesthetik. Ein Handbuch für Techniker, Künstler und Kunstfreunde, Bd. 1 Frankfurt 1860, Bd. 2 München 1863; im Folgenden zitiert nach der 2. Aufl. München 1878, I.70.

[21] Semper: Stil, I.63 (1860: I.67).

und Schein beruht?«[22] Man könnte bereits in dieser Frage, im Vorgriff auf Nietzsches berühmte These aus der »Geburt der Tragödie« von 1872, die Antwort mitschwingen hören, daß das Leben nur als ästhetisches Phänomen gerechtfertigt sei, denn »alles Leben ruht auf Schein, Kunst, Täuschung, Optik, Nothwendigkeit des Perspektivischen und des Irrthums.«[23] Der späte Nietzsche wird auf diesem Wege noch einen entscheidenden Schritt weiter gehen. Ihm gilt der »Wille zum Schein, zur Illusion, zur Täuschung, zum Werden und Wechseln (...) als tiefer und ursprünglicher (,) ›metaphysischer‹ als der Wille zur Wahrheit, zur Wirklichkeit (,) zum Sein: – letzterer ist selbst bloß eine Form des Willens zur Illusion.«[24]

Der Vortrag über »Das griechische Musikdrama« vom 18. Januar 1870 zeigt, daß Nietzsche in den ersten Monaten seiner Baseler Zeit Sempers »Stil« in die Hände gekommen ist und Aufmerksamkeit erregt hat. Die konkreten Belege dafür finden sich in Nietzsches Notizbuch vom Herbst 1869, das sogleich unter den ersten Seiten auch seitenlange Exzerpte aus dem »Stil« enthält. In den Notizbüchern vom Sommer 1880 und Herbst 1884 taucht Sempers Name erneut sporadisch auf.

Vor einer Erörterung der Bedeutung dieser Lektüre wäre zunächst einmal zu fragen, wodurch Nietzsche überhaupt auf Semper aufmerksam geworden ist, denn die Schriften dieses Autors gehören keineswegs zur selbstverständlichen Lektüre eines Altphilologen. Daß die Semper-Lektüre nicht vor die Basler Zeit zurückreicht, darf man mit ziemlicher Sicherheit annehmen. Zwar war Nietzsche zuvor schon Bauten von Semper begegnet, dies geschah aber offensichtlich ohne von der Bedeutung dieses Architekten Notiz zu nehmen.[25]

Nur wenige Monate vor seiner Übersiedelung nach Basel reist Nietzsche nach Dresden, um am 21. Januar 1869 die Erstaufführung der »Meistersinger« im Semperschen Hoftheater mitzuerleben. Hier hatte Wagner zuvor schon seinen »Rienzi«, den »Fliegenden Holländer« und »Tannhäuser« uraufgeführt. Am 20. September 1869 geht das Dresdner Theater in Flammen auf, und Sempers Name

[22] Semper: Stil, I. 72 (1860: I. 76).

[23] Die Geburt der Tragödie aus dem Geiste der Musik, KSA 1.17.

[24] Nachgelassene Fragmente 1888/18898, KSA 13.229.

[25] 1862 besucht Nietzsche seine Schwester Elisabeth in Dresden, der er empfiehlt, ein- bis zweimal wöchentlich durch die Gemäldegalerie zu laufen. Daß dies ein Semper-Bau war, interessierte zu diesem Zeitpunkt nicht. Von der Stadt Dresden und ihrer Architektur zeigte Nietzsche sich ohnehin nicht sonderlich beeindruckt. Dem Achtzehnjährigen mutet das als Elb-Florenz gerühmte Dresden ein wenig provinziell und zweitrangig an und der eigenen Person daher wenig angemessen, scheint ihm aber doch allemal gut genug für die Entwicklung der Schwester, wie er der Mutter brieflich versichert: »Mir will Dresden nicht recht gefallen, es ist nicht großartig genug und in seinen Eigenheiten, auch in Sprache den thüringischen Elementen zu nahe verwandt. (...) Sonst als Kunststadt, kleine Residenz, überhaupt zur Ausbildung von E(lisabeths) Geist wird Dresden völlig genügen und ich beneide sie gewissermassen. Doch glaube ich in meinem Leben noch viel dergleichen genießen zu können.« – Brief von Nietzsche aus Pforta an Fransziska Nietzsche in Naumburg, (Ende Februar 1862), SB 1.198.

füllt auch in den Schweizer Zeitungen die Schlagzeilen. Er selbst soll auf diesem Wege die Schreckensmeldung von dem Brand seines Theaters erfahren haben.[26]

Als Nietzsche im Herbst 1869 sein Notizbuch mit Exzerpten aus dem »Stil« anreichert, ist Sempers Name also für kurze Zeit in aller Munde. Zudem steht Nietzsche in Basel mit zwei großen, von ihm verehrten und bewunderten Persönlichkeiten in Kontakt, die auch mit Gottfried Semper auf die eine und die andere Art in nähere Bekanntschaft getreten sind, nämlich Jacob Burckhardt (1818–1897), dessen Kollege Nietzsche gerade geworden ist, und Richard Wagner (1813–1883), in dessen benachbartem Luzerner Domizil der junge Gelehrte mittlerweile zum gern gesehenen Gast geworden ist.

Semper und Burckhardt waren 1855 als Professoren an die neugegründete Eidgenössische Technische Hochschule nach Zürich berufen worden. Semper lehrte hier als Leiter der Architekturabteilung bis 1871, Burckhardt vertrat das Fach Kunstgeschichte. Ihn zog es allerdings als Ordinarius für Geschichte schon 1858 wieder an die Universität Basel zurück, der er seit 1844 als Privatdozent verbunden war. In den Zürcher Kreisen wurde Burckhardt nicht heimisch, und auch zu Semper scheint es während der drei gemeinsamen Jahre außer den üblichen kollegialen Kontakten zu keiner näheren Beziehung gekommen zu sein. Die sich in künstlerischen Auffassungen Nahestehenden haben sich gegenseitig geschätzt,[27] persönlich aber gemieden. Das gemeinsame kunsthistorische Interesse stiftete keinen Brückenschlag zwischen den beiden Pionieren der Renaissance, die sich im Grunde wie Partner ergänzten und in die Hände arbeiteten. Semper praktizierte als Begründer eines Architekturstils, der als Neorenaissance in die Architekturgeschichte eingehen sollte, gleichsam die Burckhardtsche Theorie von der italienischen Renaissance als der »goldenen Zeit der modernen Architektur.« In seinem »Cicerone«, der 1855, im Jahr der Berufung an die ETH, erscheint und für Nietzsche zu einer unverzichtbaren Quelle wird, lieferte Burckhardt die kunsthistorische Legitimation für Sempers Rückgriff auf die Architekturformen der italienischen Renaissance. Wenn schon ein Vorbild für Bauten des eigenen Jahrhunderts »rückwärts und auswärts gesucht werden soll,« so Burckhardt, dann bot jener »Stil, der allein ähnliche Aufgaben ganz schön löste, gewiß den Vorzug vor allen anderen.« Daher wagte Burckhardt die Prognose, die sich für die folgenden drei Jahrzehnte

---

[26] Mallgrave: Semper, 1996, 320.

[27] Heinrich Wölfflin überliefert 1893 in seinen Erinnerungen an Gespräche mit Burckhardt dessen Äußerungen zu Semper, in: Josef Gantner, Hrsg.: Heinrich Wölfflin 1864–1945. Autobiographie, Tagebücher und Briefe, Basel/Stuttgart 1982, 2. erw. Aufl. 1984, 98: »…Semper ein Mann, der in männlichen Jahren noch anfing griechisch zu lernen und aus den Quellen studierte. War 3 Jahre auf griechischem Boden. (…) Klagte und jammerte oft wie ein Kind, daneben ein Wunder von Arbeitskraft. Ohne Pose. Ich wäre sehr gern oft mit ihm zusammen gewesen. Er war in künstlerischen Dingen sehr lehrreich.«

als richtig erweisen sollte, »daß die Renaissance noch lange in der heutigen Architektur eine große Rolle spielen wird.«[28]

Burckhardts Biograph Werner Kaegi hat das Verhältnis zwischen beiden Persönlichkeiten als absolut neutral gekennzeichnet: »Kein Schatten einer Mißhelligkeit zwischen Burckhardt und Semper ist bekannt geworden; aber auch keine Spur irgendeiner freundschaftlichen Berührung.«[29] Einen wesentlichen Grund für diese Nichtbeziehung sieht Kaegi vor allem darin, daß Burckhardt den Zürcher Freundeskreis um Richard Wagner mied,[30] dessen Musik und Persönlichkeit ihm zutiefst zuwider waren. Zu dessen engsten Freunden zählte aber Gottfried Semper.

Semper und Wagner standen seit ihren gemeinsamen Dresdner Jahren in freundschaftlicher, herzlicher Beziehung zueinander. Wagner, der die größte Zeit seiner Kindheit in Dresden verbracht hatte, kehrte nach seinen »Wanderjahren« von Paris aus nach Dresden zurück und eroberte sich dort seit der Erstaufführung seines »Rienzi« 1842 seine Position als führender Vertreter des modernen Musiktheaters. Semper, 1834 an die Dresdner Akademie der schönen Künste als Leiter der Architekturabteilung berufen, hatte sich vorzüglich mit dem Bau des Dresdner Hoftheaters (1831–41) und der Gemäldegalerie (1839–55) einen Namen gemacht. Wegen der Beteiligung am Mai-Aufstand von 1848, an dem Semper sich im Barrikadenbau hervorgetan haben soll, wurden beide Künstler steckbrieflich gesucht und flohen aus Deutschland.

Im Exil in Paris kommen sie hocherfreut wieder zusammen, wie Wagner zu erzählen weiß.[31] Erst als Semper nach London übersiedelt, um dort an der School of Design zu unterrichten, werden die Kontakte seltener. Auch auf Wagners Vermittlung hin kommt die Berufung Sempers an das neu zu errichtende Polytechnikum

---

[28] Jacob Burckhardt: Der Cicerone. Eine Anleitung zum Genuss der Kunstwerke Italiens, 1855, 2. 1869; Vollständiger Neudruck der Urausgabe, Wien/Leipzig 1938, 138.

[29] Werner Kaegi: Jacob Burckhardt. Eine Biographie, 7 Bde., Basel 1947-1967; Bd. 3, Basel 1956, 598.

[30] Ebenda, Bd. 3, 598: »Wahrscheinlich hat er aber vor allem an den Dresdener Revolutionskameraden Richard Wagners, an Gottfried Semper gedacht, als er schrieb: »Mit Deutschen habe ich möglichst wenig Umgang, um ja immer *gut* mit ihnen zu stehen.««

[31] Richard Wagner: Mein Leben. Mit einer Darstellung der späteren Jahre und einem Nachwort von Christfield Coler, 2 Bde. Leipzig 1958, Bd. 1, 678: »Die Freude dieses Wiedersehens war nicht gering, trotzdem wir beide nicht umhin konnten, das Groteske unserer Lage zu belächeln. Semper hatte sich, nachdem die berühmte Barrikade, welche er als Architekt fortwährend unter Inspektion gehalten hatte, umgangen worden war (denn daß sie eingenommen worden wäre, hielt er für ganz unmöglich), von dem übrigen Kampfe zurückgezogen.(...) Trotz unserer gedrückten Lage verbrachte ich mit Semper die einzigen heitren Stunden dieses Pariser Aufenthaltes.« – Ebenda, 1.702: »Mit Semper, den ich häufig sah, belebte sich der Umgang meist zu einem verwogenen Humor; er war entschlossen, sich mit seiner Familie in London, wo ihm Aussichten auf verschiedenen Bestellungen eröffnet waren, zu vereinigen. Meine neuesten schriftstellerischen Versuche und die in ihnen ausgesprochenen Gedanken interessierten ihn sehr; es kam darüber zu belebten Unterhaltungen.«

zustande,[32] und »die endlich bewirkte Übersiedelung Sempers nach Zürich« brachte, wie Wagner es verzeichnet, »eine größere Belebung (...) in unsren Kreis.«[33] Hierzu zählte Jakob Burckhardt nicht im Entferntesten. Seinen Namen sucht man auch in Wagners Selbstbiographie »Mein Leben« vergeblich.[34]

Die Distanz, die Burckhardt zu Wagner und dessen Gefolgschaft hielt, dürfte auch zu vorsichtiger Skepsis gegenüber dem jungen Kollegen geraten haben, der bei den Wagners in Tribschen bei Luzern als Hausfreund ein- und ausging. Nietzsche meinte zwar zu dem »geistvollen Sonderling« Burckhardt sofort »eine wunderbare Congruenz unserer aesthetischen Paradoxien«[35] feststellen zu dürfen und zeigte sich zeitlebens voller Bewunderung und Verehrung, vermochte es aber trotz aller Bemühungen nicht, dessen Sympathien wirklich zu gewinnen. Wagners Ausschweifungen, erst recht die Aufgeregtheiten um dessen Person, waren dem Mann der klassischen Form und des ruhigen Seins ein Greuel. Auch dürften die ersten dionysisch-schwärmerischen Schriften des Wagner-Jüngers Nietzsche kaum dazu angetan gewesen sein, den Humanisten Burckhardt aus der Reserve zu locken. Der brachte Nietzsche gegenüber stets in ausgesuchtester Freundlichkeit Bewunderung und Unverständnis gleichermaßen zum Ausdruck. Daran änderte sich auch nichts, als Nietzsche sich aus dem Bann seines Idols Wagner befreite und zu dessen schärf-

---

[32] Wagner stellt in seinen Lebenserinnerungen die Berufung Sempers so dar, als habe er die Zürcher Wiedervereinigung betrieben, weil ihn das Exildasein des Freundes dauerte: »An Aufträge großer Bauwerke war für ihn in England nicht zu denken (...). Wir trafen öfter zusammen, auch brachte ich einige Abende bei ihm in Kensington zu, wo die alte Laune und der sonderbar ernste Humor immer wieder zwischen uns aufkamen und über die Widerwärtigkeiten des Lebens uns hinweghalfen. – Meine Berichte, die ich nach meiner Heimkehr über Semper geben konnte, trugen viel dazu bei, daß Sulzer bald die Berufung Sempers an das zu errichtende Polytechnikum nach Zürich in die Hand nahm und mit Erfolg betrieb.« Wagner: Mein Leben, 2.125.

[33] Wagner: Mein Leben, 2.136. Fortsetzung des Zitates: »Die eidgenössische Behörde hatte sich hierfür an mich selbst gewandt, um bei Semper die Annahme des Rufes zu einer Lehrstelle am Eidgenössischen Polytechnikum zu vermitteln. Semper traf alsbald ein, um zunächst die Sache sich anzusehen, empfing von allem einen guten Eindruck, freute sich bei einem Spaziergange sogar über die natürlichen Bäume, auf denen man doch noch einmal eine Raupe antreffen könne, und beschloß die definitive Übersiedelung, infolge deren er mit seiner Familie nun auch für dauernd dem Kreise meiner Bekanntschaften sich zugesellte. Allerdings hatte er wenig Aussicht zu großen Bauaufträgen, und er sah sich nun verurteilt, wie er meinte, fortan den Schulmeister abzugeben.«

[34] Zu dem Verhältnis Semper, Wagner, Burckhardt siehe auch: Albert Knoepfli: Zu Tische in der Aula des Semperschen Polytechnikumgebäudes. Zu den Zürcher Kreisen der frühen Semperzeit, in: Gottfried Semper und die Mitte des 19. Jahrhunderts, Basel/Stuttgart 1976, 255-274.

[35] Brief von Nietzsche aus Basel an Erwin Rohde in Italien, 29. Mai 1869, SB 3.13: »Nähere Beziehungen habe ich von vorn herein zu dem geistvollen Sonderling Jakob Burckhardt bekommen; worüber ich mich aufrichtig freue, da wir eine wunderbare Congruenz unserer aesthetischen Paradoxien entdecken.«

stem Kritiker konvertierte, der – mit Burckhardts »Cicerone« als einer Art argumentativer Waffe in der Hand – die Wagnersche Kunst als eine verspätete Erscheinung des »Berninismus« brandmarkte.

Was das Verhältnis zwischen Wagner und Semper anbelangt, so standen auch hier die Dinge zu dem Zeitpunkt, als Nietzsche am 19. April 1869 die Basler Bühne betritt, keineswegs besonders günstig. Die über zwei Jahrzehnte dauernde, aus Dresdner Tagen herrührende herzliche Freundschaft zwischen den beiden großen Männern war wegen des geplanten Münchner Wagner-Festspielhauses gerade in die Brüche gegangen. Das Drama um dieses in der Architekturgeschichte des 19. Jahrhunderts einzigartige Theaterprojekt war die Ursache des Zerwürfnisses. Was als faszinierendes architektonisches Unternehmen großartig begann, endete vier Jahre später unrühmlich in einem kaum durchschaubaren Netz von Widersprüchen und Intrigen. Der Bruch der Freundschaft ist offenbar auf den Tag genau datiert. Am 24. April 1869 empfängt Semper einen Brief von Wagner, in dem von feindselig gesinnten Menschen, von Intrigen und Machenschaften die Rede ist und Wagner ihm »das bittere Gefühl Deines Mißtrauens« offenbart. Dieses Schreiben versah Semper später mit der Randnotiz: »Diesen Brief, aus dem ich nicht klug wurde, liess ich unbeantwortet.«[36] Damit war die Beziehung für mehrere Jahre vollständig unterbrochen.

Die Geschichte des gescheiterten gemeinsamen Theaterprojektes ist insofern nicht uninteressant, als sie Genaueres über Wagners Verhältnis zu Semper aussagt, in das auch Nietzsche eingeweiht wurde. Unmittelbar nach der Thronbesteigung 1864 hatte der jugendlich-enthusiastische Bayernkönig Ludwig II. den von ihm bewunderten Wagner nach München berufen und mit Feuereifer dessen Idee eines eigenen Festspieltheaters aufgegriffen. Während Wagner eher an ein bescheidenes provisorisches Theater dachte, das er »mit einem erfahrenen, geistvollen Architekten«, gemeint war Gottfried Semper – entwickeln wollte, schwebte Ludwig II. von Anfang an ein großes steinernes Monumentaltheater vor. Auf Empfehlung Wagners, der einen solchen Bau »nur einem wirklichen Bau-Genie« zugeteilt sehen wollte und als solches einzig seinen Freund Semper gelten ließ,[37] wurde dieser im Namen des Königs für den Bau des Festspieltheaters herangezogen.

Semper und Wagner verband mehr als nur eine gemeinsame Vergangenheit in Freundschaft. Beide waren Verfechter des Gesamtkunstwerks und einer unakademischen Auffassung vom innigen Verhältnis von Kunst und Leben. Das wechselseitige Interesse an den künstlerischen und literarischen Produktionen war daher

---

[36] Siehe Manfred Semper: Das Münchner Festspielhaus. Gottfried Semper und Richard Wagner, Hamburg 1906, 91.

[37] Brief von Richard Wagner an Semper vom 13. Dezember 1864, zit. nach der umfassenden Monographie von Heinrich Habel: Festspielhaus und Wahnfried. Geplante und ausgeführte Bauten Richard Wagners, München 1985, 25.

selbstverständlich. Über das wechselvolle Entstehen des »Stils« spricht Wagner in seinen Erinnerungen an die Zürcher Jahre mit einer Anteilnahme, als habe er Semper dabei unmittelbar über die Schulter geschaut.[38] Auch mit dem Inhalt dieses anspruchsvollen Werkes schien Wagner so gut bekannt zu sein, daß er sich zutraute, Dritten Lesehilfe zu erteilen. Als er im Oktober 1865 im Namen Sempers ein Exemplar des »Stil« an Ludwig II. als Empfehlungsgabe schickt, fügt er als Kommentar hinzu:

> »Unmöglich wird Ihnen das ganze Werk mit seinen vielen Details Interesse abgewinnen können: doch hoffe ich, daß namentlich das Allgemeine Ihre Aufmerksamkeit anregend fesseln wird. Es wird als das Geistvollste anerkannt.« [39]

Ludwig II. machte wenig später von dem Angebot Gebrauch und bat Wagner brieflich um Lektüreempfehlungen für ein Werk, das Semper ihm selbst gegenüber als »ein schwerfälliges und in ungeschickter Form abgefaßtes Opus« bezeichnet hatte:

»Wie freut es mich zu hören, daß Semper rüstig und guten Muthes arbeitet; ich ersuche Sie, mir die Abschnitte in seinen Werken näher zu bezeichnen, von welchen Sie meinen, daß sie mich besonders fesseln werden; ach, wer weiß, wann ich in München wieder zum Lesen Zeit finden werde!«[40]

---

[38] Wagner: Mein Leben, 2.136 f.: »Doch fesselte ihn eine große kunstliterarische Arbeit, welche er nach manchem Zwischenfalle und Wechsel seines Verlegers späterhin unter dem Titel »Der Stil« ausführte. Ich traf ihn öfter über den Zeichnungen zu den dem Werke beizugebenden Blättern, welche er mit großer Sauberkeit selbst auf Stein ausführte. Er gewann diese Arbeit so lieb, daß er behauptete, an den großen plumpen Bauunternehmungen liege ihm gar nichts; als Künstler interessiere ihn das kleinste Detail mehr.«

[39] Richard Wagner an Ludwig II. vom 22. Oktober 1865, in: Habel: Festspielhaus und Wahnfried, 47.

[40] Ludwig II. an Richard Wagner vom 3. Dezember 1865, in: Habel: Festspielhaus und Wahnfried, 51. – Ludwig II. bedankte sich bei Semper mit Schreiben vom 6. November 1865, in: Manfred Semper: Das Münchener Festspielhaus. Gottfried Semper und Richard Wagner, Hamburg 1906, 45 f.: »Unser Freund Richard Wagner übersandte mir in Ihrem Namen Ihr Werk über den Stil (...) Ich habe dieses Werk sowohl von Sachverständigen, als auch von Kunstfreunden prüfen und bewundern hören und freue mich sehr darauf es zu lesen. (...) Sie sind der Einzige auf Erden, dies weiß ich bestimmt, dies seh ich klar, welcher ein so bedeutendes Werk zu erschaffen weiß. So vereinigen sich nun der größte der Architekten und der größte der Dichter und Tonkünstler ihres Jahrhunderts um ein Werk zu vollführen, welches dauern soll bis in die spätesten Zeiten, zum Segen, zum Ruhme der Menschheit!« – Semper antwortet auf das Dankschreiben des Königs, in: Habel: Festspielhaus und Wahnfried, 48: »Mögen Ew. Majestät darin, daß ich gewagt durch Richard Wagner Ew. Majestät ein Exemplar meines Buches zu übersenden, keine Zudringlichkeit oder Autoreneitelkeit erkennen. Ich weiß wohl daß es ein schwerfälliges und in ungeschickter Form abgefaßtes Opus ist, allein es enthält das Wesen meiner Anschauungen und Ueberzeugungen von der Kunst; ich wollte daher durch dasselbe Eur Majestät Gelegenheit bieten, diese und auch mich selbst näher kennen zu lernen, als es sonst, bei dem Abstande der das Individuum vom Throne trennt, möglich wäre.«

Zu dem »Wunderbau«, der dem König vorschwebte, hatte Wagner von Anbeginn an ein zwiespältiges Verhältnis, und so verhielt er sich mehr abwehrend als treibend. Der Bau, der gewaltige finanzielle Aufwendungen erforderte, das war vorherzusehen, mußte rasch zum Stein des Anstoßes öffentlicher Erregung werden und damit Wagners Münchner Existenz gefährden. Diese Aussicht erschien für Wagner, der sich eigentlich vom König nichts anderes gewünscht hatte als ein ruhiges »Häuschen mit Garten und den nöthigen Mitteln, die ihn vom Arbeiten für's Geld dispensieren sollten,«[41] alles andere als verlockend.

So arbeitete Semper – ohne schriftlichen Vertrag – gleichzeitig an zwei Theaterprojekten, dem Plan des Einbaus eines Provisoriums in den Münchner Glaspalast von 1854 sowie einem grandiosen, monumentalen Theaterbau, der neben dem Maximilianeum, über dem Ufer der Isar thronend, errichtet werden sollte. Widerstand in Münchner Kreisen, Opposition im Kabinett, in der königlichen Familie und in der Öffentlichkeit führten dazu, daß Wagner schließlich brieflich durch den Sekretär des Königs aufgefordert wurde, München vorerst für einige Monate zu verlassen, während man Semper versicherte, daß sich an den Theaterbauplänen seiner Majestät nichts ändere. Wagner, der sich selbst nicht mehr als Bauherr fühlte, übersiedelte nach Tribschen bei Luzern, ohne Semper seine Adresse mitzuteilen und ihn weiter zu kontaktieren. Die Stimmung war inzwischen in heftigen Unmut gegenüber dem Architekten umgeschlagen, wie »Das Braune Buch« mit der Tagebucheintragung vom 9. September 1865 offenbart:

> »Soweit bin ich, dass mir Sempers Besuch wiederwärtig ist. Gott, was geht mich ein provisorisches, oder ein definitives Festtheater, was geht mich alle Baukunst der Welt an! (...) Wie hasse ich dieses projectierte Theater, ja – wie kindisch kommt mir der König vor, dass er so leidenschaftlich auf diesem Project besteht: nun habe ich Semper, soll mit ihm verkehren, über das unsinnige Project sprechen! Ich kenne gar keine grössere Pein, als die mir bevorstehende.«[42]

Unterdessen lieferte Semper Anfang 1867 das gewünschte große und höchst eindrucksvolle Holzmodell nach München und stellte Ludwig II. in einer langen Audienz seine Arbeit vor. Zu diesem Anlaß schiebt Wagner einen launigen Brief an seinen Gönner nach, in dem Sempers schwierige Persönlichkeit – »ein ganz eigenthümlicher Mensch« – und seine fachliche Kompetenz – »offenbar das größte Baugenie unsrer Zeit« – gegenübergestellt werden. Ferner bringt Wagner seine Besorgnis zum Ausdruck, ob Sempers »sonderbarer Vortrag nicht gestört« habe,

---

[41] Wagner in einem selbstverfaßten anonymen Artikel in den Münchner neuesten Nachrichten vom 19. November 1865, nach: Habel: Festspielhaus und Wahnfried, 51.

[42] Richard Wagner: Das Braune Buch. Tagebuchaufzeichnungen 1865 bis 1882. Erste vollständige Veröffentlichung nach dem Orginalmanuskript Wagners in der Richard-Wagner-Gedenkstätte der Stadt Bayreuth. Vorgelegt und kommentiert von Joachim Bergfeld, Zürich/Freiburg 1975, 83.

»dieser ist so unsicher und unfesselnd; dennoch muß man nur ruhig auf ihn hören: Alles, was er vorbringt ist orginell und treffend.«[43]

Semper wartete monatelang vergeblich auf die zugesagte schriftliche Auftragsbestätigung. Auch eine vom König geplante Berufung Sempers nach München an das neugegründete Polytechnikum, das 1868 eröffnet wird, hatte sich zerschlagen.[44] Als der mit Versprechungen und fadenscheinigen Entschuldigungen aus München über Monate hingehaltene Architekt im Januar 1869 schließlich andeutet, den König wegen seines Honorars vor Gericht zu verklagen, kommt es in der jahrzehntealten Freundschaft zwischen dem Musiker und dem Architekten im April 1869 zum Bruch, denn Wagner lebt immer noch von einem ansehnlichen Salär des Bayern-Königs.

Das Echo von Wagners Groll gegen Semper muß noch in der Luft geklungen haben, als Nietzsche am 17. Mai 1869 zum ersten Mal seinen Fuß auf die malerisch gelegene Landzunge am Vierwaldstätter See setzt und seinen Antrittsbesuch im Landhaus Tribschen macht, um hier fortan ein- und auszugehen. Daß in Nietzsches Tribschener Tagen der Name Semper des öfteren fällt, belegen Briefe und Tagebuchaufzeichnungen. Ihnen ist auch zu entnehmen, daß Sempers Ruf als »größtes Baugenie« – jene Wagnersche Kennzeichnung, die Nietzsche 1872 zur Charakterisierung des Menschen allgemein verwenden wird – unter dem Bruch der Freundschaft offensichtlich keinen Schaden genommen hatte. Anders wäre es auch kaum erklärbar, daß Nietzsche als unbedingter Wagner-Jünger in seinem ersten öffentlichen Basler Vortrag, mit dem er eine Lanze für das Wagnersche Musik-

---

[43] Brief von Wagner an Ludwig II. vom 11. Januar 1867, zit. nach Habel: Festspielhaus und Wahnfried, 63. »Möge Sie nur sein sonderbarer Vortrag nicht gestört haben: dieser ist so unsicher und unfesselnd; dennoch muß man nur ruhig auf ihn hören: Alles, was er vorbringt ist orginell und treffend. Wir haben wieder viel mit ihm und über ihn gescherzt, denn er ist ein ganz eigenthümlicher Mensch. Erstaunlich die heitere Kraft seines Geistes: Er, offenbar das größte Baugenie unsrer Zeit, hat sich durch einfache Unüberlegtheit, durch Festhalten eines irrigen point d'honneur, in die unglaubliche Lage gebracht, auf dem Höhepunkt seines erreichten Ruhms, eben durch den Bau des Dresdener Museums, alle und jede Erfolge seines Ruhmes zu verlieren.«

[44] Auf Wagners Vorschlag sollte Ludwig II. Franz List und Semper nach München berufen. Als sich abzeichnet, daß der König zu schwach ist, um diese Entscheidung durchzusetzen, richtet Wagner am 15. Oktober 1867 einen langen leidenschaftlichen Brief an seinen Gönner, in dem die außerordentlich Wertschätzung Sempers zum Ausdruck gebracht ist: »Diese zwei Männer sind die letzten wahrhaft großen und bedeutenden ihrer Fächer, die nicht nur unsere, sondern jeder Zeit angehören. Sie finden keine zweiten, wie diese, um sich Ruhm zu erwerben. Wie wird dieß mit Sempers Berufung nun verschleppt: und das sind nun noch seine letzten Jahre der Kraft! Soll mir das Herz nicht brechen, Sie immer so in das kleinliche Geleis des Beamtenneides und der bürokratischen Kleinlichkeiten hineingeschleppt zu sehen? Es heißt: die Stellung sei schon vergeben. Ei! Einem Mann wie Semper macht man eine Stellung. Die Stellungen für das Genie sind nicht im Voraus bereit.« – Zit. nach Habel: Festspielhaus und Wahnfried, 74.

drama brechen will, Semper mit dem Brustton der Überzeugung als den »bedeutendsten lebenden Architekten« auftreten läßt.

Durch Nietzsches Anwesenheit, so hat es den Anschein, wird auch Sempers Gegenwart auf Tribschen indirekt beschworen. Semper wird nicht nur Gegenstand von Tischgesprächen und zählt zur Lektüre der Tribschener, sondern man beginnt ihn daselbst regelrecht zu vermissen. Neugierig gemacht durch Richard und Cosima Wagners erinnerungsreiche Erzählungen, die ihm während der Besuche auf Tribschen zu Ohren kommen, greift Nietzsche zu Sempers Schriften. Im Hause Wagner wird ihm die Bedeutung dieser Schriften nahegebracht. Das dürfte auch erklären, weshalb Nietzsche sich seinerseits mit der Zusendung einer gerade erschienenen Semper-Broschüre nach Tribschen als dankbar erweist. Nur wenige Wochen vor Nietzsches Ankunft in Basel hatte Semper am 4. März 1869 im Rathaus von Zürich einen öffentlichen Vortrag »Ueber Baustile« gehalten. Hier soll er auch geäußert haben, das Münchner Projekt sei von Wagner fallen gelassen worden,[45] was diesem zugetragen worden sein dürfte. Der Kenner der Semperschen Schriften sollte auf diesen Vortrag aber aus anderen Gründen neugierig gewesen sein, erwartete man hier doch eine Vorstellung der Grundgedanken zu dem überfälligen dritten Band des »Stils«, den Semper, entgegen Beteuerungen gegenüber seinem Verleger, wie wir heute wissen, nie geschrieben hat.[46]

Im August 1869 schickt Nietzsche den Tribschenern ein druckfrisches Exemplar des Vortrags »Ueber Baustile«,[47] was seine Notizen über die ersten Besuche bei Wagner festhalten: »Dann schicke ich Semper über Baustile.«[48] Cosima von Bülow, Wagners Lebensgefährtin und spätere Ehefrau, zu dieser Zeit noch verheiratet mit dem Dirigenten, Komponisten und Pianisten Hans von Bülow, antwortet Nietzsche am 5. August 1869: »Besten Dank für die Zusendung der Semperschen Schrift welche, gleich allem was von dem grossen Künstler stammt, mich in höchsten Grade gefesselt und belehrt hat. Ich behalte die Broschüre noch einige Tage um sie Herrn Wagner vorzulesen.«[49] Die Broschüre wurde auf Tribschen, laut Tagebuch-

---

[45] Vgl. Habel: Festspielhaus und Wahnfried, 89.

[46] Der Zürcher Vortrag war als Einleitung für diesen Band gedacht, doch Semper hatte – erleichtert, daß große Bauaufträge am Horizont winkten – dieses Veröffentlichungsvorhaben für sich selbst wohl schon zum Zeitpunkt des Vortrages aufgegeben. – Vgl. Wolfgang Herrmann: Gottfried Semper im Exil. Paris London 1849-1855. Zur Entstehung des »Stil« 1840-1877, Basel/Stuttgart 1978.

[47] Gottfried Semper: Ueber Baustile. Ein Vortrag, gehalten auf dem Rathaus in Zürich am 4. März 1869, Zürich 1869. – Nachdruck in: Gottfried Semper. Kleine Schriften. Hrsg. von Manfred und Hans Semper, Berlin/Stuttgart 1884, Reprint Mittenwald 1979, 395-426.

[48] Chronik zu Nietzsches Leben, KSA 15.11.

[49] Vgl. Brief von Cosima von Bülow an Nietzsche in Basel, 5. August 1869, in: Nietzsche Briefwechsel. Kritische Gesamtausgabe. Herausgegeben von Giorgio Colli und Mazzino Montinari. Briefe an Friedrich Nietzsche, Berlin/New York 1977, (im Folgenden abgekürzt zu NB) II.2, 29.

Stephan Albrecht
Die Inszenierung der Vergangenheit im Mittelalter
Die Klöster von Glastonbury und Saint-Denis
Kunstwissenschaftliche Studien Band 104
2003. 304 S. mit 137 s/w Abb., 19,5 × 26 cm
Ln € 55,– (D) / sFr 91,30
ISBN 3-422-06394-3
Deutscher Kunstverlag

Das Buch zeichnet in Architektur und bildlicher Ausstattung der mittelalterlichen Klöster von Glastonbury und Saint-Denis die umfassende Inszenierung der Vergangenheit nach. Eine Untersuchung, die auf Positionen der Erinnerungs- und Gedächtnisforschung zurückgreift und damit methodisch für die Kunstgeschichte neue Wege aufzeigt.

Architekturführer Berlin
Von Martin Wörner, Doris Mollenschott, Karl-Heinz Hüter und Paul Sigel
Einleitung von Wolfgang Schäche
Sechste, überarbeitete und erweiterte Auflage
2001. 592 Seiten mit 801 Objekten, 1706 Abb., Grund- und Aufrisse, 23 Lagepläne, Schnellbahnnetz, Architekten-, Baugattungs-, Straßen- und historisches Register,
13,5 × 24,5 cm
Br € 24,90 (D) / sFr 44,50
ISBN 3-496-1211-0
Dietrich Reimer Verlag

Der Architekturführer Berlin beschreibt und dokumentiert 801 Gebäude und Gebäudegruppen aller Gattungen und aller Epochen: von den auf das 13. Jahrhundert zurückgehenden Kirchen über die Internationale Bauausstellung 1984–87 (IBA) bis zu der Neubebauung des Potsdamer Platzes.

Architekturführer Bonn
von Andreas Denk und Ingeborg Flagge
Deutsch/Englisch
1997. XV und 187 Seiten mit
135 Objekten, 120 Abb., 130 Grundrisse
und 6 Lagepläne. Architekten-,
Baugattungs- und Straßenregister,
13,5 × 24,5 cm
Br € 22,50 (D) / sFr 40,50
ISBN 3-496-01150-5
Dietrich Reimer Verlag

Ein Wegweiser zu den bedeutenden Bauten Bonns und seiner Umgebung. Der Führer dokumentiert 135 Objekte der Bonner Architekturgeschichte mit einem knappen Text, instruktiven Fotos und Grundrissen. Ein einführender Beitrag ordnet die Bauten in die Geschichte der Bonner Stadtentwicklung ein.

Architekturführer Dresden
Herausgegeben von Gilbert Lupfer,
Bernhard Sterra und Martin Wörner
Einführung von Jürgen Paul
Deutsch/Englisch
1997. XXXVIII und 230 Seiten mit
320 Objekten, 481 Abb., 234 Grund- und
Aufrisse, 14 Lagepläne, 1 Übersichts-
karte, Architekten-, Baugattungs- und
Straßenregister, 13,5 × 24,5 cm
Br € 22,50 (D) / sFr 40,50
ISBN 3-496-01179-3
Dietrich Reimer Verlag

Der Architekturführer Dresden stellt 320 Bauwerke aus Dresden, Radebeul und Moritzburg vor und dokumentiert alle Epochen der Dresdener Architekturgeschichte, nicht zuletzt auch die Architektur der DDR und das aktuelle Baugeschehen seit 1989. Neben den international berühmten Bauten wie Schloß Pillnitz, Zwinger, Hofkirche, Frauenkirche oder Semperoper finden auch weniger bekannte Bauten des 18. bis 20. Jahrhunderts ihren Platz. Die einzelnen Stadtbezirke werden durch Rundgänge erschlossen. Die Register erleichtern das Auffinden der Bauten und erlauben Vergleiche.

Architekturführer Düsseldorf
Roland Kanz / Jürgen Wiener (Hg.)
2001. XXVI und 210 Seiten mit
269 Objekten, 686 Abb., Grund- und
Aufrisse, Schnitte und Lagepläne, und
7 Übersichtspläne. Personen-,
Baugattungs-, historisches, Straßen-
und Objektregister, Glossar,
13,5 × 24,5 cm
Br € 22,50 (D) / sFr 40,50
ISBN 3-496-01232-3
Dietrich Reimer Verlag

Der Architekturführer stellt die Architekturgeschichte Düsseldorfs vom Mittelalter bis ins gegenwärtige junge Jahrtausend umfassend vor. Spektakuläre Planungen und Bauten für die Rheinuferpromenade sowie das Hafenviertel haben am Ausgang des 20. Jahrhunderts internationales Aufsehen erregt. Vor allem der »Neue Zollhof« (Frank O. Gehry) und das »museum kunst palast« (O. M. Ungers) werden vielfach gerühmt oder kontrovers diskutiert. Aus der imposanten Dichte wichtiger Bauwerke in der Rheinmetropole ragen außerdem die modernen Verwaltungsbauten (Mannesmann 1911 von P. Behrens; Thyssen »Dreischeibenhaus« 1957–60 von H. Hentrich und H. Petschnigg; Stadttor 1994–97 von Petzinka, Pink und Partner) heraus.
In die Dokumentation eingebunden wurden auch wichtige Objekte aus den Vororten und dem unmittelbaren Umland. Zahlreiche Register und Karten erschließen die Bauten der Landeshauptstadt.

Architekturführer Frankfurt am Main
Architectural Guide
Von Wolf-Christian Setzepfandt
Dritte, überarbeitete und erweiterte Auflage
Deutsch/Englisch
2002. 276 S. mit 409 Objekten,
792 Abb., Grund- und Aufrisse, 5 Lagepläne,
Schnellbahn- und Straßenbahnplan,
Architekten-, Baugattungs-, Straßen- und
Objektregister, 13,5 × 24,5 cm
Br € 24,90 (D) / sFr 42,30
ISBN 3-496-01236-6
Dietrich Reimer Verlag

Der Architekturführer Frankfurt am Main von Wolf-Christian Setztepfandt dokumentiert die Frankfurter Architekturgeschichte von der karolingischen Justinus-Kirche bis zu den Hochhäusern des neuen Jahrtausends. Mehr als 400 Bauten – davon 45 Neuaufnahmen – werden mit einem Informationstext vorgestellt und in zahlreichen aktuellen Fotos und Grundrissen dokumentiert. Ausführliche Register sowie Übersichtskarten erleichtern die Orientierung und ermöglichen einen raschen Zugriff auf einzelne Objekte.

Architekturführer Halle an der Saale
Von Holger Brülls und Thomas Dietzsch
2002. 226 und XXVI Seiten mit 275 Objekten; 727 Abb., Grund- und Aufrisse, Schnitte und Lagepläne und 14 Übersichtspläne, 13,5 × 24,5 cm
Br € 22,50 (D) / sFr 40,50
ISBN 3-496-01202-1
Dietrich Reimer Verlag

Halle an der Saale – im Zweiten Weltkrieg kaum zerstört – zeigt eine faszinierende stadthistorische Textur aus bedeutenden mittelalterlichen Baudenkmälern, ausgedehnten Gründerzeitquartieren und Fabrikarealen, sozialistischen Großstadt-Experimenten und aktueller Architektur, die seit Mitte der 90er Jahre deutlich an Qualität gewonnen hat. Der Architekturführer Halle stellt 280 Einzelobjekte und städtebauliche Ensembles vor und führt auf zwölf Routen durch eine gleichermaßen heterogene wie historisch dichte Stadtlandschaft im Osten Deutschlands.

Architekturführer Hannover
An Architectural Guide
Von Martin Wörner, Ulrich Hägele und Sabine Kirchhof
Deutsch/Englisch
Übersetzt von Margaret Marks
2000. XXXVI und 250 Seiten mit 361 Objekten, 805 Abbildungen, Architekten-, Baugattungs-Straßen- und hist. Register. Mit allen Expo-Bauten und ÖPNV-Plan, 13,5 × 24,5 cm
Br € 22,50 (D) / sFr 40,50
ISBN 3-496-01210-2
Dietrich Reimer Verlag

Der Architekturführer Hannover stellt in Wort und Bild 361 Gebäude und Baugruppen vor. Präsentiert werden bedeutende Baudenkmäler sämtlicher Gattungen und Epochen – von den Barockbauten des Großen Gartens bis zu Vertretern der einflußreichen Hannoveraner Architekturschule des 19. Jahrhunderts, von der mittelalterlichen Marktkirche bis zu postmodernen Straßenbahnhaltestellen.
Einen Schwerpunkt des Architekturführers bildet das Messegelände mit den Bauten der Expo 2000 – der ersten Weltausstellung in Deutschland. Die teilweise spektakulären Nationenpavillons und Hallen dieses zentralen Weltereignisses zur Jahrtausendwende werden in einem separaten Teil umfassend vorgestellt.

Architekturführer Kassel
Architectural Guide
Herausgegeben von Berthold Hinz
und Andreas Tacke
Deutsch/Englisch
Einleitung von Sascha Winter und
Stefan Schweizer
Übersetzt von Margaret Marks
2002. 234 S. mit 193 Objekten,
337 Abb. und 7 Übersichtskarten,
Architekten-, Baugattungs- und
Straßenregister, 13,5 × 24,5 cm
Br € 22,50 / sFr 40,50
ISBN 3-496-01249-8
Dietrich Reimer Verlag

Der Architekturführer Kassel stellt 193 Bauwerke sämtlicher Gattungen und Epochen vor: die Treppenstraße, die einzigartige Schloß- und Gartenarchitektur Kassels sowie die Einrichtungen der documenta. Aber auch die Bauten der näheren Umgebung Kassels werden berücksichtigt. Dabei reicht die Spannbreite von mittelalterlichen Klosteranlagen bis hin zur Werksanlage von James Stirling.

Architekturführer Kiel
Von Dieter-J. Mehlhorn
Mit einem Vorwort von Otto Flagge
1997. 206 Seiten mit 190 Objekten.
386 Abb., Grund- und Aufrisse,
6 Lagepläne, Architekten-,
Baugattungs- und Straßenregister,
13,5 × 24,5 cm
Br € 22,50 (D) / sFr 40,50
ISBN 3-496-01165-3
Dietrich Reimer Verlag

Der Architekturführer lenkt den Blick von den erhaltenen historischen Baudenkmälern zu den Bauten der jüngsten Zeit und aktuellen Projekten. Auch die kulturhistorisch bedeutenden Grün- und Freiflächen innerhalb der Stadt und Objekte der näheren Umgebung sind Teil des Bandes. Sie veranschaulichen die vielfältigen Verflechtungen der Stadt mit ihrem Umland.

Köln. Ein Architekturführer
An Architectural Guide
Von Alexander Kierdorf
Herausgegeben von Wolfram Hagspiel
Deutsch/Englisch
Übersetzt von Jean-Marie Clarke und Jeanne Haunschild
1999. XXVIII mit 9 Abb., und 237 Seiten mit 350 Objekten. 434 Abb., 243 Grund- und Aufrisse und 10 Karten. Architekten-, Baugattungs-, Straßen- und historisches Register
13,5 × 24,5 cm
Br € 22,50 (D) / sFr 40,50
ISBN 3-496-01181-5
Dietrich Reimer Verlag

Die wichtigsten und interessantesten Objekte aus zweitausend Jahren Kölner Baugeschichte erläutert dieser Führer in Text, Bild und Plan. Erstmals steht damit auch für das internationale Publikum ein handlicher Begleiter durch die vielfältige Baukultur der rheinischen Metropole zur Verfügung.

Architekturführer Mannheim
Von Andreas Schenk
Herausgegeben von der Stadt Mannheim
1999. XI, 297 Seiten mit 313 Objekten. 860 Abb., Grund- und Aufrisse, Karten und Register
13,5 × 24,5 cm
Br € 22,50 (D) / sFr 40,50
ISBN 3-496-01201-3
Dietrich Reimer Verlag

Der Architekturführer dokumentiert die bedeutendsten Bauwerke aus vier Jahrhunderten Mannheimer Stadtgeschichte. Er stellt die erhaltenen Barockbauten der ehemaligen kurfürstlichen Residenz vor, beschreibt die wichtigsten Bauten der Industrie- und Handelsstadt des 19. Jahrhunderts und gibt einen umfassenden Überblick über das vielfältige Baugeschehen des 20. Jahrhunderts. Auch die mittelalterlichen Zeugnisse der Vororte sind berücksichtigt. Die einzelnen Stadtteile werden in ihrer geschichtlichen und architektonischen Entwicklung vorgestellt und durch Rundgänge erschlossen. Das umfangreiche Register erleichtert des Auffinden der Gebäude.

Architekturführer München
Architectural Guide
Hg. von Winfried Nerdinger
Deutsch/Englisch
Übersetzt von C. W. Offermann
Zweite, überarbeitete und erweiterte Auflage
2001. 253 Seiten mit
376 Objekten, 770 Abb. und Grundrisse,
6 Lagepläne, Architekten-, Straßen- und Baugattungsregister,
13,5 × 24,5 cm
Br € 24,– (D) / sFr 42,90
ISBN 3-496-01219-6
Dietrich Reimer Verlag

350 Bauten der Münchner Architekturgeschichte vom Mittelalter bis in die 90er Jahre des 20. Jahrhunderts werden mit einem informativen Text vorgestellt und in aktuellen Fotos und Grundrissen dokumentiert.

Stuttgart
Ein Architekturführer
Von Martin Wörner und Gilbert Lupfer
Mit einer Einleitung von Frank R. Werner
Zweite, überarbeitete und erweiterte Auflage
1997. 261 Seiten mit 318 Objekten,
686 Abb., Grund- und Aufrisse,
10 Lagepläne, Schnellbahnnetz,
Architekten-, Baugattungs- und Straßenregister. Mit einem Anhang zum Stuttgarter Umland,
13,5 × 24,5 cm
Br € 22,50 (D) / sFr 40,50
ISBN 3-496-01157-2
Dietrich Reimer Verlag

»Prägnante Darstellung, übersichtlicher Aufbau und sinnvolle Objektauswahl mit den Registern machen dieses Buch zu einem konkurrenzlosen Kompendium Stuttgarter Architektur.«
Bauwelt zur 1. Auflage

Arwed Arnulf
Architektur- und Kunstbeschreibungen von der Antike bis zum 16. Jahrhundert
Kunstwissenschaftliche Studien Band 110
ca. 448 S. mit 80 s/w-Abb., 19,5 × 26 cm
Ln ca. € 78,– (D) / sFr 127,–
ISBN 3-422-06410-9
Deutscher Kunstverlag

In dieser umfassenden Untersuchung werden Architektur- und Kunstbeschreibungen des 4. bis 16. Jahrhunderts erfaßt, untersucht und erhaltenen Kunstwerken gegenübergestellt. Dabei wird mittels der Zeugnisse die Brauchbarkeit geläufiger kunsthistorischer Interpretationsmodelle kritisch beleuchtet.

Uwe Altrock
Büroflächen in Berlin
Stadtentwicklung und Politik
499 S. mit 40 s/w-Abb., 20 Karten und Zeichnungen, 17 × 24 cm
Br ca. € 49,– (D) / sFr 81,90
ISBN 3-496-01285-4
Dietrich Reimer Verlag

Berlin auf dem Weg zur Dienstleistungsmetropole – dies war die offizielle Botschaft der Politik nach der Wiedervereinigung. Uwe Altrock zeigt in einer vergleichenden Untersuchung der 1980er und 90er Jahre auf, mit welchen Strategien Politiker, Investoren, Planer, Architekten und Bürger darum ringen, wie die Stadt in Zukunft aussehen soll. Er macht deutlich, wer die politischen Entscheidungsprozesse dominiert und welche Folgen sich für das Stadtbild daraus ergeben.

Maria Berning / Michael Braum / Jens Giesecke / Engelbert Lütke Daldrup / Klaus-Dieter Schulz
Berliner Wohnquartiere
Ein Führer durch 70 Siedlungen
Dritte, überarbeitete und erweiterte Auflage
2003. 380 S. mit 582 Abb. und 1 Faltplan, 13,5 × 24,5 cm
Br € 35,– (D) / sFr 58,80
ISBN 3-496-01260-9
Dietrich Reimer Verlag

Seit jeher ein »städtebauliches Laboratorium« bietet Berlin einen ergiebigen Fundus zur Darstellung der verschiedensten Facetten des Wohnungsbestandes. Das Buch versteht sich als »Stadtführer«, der die Notwendigkeit einer behutsamen Bestandsentwicklungspolitik unterstreicht. Die Berliner Siedlungsgeschichte der letzten 130 Jahre wird am Beispiel von 70 Siedlungen anschaulich dokumentiert.
Die Berliner Wohnquartiere erscheinen bereits in der 3. Auflage. Die Dokumentation der Wohnquartiere bis zum Ende der 1980er Jahre wurde grundlegend aktualisiert sowie um 14 Siedlungen der 1990er Jahre ergänzt.

Die Bilderdecke der Hildesheimer Michaeliskirche
Erforschung eines Weltkulturerbes
Herausgegeben von der Wenger-Stiftung für Denkmalpflege und dem Niedersächsischen Landesamt für Denkmalpflege in Kooperation mit dem Deutschen Bergbau-Museum Bochum
Bearbeitet v. Rolf-Jürgen Grote und Vera Kellner
2003. 181 S. mit 156 farb. und 55 s/w-Abb., 22,5 × 30,5 cm
Gb € 39,80 / sFr 66,50
ISBN 3-422-06401-X
Deutscher Kunstverlag

Die bemalte Holzdecke der Hildesheimer Michaeliskirche, seit 1985 Weltkulturerbe der UNESCO, konnte 1999 vom Gerüst aus durch ein interdisziplinäres Team gründlich untersucht werden. Zugleich wurden die mittelalterlichen, weitgehend ursprünglich erhalten gebliebenen Malereien in Ausschöpfung der modernsten fototechnischen Möglichkeiten mit hoher Auflösung in Farbe dokumentiert; sie sind in dieser Publikation wiedergegeben.

Gerda Bödefeld
Die Villen von Siena und ihre Bauherren
Architektur und Lebenswirklichkeit im frühen 16. Jahrhundert
216 S. mit 68 s/w-Abb. und 8 Farbtaf. mit 14 Abb. sowie 1 Lageplan, 17 × 24 cm
Br ca. € 49,– (D) / sFr 81,90
ISBN 3-496-01273-0
Dietrich Reimer Verlag

Die Republik Siena hörte vor 450 Jahren auf zu existieren – aber viele ihrer Villen leben weiter, einige davon nahezu unverfälscht. Gerda Bödefeld beschreibt exemplarisch die Entstehung der Sieneser Villenkultur. An den hier erstmals untersuchten Objekten lassen sich nicht nur Architektur und Baustil erläutern, sondern auch die Lebensbedingungen zur Zeit der Renaissance.

Eva Börsch-Supan
Karl Friedrich Schinkel. Die Provinzen Ost- und Westpreußen und Großherzogtum Posen
Karl Friedrich Schinkel Lebenswerk, Band 18
2003. 748 S. mit 601 s/w Abb., 2 Übersichtskarten, 21 × 28 cm
Ln € 148,– / sFr 241,–
ISBN 3-422-06380-3
Deutscher Kunstverlag

Der Band stellt Schinkels Arbeiten für die östlichen und nordöstlichen Provinzen der preußischen Monarchie vor, die heute zu Polen, Rußland und Litauen gehören. Darstellung der öffentlichen Gebäude für die kulturellen Zentren Danzig und Königsberg, der Denkmäler und Schlösser aus der gesamten Schaffenszeit. Den größten Komplex bilden die Kirchen.

Franziska Bollerey
BauKultur in den Niederlanden
Karge Künstlichkeit
ca. 260 S. mit ca. 100 s/w
und ca. 50 farb. Abb., 17 × 24 cm
Br ca. € 24,90 (D) / sFr 42,30
ISBN 3-496-01248-X
Dietrich Reimer Verlag

Seit Jahren wird der Städtebau und die Architektur der Niederlande gelobt. Aber was ist das Niederländische an der niederländischen Baukultur? In dreizehn Beiträgen geht Franziska Bollerey dieser Frage nach. Dabei wird deutlich, daß viele Charakteristika niederländischen Bauens weit zurückreichen. Viele architektonische Voraussetzungen konnten sich dort, und nur dort, herausbilden. Die tour d'horizon von Franziska Bollerey führt von Vermeer über Bruno Taut bis MVRDV und der Leser hat die Möglichkeit an ihren Gesprächen mit Cornelis van Esteren, Herman Hertzberger und Rem Koolhaas teilzunehmen.

Christoph Brachmann
Licht und Farbe im Berliner Untergrund
U-Bahnhöfe der Klassischen Moderne
292 S. mit 251 Abb., davon 92 farb.,
24 × 27 cm
Gb ca. € 88,– / sFr 144,–
ISBN 3-7861-2477-9
Gebr. Mann Verlag

Thema des Buches sind die durch den Fall der Mauer wieder zugänglich gewordenen Berliner U-Bahnhöfe der 20er Jahre, für die so renommierte Architekten wie Peter Behrens und Alfred Grenander verantwortlich zeichneten. Ganz im Sinne des Neuen Bauens verliehen diese den Stationen mit Hilfe der damals aktuellen Gestaltungsmittel ›Licht‹ in Form inszenierter künstlicher Beleuchtung und ›Farbe‹ in Gestalt farbiger Baukeramik ihre spezifischen Qualitäten. In allen Facetten wird zugleich die weitergehende Bedeutung dieses größten kommunalen Projekts der Reichshauptstadt während der Weimarer Republik dargelegt: die U-Bahn-Bauten als »Pioniere der städtebaulichen Erneuerung« (E. Reuter).

GEORG DEHIO: HANDBUCH DER DEUTSCHEN KUNSTDENKMÄLER
Thüringen
Bearbeitet von Stephanie Eißing, Franz Jäger u.a.
2., leicht veränderte Aufl. 2003.
1500 S. mit 150 Plänen und Grundrissen, 12 × 18 cm
Ln € 55,– (D) / sFr 91,30
ISBN 3-422-03095-6
Deutscher Kunstverlag

Darstellung der bedeutenden Klöster wie Paulinzella, Veßra und Thalbürgel. Kunstdenkmäler der Städte Erfurt, Mühlhausen, Arnstadt, Heiligenstadt und Schmalkalden wie die Architektur der Residenzstädte Gotha, Greiz, Meiningen, Rudolstadt, Sondershausen und der Klassikerstadt Weimar. Handliches, praktisches Nachschlagewerk für den Schreibtisch und für die Reise.

Wolfgang Einsingbach (†)
Kloster Eberbach im Rheingau
DKV Edition
Überarbeitet von Wolfgang Riedel und Josef Staab
ca. 96 S. mit ca. 40 meist farb. Abb., 12 × 20 cm
Br € ca. 7,90 (D) / sFr ca. 14,20
ISBN 3-422-06438-9
Deutscher Kunstverlag

Am Nordrand des Rheingaues liegt die ehemalige Zisterzienserabtei Eberbach. Fernab der dörflichen Siedlungen wahrt die klösterliche Baugruppe etwas von der Abgeschiedenheit, wie sie für die hier fast 700 Jahre ansässig gewesene Mönchsgemeinschaft Lebensform war. Eberbach vermittelt wie wohl nur noch Maulbronn das annähernd vollständige Bild einer großen mittelalterlichen Klosteranlage der Zisterzienser in Deutschland. Diese »DKV-Edition« ist eine völlig neu bearbeitete Ausgabe des 1982 erstmals erschienenen Führers von Wolfgang Einsingbach. Die Aufnahmen wurden eigens neu erstellt.

Werner Oechslin
Peter Eisenman: The Formal Basis of Modern Architecture Peter Eisenmans Grammatologie der modernen Architektur
ca. 160 S. mit ca. 50 Abb., 17×24 cm
Br ca. € 38,90 (D)
ISBN 3-7861-1734-9

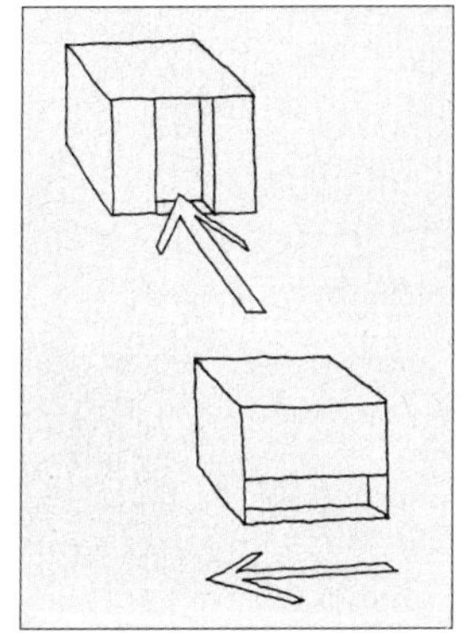

Peter Eisenmans 1963 in Cambridge (England) abgeschlossene Dissertation orientiert sich an der alten, kontroversen Frage der Gesetzmäßigkeit der Architektur. In einer Zeit, die längst die geschichtliche Dimension der modernen Architektur erkannt hat und deshalb geradezu nach einer Fortsetzung der ›-ismen‹ ruft (Banham, setzt Eisenman auf die Theorie als einzige Option, der drohenden Historisierung etwas Wirksames entgegenzuhalten. Das mündet in eine Analyse der Form, deren spezifische wie allgemeine Merkmale Eisenman als (gültige) Grundlage architektonischer Erfindung und Komposition zusammenzuführen trachtet. Darin wird – aus heutiger Sicht – der Ausgangspunkt des späteren Werks von Eisenman in Theorie und Praxis erkennbar.

Kerstin Englert / Jürgen Tietz (Hg.)
Botschaften in Berlin
306 S. mit 250 Abb., davon 50 farb., 18 × 28 cm
Klappen-Broschur € 24,80 (D) / sFr 42,40
ISBN 3-7861-2472-8
Gebr. Mann Verlag

Mit dem Umzug von Bundesregierung und Parlament nach Berlin verlegten die meisten ausländischen Vertretungen ihre Botschaften in das neue politische Zentrum Deutschlands. Das architektonische Spektrum reicht von spektakulären Neubauten bis zu umgenutzten, teils erweiterten und zumeist denkmalgeschützten Altbauten. Umfangreich illustriert, informiert der in Zusammenarbeit mit Studenten der TU Berlin erarbeitete Architekturführer über die Vielfalt der Berliner Botschaften, ergänzt durch fundierte Essays zur Geschichte der Berliner Botschaftsarchitektur seit ihren Anfängen.

Christian Freigang
Auguste Perret
Die Architekturdebatte und die »Konservative Revolution« in Frankreich 1900–1930
Eine Veröffentlichung des Deutschen Forums für Kunstgeschichte · Centre allemand d'Histoire de l'Art
2003. 384 S. mit 190 s/w Abb., 19,5 × 26 cm
Ln € 78,– (D) / sFr 127,–
ISBN 3-422-06347-1

Studie über die Entstehung einer monumental-klassizistischen Moderne der Architektur in den Jahren 1900 bis 1930. Der Bau- und Rezeptionsgeschichte des von Auguste Perret erbauten Théâtre des Champs Elysées kommt dabei besondere Aufmerksamkeit zu.

Sabine Glaser
Il Cataio
Die Ikonographie einer Villa im Veneto
Kunstwissenschaftliche Studien Band 96
ca. 352 Seiten mit 129 sw Abb., 17 × 24 cm
Br ca. € 39,90 (D) / sFr 66,70
ISBN 3-422-06320-X
Deutscher Kunstverlag

Ikonographische Analyse einer um 1570 errichteten Villa in den Euganäischen Hügeln. Erstmals wird eine aus den Quellen erarbeitete Baugeschichte vorgelegt und die Architektur in das Spektrum der oberitalienischen Kastellvillen eingeordnet. Die durch zeitgenössische Schriftquellen ausführlich kommentierte Ausmalung ist ein herausragendes Zeugnis für das Selbstverständnis hoher Offiziere im Heer der Republik Venedig.

Christian Frederik Hansen und die Architektur um 1800
Hrsg. von Ullrich Schwarz
2003. 232 S. mit 147 s/w Abb.,
22,5 × 24,5 cm
Klappenbroschur
€ 39,90 (D) / sFr 66,70
ISBN 3-422-06366-8
Deutscher Kunstverlag

Neue Untersuchungen zum nordischen Klassizismus von C. F. Hansen im Kontext der europäischen Architektur und des politischen und kulturellen Klimas in Dänemark, Altona und Hamburg um 1800.

Katja Hillebrand
Das Dominikanerkloster zu Prenzlau
Untersuchungen zur mittelalterlichen Baugeschichte
Kunstwissenschaftliche Studien Band 109
2003. 251 S. mit 205 s/w-Abb.,
19,5 × 26 cm
Ln € 68,– (D) / sFr 112,–
ISBN 3-422-06412-5
Deutscher Kunstverlag

Erste baugeschichtliche Würdigung einer der letzten, in weiten Teilen ursprünglich erhaltenen mittelalterlichen Klosteranlagen des Dominikanerordens. Neueste Bauanalysen sowie kunsthistorische Studien zeigen die Einmaligkeit und architektonische Ausstrahlung dieses Baus. Ein großer Abbildungsapparat dokumentiert die gewonnenen Ergebnisse.

Christoph Hölz
Der Civil-Ingenieur Franz Jakob Kreuter
Tradition und Moderne (1813–1889)
Kunstwissenschaftliche Studien Band 112
2003. 480 S. mit 144 farb. und 64 s/w-Abb., 17 × 24 cm
Klappenbroschur € 68,– (D) / sFr 112,–
ISBN 3-422-06425-7
Deutscher Kunstverlag

Mit der vorliegenden Monographie erscheint die erste Biographie des vielseitig begabten Architekten und Ingenieurs Franz Jakob Kreuter, dessen Spuren der Autor durch ganz Mitteleuropa folgt. Die detailreiche Werkanalyse vermittelt ein zusammenhängendes und facettenreiches Bild der europäischen Architektur im 19. Jahrhundert. In dem kritischen Œuvrekatalog sind erstmals mehr als 500 erhaltene, zum größten Teil unpublizierte Planzeichnungen und Aquarelle erfasst.

Björn R. Kommer
Das Schaezlerpalais in Augsburg
DKV Edition
2003. 72 S. mit 26 farb. und 6 s/w-Abb., 12 × 20 cm
Br € 5,– (D) / sFr 9,–
ISBN 3-422-06437-0
Deutscher Kunstverlag

Im Herzen der Augsburger Maximilianstraße steht als Glanzpunkt dieser Prachtstraße das Schaezlerpalais. Es beherbergt die Barockgalerie der Städtischen Kunstsammlungen, die Graphische Sammlung und den Zugang zur Staatsgalerie. Bauherr dieses 1765 bis 1770 errichteten Palastes war Benedikt Adam von Liebert, ein Augsburger Silberhändler. Der Neu-Patrizier leistete sich für seinen Bau renommierte Künstler seiner Zeit, wie den Cuvilliés-Schüler und Münchner Hofarchitekten Karl Albrecht von Lespilliez oder für die Deckengemälde den römischen Wanderkünstler Gregorio Guglielmi. Das feudale Raumprogramm des Palais' gipfelt in dem zweigeschossigen Festsaal, einem Prachtraum, ausgestattet im überschwenglichen Formenreichtum des späten Rokoko. Der Saal hebt das Palais in die Reihe europäischer Palastbauten.

Kristina Krüger

Die romanischen Westbauten in Burgund und Cluny

Untersuchungen zur Funktion einer Bauform

2002. 254 S. und 72 Tafeln mit 202 Abb., 21 × 29,7 cm

Gb € 98,– (D) / sFr 160,–

ISBN 3-7861-1812-4

Gebr. Mann Verlag

Einige romanische Westbauten mittelalterlicher Kirchen in Burgund enthielten im Obergeschoss einen charakteristischen, heute verlorenen Bauteil in Form einer ins Langhaus auskragenden Apsisrundung. Eingehende monographische Untersuchungen der erhaltenen Bauten von Vézelay, Paray-le-Monial und Tournus führen deren Erscheinung auf Cluny zurück. Durch eine Begriffsklärung der Bezeichnung galilaea für die Westbauten in Burgund, deren Verwendung und Verbreitung sowie liturgischer Bedeutung in Bezug auf die spezielle cluniazensische Totenfürbitte, zeigt die Autorin, dass die doppelgeschossigen burgundischen Westbauten ihren Ausgangspunkt in Cluny hatten und ihre Verbreitung bis ins 12. Jahrhundert hinein auf cluniazensisch beeinflußte Kreise beschränkt blieb.

DER KUNSTBRIEF

Herausgegeben von Till Meinert / Harold Hammer-Schenk / Xenia Riemann

Von Paul Wallot bis Norman Foster. Der Reichstag. Die Geschichte eines Denkmals

Reichstagsgebäude, Sitz des Deutschen Bundestages Platz der Republik – Berlin-Tiergarten

2002. 28 S. mit 12 Abb., und 4 Farbtaf. mit 8 Abb., 14,8 × 21 cm, Klappen-Broschur

€ 9,95 (D) / sFr 17,80

ISBN 3-7861-2417-5

Gebr. Mann Verlag

Heftige Widersprüche kennzeichnen das Reichstagsgebäude (1884–1894). Riesige Sockel, mächtige Säulen konfrontieren den Bürger mit der Staatsmacht. Zwischen den Säulen zeigt der Bau jedoch nahezu keine Mauer. Er ist offen durch seinen Portikus, die Fenster und durch eine Kuppel, die Transparenz sicherte. Der Baustil bot bereits Ende des 19. Jahrhunderts in keiner Weise deutschtümelnde Züge. Im Gegenteil, man empfand Stolz, international gültige Formen öffentlichen Bauens zur Schau stellen zu können. Genau so wie der radikale Umbau in den Fünfziger Jahren Modernität sicherte, steigert der neuerliche Umbau durch Norman Foster mit der neu geformten Kuppel die komplexe Widersprüchlichkeit.

Ulrike Laible
Bauen für die Kirche
Der Architekt Michael Kurz (1876–1957)
Schriften des Architekturmuseums Schwaben, Band 5
Herausgegeben von Winfried Nerdinger
2003. 339 S. mit 320 s/w-Abb. und 1 Karte, 18 × 25 cm
Gb € 70,– (D) / sFr 115,–
ISBN 3-496-01281-1
Dietrich Reimer Verlag

Michael Kurz gehört zu den herausragenden Kirchenbaumeistern des 20. Jahrhunderts. Seine Entwurfstätigkeit erstreckt sich auf nahezu alle Bereiche kirchlichen Bauens. Die Autorin dokumentiert erstmals das umfangreiche Œuvre des Architekten und beschreibt anhand von Biographie und Werkgeschichte die vielschichtigen Tendenzen des Kirchenbaus zwischen 1900 und 1950.

Christiane M. Lauterbach
Gärten der Musen und Grazien
Mensch und Natur im niederländischen Humanistengarten
Kunstwissenschaftliche Studien Band 111
ca. 312 S. mit ca. 41 s/w-Abb., 17 × 24 cm
Br € ca. 51,– (D) / sFr ca. 84,80
ISBN 3-422-06406-0
Deutscher Kunstverlag

Anhand von literarischen Quellen wird das Verhältnis der niederländischen Späthumanisten zu ihren Gärten und zur Natur dargestellt. Im Zentrum stehen dabei Justus Lipsius und sein neostoisches Gartenethos. Die Arbeit liefert ein ideengeschichtliches Instrumentarium für all jene, die sich mit der Gartenkunst und Naturauffassung um 1600 befassen.

Friedrich Lindau

Hannover – Der höfische Bereich Herrenhausen

Vom Umgang der Stadt mit den Baudenkmalen ihrer feudalen Epoche

Mit einem Vorwort von Wolfgang Schäche

2003. 334 S. mit 199 farb. und 55 s/w-Abb., 24 × 28 cm

Gb € 36,– (D) / sFr 60,20

ISBN 3-422-06424-9

Deutscher Kunstverlag

Detaillierte, mit exzellenten Abbildungen ausgestattete Darstellung der »Herrenhäuser Gärten« in Hannover. Friedrich Lindau kritisiert den fragwürdigen Umgang der Stadt mit dem traditionsreichen, historisch gewachsenen Ensemble und plädiert nachdrücklich dafür, die singuläre »Kulturinsel« im Sinne der barocken Urheber und des klassizistischen »Umgestalters« G. L. F. Laves zu bewahren.

Viktoria Lukas

Die Wiesenkirche

Ein Meisterwerk gotischer Baukunst in Soest

Mit Aufnahmen von Dirk Nothoff

ca. 160 S. mit ca. 150 Farbabb, 21 × 28 cm

Gb € ca. 24,90 (D) / sFr ca. 42,80

ISBN 3-422-06439-7

Deutscher Kunstverlag

Die Wiesenkirche zu Soest ist einer der schönsten gotischen Kirchenbauten in Deutschland. Ihre vornehme Architektur spricht von höchstem Formverständnis. Die vorliegende Publikation stellt neben den baulichen Aspekten der Wiesenkirche auch ihre wertvolle Ausstattung vor. Die zahlreichen, eigens neu erstellten Farbabbildungen geben einen lebendigen Eindruck wieder und ermöglichen mit vielen Detailaufnahmen auch vertiefte Betrachtungen der Kunstwerke, die den Besuchern vor Ort allgemein nicht möglich sind.

DIE KUNSTDENKMÄLER VON BAYERN
Hrsg. vom Bayerischen Landesamt für Denkmalpflege
Die Stadt Bamberg – Band 3/1
Immunitäten der Bergstadt
Teilband 1: Stephansberg
Von Tilmann Breuer, Reinhard Gutbier und Christine Kippes-Bösche
Mit Beiträgen von Hans Büttner, Uta Hengelhaupt, Hans-Wolfram Lübbeke und Peter Ruderich
2003. 696 S. mit 710 s/w Abb. und 7 Taf., 17,5 × 25 cm
Ln € 38,– (D) / sFr 63,50
ISBN 3-422-03089-1
Deutscher Kunstverlag

Fortsetzung der traditionsreichen Reihe »Die Kunstdenkmäler von Bayern« über die Stadt Bamberg, Weltkulturerbe und eine der schönsten Städte Bayerns und Deutschlands.

DIE KUNSTDENKMÄLER VON BAYERN
Hrsg. vom Bayerischen Landesamt für Denkmalpflege
Die Stadt Bamberg – Band 3/2
Immunitäten der Bergstadt
Teilband 2: Kaulberg, Matern und Sutte
Von Tilmann Breuer, Reinhard Gutbier und Christine Kippes-Bösche
Mit Beiträgen von Hans Büttner, Uta Hengelhaupt, Hans-Wolfram Lübbeke und Peter Ruderich
2003. 792 S. mit 818 s/w Abb. und 4 Taf., 17,5 × 25 cm
Ln € 42,– (D) / sFr 70,–
ISBN 3-422-03090-1
Deutscher Kunstverlag

Fortsetzung der traditionsreichen Reihe »Die Kunstdenkmäler von Bayern« über die Stadt Bamberg, Weltkulturerbe und eine der schönsten Städte Bayerns und Deutschlands.

Melanie Mertens
Berliner Barockpaläste
Die Entstehung eines Bautyps in der Zeit der ersten preußischen Könige
Berliner Schriften zur Kunst Band XIV
2003. 542 S. mit 197 Abb., davon 1 farbig und 2 Klapptaf., 17 × 24 cm
Gb € 88,– (D) / sFr 144,–
ISBN 3-7861-2366-7
Gebr. Mann Verlag

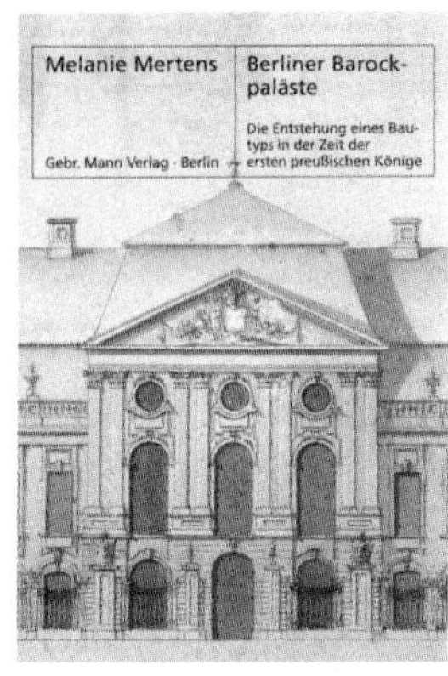

Das vorliegende Buch rekonstruiert die barocke Stadtpalastkultur der Berliner Hofgesellschaft, die sich unter den ›absoluten‹ Herrschern Brandenburg-Preußens nach dem 30jährigen Krieg ausprägte. Die Mehrheit der etwa 60 Paläste wird hier erstmals auf Basis lange unbeachteter Archivalien in Wort und Bild – Pläne, Fassaden, Innenausstattungen – mit mehr als 180 Abbildungen vorgestellt und in einen entwicklungsgeschichtlichen Kontext gestellt. Dabei stellt sich heraus, dass der Berliner Palastbau weit vor den bekannten Barockzentren Dresden und München rangiert und enge Bezüge zur Pariser Régence aufweist.

Ralph Musielski
Bau-Gespräche
Architekturvisionen von Paul Scheerbart, Bruno Taut und der »Gläsernen Kette«
2003. 229 S. mit 50 s/w-Abb., 17 × 24 cm
Br € 49,– (D) / sFr 81,90
ISBN 3-496-01274-9
Dietrich Reimer Verlag

Im Zentrum der visionären Baugedanken der Klassischen Moderne stehen Schriftsteller, bildende Künstler und Architekten: der Dichter Paul Scheerbart (1863–1915), der Architekt Bruno Taut (1880–1938) und die Korrespondenz der »Gläsernen Kette« (1919/20). Ralph Musielski beschreibt erstmals, welche gesamtkünstlerischen Tendenzen und gemeinschaftlichen bauästhetischen Überlegungen die Werke jener Architekturdichter und schreibenden Baukünstler verbinden.

Oranienbaum –
Huis van Oranje
Wiedererweckung eines anhaltinischen Fürstenschlosses · Oranische Bildnisse aus fünf Jahrhunderten
Hrsg. von der Kulturstiftung Dessau Wörlitz
2003. 400 S. mit 221 farb. und 120 s/w-Abb., 24 × 30 cm
Klappenbroschur € 49,90 (D) / sFr 83,30
ISBN 3-422-06419-2
Deutscher Kunstverlag

Die Wiedereröffnung des Schlosses Oranienbaum, das 1681 im Auftrag von Henriette Catharina von Oranien-Nassau durch den niederländischen Architekten Cornelis Ryckwaert gebaut wurde, gibt Anlaß für die Ausstellung und den dazugehörigen Katalog. Die Baugeschichte des Schlosses und seine reiche Ausstattung sowie 500 Jahre Dynastie Oranien-Nassau sind die zwei Hauptthemen.

María Ocón Fernández
Ornament und Moderne
Theoriebildung und Ornamentdebatte im deutschen Architekturdiskurs (1850–1930)
ca. 440 S. mit ca. 48 s/w-Abb., 17 × 24 cm
Br ca. € 59,– (D) / sFr 97,40
ISBN 3-496-01284-6
Dietrich Reimer Verlag

Wie keine andere Epoche zuvor wird die architektonische Moderne von der Kritik am Ornament begleitet. Der »Tod des Ornaments« und das Ende aller architektonischen Stile, mit denen unser Verständnis von Moderne einhergeht, sind wesentlich mit der Ornamentkritik verbunden. Entlang der Debatte um Ablehnung, Verdrängung und Verzicht auf das Ornament ist die Theoriebildung der Moderne in der Architektur zu rekonstruieren. In diesem Buch wird erstmals der deutsche Architekturdiskurs zwischen 1850 und 1930 und die in diesem Zeitraum sich entwickelnde Ornamentdebatte untersucht sowie unter dem Blickwinkel von Gattungsfrage und Hierarchiegedanken beleuchtet.

Giselher Quast / Hans-Jürgen Jerratsch
Der Dom zu Magdeburg
Großer DKV-Kunstführer
ca. 64 S. mit ca. 50 meist farbigen
Abb., 16,5 × 24 cm
Klappenbroschur
ca. € 9,80 (D) / sFr 17,60
ISBN 3-422-06389-7
Deutscher Kunstverlag

Die Geschichte des Magdeburger Domes, seine religiöse Dimension und seine kunstgeschichtliche Bedeutung werden in dem Großen DKV-Kunstführer beschrieben. Der Leser erlebt den Dom samt seiner kostbaren Ausstattung mit Werken von der Antike bis zur Moderne wie bei einer sachkundigen Führung. Die Lektüre wird sowohl Lust am Entdecken als auch Freude am Erinnern bereiten.

Joseph Ramée (1764–1842)
Gartenkunst, Architektur und
Dekoration
Ein internationaler Baukünstler
des Klassizismus
Hrsg. von Bärbel Hedinger und
Julia Berger
2003. 204 S. mit 16 farb. und
114 s/w-Abb., 22,5 × 24,5 cm
Klappenbroschur € 36,– (D)
/ sFr 60,20
ISBN 3-422-06436-2
Deutscher Kunstverlag

Die erste deutschsprachige Monographie über den international tätigen Architekten Joseph Ramée, in dessen Lebenswerk Parkanlagen im Stil des englischen Landschaftsgartens den Schwerpunkt bilden. Im Zentrum des Kataloges stehen die Hamburger Projekte; daneben werden Arbeiten für Paris, Thüringen, Kopenhagen und die USA vorgestellt.

John Ruskin. Werk und Wirkung
Internationales Kolloquium
Stiftung Bibliothek Werner Oechslin, Einsiedeln
24. – 27. August 2000
Studien und Texte zur Geschichte der Architekturtheorie (gta-Reihe)
2002. 214 S. mit 57 Abb., 17 × 24 cm
Br € 32,– (D)
ISBN 3-7861-2452-3
Gebr. Mann Verlag

Aus Anlass des 100. Todestages von John Ruskin (1819-1900) veranstaltete die Stiftung Bibliothek Werner Oechslin im August 2000 ein Kolloquium, dessen Akten nun publiziert vorliegen.
Der Band enthält Beiträge von Carlpeter Braegger, John Gage, John Dixon Hunt, Wolfgang Kemp, Robin Middleton, Werner Oechslin, Francis O'Gorman, Laurent Stalder, Claus Uhlig und Jurij Zwetkow.
Die Autoren beleuchten Ruskins Leben und Werk unter verschiedensten Aspekten. Diskutiert werden Ruskins umfassendes schriftstellerisches und kunsttheoretisches Schaffen, sein Verhältnis zu den Zeitgenossen sowie die Rezeption seines Werks.

Larissa Sabottka
Die eisernen Brücken der Berliner S-Bahn
Bestandsdokumentation und Bestandsanalyse
Die Bauwerke und Kunstdenkmäler von Berlin Beiheft 29
2003. 528 S. mit 101 Abb., davon 19 farb., und 448 Katalog-Abb., 17 × 24 cm
Ln € 88,– (D) / sFr 144,–
ISBN 3-7861-2463-9
Gebr. Mann Verlag

Das vorliegende Werk dokumentiert erstmals sämtliche historischen Eisenbrücken der Berliner S-Bahn und schildert deren bauliche Entwicklung. Die vielfältigen Konstruktionen zeugen von der großen Vergangenheit Berlins als Eisenbau- und Eisenbahnmetropole. Dennoch wurden viele von ihnen Opfer der jüngsten Modernisierungswelle im Berliner Verkehrssystem. Daher richtet dieses Buch die Aufmerksamkeit auf die historische Bedeutung dieser alten Eisenbrücken und plädiert für deren weitgehende Erhaltung als technische Denkmäler.

Eva-Maria Seng
Stadt und Planung
Neue Ansätze im Städtebau des 16. und 17. Jahrhunderts
Kunstwissenschaftliche Studien Band 108
ca. 320 S. mit 118 s/w-Abb., 19,5 × 26 cm
Ln € ca. 98,– (D) / sFr ca. 160,–
ISBN 3-422-06411-7
Deutscher Kunstverlag

Grundlegende Studie zum Ideal einer frühneuzeitlichen Stadt, sowohl in Theorie als auch praktischer Umsetzung. Damit zusammenhängend geht die Autorin der Erfassung und topographischen Aufnahme der Städte und Länder nach. Sie zeigt den Prozess bis zur Aufstellung von Bauordnungen und das veränderte Anforderungsprofil an Architekten und Baumeister auf.

Max Stemshorn / Klaus Jan Philipp (Hg.)
Die Farbe Weiß
Farbenrausch und Farbverzicht in der Architektur
Mit Beiträgen von Ursula Baus, Klaus Jan Philipp, Max Stemshorn, Ralph Stern und Richard Meier
2003. 112 S. mit 89 Abb., davon 56 farb., 21 × 27 cm
Pp € 38,– (D) / sFr 63,50
ISBN 3-7861-2470-1
Gebr. Mann Verlag

Farbe begleitet Architektur als Materialfarbe oder als applizierte Farbe seit den ersten Anfängen. Bauten werden bunt geschmückt, bedacht auf ihre Umgebung farbig gefasst oder sind monochrome Solitäre, auf denen sich die Farben der Umgebung abzeichnen. Immer ist Farbe mit im Spiel. Eine farblose Architektur gibt es nicht.

Bruno Taut. Ich liebe die japanische Kultur
Kleine Schriften über Japan
Herausgegeben und mit einer Einleitung versehen von Manfred Speidel
2003. 240 S. mit 140 Abb., 17 × 24 cm
Klappen-Broschur € 48,– (D) / sFr 80,20
ISBN 3-7861-2460-4
Gebr. Mann Verlag

Im vorliegenden Band trägt Manfred Speidel 20 Schriften von Bruno Taut aus den drei Jahren der Emigration nach Japan 1933-36 zusammen. Tauts unvoreingenommener kritischer Blick auf eine ihm bis dahin aus direkter Anschauung weitgehend unbekannte Welt erkennt in der alten Baukunst eine Geisteshaltung, die ihm bestätigt, dass die »Moderne als Internationaler Stil« eine Sackgasse bedeutet. Er plädiert für eine Entwicklung aus der »eigenen« Tradition. An spezifischen Merkmalen historischer Bauwerke wie z.B. historischen Bauwerken arbeitet Taut das eigentlich Japanische heraus, das seine Bewunderung in ausgesprochene Zuneigung verwandelte.

Eugène Emmanuel Viollet-le-Duc
Stiftung Bibliothek Werner Oechslin
Akten des internationalen Kolloquiums vom 24.–26. August 2001
Studien und Texte zur Geschichte der Architekturtheorie (gta-Reihe)
ca. 160 S. mit ca. 80 Abb., 17 × 24 cm
Br ca. € 38,90 (D)
ISBN 3-7861-2453-1
Gebr. Mann Verlag

In Nachfolge zu Ruskin veranstaltete die Stiftung Bibliothek Werner Oechslin im August 2001 ein internationales Kolloquium zu Viollet-le-Duc, dessen Akten in dieser Publikation vorgelegt werden. Eugène Emmanuel Viollet-le-Duc (1814–1879) war nicht nur als Architekt und Restaurator tätig, sondern er hinterließ auch ein reiches kunsttheoretisches Werk, das ebenso wie seine architektonischen Lösungen bereits auf die Zeitgenossen großen Einfluss ausüben sollte. Viollet-le-Duc's Schaffen, sein Verhältnis zur Gotik, seine Reisen, seine Schriften, die Kontakte zu den Zeitgenossen und schließlich die mitunter kontroverse Rezeption sind Thema der in diesem Buch versammelten Beiträge.

Joachim Vossen
Bukarest – Die Entwicklung des Stadtraums
Von den Anfängen bis zur Gegenwart
ca. 290 S. mit 133 s/w-Abb. und 8 Tabellen, 17 × 24 cm
Br ca. € 49,– (D) / sFr 81,90
ISBN 3-496-02753-3
Dietrich Reimer Verlag

Von den Byzantinern, über Ceauşescu bis zu McDonald's – sie alle hinterließen ihre Spuren. Wohl kaum eine Stadt ist in ihrer Geschichte und Geographie von gewaltsamen Veränderungen ihres urbanen Charakters so geprägt wie Bukarest. Joachim Vossen zeigt hier zum ersten Mal seit der Öffnung Osteuropas die städtebauliche Entwicklung der rumänischen Hauptstadt.

Friedrich Weltzien / Amrei Volkmann (Hg.)
Modelle künstlerischer Produktion
Architektur, Kunst, Literatur, Philosophie, Tanz
ca. 200 S. mit ca. 25 s/w-Abb., 17 × 24 cm
Br ca. € 39,– (D) / sFr 65,20
ISBN 3-496-01283-8
Dietrich Reimer Verlag

Das vorliegende Buch vereint Beiträge aus der Kunst- und Architekturgeschichte, den Literaturwissenschaften, der Tanzforschung sowie der Philosophie. In ihm werden Grenzen und Gemeinsamkeiten verschiedener Modelle künstlerischen Schaffens diskutiert. Der interdisziplinäre Rahmen eröffnet dabei bislang ungenutzte Möglichkeiten durch Vergleich und Abgrenzung. Er verbindet das notwendige Spezialisten-Wissen der Einzeluntersuchung mit Möglichkeiten der Generalisierung – ohne in unangemessene Verallgemeinerung zu verfallen.

Leo Adler
Vom Wesen der Baukunst
Edition Ars et Architectura
Hrsg. von Helmut Geisert und Fritz Neumeyer
Versuch einer Grundlegung der Architekturwissenschaft
Mit einem Nachwort zur Neuausgabe von Martin Kieren
2000. X, 146 S. mit 49 Abb., und 18 S., 17 × 24 cm
Ln € 90,– (D) / sFr 152,–
ISBN 3-7861-1881-7
Gebr. Mann Verlag

Uwe Albrecht
Der Adelssitz im Mittelalter
Studien zum Verhältnis von Architektur und Lebensform in Nord- und Westeuropa
1995. 282 S. mit 309 Abb.
Ln € 102,– (D) / sFr 173,–
ISBN 3-422-06100-2
Deutscher Kunstverlag

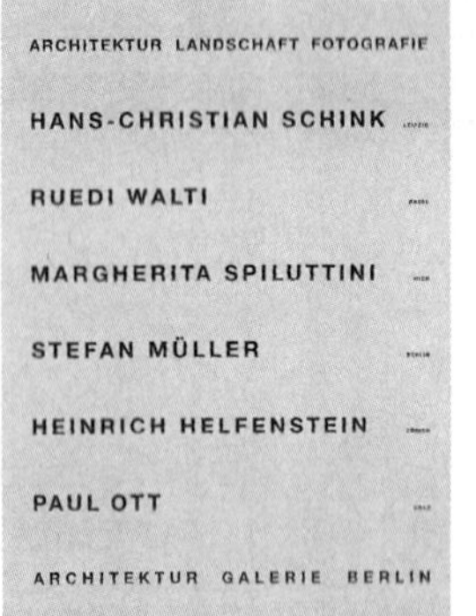

Architektur Landschaft Fotografie
Hans-Christian Schink, Leipzig / Ruedi Walti, Badel / Margherita Spiluttini, Wien / Stefan Müller, Berlin / Heinrich Helfenstein, Zürich / Paul Ott, Graz
Hrsg. Ulrich Müller – Architektur Galerie Berlin
Mit einem Text von Martin Kieren
2001. IV, 122 S. mit 30 Abb., davon 25 farb., 22 × 28 cm
Ppk € 40,– (D) / sFr 69,–
ISBN 3-7861-2430-2
Gebr. Mann Verlag

Architekturpreis Berlin 1994
Bund Deutscher Architekten Berlin
1996. 48 S. mit 52 Abb., 21 × 28 cm
Ln € 29,– (D) / sFr 51,–
ISBN 3-7861-1850-7
Gebr. Mann Verlag

Architekturpreis Berlin 1996
Bund Deutscher Architekten Berlin
1996. 56 S. mit 72 Novatone-Abb., 21 × 28 cm
Ln € 29,– (D) / sFr 51,–
ISBN 3-7861-1949-X
Gebr. Mann Verlag

Architekturpreis Berlin 1998
Bund Deutscher Architekten Berlin
1998. 64 S. mit 80 Novatone-Abb., 21 × 28 cm
Ln € 29,– (D) / sFr 51,–
ISBN 3-7861-1817-5
Gebr. Mann Verlag

Günter Bandmann
Mittelalterliche Architektur als Bedeutungsträger
Gebr. Mann studio-Reihe
11. Aufl. 1998. 276 S. mit 36 Abb., und 16 Taf. mit 44 Abb., 13,5 × 20 cm
Br € 19,50,– (D) / sFr 35,20
ISBN 3-7861-1164-2
Gebr. Mann Verlag

Hansgeorg Bankel (Hg.)
Haller von Hallerstein in Griechenland 1810–1817
1986. 282 Seiten mit 16 farb. und 151 sw Abb., 22 × 23,5 cm
Br € 34,– (D) / sFr 60,–
ISBN 3-496-00840-7
Dietrich Reimer Verlag

Holger Barth (Hg.)
Grammatik sozialistischer Architekturen
Lesarten historischer Städtebauforschung zur DDR
2001. 343 Seiten mit 145 s/w-Abbildungen, 17 × 24 cm

Br € 35,– (D) / sFr 61,–
ISBN 3-496-01235-8
Dietrich Reimer Verlag

Holger Barth (Hg.)
Projekt Sozialistische Stadt
Beiträge zur Bau- und Planungsgeschichte der DDR
1998. 275 Seiten mit 80 Abb., 17 × 24 cm
Br € 29,90 (D) / sFr 53,–
ISBN 3-496-01190-4
Dietrich Reimer Verlag

Barbara Baumüller
Der Chor des Veitsdomes in Prag
Die Königskirche Karls IV.
Strukturanalyse mit Untersuchung der baukünstlerischen und historischen Zusammenhänge
1994. 160 S. mit 33 Abb.; 49 Taf. mit 130 Abb., und 1 Falttaf., 21 × 27 cm
Ln € 74,– (D) / sFr 125,–
ISBN 3-7861-1689-X
Gebr. Mann Verlag

Barbara Baumüller
Santa Maria dell' Anima in Rom
Ein Kirchenbau im politischen Spannungsfeld der Zeit um 1500
Aspekte einer historischen Architekturbefragung
2000. 134 S. mit 40 Taf. mit 51 Abb., 17 × 24 cm

Gb € 60,– (D) / sFr 102,–
ISBN 3-7861-2308-X
Gebr. Mann Verlag

DIE BAU- UND KUNSTDENKMÄLER VON NORDRHEIN-WESTFALEN
I. RHEINLAND

Hrsg. vom Kultusminister – ab 1983: vom Minister für Landes- und Stadtentwicklung – ab 1986: vom Minister für Stadtentwicklung, Wohnen und Verkehr – ab 1995: vom Minister für Stadtentwicklung, Kultur und Sport – des Landes Nordrhein-Westfalen in Verbindung mit dem Landschaftsverband Rheinland
Schriftleitung Hans Peter Hilger
ab 1995: Wolfgang Brönner und Angelika Schyma
Jeder Band 18,3 × 25,5 cm, Ln

Band 7: Erftkreis
Teil 3
Wilfried Hansmann
Stadt Brühl
Historische Texte von Gisbert Knopp
1977. 208 S., 4 Farbtaf., 469 Taf. mit 817 Abb., und 1 Plan
€ 77,– (D) / sFr 130,–
ISBN 3-7861-3000-0
Gebr. Mann Verlag

Band 9: Kreis Euskirchen
Teil 1
Ruth Schmitz-Ehmke

Stadt Bad Münstereifel
Historische Einleitung Gisbert Knopp
1985. XX mit 2 Abb.; 240 S. mit 48 Abb., 292 Taf. mit 736 Abb. und 2 Farbtaf.
€ 70,– (D) / sFr 119,–
ISBN 3-7861-1403-X
Gebr. Mann Verlag

Teil 9
Ruth Schmitz-Ehmke und Barbara Fischer
Stadt Schleiden
Historische Einleitung von Hermann Hinsen
1996. XXII mit 3 Abb., 260 S. mit 54 Abb.; 7 Farbtaf., und 310 Taf. mit 651 Abb.
€ 63,– (D) / sFr 107,–
ISBN 3-7861-1873-6
Gebr. Mann Verlag

Band 11: Kreis Kleve
Teil 7
Rainer Schiffler
Gemeinde Kerken
Historische Texte Gisbert Knopp
1983. XVIII, 108 S. mit 26 Abb.; 1 Faltblatt, 2 Farbtaf. und 103 Taf. mit 212 Abb.
€ 34,– (D) / sFr 60,–
ISBN 3-7861-1390-4
Gebr. Mann Verlag

Teil 13
Rainer Schiffler
Stadt Straelen
Historische Beiträge von Gisbert Knopp
1987. XVI mit 2 Abb.; 126 S. mit 36 Abb., davon 1 farb.; 98 Taf. mit 237 Abb., und 1 Farbtaf.
€ 39,– (D) / sFr 68,– /
ISBN 3-7861-1450-1
Gebr. Mann Verlag

Walter Buschmann
Zechen und Kokereien im rheinischen Steinkohlenbergbau
Aachener Revier und westliches Ruhrgebiet
1998. II, 672 S. mit 721 Abb., davon 44 2farb. und 11 4farb.
€ 149,– (D) / sFr 252,–
ISBN 3-7861-1963-5
Gebr. Mann Verlag

DIE BAUWERKE UND KUNSTDENKMÄLER VON BERLIN

Hrsg. Senator für Bau- und Wohnungswesen-Landeskonservator – seit 1981: Senator für Stadtentwicklung und Umweltschutz-Landeskonservator – ab 1991: Senatsverwaltung für Stadtentwicklung und Umweltschutz-Landeskonservator – seit August 1995: Landesdenkmalamt Berlin

Bezirk Kreuzberg
Karten und Pläne
Bearb. Manfred Hecker
1980. 40 S. und 68 Pläne, davon 20 farbig, 27 × 36 cm
iM € 67,50 (D) / sFr 115,–
ISBN 3-7861-4102-9
Gebr. Mann Verlag

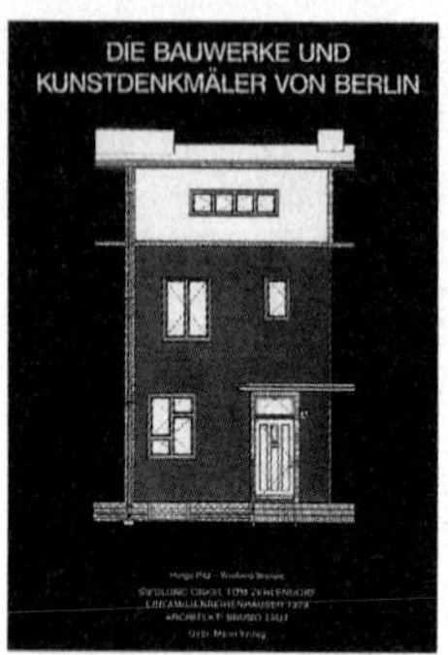

Beiheft 1
Bezirk Zehlendorf
Helge Pitz - Winfried Brenner
Siedlung Onkel Tom
Einfamilienreihenhäuser 1929
Architekt: Bruno Taut
Präsentation: Portoghesi, Paolo
Einleitung: Julius Posener
Deutsch – Italienisch – Englisch
2. Aufl. 1998. 256 S. mit 128 S., davon 36 farb., 17,5 × 25 cm
Ln € 76,– (D) /sFr 129,–
ISBN 3-7861-1234-7
Gebr. Mann Verlag

Beiheft 2
Hermann Schmitz
Berliner Baumeister
Vom Ausgang des achtzehnten Jahrhunderts
unveränd. Nachdruck der 2. Aufl., 1980. 336 S. mit 377 Abb., 17,5 × 25 cm
Ln € 37,50 (D) / sFr 65,–
ISBN 3-7861-1272-X
Gebr. Mann Verlag

Beiheft 3
Carl-Wolfgang Schümann
Der Berliner Dom im 19. Jahrhundert
1980. 318 S. mit 252 Abb., 17,5 × 25 cm
Ln € 37,– (D) / sFr 65,–
ISBN 3-7861-1197-9
Gebr. Mann Verlag

Beiheft 4
Hartwig Schmidt
Das Tiergartenviertel
Baugeschichte eines Berliner Villenviertels
Teil 1: 1790–1870
1981. 418 S. mit 74 Abb.; 264 Taf. mit 415 Abb., und 6 Faltpläne, davon 5 farb., 17,5 × 25 cm
Ln € 79,– (D) / sFr 134,–
ISBN 3-7861-1277-0
Gebr. Mann Verlag

Beiheft 6
Marlies Lammert
David Gilly
Ein Baumeister des deutschen Klassizismus
2. Aufl. 1981. XII, 240 S. mit 123 Abb., 17,5 × 25 cm
Ln € 24,– (D) / sFr 42,90
ISBN 3-7861-1317-3
Gebr. Mann Verlag

Beiheft 8
Richard Borrmann
Die Bau- und Kunstdenkmäler von Berlin
Mit einer geschichtlichen Einleitung P. von Clauswitz
Unveränderter Nachdruck der im Auftrag des Magistrats der Stadt Berlin 1893 erschienenen 1. Aufl.
1982. XIV, 436 S. mit 70 Abb., 28 Taf. und 3 Pläne, 17,5 × 25 cm
Ln € 37,50 (D) / sFr 65,–
ISBN 3-7861-1356-4
Gebr. Mann Verlag

Beiheft 9
Vera Frowein-Ziroff
Die Kaiser Wilhelm-Gedächtniskirche
Entstehung und Bedeutung
1982. 438 S. mit 354 Abb., 17,5 × 25 cm
Ln € 44,– (D) / sFr 76,–
ISBN 3-7861-1305-X
Gebr. Mann Verlag

Beiheft 10
Ludwig Hoffmann
Stadtbaurat von Berlin 1896–1924
Lebenserinnerungen eines Architekten
Bearb. und aus dem Nachlaß hrsg. von Wolfgang Schäche
Mit einem Vorwort von Julius Posener
2. Aufl. 1996. 394 S. mit 204 Abb., 17,5 × 25 cm
Ln € 74,– (D) / sFr 125,–
ISBN 3-7861-1388-2
Gebr. Mann Verlag

Beiheft 11
Hartmann Manfred Schärf
Die klassizistischen Landschloßumbauten Karl Friedrich Schinkels
1986. 270 S. mit 178 Abb., 17,5 × 25 cm

Ln € 40,– (D) / sFr 69,–
ISBN 3-7861-1427-7
Gebr. Mann Verlag

Beiheft 12
Monika Arndt
Die »Ruhmeshalle« im Berliner Zeughaus
Eine Selbstdarstellung Preußens nach der Reichsgründung
1985. 156 S. mit 62 Abb. und einem Dokumenten-Anhang,
17,5 × 25 cm
Ln € 26,– (D) / sFr 46,40
ISBN 3-7861-1426-9
Gebr. Mann Verlag

Beiheft 13
Hartmut Dorgerloh
Die Nationalgalerie in Berlin
Zur Geschichte des Gebäudes auf der Museumsinsel 1841–1970
1999. 290 S. mit 10 Abb., 2 Farbtaf. mit 3 Abb., und 50 Taf. mit 79 Abb., davon 3 farb., 17 × 24 cm
Ln € 79,50 (D) / sFr 134,–
ISBN 3-7861-1754-3
Gebr. Mann Verlag

Beiheft 14
Peter Güttler und Sabine Güttler
Zeitschriften-Bibliographie zur Architektur in Berlin von 1919 bis 1945
1986. VIII, 724 S., 17,5 × 25 cm
Ln € 82,50 (D) / sFr 139,–
ISBN 3-7861-1437-4
Gebr. Mann Verlag

Beiheft 16
Klaus-Dieter Wille
Die Glocken von Berlin (West)
Geschichte und Inventar
unter Mitarbeit von Lothar Fender und Heinz Kroll
1987. VIII, 256 S. mit 147 Abb.,
17,5 × 25 cm
Ln € 37,50 (D) / sFr 65,–
ISBN 3-7861-1443-9
Gebr. Mann Verlag

Beiheft 17
Wolfgang Schäche
Architektur und Städtebau in Berlin zwischen 1933 und 1945
Planen und Bauen unter der Ägide der Stadtverwaltung
Sonderausgabe
656 S. mit 486 Abb. und 20 Dokumenten, 17 × 24,2 cm
Ln € 34,80 (D) / sFr 58,50
ISBN 3-7861-1178-2
Gebr. Mann Verlag

Beiheft 18
Werner Martin
Manufakturbauten im Berliner Raum seit dem ausgehenden 17. Jahrhundert
1989. 220 S. mit 157 Abb., 17 × 24,2 cm
Ln € 44,– (D) / sFr 76,–
ISBN 3-7861-1535-4
Gebr. Mann Verlag

Beiheft 19
Christiane Schütz
Preußen in Jerusalem (1800–1861)

Karl Friedrich Schinkels Entwurf der Grabeskirche und die Jerusalempläne Friedrich Wilhelms IV.
1988. 188 S. mit 77 Abb., 17,5 × 25 cm
Ln € 44,– (D) / sFr 76,–
ISBN 3-7861-1540-0
Gebr. Mann Verlag

Beiheft 20
Gerd.-H. Zuchold
Der »Klosterhof« des Prinzen Karl von Preußen im Park von Schloß Glienicke in Berlin
Band 1: Geschichte und Bedeutung eines Bauwerkes und seiner Kunstsammlung
1993. 144 S. und 132 Taf. mit 180 Abb., davon 9 farb., 17 × 24,2 cm
Ln € 74,– (D) / sFr 125,–
ISBN 3-7861-1630-X
Gebr. Mann Verlag

Beiheft 21
Gerd-H. Zuchold
Der »Klosterhof« des Prinzen Karl von Preußen im Park von Schloß Glienicke in Berlin
Band 2: Katalog der von Prinz Karl von Preußen im »Klosterhof« aufbewahrten Kunstwerke
1993. 172 S., 36 Taf. mit 46 Abb., und 4 Farbtaf., mit 7 Abb., 17 × 24,2 cm
Ln € 69,– (D) / sFr 117,–
ISBN 3-7861-1204-5
Gebr. Mann Verlag

Beiheft 22
Martina Abri
Die Friedrich-Werdersche Kirche zu Berlin
Technik und Ästhetik in der Backsteinarchitektur K. F. Schinkels
1992. 206 S. mit 145 Abb., und 12 Farbtaf., 17 × 24,2 cm
Ln € 74,– (D) / sFr 125,–
ISBN 3-7861-1612-1
Gebr. Mann Verlag

Beiheft 23
Ute Langeheinecke
Der Wedding als ländliche Ansiedlung
Zur städtebaulichen Entwicklung des Bezirks Wedding 1720 bis 1840
1992. 344 S. mit 62 Abb., und 2 Beil., 17 × 24,2 cm
Ln € 95,– (D) / sFr 161,–
ISBN 3-7861-1658-X
Gebr. Mann Verlag

Beiheft 24
Andreas Tacke
Kirchen für die Diaspora
Christoph Hehls Berliner Bauten und Hochschultätigkeit (1894–1911)
1993. 336 S. mit 165 Abb., 17 × 24,2 cm
Ln € 95,– (D) / sFr 161,–
ISBN 3-7861-1690-3
Gebr. Mann Verlag

Beiheft 25
Werner Lorenz
Konstruktion als Kunstwerk
Bauen mit Eisen in Berlin und Potsdam 1797–1850
1995. 472 S. mit 209 Abb., davon 22 farb., 17 × 24 cm
Ln € 74,– (D) / sFr 125,–
ISBN 3-7861-1774-8
Gebr. Mann Verlag

Beiheft 26
Karl Kiem
Die Gartenstadt Staaken (1914–1917)
Typen, Gruppen, Varianten
1997. 236 S. mit 199 Abb., 17 × 24 cm
€ 60,– (D) / sFr 102,–
ISBN 3-7861-1885-X
Gebr. Mann Verlag

Beiheft 27
Annette Menting
Paul Baumgarten
Schaffen aus dem Charakter der Zeit
1998. 320 S. mit 255 Abb., davon 1 farb., 17 × 24 cm
Ln € 64,– (D) / sFr 109,–
ISBN 3-7861-1777-2
Gebr. Mann Verlag

Beiheft 28
Antje Hansen
Oskar Kaufmann

Ein Theaterarchitekt zwischen
Tradition und Moderne
2001. IV, 424 S. mit 223 Abb.,
17 × 24 cm
Gb € 76,– (D) / sFr 129,–
ISBN 3-7861-2375-6
Gebr. Mann Verlag

Adolf Behne
Essays zu seiner Kunst- und Architektur-Kritik
Hrsg. von Magdalena Bushart
2000. 288 S. mit 48 Abb., 17 × 24 cm
Gb € 99,– (D) / sFr 168,–
ISBN 3-7861-2337-3
Gebr. Mann Verlag

Adolf Behne
Der moderne Zweckbau
Mit einem Nachwort zur Neuausgabe
von Ulrich Conrads
1998. 82 S. mit 5 Abb.; 64 Taf. mit
99 Abb.; 2 Klapptaf. und 6 S.,
18,5 × 24,5 cm
Ln € 99,– (D) / sFr 168,–
ISBN 3-7861-2250-4
Gebr. Mann Verlag

Walter Curt Behrendt
Alfred Messel
Mit einer einleitenden Betrachtung von
Scheffler, Karl und einem Nachwort zur
Neuausgabe von Neumeyer, Fritz
1998. 152 S. mit 95 Abb., 21 × 29,7 cm
Ln € 84,– (D) / sFr 142,–
ISBN 3-7861-1830-2
Gebr. Mann Verlag

DER BERLINER KUNSTBRIEF
Herausgegeben von Till Meinert
Alexander Markschies
Die Siegessäule
2001. 29 S. mit 17 Abb., 3 Farbtaf.
14,8 × 21 cm
Klappen-Broschur € 9,95,– (D) /
sFr 18,40
ISBN 3-7861-2381-0
Gebr. Mann Verlag

Thomas Biller
Die Adelsburg in Deutschland
Entstehung · Gestalt · Bedeutung
Zweite, durchgesehene Ausgabe
1998. 240 S. mit 100 sw Abb., mit
3 Übersichtskarten
Ln € 51,– (D) / sFr 89,–
ISBN 3-422-06093-6
Deutscher Kunstverlag

Thomas Biller / Bernhard Metz
Die Burgen des Elsaß
Architektur und Geschichte
Vier Bände herausgegeben vom
Alemannischen Institut, Freiburg i. Br.
Band III: Der frühe gotische Burgenbau
im Elsaß (1250 bis 1300)
von Thomas Biller mit einem Beitrag
von Bernhard Metz
1995. 308 S. mit 143 Abb.,
Pp € 51,– (D) / sFr 89,–
ISBN 3-422-06132-0
Deutscher Kunstverlag

Thomas Biller
Die Wülzburg

Architekturgeschichte einer Renaissancefestung
1996. 292 S. mit 55 farb. Abb. und Plänen und 215 sw Abb.
Ln € 75,80 (D) / sFr 131,–
ISBN 3-422-06154-1
Deutscher Kunstverlag

Elke Blauert
Gerhard Siegmann 1911–1989
Architekt
Staatliche Museen zu Berlin – Sammlungskataloge der Kunstbibliothek. Sammlung der Handzeichnungen –
Hrsg. von Bernd Evers
1999. 128 S. mit 73 Abb., davon 9 farb., 19 × 24 cm
Gb € 24,– (D) / sFr 42,90
ISBN 3-7861-2314-4
Gebr. Mann Verlag

Hans J. Böker
Idensen
Architektur und Ausmalungsprogramm einer romanischen Hofkapelle
mit 49 vierfarbigen Aufnahmen von Jutta Brüdern
1995. 164 S. mit 70 Abb., davon 49 farb., 21,3 × 30,6 cm
Ln € 76,– (D) / sFr 129,–
ISBN 3-7861-1799-3
Gebr. Mann Verlag

Helmut Börsch-Supan
Künstlerwanderungen nach Berlin
Vor Schinkel und danach
2001. 360 S. mit 42 sw Abb., 17 × 24 cm
Ln € 34,80 (D) / sFr 61,–
ISBN 3-422-06328-5
Deutscher Kunstverlag

Michael Bohm
Architektur und Stadtkörper
Zur Kontinuität des Urbanen in Raum und Zeit
1998. 112 S. mit 206 Abb., davon 25 farb., 17 × 24 cm
Ln € 49,– (D) / sFr 85,–
ISBN 3-7861-1811-6
Gebr. Mann Verlag

Christoph Brachmann
Gotische Architektur in Metz unter Bischof Jacques de Lorraine (1239–1260)
Der Neubau der Kathedrale und seine Folgen
1998. 184 S. mit 1 Klapptaf.; 240 Taf. mit 559 Abb.; 1 Klapptaf. mit 2 Abb., und 8 Taf. als Beil., 21 × 29,7 cm
Ln € 102,– (D) / sFr 173,–
ISBN 3-7861-1967-8
Gebr. Mann Verlag

Michael Braum / Hartmut Millarg (Hg.)
Städtebau in Hannover
Ein Führer durch 50 Siedlungen von Jens Giesecke, Hartmut Millarg und Isa Baumgart
Mit Vorworten von Hanns Adrian und Sid Auffarth
Deutsch / Englisch
2000. 172 Seiten und 362 Abbildungen, 1 Übersichtsplan, 13,5 × 24,5 cm
Br € 22,50 (D) / sFr 40,50
ISBN 3-496-01223-4
Dietrich Reimer Verlag

Wolfgang Braunfels
Mittelalterliche Stadtbaukunst in der Toskana
Gebr. Mann studio-Reihe
6. Aufl. 1988. 284 S. mit 4 Abb. und 46 Taf. mit 50 Abb., 13,5 × 20 cm
Br € 20,90 (D) / sFr 37,70
ISBN 3-7861-1255-X
Gebr. Mann Verlag

Klaus Theo Brenner
Bau-Körper
1997. 200 S. mit 96 Abb., davon 53 farb., 14,5 × 17,9 cm
Kt € 49,– (D) / sFr 85,–
ISBN 3-7861-1951-1
Gebr. Mann Verlag

Klaus Theo Brenner
Das radikale Projekt der Modernen Architektur
1995. 128 S. mit 8 Abb., 17 × 24 cm
Ppk € 24,– (D) / sFr 42,90
ISBN 3-7861-1822-1
Gebr. Mann Verlag

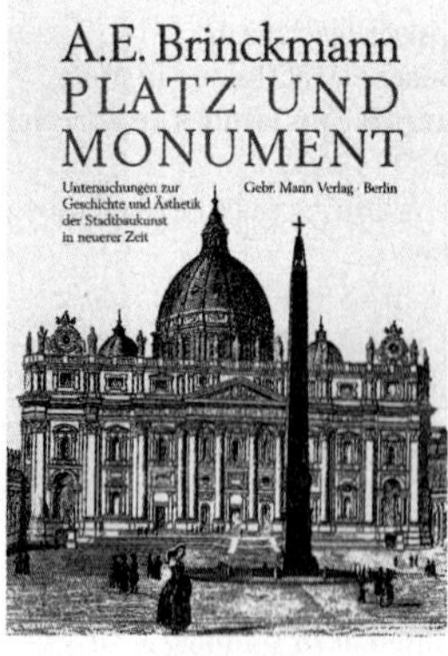

Albert Erich Brinckmann
Platz und Monument
Untersuchungen zur Geschichte und Ästhetik der Stadtbaukunst in neuerer Zeit
Nachdruck der ersten Auflage Berlin1908
Mit einem Nachwort zur Neuausgabe von Jochen Meyer
Edition Ars et Architectura
2000. X, 214 S. mit 49 Abb., 14,8 × 21cm
Gb € 76,– (D) / sFr 129,–
ISBN 3-7861-2322-5
Gebr. Mann Verlag

Werner Brunner
Verblichene Idyllen
Wandbilder im Berliner Mietshaus der Jahrhundertwende
Beispiele internationalen Zeitgeschmacks der Belle Epoque
Aufnahmen: Werner Brunner und Wolf Lücking
1996. 290 S. mit 212 Abb., davon 100 farb., 21 × 28 cm
Ln € 129,– (D) / sFr 218,–
ISBN 3-7861-1632-6
Gebr. Mann Verlag

Tilmann Buddensieg
Industriekultur
Peter Behrens und die AEG 1907–1914
in Zusammenarbeit mit Henning Rogge unter Mitarbeit Gabriele von Heidecker und Karin Wilhelm
Beitr. Sabine Bohle und Fritz Neumeyer
4. Aufl. 1993. 556 S. mit 688 Abb., davon 58 farb., 22 × 22 cm
Ln € 64,– (D) / sFr 112,–
ISBN 3-7861-1155-3
Gebr. Mann Verlag

Martin Büchsel
Die Skulptur des Querhauses der Kathedrale von Chartres
Schriften des Liebieghauses Museum alter Plastik – Frankfurt am Main
1995. 430 S. mit 367 Abb., 17 × 25 cm
Ln € 94,50 (D) / sFr 160,–
ISBN 3-7861-1724-1
Gebr. Mann Verlag

Der Bundesrat
im ehemaligen Preußischen Herrenhaus
Hrsg. vom Bundesrat, Berlin 2002
2002. 224 S. mit 164 Abb., davon

111 farb., 21 × 29,7 cm
Ln € 49,80 (D) / sFr 83,20
ISBN 3-7861-2437-X
Gebr. Mann Verlag

LES CHOSES
Berliner Hefte zur Architektur
Heft 7/8 Oktober 1998. 7. Jahrgang
Kafka und die Architektur
Hrsg. von Marie José Seipelt,
Jürgen Eckhardt und Helmut Geisert
1998. 78 S. mit 1 Abb., 16,8 × 24 cm
Br € 36,– (D) / sFr 63,–
ISBN 3-7861-1978-3
Gebr. Mann Verlag

Ludwig Dehio
Friedrich Wilhelm IV. von Preußen
Ein Baukünstler der Romantik
Hrsg. von Hans-Herbert Möller
Mit einem Nachwort zur Neuausgabe
von Goerd Peschken
2001. 144 S. mit 85 Abb.,
17 × 24 cm
Gb € 99,– (D) / sFr 168,–
ISBN 3-7861-2356-X
Gebr. Mann Verlag

GEORG DEHIO: HANDBUCH DER DEUTSCHEN KUNSTDENKMÄLER

Baden-Württemberg I:
Die Regierungsbezirke Stuttgart und Karlsruhe
Bearbeitet von Dagmar Zimdars u.a.
1993. 920 S. mit 97 Plänen und Grundrissen, zweifarb. Kartenteil
Ln € 39,90 (D) / sFr 69,–
ISBN 3-422-03024-7
Deutscher Kunstverlag

Baden-Württemberg II:
Die Regierungsbezirke Freiburg und Tübingen
Bearbeitet von Dagmar Zimdars u.a.
1997. 928 S. mit 134 Plänen und Grundrissen, zweifarb. Kartenteil
Ln € 39,90 (D) / sFr 69,–
ISBN 3-422-03030-1
Deutscher Kunstverlag

Bayern I: Franken
Die Regierungsbezirke Oberfranken, Mittelfranken und Unterfranken
2. durchges. und erg. Auflage, bearbeitet von Tilmann Breuer, Helmut-Eberhard Paulus u.a.
1999. 1312 5. mit 174 Plänen und Grundrissen
Ln € 51,– (D) / sFr 89,–
ISBN 3-422-03051-4
Deutscher Kunstverlag

Bayern II: **Niederbayern**
Bearbeitet von Michael Brix
1988. 840 S. mit 100 Plänen und Grundrissen, zweifarb. Kartenteil
Ln € 34,80 (D) / sFr 61,–
ISBN 3-422-03007-7
Deutscher Kunstverlag

Bayern III:
Schwaben
Bearbeitet von Bruno Bushart und Georg Paula
1989. 1184 S. mit 126 Plänen und Grundrissen, zweifarb. Kartenteil
Ln € 38,50 (D) / sFr 67,–
ISBN 3-422-03008-5
Deutscher Kunstverlag

Bayern IV:
München und Oberbayern
Bearbeitet von Ernst Götz, Heinrich Habel, Karlheinz Hemmeter u.a.
1990. 1400 S. mit 174 Plänen und Grundrissen, zweifarb. Kartenteil
Ln € 39,90 (D) / sFr 69,–
ISBN 3-422-03010-7
Deutscher Kunstverlag

Bayern V:
Regensburg und die Oberpfalz
Bearbeitet von Jolanda Drexler, Achim Hubel u.a.
1991. 880 S. mit 121 Plänen und Grundrissen, zweifarb. Kartenteil
Ln € 39,90 (D) / sFr 69,–
ISBN 3-422-03011-5
Deutscher Kunstverlag

Berlin
Zweite, durchgesehene und ergänzte Auflage, bearbeitet von Michael Bollé u.a.
2000. 720 S. mit 105 neu gezeichneten Plänen und Grundrissen, 12 × 18 cm
Ln € 45,– (D) / sFr 78,–
ISBN 3-422-03071-9
Deutscher Kunstverlag

Brandenburg
Bearb. von Gerhard Vinken u.a.
2000. 1240 S. mit 140 Plänen und Grundrissen, 12 × 18 cm
Ln € 51,–(D) / sFr 89,–
ISBN 3-422-03054-9
Deutscher Kunstverlag

Bremen, Niedersachsen
2., stark veränderte und erweiterte Auflage, neubearbeitet von Gerd Weiß u.a.
1992. 1504 S. mit 152 Plänen und Grundrissen, zweifarb. Kartenteil
Ln € 51,– (D) / sFr 89,–
ISBN 3-422-03022-0
Deutscher Kunstverlag

Hamburg, Schleswig-Holstein
2., stark veränderte und erweiterte Auflage, bearbeitet von Johannes Habich, Christoph Timm und Lutz Wilde
1994. 960 S. mit 100 Plänen und Grundrissen, zweifarb. Kartenteil
Ln € 45,– (D) / sFr 78,–
ISBN 3-422-03033-6
Deutscher Kunstverlag

Mecklenburg-Vorpommern
Bearb. von Hans-Christian Feldmann u.a.
2000. 784 S. mit 82 Plänen und Grundrissen, 12 × 18 cm
Ln € 39,90 (D) / sFr 69,–
ISBN 3-422-03081-6
Deutscher Kunstverlag

Rheinland-Pfalz, Saarland
2., verbesserte und erweiterte Auflage, bearbeitet von Hans Caspary u.a.
1984. 1256 S. mit 150 Plänen und Grundrissen, zweifarb. Kartenteil
Ln € 39,90 (D) / sFr 69,–
ISBN 3-422-00382-7
Deutscher Kunstverlag

Sachsen I:
Regierungsbezirk Dresden
Bearbeitet von Barbara Bechter, Wiebke Fastenrath u.a
1996. 960 S. mit 89 Plänen und Grundrissen, zweifarb. Kartenteil,

Künstlerverzeichnis, Fachwörterlexikon
Ln € 45,– (D) / sFr 78,–
ISBN 3-422-03043-3
Deutscher Kunstverlag

Sachsen II:
Regierungsbezirke Leipzig und Chemnitz
Bearbeitet von Barbara Bechter, Wiebke Fastenrath, Heinrich Maginus u.a.
1997. 1200 S. mit 72 Plänen und Grundrissen
Ln € 51,– (D) / sFr 89,–
ISBN 3-422-03048-4
Deutscher Kunstverlag

Sachsen-Anhalt I:
Regierungsbezirk Magdeburg
Bearbeitet von Ute Bednarz, Folkhard Cremer und anderen
2002. 1104 S. mit 98 Plänen und Grundrissen, zweifarb. Karten, 12 × 18 cm
Ln € 48,– (D) / sFr 80,20
ISBN 3-422-03069-7
Deutscher Kunstverlag

Sachsen-Anhalt II:
Die Regierungsbezirke Dessau und Halle
Bearbeitet von Ute Bednarz, Folkhard Cremer, Hans-Joachim Krause u.a.
1999. 1040 S. mit 98 Plänen und Grundrissen
Ln € 45,– (D) / sFr 78,–

GEORG DEHIO
HANDBUCH
DER DEUTSCHEN
KUNSTDENKMÄLER
Sachsen-Anhalt I
Regierungsbezirk Magdeburg

ISBN 3-422-03065-4
Deutscher Kunstverlag

Kerstin Dörhöfer (Hg.)
Wohnkultur und Plattenbau
Beispiele aus Berlin und Budapest
1994. 240 Seiten mit 12 farb., 59 sw Abb. und 27 Plänen und Zeichnungen, 17 × 24 cm
Br € 24,– (D) / sFr 42,90
ISBN 3-496-01126-2
Dietrich Reimer Verlag

Elke Dorner
Daniel Libeskind. Jüdisches Museum Berlin
2. Aufl. 2000. 112 S. mit 54 Abb., 17 × 25 cm
Ln € 29,90 (D) / sFr 53,–
ISBN 3-7861-2275-X
Gebr. Mann Verlag

Max Dudler. Architekt
Text: Martin Kieren
2. Aufl. 1998. 80 S. mit 37 novatone-Abb. und 13 Strichzeichnungen, 24 × 34 cm
Ln € 49,– (D) / sFr 85,–
ISBN 3-7861-1797-7
Gebr. Mann Verlag

Maria Anna Eifert-Körnig
Die kompromittierte Moderne
Staatliche Bauproduktion und oppositionelle Tendenzen in der Nachkriegsarchitektur Ungarns
1994. 271 Seiten mit 15 farb. und 74 sw Abb., 17 × 24 cm
Br € 49,– (D) / sFr 85,–
ISBN 3-496-01127-0
Dietrich Reimer Verlag

Gerhard Eimer /Ernst Gierlich (Hg.)
Die sakrale Backsteinarchitektur des südlichen Ostseeraums – der theologische Aspekt
Kunsthistorische Arbeiten der Kulturstiftung der deutschen Vertriebenen Band 2
2000. 244 S. mit 143 Abb., 16,5 × 24 cm
Br € 25,– (D) / sFr 44,60
ISBN 3-7861-1569-9
Gebr. Mann Verlag

Karen Eisenloffel und Ingeborg Ermer (Hrsg.)
Tragwerkstatt Gerhard Pichler
Entwürfe · Bauten · Konstruktionen
2000. 168 S. mit 336 Abb., davon 50 farb., 21 × 25,5 cm
Ln € 74,– (D) / sFr 125,–
ISBN 3-7861-2279-2
Gebr. Mann Verlag

Ute Engel
Die Kathedrale von Worcester
Kunstwissenschaftliche Studien Band 88
2000. 368 S. mit 220 sw Abb., 19,5 × 26 cm
Ln € 75,80 (D) / sFr 128,–
ISBN 3-422-06305-6
Deutscher Kunstverlag

Europäische Technik im Mittelalter
800 bis 1400
Tradition und Innovation
Ein Handbuch
Hrsg. von Uta Lindgren
4. Aufl. 2001. 642 S. mit 429 Abb.,

davon 84 farb., 21 × 29,7 cm
Ln € 76,– (D) / sFr 129,–
ISBN 3-7861-1748-9
Gebr. Mann Verlag
Manfred F. Fischer

Das Chilehaus in Hamburg
Architektur und Vision
Bildtafeln von Klaus Frahm
1999. 116 S. mit 112 Abb., und 28 Taf., 21 × 29,7 cm
Ln € 52,– (D) / sFr 90,–
ISBN 3-7861-2299-7
Gebr. Mann Verlag

FORSCHUNGEN ZU BURGEN UND SCHLÖSSERN
Hrsg. von der Wartburg-Gesellschaft

Band 1
1994. 204 S. mit 113 Abb., 19,5 × 26 cm
lam. Pp € 45,– (D) / sFr 78,–
ISBN 3-422-06136-3
Deutscher Kunstverlag

Band 2: Burgenbau im späten Mittelalter
1996. 248 S. mit 203 s/w Abb., 19,5 × 26 cm
lam. Pp € 45,– (D) / sFr 78,–
ISBN 3-422-06187-8
Deutscher Kunstverlag

Band 3: Der frühe Schloßbau und seine mittelalterlichen Vorstufen
1997. 236 S. mit 178 s/w Abb., 19,5 × 26 cm
lam. Pp € 45,– (D) / sFr 78,–
ISBN 3-422-06208-4
Deutscher Kunstverlag

Band 4: Schloß Tirol – Saalbauten und Burgen des 12. Jahrhunderts in Mitteleuropa
1998. 280 S. mit 150 s/w Abb., 19,5 × 26 cm
lam. Pp € 45,– (D) / sFr 78,–
ISBN 3-422-06225-4
Deutscher Kunstverlag

Band 6: Burgen kirchlicher Bauherren
2001. 308 S. mit 233 s/w und 1 farb. Abb., 19,5 × 26 cm
lam. Pp € 45,– (D) / sFr 78,–
ISBN 3-422-06360-9
Deutscher Kunstverlag

Band 7: Burgenbau im 13. Jahrhundert
2002. 308 S. mit 239 s/w Abb., 19,5 × 26 cm
Gb € 48,– (D) / sFr 80,20
ISBN 3-422-06361-7
Deutscher Kunstverlag

Paul Frankl
Die Entwicklungsphasen der neueren Baukunst
Mit einem Nachwort zur Neuausgabe von Jasper Cepl

1999. IV, VIII S., 187 S. mit 50 Abb.,
9 S. und 12 Taf. mit 24 Abb.,
17 × 24 cm
Gb € 69,– (D) / sFr 117,–
ISBN 3-7861-2270-9
Gebr. Mann Verlag

Anette Froesch
Das Luisium bei Dessau
Gestalt und Funktion eines fürstlichen Landsitzes im Zeitalter der Empfindsamkeit
Forschungen zum Gartenreich Dessau-Wörlitz
Hrsg. im Auftrag der Dessau-Wörlitz-Kommission an der Martin-Luther-Universität Halle-Wittenberg von Christian Antz, Gunnar Berg, Adrian von Buttlar und Heinrich Dilly
2002. 248 S. mit 37 Farbtaf. und
91 s/w Abb., 17 × 24 cm
Klappenbroschur
€ 39,80 (D) / sFr 66,50
ISBN 3-422-06375-7
Deutscher Kunstverlag

FRÜHLICHT
Eine Folge für die Verwirklichung des neuen Baugedankens
Herausgeber: Bruno Taut

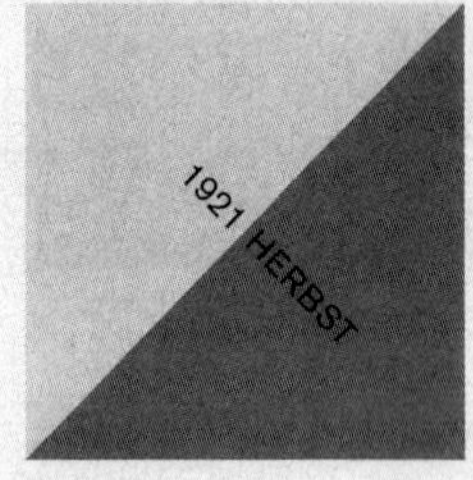

Frühlicht Herbst 1921
38 S. mit 51 Abb., und 10 Taf.
mit historischen Anzeigen,
farbiger Originalumschlag

Frühlicht Winter 1921/22
38 S. mit 57 Abb., und 14 Taf.
mit historischen Anzeigen,
farbiger Originalumschlag

Frühlicht Frühling 1922
40 S. mit 71 Abb., und 18 Taf.
mit historischen Anzeigen,
farbiger Originalumschlag

Frühlicht Sommer 1922
38 S. mit 44 Abb. und 18 Taf.
mit historischen Anzeigen,
farbiger Originalumschlag

2000. Vier Hefte zus. in vierfarbiger Einschlagmappe, 21 × 29,7 cm
€ 153,– (D) / sFr 259,–
ISBN 3-7861-1862-0
Gebr. Mann Verlag

BAUEN IN
FRANKREICH
BAUEN IN
EISEN
Siegfried Giedion
Gebr. Mann
Verlag · Berlin
BAUEN IN
EISENBETON

Manfred Speidel, Karl Kegler,
Peter Ritterbach
Wege zu einer neuen Baukunst
Bruno Taut, Frühlicht
Konzeptkritik Heft 1–4 / 1921–22 und
Rekonstruktion Heft 5/1922
2000. 120 S. mit 113 Abb.,
davon 14 farb., 21 × 29,7 cm
Gb € 99,– (D) / sFr 168,–
ISBN 3-7861-2320-9
Gebr. Mann Verlag

Wolfram Fuchs / Robert Wischer
H VEN LC
Le Corbusiers Krankenhausprojekt
für Venedig
Hg. vom Institut für Krankenhausbau
der TU Berlin
1985. 112 Seiten mit 174 Abb.,
21 × 29,7 cm
Br € 15,– (D) / sFr 27,30
ISBN 3-496-01027-4
Dietrich Reimer Verlag

75 Jahre GEHAG 1924-1999
Hrsg. von Wolfgang Schäche
1999. 272 S. mit 374 Abb.,
davon 116 farb., 21 × 29,7 cm
Ln € 65,– (D) / s Fr 111,–
ISBN 3-7861-2310-1
Gebr. Mann Verlag

Sigfried Giedion
Bauen in Frankreich
Bauen in Eisen – Bauen in Eisenbeton
Mit einem Nachwort zur Neuausgabe
von Sokratis Georgiadis
2000. X, 128 S. mit 139 Abb.,
und 22 S., 18,5 × 26 cm
Gb € 99,– (D) / sFr 168,–
ISBN 3-7861-2328-4
Gebr. Mann Verlag

Peter Giesau
Carl Theodor Ottmer (1800–1843)
Braunschweiger Hofbaurat zwischen
Klassizismus und Historismus
1998. 208 S. mit 210 Abb.,
19,5 × 26 cm
Ln € 75,80 (D) / sFr 128,–
ISBN 3-422-06217-3
Deutscher Kunstverlag

David Gilly's Bibliothek
Reprint des Auktionskataloges von 1808
Herausgegeben und mit einem Nachwort versehen von Klaus Jan Philipp
Bearbeitung und Kommentar von
Grit Herrmann
2000. 250 S. und 86 S. 14,8 × 21 cm
Gb € 99,– (D) / sFr 168,–
ISBN 3-7861-2344-6
Gebr. Mann Verlag

Olaf Gisbertz
Bruno Taut und Johannes Göderitz in Magdeburg.
Architektur und Städtebau in der
Weimarer Republik
Mit einem Vorwort von Tilmann
Buddensieg
2000. 270 S. mit 2 Abb.; 2 Farbtaf. und

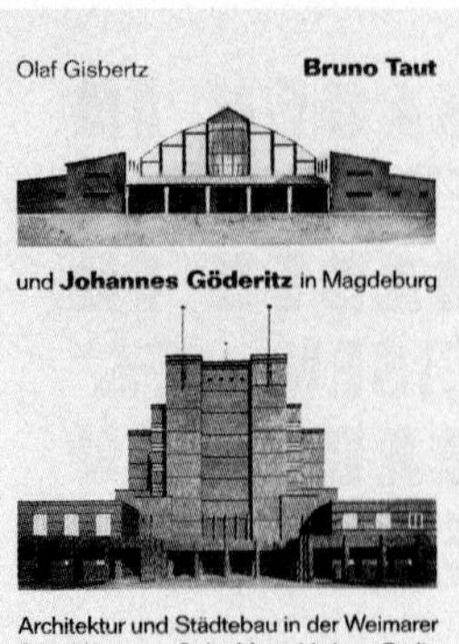

68 Taf. mit 141 Abb., 21 × 29,7 cm
Gb € 74,– (D) / sFr 125,–
ISBN 3-7861-2318-7
Gebr. Mann Verlag

Marie Luise Gothein
Indische Gärten
Mit einem Nachwort zur Neuausgabe von Horst Schumacher
2000. 82 S. mit 9 Abb.; und 57 Taf. mit 63 Abb., und 16 S. mit 4 Abb., 17 × 24 cm,
Gb € 79,– (D) / sFr 134,–
ISBN 3-7861-2319-5
Gebr. Mann Verlag

Sonja Günther
Bruno Paul
1874–1968
Mit einem Vorwort von Julius Posener
1992. 174 S. mit 160 Abb., davon 25 farb., 20 × 26 cm
Ln € 76,– (D) / sFr 129,–
ISBN 3-7861-1218-5
Gebr. Mann Verlag

Sylvaine Hänsel / Angelika Schmitt (Hg.)
Kinoarchitektur in Berlin
1895–1995
1995. 296 Seiten mit 350 Objekten. 550 Fotos, Grund- und Aufrisse, Register, 17 × 24 cm
Br € 25,– (D) / sFr 44,60
ISBN 3-496-01129-7
Dietrich Reimer Verlag

Elisabeth M. Hajos / Leopold Zahn
Berliner Architektur
1919 bis 1929
10 Jahre Architektur der Moderne
Mit einem Nachwort zur Neuauflage von Michael Neumann
Berlinische Bibliothek im Gebr. Mann Verlag
1996. XVI, 146 S. mit 180 Abb., 21 × 29,5 cm
Ln € 84,– (D) / sFr 142,–
ISBN 3-7861-1867-1
Gebr. Mann Verlag

Thomas Hasler
Architektur als Ausdruck – Rudolf Schwarz
Studien und Texte zur Geschichte der Architekturtheorie
2000. 318 S. mit 216 Abb., davon 10 farb., 17 × 24 cm
Br € 37,50 (D)
ISBN 3-7861-1759-4
Gebr. Mann Verlag

Andreas Haus
Karl Friedrich Schinkel als Künstler
2001. 440 Seiten mit 16 farb. und 420 sw Abb., 21 × 28 cm
Ln € 75,80 (D) / sFr 128,–
ISBN 3-422-06317-X
Deutscher Kunstverlag

Hermann Hipp / Ernst Seidl (Hg.)
Architektur als politische Kultur
philosophia practica

1996. 338 Seiten mit 93 Abb., Namens- und Ortsregister, 17 × 24 cm
Ln mit Schutzumschlag
€ 35,– (D) / sFr 61,–
ISBN 3-496-01149-1
Dietrich Reimer Verlag

Stephan Höhne
in Höhne + Rapp Architekten
Kindertagesstätte Karow-Nord
Mit einem Essay von Martin Kieren und Fotografien von Stefan Müller
2000. 48 S. mit 35 Abb., davon 2 farb., 29,7 × 24 cm
Ppk € 39,– (D) / sFr 68,–
ISBN 3-7861-1749-7
Gebr. Mann Verlag

Eilfried Huth
Architekt
Varietät als Prinzip
Hrsg. von Juliane Zach
1996. 144 S. mit 268 Abb., davon 17 farb., 24 × 21 cm
Ln € 74,– (D) / sFr 125,–
ISBN 3-7861-1709-8
Gebr. Mann Verlag

Roland Jaeger
Block & Hochfeld – die Architekten des Deutschlandhauses
Bauten und Projekte in Hamburg 1921–1938
Exil in Los Angeles
1996. 248 S. mit 264 Abb., 24 × 30 cm
Ln € 74,– (D) / sFr 125,–
ISBN 3-7861-1802-7
Gebr. Mann Verlag

Roland Jaeger
Heinrich de Fries und sein Beitrag zur Architekturpublizistik der Zwanziger Jahre
Architektur-Archiv Band 2
2001. 202 S. mit 44 Abb., 17 × 24 cm
Gb € 86,– (D) / sFr 145,–
ISBN 3-7861-2378-0
Gebr. Mann Verlag

Roland Jaeger
Gustav Adolf Platz und sein Beitrag zur Architekturhistoriographie der Moderne
Architektur-Archiv Band 1
2000. 210 S. mit 43 Abb., 17 × 24 cm
Gb € 64,– (D) / sFr 109,–
ISBN 3-7861-2343-8
Gebr. Mann Verlag

Alena Janatková
Barockrezeption zwischen Historismus und Moderne
Die Architekturdiskussion in Prag 1890–1914
Studien und Texte zur Geschichte der Architekturtheorie
2000. 214 S. mit 72 Abb., 17 × 24 cm
Br € 36,– (D)
ISBN 3-7861-2400-0
Gebr. Mann Verlag

Hans Jantzen
Über den gotischen Kirchenraum und andere Aufsätze
Edition Logos
Mit einer Bibliographie Hans Jantzen von Ulf Jantzen, und einem Nachwort zur erw. Neuauflage von Ulrich Kuder
2000. 188 S. mit 61 Abb., 17 × 24 cm
Ppk € 99,– (D) / sFr 168,–
ISBN 3-7861-1905-8
Gebr. Mann Verlag

Heinrich F. Jennes
Architektur des Horizonts
Bericht vom territorialen Entwurf
2001. 252 S. mit 77 Abb., und 4 Farbtaf. mit 5 Abb., 17 × 24 cm

Gb € 36,– (D) / sFr 63,–
ISBN 3-7861-2407-8
Gebr. Mann Verlag

Karin Carmen Jung
Potsdam. Am Neuen Markt
Ereignisgeschichte, Städtebau, Architektur
1999. 184 S. mit 225 Abb., und 8 Farbtaf., 21 × 29,7 cm
Ln € 69,– (D) / sFr 117,–
ISBN 3-7861-2307-1
Gebr. Mann Verlag

Junge Baukunst in Deutschland
Ein Querschnitt durch die Entwicklung neuer Baugestaltung in der Gegenwart
Hrsg. von Heinrich de Fries
2001. 128 S. mit 217 Abb., 23,5 × 29,3 cm
Gb € 129,– (D) / sFr 218,–
ISBN 3-7861-2298-9
Gebr. Mann Verlag

Henrik Karge
Die Kathedrale von Burgos und die spanische Architektur des 13. Jahrhunderts
Französische Hochgotik in Kastilien und León
English Summary – Resumen Español
1989. 242 S. mit 26 Abb; 110 Taf. mit 198 Abb., und 4 Beil., 21 × 29,7 cm
Ln € 184,– (D) / sFr 311,–
ISBN 3-7861-1548-6
Gebr. Mann Verlag

Margrit Kennedy / Declan Kennedy (Hg.)
Handbuch ökologischer Siedlungs(um)bau
Erfahrungen bei Neubau und Erneuerung von Wohnsiedlungen in europäischen Ländern
Hg. Europäische Akademie für städtische Umwelt Berlin
1998. 238 Seiten mit 50 Abb. und 124 Strichzeichnungen, 21 × 29,7 cm
Gb € 35,– (D) / sFr 61,– /
ISBN 3-496-02638-3
Dietrich Reimer Verlag

Margrit Kennedy / Declan Kennedy (Hg.)
Designing Ecological Settlements
Ecological Planning and Building: Experiences in new housing and in the renewal of existing housing quarters in European countries
Edited by the European Academy of the Urban Environment, Berlin
2. Aufl. 2000. 230 Seiten mit 50 Abb. und 126 Strichzeichnungen, 21 × 29,7 cm
Gb € 44,– (D) / sFr 76,–
ISBN 3-496-02630-8
Dietrich Reimer Verlag

Hermann Kießling
Der Goldene Saal und die Fürstenzimmer im Augsburger Rathaus
1997. 440 S. mit 168 farb. und 300 s/w Abb., 23 × 30,5 cm

Ln € 51,– (D) / sFr 89,–
ISBN 3-422-06198-3
Deutscher Kunstverlag

Sabine Klotz
Fritz Landauer (1883–1968)
Leben und Werk eines jüdischen Architekten
Schriften des Architekturmuseums Schwaben, Band 4
2001. 333 Seiten mit 139 s/w-Abb., 18 × 25 cm
Gb € 49,90 (D) / sFr 87,–
ISBN 3-496-01247-1
Dietrich Reimer Verlag

Marc Kocher
Skizzen für ein neues Stadtquartier
Das Gelände des ehemaligen Central-Vieh- und Schlachthofes Berlin-Prenzlauer Berg
1999. 88 S. mit 44 Abb., davon 20 farb., 24 × 21 cm
Pp € 49,– (D) / sFr 85,–
ISBN 3-7861-2285-7
Gebr. Mann Verlag

Bettina Köhler
»Architektur ist die Kunst, gut zu bauen«
Charles Augustin D'Avilers *Cours d'Architecture qui comprend les Ordres de Vignole*
Studien und Texte zur Geschichte der Architekturtheorie

1997. 244 S. mit 97 Abb., und als Beilage 12 S. Tafelsynopse zum *Cours d'Architecture*, 17 × 24 cm
fBr € 33,– (D)
ISBN 3-7861-1787-X
Gebr. Mann Verlag

Renate Köhne-Lindenlaub
Die Villa Hügel
Ein Unternehmerwohnsitz im Wandel der Zeit
Kleine Reihe Hügel
2002. 168 S. mit 170 teils farb. Abb., 12 × 22 cm
Klappenbroschur
€ 9,80 (D) / sFr 17,60
ISBN 3-422-06357-9
Deutscher Kunstverlag

Arthur Korn
Glas
Im Bau und als Gebrauchsgegenstand
Mit einem Nachwort zur Neuausgabe
von Myra Warhaftig
1999. 254 S. mit 184 Abb., und 16 S.,
21 × 29,7 cm
Ln € 144,– (D) / sFr 244,– /
ISBN 3-7861-2306-3
Gebr. Mann Verlag

Katharina Krause,
Die Maison de plaisance – Landhäuser in der Ile de France (1660–1730)
Kunstwissenschaftliche Studien Band 68
1996. 408 S. mit 348 Abb.
Ln € 86,– (D) / sFr 145,–
ISBN 3-422-06175-4
Deutscher Kunstverlag

Richard Krautheimer
Die Kirchen der Bettelorden in Deutschland
Edition Logos
Mit einem Nachwort zur Neuausgabe
von Matthias Untermann
2000. VIII, 152 S. mit 13 Abb.;
1 Klappkarte, 43 Taf. mit 45 Abb., und
12 S., 17 × 24 cm
Ppk € 94,– (D) / sFr 159,–
ISBN 3-7861-2326-8
Gebr. Mann Verlag

Ulrich Kuder (Hrsg.)
Architektur und Ingenieurwesen zur Zeit der nationalsozialistischen Gewaltherrschaft 1933–1945
Im Auftrag des Rektorats und des
Zentrums für Technik und Gesellschaft
der Brandenburgischen Technischen
Universität Cottbus
1997. 178 S. mit 93 Abb.,17 × 24 cm
Br € 22,– (D) / sFr 39,50
ISBN 3-7861-1915-5
Gebr. Mann Verlag

Kunst als Bedeutungsträger
Gedenkschrift für Günter Bandmann
Hrsg. Eduard Trier, Reiner Haussherr
und Werner Busch
1978. XVI, 590 S. mit 262 Abb.,
14,8 × 21 cm
Ln € 60,– (D) / sFr 102,–
ISBN 3-7861-1153-7
Gebr. Mann Verlag

DIE KUNSTDENKMÄLER IN BADEN-WÜRTTEMBERG
Hrsg. vom Landesdenkmalamt
Baden-Württemberg

Rems-Murr-Kreis
Bearb. von Adolf Schahl
1983. 1702 S. mit 1247 Abb. und 3
Farbtaf. sowie 3 Falttaf., 17,5 × 25 cm
Ln 2 Bde. iSch zus.
€ 102,– (D) / sFr 173,–
ISBN 3-422-00560-9
Deutscher Kunstverlag

Die Kunstdenkmäler der Stadt Schwäbisch Gmünd
Von Richard Strobel

Band II
Kirchen der Altstadt (ohne Heiligkreuzmünster)
1995. 280 S. mit 333 s/w und 32 farb.
Abb. auf 20 Taf., 6 Falttaf., 21 × 30 cm

Band III
Profanbauten der Altstadt (ohne Stadtbefestigung)
1995. 416 S. mit 572 s/w und 25 farb.
Abb. auf 12 Taf., 8 Falttaf., 21 × 30 cm
Ln beide Bde. zus. iSch
€ 75,80 (D) / sFr 128,–
ISBN 3-422-00569-2
Deutscher Kunstverlag

DIE KUNSTDENKMÄLER VON BAYERN
Hrsg. vom Bayerischen Landesamt
für Denkmalpflege
Band VI **Stadt Bamberg**
Teil 4
Bürgerliche Bergstadt
Von Tilmann Breuer und Reinhard
Gutbier
1996. 1712 S. mit 1653 Abb. und
11 Taf., 18 × 25,5 cm
Ln 2 Bde. iSch zus.
€ 102,– (D) / sFr 173,–
ISBN 3-422-00575-7
Deutscher Kunstverlag

DIE KUNSTDENKMÄLER VON BAYERN
– Neue Folge
Stadt Landsberg am Lech
Von Dagmar Dietrich u.a.

Band 1
Einführung – Bauten in öffentlicher Hand
1995. 530 S. mit 445 s/w und 24 farb.
Abb., 1 Faltplan, 21 × 30,5 cm
Ln € 51,– (D) / sFr 89,–
ISBN 3-422-00571-4
Deutscher Kunstverlag

Band 2
Sakralbauten der Altstadt
1997. 730 S. mit 888 s/w und 29 farb.
Abb., 10 Faltpläne, 21 × 30,5 cm
Ln € 75,80 (D) / sFr 128,–
ISBN 3-422-00572-2
Deutscher Kunstverlag

Band 3
Bürgerbauten der Altstadt
1996. 686 S. mit 640 s/w und 14 farb.
Abb., 4 Faltpläne, 21 × 30,5 cm
Ln € 65,50 (D) / sFr 112,–
ISBN 3-422-00573-0
Deutscher Kunstverlag

Band 4
Vorstadtbereiche und eingemeindete Dörfer
1999. 684 S. mit 928 s/w und 37 farb.
Abb., 21 × 30,5 cm
Ln € 51,– (D) / sFr 89,–
ISBN 3-422-00574-9
Deutscher Kunstverlag

DIE KUNSTDENKMÄLER VON
RHEINLAND-PFALZ
Hrsg. vom Landesamt für Denkmalpflege in Rheinland-Pfalz

8. Stadt Boppard
(Die Kunstdenkmäler des Rhein-Hunsrück-Kreises, Teil 2.1)
Bearb. von Alkmar von Ledebur
1988. 1012 S. mit 790 Abb. und
25 Falttaf., 17,5 × 25,5 cm
Ln 2 Bde. iSch zus.
€ 66,50 (D) / sFr 113,–
ISBN 3-422-00567-6
Deutscher Kunstverlag

9. Stadt Oberwesel
Bearb. von Eduard Sebald
Band I: **Die Kirchen der Kernstadt**
1996. 732 S. mit 470 s/w und 22 farb.
Abb. auf 14 Taf., 9 Falttaf.,
17,5 × 25,5 cm
Band II: **Profanbauten der Kernstadt und Stadtteile**
1997. 482 S. mit 327 Abb., 2 Falttaf.
Ln beide Bde. iSch zus.
€ 76,80 (D) / sFr 130,–
ISBN 3-422-00576-5
Deutscher Kunstverlag

KUNST, KULTUR UND POLITIK IM
DEUTSCHEN KAISERREICH
Schriften eines Projektkreises der
Fritz-Thyssen-Stiftung
Leitung: Stephan Waetzoldt
Jeder Band 16,5 × 23,5 cm

Band 1
Kunstverwaltung, Bau- und Denkmal-Politik im Kaiserreich
Hrsg. Ekkehard Mai und
Stephan Waetzoldt
1981. 490 S. mit 171 Abb.
Br € 34,50 (D) / sFr 60,–
ISBN 3-7861-1321-1
Gebr. Mann Verlag

Band 4
Das Rathaus im Kaiserreich
Kunstpolitische Aspekte einer Bauaufgabe des 19. Jahrhunderts

Hrsg. Ekkehard Mai, Jürgen Paul und Stephan Waetzoldt
1982. 518 S. mit 239 Abb.
Ln € 87,50 (D) / sFr 148,–
ISBN 3-7861-1339-4
Gebr. Mann Verlag

Band 5
Klaus Nohlen
Baupolitik im Reichsland Elsaß-Lothringen
1871–1918
Die repräsentativen Staatsbauten um den ehemaligen Kaiserplatz in Straßburg
1982. 374 S. mit 211 Abb. und 1 Falttaf.
Ln € 63,50 (D) / sFr 108,–
ISBN 3-7861-1318-1
Gebr. Mann Verlag

Alfred Lichtwark
Palastfenster und Flügeltür
Edition Ars et Architectura
Mit einem Nachwort zur Neuausgabe von Manfred F. Fischer
2000. XII, 204 S. und 30 S., 14,8 × 21 cm
Gb € 84,– (D) / sFr 142,–
ISBN 3-7861-2340-3
Gebr. Mann Verlag

Wilhelm Lotz
Wie richte ich meine Wohnung ein?
– modern – gut – mit welchen Kosten? – um 1930
Mit einem Nachwort zur Neuausgabe von Sonja Günther

1999. II, 190 S. mit 390 Abb., und 12 S., 14,8 × 21 cm
Ln € 76,– (D) / sFr 129,–
ISBN 3-7861-1851-5
Gebr. Mann Verlag

Hakon Lund / Anne Lise Thygesen
Christian Frederik Hansen
Aus dem Dänischen übers. von Wolfgang Benkendorf, wiss. bearb. von Hans-Dieter Nägelke und Jens Martin Neumann
1999. 2 Bde. im Schmuckschuber
Bd. 1: 384 S. mit 360 farb. u. 75 sw Abb.
Bd. 2: 324 S. mit 275 farb. u. 45 sw Abb.
Ln zus. € 155,– (D) / sFr 262,–
ISBN 3-422-06247-5
Deutscher Kunstverlag

Werner Lutz
Augsburgs Weg zur modernen Großstadt 1907–72
Die Künstlervereinigung Augsburg »Die Ecke« als kritischer Wegbegleiter
Schriftenreihe des Architekturmuseums Schwaben, Band 3
Herausgegeben von Winfried Nerdinger
2001. 264 S. mit 257 s/w Abb., 18 × 25 cm
Gb € 49,– (D) / sFr 85,–
ISBN 3-496-01251-X
Dietrich Reimer Verlag

Alexander Markschies
Gebaute Armut
San Salvatore e San Francesco al Monte in Florenz (1418–1504)

Aachener Bibliothek, herausgegeben von Andreas Beyer, Band 2
2001. 272 S. mit 118 sw Abb., 17 × 24 cm
Br € 34,80 (D) / sFr 61,–
ISBN 3-422-06326-9
Deutscher Kunstverlag

Paul Mebes
Um 1800
Architektur und Handwerk im letzten Jahrhundert ihrer traditionellen Entwicklung
Mit einem Nachwort zur Neuausgabe von Ulrich Conrads
Architectura Universalis
2001. II, XII S., 306 S. mit 547 Abb. u. VI S., 21 × 29,7 cm
Ln € 174,– (D) / sFr 294,–
ISBN 3-7861-1843-4
Gebr. Mann Verlag

Erich Mendelsohn
Neues Haus – Neue Welt
Mit Vorworten von Amédée Ozenfant und Erwin Redslob und einem Nachwort zur Neuausgabe von Bruno Zevi
Text: Deutsch – Englisch – Französisch
1997. 80 S. mit 74 Abb., 29 × 29 cm
Ln € 74,– (D) / sFr 125,–
ISBN 3-7861-1934-1
Gebr. Mann Verlag

Andrea Mesecke / Thorsten Scheer
Josef Paul Kleihues
The Museum of Contemporary Art Chicago
with a foreword by Udo Kultermann
photographs by Hélène Binet
1996. 128 S. mit 152 Novatone-Abb. und 8 Farbabb., 21 × 33 cm
Ln € 49,– (D) / sFr 85,–
ISBN 3-7861-1436-6
Gebr. Mann Verlag

Jochen Meyer
Theaterbautheorien zwischen Kunst und Wissenschaft
Die Diskussion über Theaterbau im deutschsprachigen Raum in der ersten Hälfte des 19. Jahrhunderts
Studien und Texte zur Geschichte der Architekturtheorie
1998. 388 S. mit 177 Abb., 17 × 24 cm
fBr € 69,50
ISBN 3-7861-1764-0
Gebr. Mann Verlag

Antje Middeldorf Kosegarten
Die Domfassade in Orvieto
Studien zur Architektur und Skulptur 1290–1330
Kunstwissenschaftliche Studien Band 66
1996. 144 S. mit 115 Abb.
Ln € 51,– (D) / sFr 89,–
ISBN 3-422-06176-2
Deutscher Kunstverlag

Leberecht Migge
»Der soziale Garten«
Das grüne Manifest
Mit einem Nachwort zur Neuausgabe ›Deutsche Binnenkolonisation – Sachgrundlagen des Siedlungswesens‹ von Reuß, Jürgen von
1999. II, 198 S. mit 97 Abb., und 14 S., 14,8 × 21 cm
Ln € 74,– (D) / s Fr 125,–
ISBN 3-7861-2291-1
Gebr. Mann Verlag

Moderner Berliner Zweckbau Verwaltungsgebäude
Hrsg. Hermann Werner – Vorwort Fritz Hellwag – Nachwort Helmut Geisert
1999. II, 126 S. mit 146 Abb., 19,5 × 26 cm

Gb € 74,– (D) / sFr 125,–
ISBN 3-7861-1990-2
Gebr. Mann Verlag

Hermann Muthesius
Das englische Haus
Entwicklung, Bedingungen, Anlage, Aufbau, Einrichtung und Innenraum
1999.
Band I: *Entwicklung des englischen Hauses*. VIII, XII S. und 220 S. mit 208 Abb.
Band II: *Bedingungen, Anlage, gärtnerische Umgebung, Aufbau und gesundheitliche Einrichtungen des englischen Hauses*. XII und 238 S. mit 256 Abb.
Band III: *Der Innenraum des englischen Hauses*. XII, XXVI S., 240 S. mit 298 Abb.
Beiheft: *Bock, Henning. Einführung zu Hermann Muthesius: Das englische Haus*.
24 S mit 1 Abb.; 21 × 29,7 cm
Ln iSch € 255,– (D) / sFr 431,–
ISBN 3-7861-1853-1
Gebr. Mann Verlag

Hermann Muthesius
Landhäuser
Abbildungen und Pläne ausgeführter Bauten mit Erläuterungen des Architekten
Mit einem Nachwort zur Neuausgabe von Sonja Günther
Architectura Universalis
2001. X, 204 S. mit 294 Abb., und

4 Farbtaf. 21 × 29,7 cm
Gb € 149,– (D) / sFr 252,–
ISBN 3-7861-2297-0
Gebr. Mann Verlag

Winfried Nerdinger
Der Architekt Walter Gropius
The Architect Walter Gropius
Zeichnungen, Pläne, Fotos aus dem Busch-Reisinger-Museum der Harvard University Art Museums, Cambridge/Mass. und dem Bauhaus-Archiv Berlin
Mit einem kritischen Werkverzeichnis
Drawings, Prints and Photographs from Busch-Reisinger-Museum, Harvard University Art Museums, Cambridge/Mass. and from Bauhaus-Archiv Berlin
with complete project catalogue
2., erw. und durchges. Auflage 1996.

316 S. mit 434 Abb., davon 49 Duplex und 15 farb., 24 × 29,3 cm
Ln € 52,– (D) / sFr 90,–
ISBN 3-7861-1844-2
Gebr. Mann Verlag

NEUE BAUHAUSBÜCHER
Neue Folge der von Walter Gropius und Laszlo Moholy-Nagy, begründeten »bauhausbücher«
Hrsg. Hans M.Wingler
Jeder Band 18 × 25 cm, Ln

Walter Gropius
Die neue Architektur und das Bauhaus
Grundzüge und Entwicklung einer Konzeption
3., unveränderte Aufl. 2003,
74 S. mit 37 Abb.
€ 34,80 (D) / sFr 58,50
ISBN 3-7861-1457-9
Gebr. Mann Verlag

Paul Klee
Pädagogisches Skizzenbuch
4. Aufl. 1997. 58 S. mit 87 Abb.
€ 34,50 (D) / sFr 60,–
ISBN 3-7861-1458-7
Gebr. Mann Verlag

Oskar Schlemmer / Laszlo Moholy-Nagy / Farkas Molnár
Die Bühne im Bauhaus
Nachwort von Walter Gropius
4., unveränderte Aufl. 2003. 94 S. mit 60 Abb., davon 2 farb., 1 farb. Faltblatt und 1 Transparentblatt
€ 44,– (D) / sFr 73,50
ISBN 3-7861-1459-5
Gebr. Mann Verlag

Hans M.Wingler
Die Mappenwerke ›Neue Europäische Graphik‹
(Die künstlerische Graphik des Bauhauses für das Bauhausarchiv hrsg. von Hans M.Wingler)
1965. 84 S. mit 10 Abb. und 76 Taf. mit 75 Abb., davon 11 farb.,
20 × 26,7 cm
€ 34,– (D) / sFr 60,–
ISBN 3-7861-1460-9
Gebr. Mann Verlag

Theo van Doesburg
Grundbegriffe der neuen gestaltenden Kunst
Mit einem Beitrag des Herausgebers und einem Nachwort von H. L. C.Jaffé
2. Aufl. 1981. VIII, 76 S. mit 32 Abb., davon 2 farb.
€ 22,– (D) / sFr 39,50
ISBN 3-7861-1461-7
Gebr. Mann Verlag

Walter Gropius
Apollo in der Demokratie
1967. 140 S. mit 71 Abb.
€ 24,– (D) / sFr 42,90
ISBN 3-7861-1463-3
Gebr. Mann Verlag

Ludwig Hilberseimer
Berliner Architektur der 20er Jahre
Mit einem Nachwort des Herausgebers
2., unveränd. Aufl. 1992. 104 S. mit 51 Abb.
€ 29,– (D) / sFr 51,–
ISBN 3-7861-1464-1
Gebr. Mann Verlag

Laszlo Moholy-Nagy
Malerei – Fotografie – Film
Mit einer Anmerkung des Herausgebers und einem Nachwort von Otto Stelzer
3. Aufl., 2000. 150 S. mit 113 Abb.
€ 29,90 (D) / sFr 53,–
ISBN 3-7861-1465-X
Gebr. Mann Verlag

Laszlo Moholy-Nagy
Von Material zu Architektur
Faksimile der 1929 erschienenen Erstausgabe
Mit einem Aufsatz von Otto Stelzer und einem Beitrag des Herausgebers
1968. 252 S. mit 211 Abb.
€ 42,– (D) / sFr 73,–
ISBN 3-7861-1466-8
Gebr. Mann Verlag

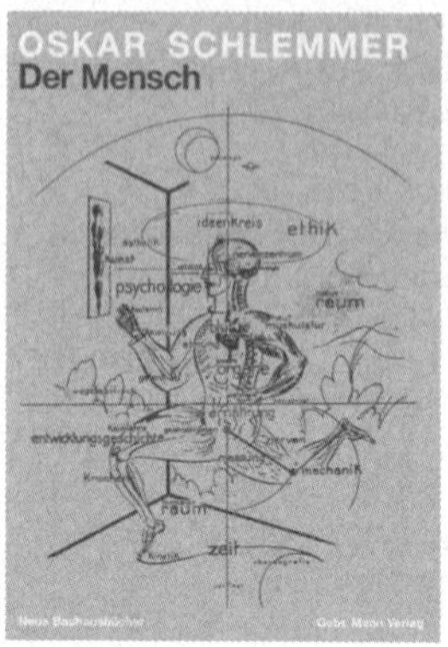

Oskar Schlemmer
Der Mensch
Unterricht am Bauhaus
Nachgelassene Aufzeichnungen
Redigiert, eingeleitet und kommentiert von Heimo Kuchling
2., unveränderte Aufl. 2003.
158 S. mit 85 Abb.
€ 46,– (D) / sFr 76,90
ISBN 3-7861-1467-6
Gebr. Mann Verlag

Gyorgy Kepes
Sprache des Sehens
1971. 200 S. mit 296 Abb., davon 6 farb., 20 × 26,7 cm
€ 34,– (D) / sFr 60,–
ISBN 3-7861-1468-4
Gebr. Mann Verlag

Serge Chermayeff / Christopher Alexander
Gemeinschaft und Privatbereich im neuen Bauen
Auf dem Wege zu einer humanen Architektur
Mit einem Vorwort von Kenneth Rexroth und einem Nachwort von H. M.Wingler
1971, 212 S. mit 88 Abb.
€ 24,– (D) / sFr 42,90
ISBN 3-7861-1469-2
Gebr. Mann Verlag

Sibyl Moholy-Nagy
Laszlo Moholy-Nagy. Ein Totalexperiment
Mit einem Vorwort von Walter Gropius
1972. 204 S. mit 82 Abb., davon 4 farb.
€ 28,– (D) / sFr 49,80
ISBN 3-7861-1470-6
Gebr. Mann Verlag

Walter Gropius
Bauhausbauten Dessau
Mit einer Vorbemerkung des Herausgebers
2., unveränd. Aufl. 1997. 224 S. mit 203 Abb.
€ 43,– (D) / sFr 75,–
ISBN 3-7861-1471-4
Gebr. Mann Verlag

Piet Mondrian
Neue Gestaltung
Neoplastizismus – Nieuwe Beelding
Mit einem Nachwort des Herausgebers
2. unveränderte Aufl. 2003. 72 S.
€ 29,50 (D) / sFr 50,50
ISBN 3-7861-1472-2
Gebr. Mann Verlag

J. J. P. Oud
Holländische Architektur
Mit einem Nachwort von H. L. C. Jaffé
1976. 90 S. mit 39 Abb.
€ 22,– (D) / sFr 39,50
ISBN 3-7861-1473-0
Gebr. Mann Verlag

Albert Gleizes
Kubismus
Mit einer Vorbemerkung des Herausgebers und einem Nachwort von Eberhard Steneberg
1980. 102 S. mit 47 Abb., und VI S.
€ 24,– (D) / sFr 42,90
ISBN 3-7861-1474-9
Gebr. Mann Verlag

Kasimir Malewitsch
Die gegenstandslose Welt
Mit einer Anmerkung des Herausgebers und einem Vorwort von Stephan v. Wiese
1980. XX, 142 S. mit 92 Abb.
€ 29,90 (D) / sFr 53,–
ISBN 3-7861-1475-7
Gebr. Mann Verlag

Neue Arbeiten der Bauhaus-werkstätten
Mit einer Anmerkung des Herausgebers und einem Kommentar von Heinz Spielmann
1981. 115 S. mit 108 Abb.; 4 Farbtaf. und XI S.
€ 22,– (D) / sFr 39,50
ISBN 3-7861-1476-5
Gebr. Mann Verlag

Walter Gropius
Internationale Architektur
Mit einer Anmerkung des Herausgebers und einem Nachwort von Peter Hahn
1981. 110 S. mit 106 Abb., und VI S.
€ 22,– (D) / sFr 39,50
ISBN 3-7861-1477-3
Gebr. Mann Verlag

Günther Stamm
J. J. P. Oud
Bauten und Projekte 1906 bis 1963
Hrsg. Brigitte Stamm
1984. 176 S. mit 127 Abb., 20 × 26,7 cm
Ln € 38,– (D) / sFr 66,–
ISBN 3-7861-1478-1
Gebr. Mann Verlag

Christian Grohn
Die »Bauhaus-Idee«
Entwurf – Weiterführung – Rezeption
Mit einem Vorwort von Peter Hahn
1991. 132 S. mit 24 Abb., 17 × 24 cm
Ln € 26,– (D) / sFr 46,40
ISBN 3-7861-1523-0
Gebr. Mann Verlag

Claudia Müller
Typofoto
Wege der Typographie zur Foto-Text-Montage bei Laszlo Moholy-Nagy
1994. 160 S. mit 21 Abb., 17 × 24 cm
Ln € 34,50 (D) / sFr 60,–
ISBN 3-7861-1720-9
Gebr. Mann Verlag

Neues Bauen – Neues Leben
Die 20er Jahre in Magdeburg
Hrsg. von Ute Maasberg, Regina Prinz und Christian Gries
2000. 336 Seiten mit 200 sw und 20 farb. Abb., 21 × 28 cm
Br € 34,80 (D) / sFr 61,–
ISBN 3-422-06289-0
Deutscher Kunstverlag

Neues Bauen International 1927–2002
Eine Ausstellung des Institut für Auslandsbeziehungen e.V., Stuttgart
Mit Texten von Karin Kirsch, Jean-Louis Cohen, Manfred Sack
2002. 158 S. mit 23 Abb., und Reprint *Internationale Neue Baukunst* von Ludwig Hilberseimer im Auftrag des Deutschen Werkbundes (1927): VI, 48 S. mit 110 Abb.; 23 × 29 cm
Br € 56,– (D) / sFr 92,50
ISBN 3-7861-2436-1
Gebr. Mann Verlag

NEUE WERKKUNST
Neu herausgegeben von Roland Jaeger

Josef Bachem
Mit einem Nachwort zur Neuausgabe von Christian Welzbacher
2001. 26 S. mit 4 Abb., 20 Taf. mit 31 Abb.; 10 S. mit 39 historischen Anzeigen, und XIV S. mit 7 Abb.
19,5 × 26 cm
Gb € 84,– (D) / sFr 142,–
ISBN 3-7861-2349-7
Gebr. Mann Verlag

Fritz August Breuhaus de Groot
Mit Texten (deutsch / englisch) von Herbert Eulenberg und Max Osborn

und mit einem Nachwort zur Neuausgabe von Catharina Berents
1999. IV, XXVI S. mit 3 Abb.; 76 S. mit 143 Abb.; 13 Taf. mit 19 Abb., davon 17 farb.; 38 S. mit 55 historischen Anzeigen, und XX S. mit 11 Abb., 19,5 × 26 cm
Ln € 124,– (D) / sFr 210,–
ISBN 3-7861-2281-4
Gebr. Mann Verlag

Theo Effenberger
Mit einer Einleitung von Konrad Hahm und einem Nachwort zur Neuausgabe von Christine Nielsen
2000. IV, XVI S. mit 12 Abb.; 34 Taf. mit 50 Abb., und XVIII S. mit 14 Abb., 19,6 × 26 cm
Ln € 69,– (D) / sFr 117,–
ISBN 3-7861-2339-X
Gebr. Mann Verlag

Parkhotel Haus Rechen Bochum erbaut von
Emil Fahrenkamp
Mit einer Einleitung von Paul Joseph Cremers und einem Nachwort zur Neuausgabe von Christoph Heuter
1999. IV S., 94 S. mit 58 Abb.; 16 S. mit 25 historischen Anzeigen, und XVI S. mit 7 Abb., 19,5 × 26 cm
Ln € 79,– (D) / s Fr 134,–
ISBN 3-7861-2282-2
Gebr. Mann Verlag

Alfred Fischer-Essen
Verwaltungsgebäude Ruhrsiedlungsverband Essen
Mit einem Vorwort von Ph. A. Rappaport, Beiträge von Rob Schmidt und Alfred Fischer-Essen sowie einem Nachwort zur Neuausgabe von Wilhelm Busch
1998. IV, XVI S., 40 S. mit 33 Abb., 24 S. mit 53 historischen Anzeigen, und XII S., 19,5 × 26 cm
Ln € 74,– (D) / sFr 125,–
ISBN 3-7861-2254-7
Gebr. Mann Verlag

Robert Friedmann
Mit einer Einleitung von Herbert Eulenberg und einem Nachwort zur Neuausgabe von Wolfgang Voigt
2000. IV, VIII S., 64 S., mit 66 Abb., 40 S. mit 50 historischen Anzeigen, und XX S. mit 20 Abb., 19,5 × 26 cm,
Ln € 69,– (D) / sFr 117,–
ISBN 3-7861-2284-9
Gebr. Mann Verlag

Alfred Grenander
Mit einer Einleitung von Martin Richard Möbius und einem Nachwort zur Neuausgabe von Bettina Güldner
2000. 18 S. mit 18 Abb.; 86 S. mit 76 Abb.; 36 S. mit 76 historischen Anzeigen, und XII S., 19,5 × 26 cm
Ln € 84,– (D) / sFr 142,–
ISBN 3-7861-2283-0
Gebr. Mann Verlag

Hanns Hopp.
Ein Architekt in Ostpreußen
Mit einer Einleitung von E. Kurt Fischer und einem Nachwort zur Neuausgabe von Gabriele Wiesemann
1998. IV, 18 S., 40 Taf. mit 64 Abb.; 36 S. mit 53 historischen Anzeigen, und 3 S., 19,5 × 26 cm
Ln € 64,– (D) / sFr 109,–
ISBN 3-7861-1835-3
Gebr. Mann Verlag

Oskar Kaufmann
Mit einer Einleitung von Max Osborne und einem Nachwort zur Neuausgabe von Myra Warhaftig

1996. IV, XXII S., 64 S. mit 69 Abb., und XIV S. mit 1 Abb., 19,5 × 26 cm
Ln € 62,– (D) / sFr 106,–
ISBN 3-7861-1916-3
Gebr. Mann Verlag

54 S. mit 51 historischen Anzeigen, und 3 S., 19,5 × 26 cm
Ln € 62,– (D) / sFr 106,–
ISBN 3-7861-1832-9
Gebr. Mann Verlag

Bauten Theo Kellner und Felix H. Hinssen
Mit einem Nachwort zur Neuausgabe von Mark Escherich
2000. 20 S. mit 12 Abb., 23 Taf. mit 51 Abb.; 22 S. mit 58 historischen Anzeigen, und XII S. mit 5 Abb.
19,5 × 26 cm
Gb € 84,– (D) / sFr 142,–
ISBN 3-7861-2350-0
Gebr. Mann Verlag

Otto Kohtz
Mit einer Einleitung von Werner Hegemann
und einem Nachwort zur Neuausgabe von Harold Hammer-Schenk
1996. IV, XIV S. mit 34 Abb.; 22 S. mit 48 historischen Anzeigen, und XII S. mit 2 Abb.,
19,5 × 26 cm
Ln € 74,– (D) / sFr 125,–
ISBN 3-7861-1814-0
Gebr. Mann Verlag

Jean Krämer
Mit einer Einleitung von Max Osborn und einem Nachwort zur Neuausgabe von Piergiacomo Bucciarelli
1996. IV, XIV S., 74 S. mit 101 Abb.,

Wilhelm Kreis
Mit zwei Beiträgen von Wilhelm Kreis und einem Nachwort zur Neuausgabe von Achim Preiß
1997. VI, XVIII S. mit 1 Abb.; 68 S. mit 92 Abb., und XII S., 19,5 × 26 cm
Ln € 74,– (D) / sFr 125,–
ISBN 3-7861-1971-6
Gebr. Mann Verlag

Wilhelm Kreis
Das Deutsche Hygiene Museum in Dresden
Mit einem Geleitwort von Georg Seiring und Beiträgen von Martin Richard Möbius und Walther Schulze
sowie einem Nachwort zur Neuausgabe von Sabine Schulte
2001. IV, XXIV S., 32 Taf. mit 24 Abb.; 24 S. mit 38 historischen Anzeigen, und XXII S. mit 6 Abb., 19,5 × 26 cm
Ln € 100,– (D) / sFr 169,–
ISBN 3-7861-2364-0
Gebr. Mann Verlag

Richard Kuöhl
Mit einer Einleitung von Rudolf Schmidt
und einem Nachwort zur Neuausgabe von Roland Jaeger

1998. IV, XX S., 64 S. mit 40 Abb., 16 S. mit 21 historischen Anzeigen, und XVI S. mit 8 Abb., 19,5 × 26 cm
Ln € 74,– (D) / sFr 125,–
ISBN 3-7861-1970-8
Gebr. Mann Verlag

Architekten Lossow & Kühne. Dresden
Mit einer Einleitung von Werner Hegemann und einem Nachwort zur Neuausgabe von Angela Hartmann
1998. IV, XVIII S., 86 S. mit 54 Abb.; 40 S. mit 81 historischen Anzeigen, und XIV S. mit 5 Abb., 19,5 × 26 cm
Ln € 84,– (D) / sFr 142,–
ISBN 3-7861-2256-3
Gebr. Mann Verlag

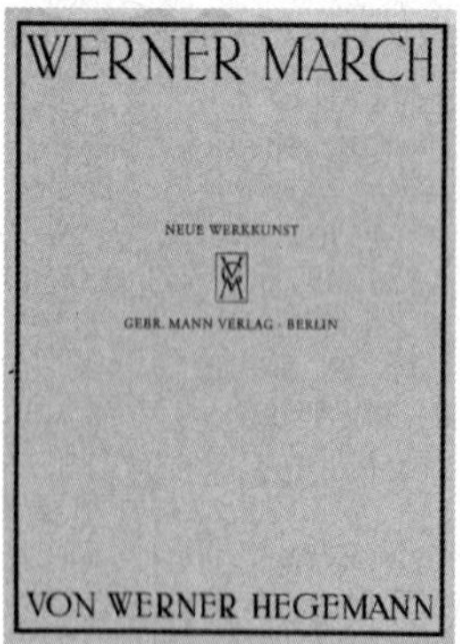

Werner March
Mit einer Einleitung von Werner Hegemann und einem Nachwort zur Neuausgabe von Thomas Schmidt
2002. IV, XX S. mit 3 Abb., 56 S. mit 50 Abb., 24 S. mit historischen Anzeigen, und XXIV S. mit 21 Abb., 19,5 × 26 cm
Gb € 108,– (D) / sFr 183,–
ISBN 3-7861-2410-8
Gebr. Mann Verlag

Wilhelm Riphahn
Mit einer Einleitung von H. de Fries und einem Nachwort zur Neuausgabe von Wolfram Hagspiel
1996. IV, 78 S. mit 41 Abb.; 14 S. mit historischen Anzeigen, und XXII S. mit 21 Abb., 19,5 × 26 cm
Ln € 74,– (D) / sFr 125,–
ISBN 3-7861-1813-2
Gebr. Mann Verlag

Otto Rudolf Salvisberg
Mit einer Einleitung von Paul Westheim und einem Nachwort zur Neuausgabe von Matthias Noell
2000. IV, 7 S. mit 2 Abb., 91 Taf. mit 75 Abb., und XVI S. mit 7 Abb. 19,5 × 26 cm
Ln € 84,– (D) / sFr 142,–
ISBN 3-7861-1780-2
Gebr. Mann Verlag

Johann Emil Schaudt
Mit einer Einleitung von Max Osborn und einem Nachwort zur Neuausgabe von Wolfgang Schäche
1996. IV, XXIV S., 96 S. mit 49 Abb., 52 S. mit 52 historischen Anzeigen, und VIII S., 19,5 × 26 cm
Ln € 62,– (D) / sFr 106,–
ISBN 3-7861-1831-0
Gebr. Mann Verlag

Karl Schneider. Bauten
Mit einer Einleitung von Heinrich de Fries und einem Nachwort zur Neuausgabe von Roland Jaeger
2001. IV, XVI S. mit 12 Abb.; 96 S. mit 228 Abb.; 88 S. Verzeichnis der ausführenden Unternehmen mit 114 Abb.; und XX S. mit 19 Abb.,

19,5 × 26 cm
Ln € 149,– (D) / sFr 252,–
ISBN 3-7861-2365-9
Gebr. Mann Verlag

Fritz Schupp
Martin Kremmer
Mit einer Einleitung von
Kurt Wilhelm-Kästner
und einem Nachwort zur Neuausgabe
von Wilhelm Busch
1997. IV, 16 S. mit 8 Abb.; 54 S. mit
61 Abb.; 24 S. mit 39 historischen
Anzeigen, und XII S. mit 1 Abb.,
19,5 × 26 cm
Ln € 74,– (D) / sFr 125,–
ISBN 3-7861-1938-4
Gebr. Mann Verlag

Heinrich Straumer
Mit einer Einleitung von Fritz Stahl
und einem Nachwort zur Neuausgabe
von Angelika Kaltenbach
1997. IV, XII S., 82 S. mit 117 Abb., und
XVI S., 19,5 × 26 cm
Ln € 74,– (D) / sFr 125,–
ISBN 3-7861-1937-6
Gebr. Mann Verlag

Max Taut – Bauten
Mit einer Einleitung von Alfred Kuhn
und einem Nachwort zur Neuausgabe
von Roland Jaeger
2002. IV, 36 S. mit 50 Abb.; 36 Taf. mit
33 Abb., und 22 S., 19,5 × 26 cm
Ln € 98,– (D) / sFr 160,–

ISBN 3-7861-2409-4
Gebr. Mann Verlag

Fritz Wilms –
Lichtspieltheaterbauten
Mit einer Einleitung von Alfred Wedemeyer und einem Nachwort zur Neuausgabe von Alfons Arns
2000. IV, XX S., 39 Taf. mit 60 Abb., und
XLVI S. mit 16 Abb. 19,5 × 26 cm
Ln € 64,– (D) / sFr 109,–
ISBN 3-7861-2280-6
Gebr. Mann Verlag

Roland Jaeger
Neue Werkkunst
Architektenmonographien der zwanziger Jahre mit einer Basis-Bibliographie deutschsprachiger Architekturpublikationen 1918–1933
1998. 188 S. mit 341 Ab., 19,5 × 26 cm

Ln € 74,– (D) / sFr 125,–
ISBN 3-7861-1847-7
Gebr. Mann Verlag

Fritz Neumeyer
Der Klang der Steine
Nietzsches Architekturen
2001. 256 S. mit 29 Abb.,
17 × 24 cm
Ln € 45,– (D) / sFr 78,–
ISBN 3-7861-2418-3
Gebr. Mann Verlag

NEXTliegend, at hand, in-mediato
Biennale Venedig 8. Internationale Architekturausstellung
Venice Biennale 8th International Architecture Exhibition
La Biennale di Venezia 8. Mostra Internazionale di Architettura
Deutscher Pavillon / German Pavilion / Padiglione Tedesco
8. September – 3. November 2002
herausgegeben von / edited by / a cura di Léon Hilde
2002. 144 S. mit 305. Abb.,
30,4 × 23 cm
Klappen-Broschur
€ 19,– (D) / sFr 32,70
ISBN 3-7861-2449-3
Gebr. Mann Verlag

St. Nikolaikirche Kalkar
Großer DKV-Kunstführer
Hrsg. von Guido de Werd (Text) und Michael Jeiter (Fotos)
2002. 152 S. mit 145 farb. Abb.,
16,5 × 24 cm
Klappenbroschur
€ 14,80 (D) / sFr 26,90
ISBN 3-422-06336-6
Deutscher Kunstverlag

Walter A. Noebel
Deklinationen
1996. 48 S. mit 136 Novatone-Abb.,
24 × 34 cm
Ln € 39,– (D) / sFr 68,–
ISBN 3-7861-1950-3
Gebr. Mann Verlag

Norbert Nußbaum / Sabine Lepsky
Das gotische Gewölbe
Eine Geschichte seiner Form und Konstruktion
1999. 424 S. mit 356 sw Abb.,
21×27cm
Ln € 75,80 (D) / sFr 128,–
ISBN 3-422-06278-5
Deutscher Kunstverlag

Matthias Pabsch
Pariser Platz – Architektur und Technik

Vom manuellen zum digitalen Zeitalter
2002. 248 S. mit 124 Abb., Personen-, Orts- und Sachregister, 17 × 24 cm
Gb € 34,90 (D) / sFr 58,60
ISBN 3-496-01259-5
Dietrich Reimer Verlag

Matthias Pabsch
Zweimal Weltstadt
Architektur und Städtebau am Potsdamer Platz
1998. 135 Seiten mit 105 Abb., 17 × 24 cm
Br € 25,– (D) / sFr 44,60
ISBN 3-496-01191-2
Dietrich Reimer Verlag

Joachim Palutzki
Architektur in der DDR
2000. 450 Seiten mit 102 sw Abb., Literaturverzeichnis, Personenregister, 17 × 24 cm
Br € 49,– (D) / sFr 85,–
ISBN 3-496-01222-6
Dietrich Reimer Verlag

Alexander Papageorgiou-Venetas
Hauptstadt Athen
Ein Stadtgedanke des Klassizismus
1994. 406 S. mit 144 Abb. und 19 Taf.
Ln € 102,– (D) / sFr 173,–
ISBN 3-422-06102-9
Deutscher Kunstverlag

Günter Passavant
Wolf Caspar von Klengel (Dresden 1630 –1691)

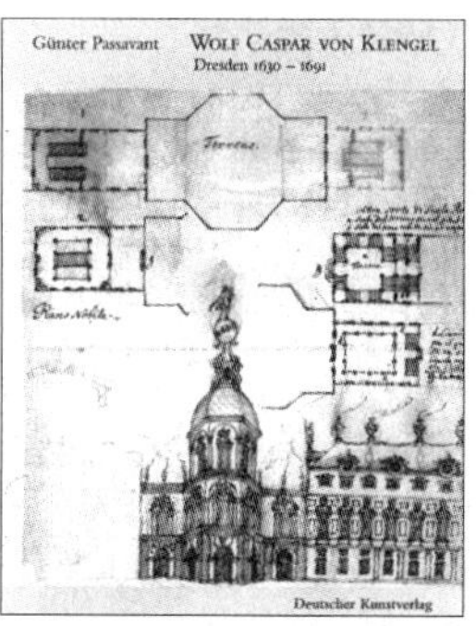

Reisen – Skizzen – Baukünstlerische Tätigkeit
Kunstwissenschaftliche Studien Band 87
2000. 472 S. mit 24 farb. und 364 sw Abb., 21×28 cm
Ln € 102,– (D) / sFr 173,–
ISBN 3-422-06299-8
Deutscher Kunstverlag

Wolfgang Pauser
Max Dudler. Schulbau in Berlin-Hohenschönhausen
Fotos von Stefan Müller
1999. 76 S. mit 57 Abb., 24 × 27,5 cm
Br € 34,– (D) / sFr 60,–
ISBN 3-7861-2286-5
Gebr. Mann Verlag

Reinhold Persius
Architekturzeichnungen von einer Italienreise 1860
Hg. und mit einem Nachwort versehen von G. Adreg
1984. 108 Seiten mit 95 Abb. und 1 Karte, 20 × 20 cm
Br € 19,90 (D) / sFr 35,90
ISBN 3-496-00764-8
Dietrich Reimer Verlag

Goerd Peschken
Das königliche Schloß zu Berlin
Erster Band: Die Baugeschichte von 1688–1701, mit Nachträgen zur Baugeschichte des Schlosses nach 1442, Beiträge von H. Junecke und E. Konter
1992. 348 S. mit 285 Abb. und zahlreichen Skizzen im Text,
Ln € 112,50 (D) / sFr 189,–

ISBN 3-422-06096-0
Deutscher Kunstverlag

Goerd Peschken
Das königliche Schloß zu Berlin
Zweiter Band: Die Baugeschichte von 1701 bis 1706
1999. 228 S. mit 132 sw Abb.,
Ln € 86,– (D) / sFr 145,–
ISBN 3-422-06221-1

Deutscher Kunstverlag
Goerd Peschken, Liselotte Wiesinger
Das königliche Schloß zu Berlin
Dritter Band: Die barocken Innenräume
2001. Textband: 224 Seiten – Tafelband 528 S. mit 48 Farbtafeln und 700 sw Abb., 25 × 30 cm
Ln € 128,– (D) / sFr 217,–
ISBN 3-422-06341-2
Deutscher Kunstverlag

Michael Peterek
Wohnung. Siedlung. Stadt.
Paradigmen der Moderne 1910–1950
2000. 446 S. mit 226 Abb., 17 × 24 cm
Gb € 74,50,– (D) / sFr 126,–
ISBN 3-7861-2327-6
Gebr. Mann Verlag

Michael Petzet
Claude Perrault und die Architektur des Sonnenkönigs
Der Louvre König Ludwigs XIV. und das Werk Claude Perraults
2000. 608 S. mit 8 Farbtaf. und 370 sw Abb., 21 × 28 cm
Ln € 155,– (D) / sFr 262,–
ISBN 3-422-06264-5
Deutscher Kunstverlag

Gustav Adolf Platz
Die Baukunst der neuesten Zeit
2000. 254 S. mit 74 Abb., 382 Taf. mit 564 Abb., 20 Duplex-Taf. und 8 Farbtaf., 18 × 26 cm
Gb € 174,– (D) / sFr 294,–
ISBN 3-7861-2304-7
Gebr. Mann Verlag

Platz und Monument
Die Kontroverse um das Kulturforum Berlin 1980–1992
Hg. von der Berlinischen Galerie und dem Museumspädagogischen Dienst Berlin
1992. 157 Seiten mit 48 Abb. und 39 Plänen und Zeichnungen, 21 × 24 cm
Br € 24,– (D) / sFr 42,90
ISBN 3-496-01092-4
Dietrich Reimer Verlag

Potsdam
Stadt am Wasser
Ein Masterplan
vorgelegt von Klaus Theo Brenner – Bernd Albers – Ludger Brands
Landschaftsarchitektur: Roberto Pirzio Biroli – Verkehrsplanung: Herbert Staadt
Fachbereich Architektur und Städtebau Fachhochschule Potsdam
Leiter des Masterplanstudios: Hans Kolbeck
Studentische Mitarbeit: Frances Gärt-

ner, Roland Lehnhardt, Matthias Menger, Ingo Pehla und Matthias Steffen
Fotografien von Stefan Müller und Susanne Müller
Stand September 1997
1997. 30 S. mit 17 Abb., und 3 farb. Faltpläne; 23,1 × 20,8 cm
wire-o-Bindung € 22,– (D)/ sFr 39,50
ISBN 3-7861-2266-0
Gebr. Mann Verlag

Wolfram Prinz und Ronald G. Kecks
Das französische Schloß der Renaissance
Form und Bedeutung der Architektur, ihre geschichtlichen und gesellschaftlichen Grundlagen
Mit Beitr. Uwe von Albrecht und einem Beitr. von Jean Guillaume
Frankfurter Forschungen zur Kunst, Band 12
2., durchges. und erw. Aufl. 1994.
648 S. mit 892 Abb., und 12 Farbtaf., 17,5 × 25 cm
Ppk € 76,– (D) / sFr 129,–
ISBN 3-7861-1772-1
Gebr. Mann Verlag

Paul Ortwin Rave
Genius der Baukunst
Eine klassisch-romantische Bilderfolge der Berliner Bauakademie von Karl Friedrich Schinkel
Mit einem Nachwort zur Neuausgabe von Martin Kieren
2001. IV, 62 S. mit 1 farb. und 19 Duplex-Abb., 23 Taf. mit 24 Abb., und 30 S., 17 × 24 cm
Gb € 84,– (D) / sFr 142,–
ISBN 3-7861-1730-6
Gebr. Mann Verlag

Robin Rehm
Max Taut. Das Verbandshaus der deutschen Buchdrucker
2002. 70 S. und 32 Taf. mit 91 Abb., davon 1 farb., 19,5 × 26 cm
Gb € 34,80 (D) / sFr 58,50
ISBN 3-7861-2428-0
Gebr. Mann Verlag

Reihe Zeile Block & Punkt
Wohnungen, Häuser, Siedlungen im Raum München.
Südhausbau 1936–1996
Hrsg. von Hilke Gesine Möller
1997. 288 S. mit 250 Abb., 21 × 28 cm
Br € 24,80 (D) / sFr 44,30
ISBN 3-422-06212-2
Deutscher Kunstverlag

Ute Ritzenhofen
Burg Eltz
Großer DKV-Kunstführer
2002. 96 S. mit 95 farb. Abb., 16,5 × 24 cm
Klappenbroschur
€ 9,80 (D) / sFr 17,60 *
ISBN 3-422-06248-3
Deutscher Kunstverlag

Fedor Roth
Hermann Muthesius und die Idee der harmonischen Kultur

Kultur als Einheit des künstlerischen Stils in allen Lebensäußerungen eines Volkes
2001. 310 S. mit 31 Abb., 17 × 24 cm
Gb € 45,– (D) / sFr 78,–
ISBN 3-7861-2330-6
Gebr. Mann Verlag

RUDOLSTÄDTER FORSCHUNGEN ZUR RESIDENZKULTUR
Hrsg. vom Thüringer Landesmuseum Heidecksburg Rudolstadt

Band I
Die Künste und das Schloß in der frühen Neuzeit
Bearb. von Lutz Unbehaun, Ulrich Schütte und Andreas Beyer
1999. 208 S. mit 104 s/w Abb., 19,5 × 26 cm
lam. Pp € 45,– (D) / sFr 78,–
ISBN 3-422-06226-2
Deutscher Kunstverlag

Band II
Bildnis, Fürst und Territorium
Bearb. von Andreas Beyer unter Mitarbeit von Ulrich Schütte und Lutz Unbehaun
2000. 266 S. mit 156 s/w Abb., 19,5 × 26 cm
lam. Pp € 45,– (D) / sFr 78,–
ISBN 3-422-06312-9
Deutscher Kunstverlag

Jürgen Sawade
Bauten und Projekte 1970–1995
Hrsg. von Wolfgang Schäche
1997. 290 S. mit 473 Abb., davon 148 novatone-Abb. und 34 2farb.-Abb., 24 × 32,5 cm
Ln € 102,– (D) / sFr 173,–
ISBN 3-7861-1952-X
Gebr. Mann Verlag

Paul Scheerbart
Glasarchitektur
Mit einem Nachwort zur Neuausgabe von Mechthild Rausch
Edition Ars et Architectura
2000. 152 S., 14,8 × 21 cm
Gb € 74,– (D) / sFr 125,–
ISBN 3-7861-1998-8
Gebr. Mann Verlag

Karl Scheffler
Die Architektur der Großstadt
Mit einem Nachwort zur Neuausgabe von Helmut Geisert
1998. 294 S. mit 59 Abb., 17 × 24 cm
€ 87,– (D) / sFr 147,–
ISBN 3-7861-1954-6
Gebr. Mann Verlag

Wolfgang Schenkluhn
Ordines Studentes
Aspekte zur Kirchenarchitektur der Dominikaner und Franziskaner im 13. Jahrhundert
1985. 252 S. mit 159 Abb., 17,5 × 25 cm
Ln € 57,50 (D) / sFr 98,–
ISBN 3-7861-1409-9
Gebr. Mann Verlag

Karl Friedrich Schinkel
Das Architektonische Lehrbuch

rekonstruiert und kommentiert von
Goerd Peschken
Karl Friedrich Schinkel
Lebenswerk, Band 14
2001. 384 S. mit 302 sw Abb.,
21 × 28 cm
Ln € 75,80 (D) / sFr 128,–
ISBN 3-422-06329-3
Deutscher Kunstverlag

KARL FRIEDRICH SCHINKEL –
LEBENSWERK, Band 15
Bauten und Entwürfe für das Ausland
Hrsg. von Margarete Kühn.
1989. 320 S. mit 8 Farbtaf.
und 220 sw Abb.
Ln € 102,– (D) / sFr 173,–
ISBN 3-422-06033-2
Deutscher Kunstverlag

KARL FRIEDRICH SCHINKEL —
LEBENSWERK, Band 17
Ulrike Harten
Bühnenentwürfe
Hrsg. und überarbeitet von Helmut
Börsch-Supan und Gottfried Riemann
2000. 488 Seiten mit 64 Farbtafeln und
250 sw Abb., 21 × 28 cm
Ln € 138,– (D) / sFr 233,–
ISBN 3-422-06246-7
Deutscher Kunstverlag

Wilhelm Schlink
St. Bénigne in Dijon
Die Abteikirche des Wilhelm von
Volpiano (962–1031)
Frankfurter Forschungen zur
Architekturgeschichte, Band 5
1978. 208 S. mit 5 Abb. und 56 Taf.
mit 141 Abb., 17,5 × 25 cm,
Ln € 19,90 (D)/ sFr 35,90
ISBN 3-7861 1139-1
Gebr. Mann Verlag

August Schmarsow
Barock und Rokoko
Das malerische in der Architekur
Eine kritische Auseinandersetzung
Edition Ars et Architectura
Mit einem Nachwort zur Neuausgabe
von Jasper Cepl
2001. VI, 398 S. und 22 S.,
14,8 × 21 cm
Gb € 64,– (D) / sFr 109,–
ISBN 3-7861-2269-5
Gebr. Mann Verlag

August Schmarsow
Grundbegriffe der Kunstwissenschaft
Am Übergang vom Altertum zum
Mittelalter
Edition Ars et Architectura
Mit einem Nachwort zur Neuausgabe
von Eleftherios Ikonomoú
1998. II, VIII S. und 368 S., 14,8 × 21 cm
Ln € 84,– (D) / sFr 142,–
ISBN 3-7861-1776-4
Gebr. Mann Verlag

Josef Schmid
et pro remedio animae
et pro memoria
Bürgerliche *repraesentatio* in der Cappella Tornabuoni in S. Maria Novella
Italienische Forschungen des Kunsthistorischen Institutes in Florenz
I Mandorli Band 2
2002. 288 S. mit 179 s/w Abb., 17 × 24 cm
Br € 49,80 (D) / sFr 83,20
ISBN 3-422-06371-4
Deutscher Kunstverlag

Rita Schneider-Sliwa (Hg.)
Städte im Umbruch
Neustrukturierung von Berlin, Brüssel,
Hanoi, Ho Chi Minh Stadt, Hongkong,
Jerusalem, Johannesburg, Moskau, St.
Petersburg, Sarajewo und Wien

2002. XII und 361 S. mit 100 Abb.,
17 × 24 cm
Br € 49,– (D) / sFr 81,90
ISBN 3-496-01245-5
Dietrich Reimer Verlag

Stefan Schrammel
Architektur und Farbe in Venedig 1866–1914
1998. 392 S. mit 663 Abb., und 16 Farbtaf. mit 17 Abb., 21 × 27 cm
Ln € 99,– (D) / sFr 168,–
ISBN 3-7861-2271-7
Gebr. Mann Verlag

Günther Schulz
Stadtpläne von Berlin 1652 bis 1920
Schriften des Landesarchivs Berlin, Band 3
1998. 564 S. mit 92 Abb., davon 9 farb., 16 × 23,7 cm
Ln € 92,– (D) / sFr 155,–
ISBN 3-7861-1973-2
Gebr. Mann Verlag

Günther Schulz / Andreas Matschenz
Stadtpläne von Berlin 1652 bis 1920 · Tafelband
Hrsg. in Zusammenarbeit mit der Stiftung Preußische Seehandlung
Schriftenreihe des Landesarchivs Berlin Band 4
2002. 102 S., 6 Taf. mit 7 Abb., davon 3 farb., und 45 Klapptaf., davon 16 farb., 16 × 23,7 cm
Ln € 86,– (D) / sFr 140,–
ISBN 3-7861-2431-0
Gebr. Mann Verlag

Architekten Schweger + Partner,
Bauten und Projekte / Buildings and Projects
1990–1998
Prof. Peter P.Schweger, Hartmut H. Reifenstein, Bernhard Kohl, Wolfgang Schneider und Prof. Wilhelm Meyer
hrsg. von / edited by Ingeborg Flagge
1998. 248 S. mit 620 Abb., davon 21 farb., 22,5 × 32 cm
Ln € 99,– (D) / sFr 168,–
ISBN 3-7861-1804-3
Gebr. Mann Verlag

Ein Lesebuch zur Architektur von Schweger + Partner
Hrsg. Architekten Schweger + Partner
Mit Beiträgen von Peter M. Bode / P. Nestler, Bazon Brock, Ingeborg Flagge, Christoph Hackelsberger, Carl Haenlein, Peter Iden, Paulgerd Jesberg, Gert Kähler, Heinrich Klotz, Manfred Sack, Mathias Schreiber und Peter P. Schweger
1998. 148 S. mit 21 Abb., 15,5 × 26 cm
fBr € 24,– (D) / sFr 42,90
ISBN 3-7861-2287-3
Gebr. Mann Verlag

Ingrid Severin
Baumeister und Architekten
Studien zur Darstellung eines Berufsstandes in Porträt und Bildnis

Studien zur Profanen Ikonographie, Band 2
1992. 232 S. mit 200 Abb., 17 × 24 cm
Ln, € 49,– (D) / sFr 85,–
ISBN 3-7861-1636-9
Gebr. Mann Verlag

150 Jahre Architektur für Siemens
150 Years of Architecture for Siemens
Hrsg. von / edited by Wolfgang Schäche
1997. 198 S. mit 349 Abb., davon 277 novatone-Abb., 24 × 34 cm
Ln € 114,– (D) / sFr 193,–
ISBN 3-7861-1974-0
Gebr. Mann Verlag

Herman Sörgel
Architektur – Ästhetik
Theorie der Baukunst
Mit einem Nachwort zur Neuausgabe von Jochen Meyer
1998. II, 364 S. mit 12 Abb., 14,8 × 21 cm
Ln € 76,– (D) / sFr 129,–
ISBN 3-7861-1992-9
Gebr. Mann Verlag

STADT HAUS ARCHITEKTUR
KLAUS THEO BRENNER
MORGER & DEGELO
RIEGLER RIEWE
HILD & KALTWASSER
BÉTRIX & CONSOLASCIO
ADOLF KRISCHANITZ
ARCHITEKTUR GALERIE LEIPZIG

Stadt Haus Architektur
Klaus Theo Brenner, Berlin / Morger & Degelo, Basel / Riegler Riewe, Graz / Hild & Kaltwasser, München / Bétrix & Consolascio, Zürich / Adolf Krischanitz, Wien
Hrsg. Architektur Galerie Leipzig
2000. IV, 108 S. mit 28 Abb., davon 20 farb. und 4 Duplex, 22 × 28 cm
Br € 39,– (D) / sFr 68,–
ISBN 3-7861-2399-3
Gebr. Mann Verlag

Stockhaus, Wolfgang · Pfennig, Gabriele
Die Kulturmagistrale
Stadtzusammenhänge zwischen Berlin und Charlottenburg vom Eosanderportal zum Eosanderschloß
2000. 84 S. mit 26 Abb., davon 8 farb., und 4 Klapptaf., davon 2 farb., 34 × 24 cm
Ln € 34,– (D) / sFr 60,–
ISBN 3-7861-2336-5
Gebr. Mann Verlag

Waltraud Strey
Die Zeichnungen von Heinrich Tessenow
Der Bestand in der Kunstbibliothek Berlin
1981. 94 Seiten mit 80 Abb., 21 × 30 cm
Ln mit Schutzumschlag
€ 24,– (D) / sFr 42,90
ISBN 3-496-01013-4
Dietrich Reimer Verlag

Bruno Taut
Das japanische Haus und sein Leben
Houses and People of Japan
Hrsg. Manfred Speidel
3. Aufl. 2000. XXIV mit 1 Farbabb.; 358 S. mit 566 Abb., davon 8 farb., 18,7 × 26 cm
Ln € 76,– (D) / sFr 129,–
ISBN 3-7861-1882-5
Gebr. Mann Verlag

Bruno Taut
Die neue Wohnung
Die Frau als Schöpferin
Mit einem Nachwort zur Neuausgabe von Manfred Speidel
2001. 128 S. mit 84 Abb., und 38 S. mit 9 Abb., 14,8 × 21 cm
Gb € 94,– (D) / sFr 159,–
ISBN 3-7861-2362-4
Gebr. Mann Verlag

Bruno Taut
Die Stadtkrone

Mit Beiträgen von Paul Scheerbart, Erich Baron, Adolph Behne
Mit einem Nachwort zur Neuausgabe von Manfred Speidel
2002. II, 144 S. mit 72 Abb.; 42 S. mit 12 Abb., und 1 farb. Falttaf., 17 × 24 cm
Gb € 98,– (D) / sFr 166,–
ISBN 3-7861-2404-3
Gebr. Mann Verlag

Bruno Taut
Der Weltbaumeister
Architekur-Schauspiel für symphonische Musik
Neu hrsg. und mit einem Nachwort zur Neuausgabe von Manfred Speidel
1999. 66 S. mit 29 Abb., davon 1 farb.; und 22 S. mit 14 Abb., 18,5 × 22,5 cm
Pp € 64,– (D) / sFr 109,–
ISBN 3-7861-1798-5
Gebr. Mann Verlag

Bruno Taut
Ein Wohnhaus
Mit einem Nachwort zur Neuausgabe von Roland Jaeger
1995. VI, 152 S. mit 115 Abb., davon 2 farb. und 72 Zeichnungen, 15,5 × 23,5 cm
Ln € 99,– (D) / sFr 168,–
ISBN 3-7861-1894-9
Gebr. Mann Verlag

Heinrich Tepasse
Stadttechnik im Städtebau Berlins
19. Jahrhundert
Kompendium Stadttechnikgeschichte:

Wasser und Abwasser, Gas und Strom
2001. 200 S. mit 113 Abb., davon 6 farb., und 10 farb. Faltpläne, 21 × 29,7 cm
Gb € 52,– (D) / sFr 90,–
ISBN 3-7861-2376-4
Gebr. Mann Verlag

Heinrich Tepasse
Stadttechnik
im Städtebau Berlins
1945–1999
Mitarbeit Torsten Löber
2001. 184 S. mit 144 Abb., 9 Tabellen und 1 2farb. Faltplan, 21 × 29,7 cm
Gb € 39,– (D) / sFr 68,–
ISBN 3-7861-2411-6
Gebr. Mann Verlag

Christof Thoenes
Opus incertum
San Salvatore e San Francesco al Monte in Florenz (1418-1504)

Aachener Bibliothek, herausgegeben von Andreas Beyer, Band 3
2002. 528 S. mit 130 sw Abb., 17 × 24 cm
Br € 49,80 (D) / sFr 86,–
ISBN 3-422-06337-4
Deutscher Kunstverlag

Matthias Untermann
Forma Ordinis
Die mittelalterliche Baukunst der Zisterzienser
Kunstwissenschaftliche Studien Band 89
2001. 728 S. mit 420 sw Abb. und 8 Farbtaf., 21 × 28 cm
Ln € 128,– (D) / sFr 217,–
ISBN 3-422-06309-9
Deutscher Kunstverlag

Wolfgang Wiemer
Die Gärten der Abtei Ebrach
1999. 176 S. mit 1 Abb., und 94 Taf. mit 140 Abb., 17 × 24 cm
Gb € 54,– (D) / sFr 93,–
ISBN 3-7861-1541-9
Gebr. Mann Verlag

Laszlo Willinger
100 × Berlin
Mit einem Vorwort von Karl Vetter und einem Nachwort zur Neuausgabe von Helmut Geisert
Berlinische Bibliothek im Gebr. Mann Verlag
1997. XXXIV, 100 S. mit 100 Abb., und 8 S., 17 × 24 cm
Ln € 84,– (D) / sFr 142,–
ISBN 3-7861-1962-7
Gebr. Mann Verlag

Dethard von Winterfeld
Der Dom in Bamberg
Band I: Die Baugeschichte bis zur Vollendung im 13. Jahrhundert
Beitr. Renate Kroos, Renate Neumüllers-Klauser und Walter Sage
1979. 416 S. mit 1032 Abb. und 3 Faltpläne, 23 × 30 cm
Ln € 106,50 (D) / sFr 179,–
ISBN 3-7861-1140-5
Gebr. Mann Verlag

Heinrich Wölfflin
Prolegomena zu einer Psychologie der Architektur
Edition Ars et Architectura
Mit einem Nachwort zur Neuausgabe von Jasper Cepl
1999. 52 S., 14,8 × 21 cm
Ln € 32,50 (D) / sFr 57,–
ISBN 3-7861-1775-6
Gebr. Mann Verlag

Barbara Wolf
Wohnarchitektur in Augsburg
Kommunale Bauten der Weimarer Repubik
Schriftenreihe des Architekturmuseums Schwaben, Band 2
Herausgegeben von Winfried Nerdinger
2000. 200 S. mit 146 s/w Abb., 18 × 25 cm
Gb € 38,– (D) / sFr 66,–
ISBN 3-496-01250-1
Dietrich Reimer Verlag

Dietrich Worbs
Einblicke in die Berliner Denkmal-Landschaft
2002. 360 S. mit 210 Abb., 17 × 24 cm
Ln € 68,– (D) / sFr 112,–
ISBN 3-7861-2433-7
Gebr. Mann Verlag

Frank Lloyd Wright
Schriften und Bauten
Edition Logos

Mit einem Nachwort zur Neuausgabe
von Bernd Nicolai
1997. 340 S. mit 126 Abb., 19 × 24 cm
Ppk € 99,– (D) / sFr 168,–
ISBN 3-7861-1838-8
Gebr. Mann Verlag

Frank Lloyd Wright
Usonien
When Democracy Builds
Edition Logos
Mit einem Nachwort zur Neuausgabe
von Bernd Nicolai
1995. 174 S. und 8 Taf. mit 11 Abb.,
17 × 24 cm
Ppk € 69,– (D) / sFr 117,–
ISBN 3-7861-1801-9
Gebr. Mann Verlag

Otto Zieler
Potsdam
Ein Stadtbild des 18. Jahrhunderts
Mit einem Nachwort zur Neuausgabe
von Martin Kieren
1999. IV, 28 S. mit 17 Abb.; 178 Taf.,
davon 3 Falttaf., mit 195 Abb.;
und 10 S., 21 × 29,7 cm
Ln € 119,– (D) / sFr 201,–
ISBN 3-7861-1846-9
Gebr. Mann Verlag

Petra Sophia Zimmermann
Die Architectura von Hans Vredeman de Vries
Entwicklung der Renaissance-
architektur in Mitteleuropa
Mit einem Abdruck der »Architectura«
Kunstwissenschaftliche Studien
Band 99
2002. 264 S. mit 144 s/w Abb,
19,5 × 21 cm
Ln € 49,80 (D) / sFr 83,20
ISBN 3-422-06370-6
Deutscher Kunstverlag

Die Zukunft der Metropolen
Paris – London – New York – Berlin
Bd 1: Aufsätze
Bd 2: Katalog
Bd 3: Utopischer Ort Berlin
Eine historische Topographie
Hg. von der Technischen Universität
Berlin
1984. Zus. 1122 Seiten mit 1254 Abb.,
23 × 24,4 cm
Br € 42,50 (D) / sFr 74,–
ISBN 3-496-00805-9

Auch einzeln lieferbar:
Bd. 1 – € 19,– (D) / sFr 34,40
ISBN 3-496-01065-7
Bd. 2 – € 22,– (D) / sFr 39,50
ISBN 3-496-01066-5
Bd. 3 – € 14,– (D) / sFr 25,60
ISBN 3-496-01067-3
Dietrich Reimer Verlag

VERLAG DER BEEKEN

Gleisdreieck
Ein Bahngelände in Berlin
Photographien von Hans W. Mende
1982. 124 S. mit 99 Abb., davon
79 duplex, 19,6 × 30,5 cm
Ebr € 34,– (D) / sFr 60,–
ISBN 3-922993-03-6
Bestell-Nr. 300003

Tilmann Johannes Heinisch
Die Villenstadt
1988. 116 S. mit 17 Abb., 19 × 28,6 cm
Br € 36,– (D) / sFr 63,–
ISBN 3-922993-17-6
Bestell-Nr. 300017

Tilmann Johannes Heinisch /
Horst Schumacher
Colonie Alsen
Ein Platz zwischen Berlin und Potsdam
1988. 244 S. mit 74 Abb. und 1 Fronti-
spiz und Kartentasche mit 4 Faltkarten,

19 × 28,7 cm
Br iSch zus. € 74,– (D) / sFr 125,–
ISBN 3-922993-16-8
Bestell-Nr. 300016

Tilmann Johannes Heinisch / Horst Schumacher
Futur Parc
Plan pour un jardin du temps
1982. 48 S. mit 27 Abb., davon 3 farb., und 1 Faltplan, 14,5 × 24 cm
Pp € 74,– (D) / sFr 125,–
ISBN 3-922993-05-2
Bestell-Nr. 300005

Hermann Henselmann
Ausgewählte Werke 1
Vom Himmel an das Reißbrett ziehen
Hermann Henselmann. Baukünstler im Sozialismus
Ausgewählte Aufsätze 1936–1981
Hrsg. von Marie-Josée Seipelt und Jürgen Eckhardt
1982. 252 S. mit 35 Abb., 14,5 × 22,8 cm
Br € 24,– (D) / sFr 48,90
ISBN 3-922993-01-X
Bestell-Nr. 300001

Heinrich Hübsch
Die Architektur
und ihr Verhältnis zur heutigen Malerei und Skulptur
1985. 256 S. mit einem farb. Frontispiz, 14 × 20 cm
Ln € 38,– (D) / sFr 66,–
ISBN 3-922993-09-5
Bestell-Nr. 300009

Hans Junecke
Das Maß des Tempels
Untersuchungen der Peripteroi von Paestum
Konstruktionen
1991. 80 S., 14 × 23 cm
Ebr € 12,– (D) /sFr 22,–
ISBN 3-922993-19-2
Bestell-Nr. 300019

Hans Junecke
Die wohlbemessene Ordnung
Pythagoreische Proportionen in der historischen Architektur
Konstruktionen
1982. 208 S. mit 116 Abb., 14 × 23 cm
Ebr € 19,– (D) / sFr 34,40
ISBN 3-922993-02-8
Bestell-Nr. 300002

LES CHOSES
Berliner Hefte zur Architektur
Jedes Heft 16,8 × 24 cm, Br
ISSN 0177-6053

Heft 1 Oktober 1985. 1. Jahrgang
Biedermann und die Brandstifter
74 S. mit 37 Abb., davon 4 farb.
€ 12,– (D) / sFr 22,–
Bestell-Nr. 300010

Heft 2 Juni 1986. 2. Jahrgang
Qualitätsarbeit
Postmoderne. Sécurité
74 S. mit 32 Abb.
€ 12,– (D) / sFr 22,–
Bestell-Nr. 300011

Heft 3/4 Dezember 1989. 5. Jahrgang
Bruno Taut. Die Erde eine gute Wohnung. Wohnbaupolitik
86 S. mit 43 Abb.
€ 24,– (D) / sFr 42,90
Bestell-Nr. 300012

Heft 5/6 Oktober 1990. 6. Jahrgang
Zum modernen Denkmalkult. Rede und Gegenrede
110 S. mit 59 Abb.
€ 24,– (D) / sFr 42,90
Bestell-Nr. 300013

Auguste Perret
Zu einer Theorie der Architektur
1986. 64 S., 12 × 19 cm
Br € 13,– (D) / sFr 23,80
ISBN 3-922993-14-1
Bestell-Nr. 300014

Michael Trabitzsch
Walter Benjamin.
Moderne, Messianismus, Politik
Über die Liebe zum Gegenstand
1985. 128 S., 12,5 × 19 cm
Br € 13,– (D) / sFr 23,80 /
ISBN 3-922993-08-7
Bestell-Nr. 300008

Gebr. Mann Verlag
Zimmerstraße 26-27
D-10969 Berlin
Telefon +49 / (0)30 / 259 17 38 64 oder 65
Fax +49 / (0)30 / 259 17 15 77
Telefon (Vertrieb) +49 / (0)30 / 259 17 35 89
Fax (Vertrieb): +49 / (0)30 / 259 17 35 37
e-mail (Vertrieb): vertrieb-kunstverlage@reimer-verlag.de
Internet: www.gebrmannverlag.de

Dietrich Reimer Verlag
Zimmerstraße 26-27
D-10969 Berlin
Telefon +49 / (0)30 / 259 17 15 70
Fax +49 / (0)30 / 259 17 15 77
Telefon (Vertrieb) +49 / (0)30 / 259 17 15 74
Fax (Vertrieb): +49 / (0)30 / 259 17 35 37
e-mail (Vertrieb): vertrieb-kunstverlage@reimer-verlag.de
Internet: www.dietrichreimerverlag.de

Deutscher Kunstverlag
Nymphenburger Straße 84
D-80636 München

Deutscher Kunstverlag Berlin
Zimmerstraße 26-27
D-10969 Berlin
Telefon (Vertrieb) +49 / (0)89 / 12 15 16 61
Fax (Vertrieb) +49 / (0)89 / 12 15 16 16
e-mail (Vertrieb): vertrieb@deutscher-kunstverlag.de
Internet: www.deutscherkunstverlag.de

Stand der Angaben 25. 8. 2003
Preisänderungen und Irrtümer vorbehalten

Umschlagbild:
Abbildung aus *Botschaften in Berlin* (s. S. 13)

Bestellung

Bitte liefern Sie mir folgende Titel an diese Anschrift

Name

Straße

PLZ/Ort

Datum/Unterschrift

Über die Buchhandlung:

☐ gegen Rechnung ☐ per Nachnahme ☐ Scheck anbei

☐ Diners Club/Euro-Card/Master-Card/Visa-Card

gültig bis |__|__|/|__|__|

|__|__|__|__| |__|__|__|__| |__|__|__|__| |__|__|__|__|
Karten-Nr.

Anz.	ISBN	Titel	Preis

aufzeichnungen von Cosima, mit »grossem Interesse« zur Kenntnis genommen und bei Tisch besprochen, begleitet von dem »Bedauern, daß wir mit Semper keinen Verkehr mehr haben.«[50]

Man hielt sich gegenseitig über Semper-Nachrichten in der Presse auf dem Laufenden, wie der Bemerkung von Cosmia von Bülow in ihrem Brief an Nietzsche vom 17. Januar 1870 zu entnehmen ist: »Ich hatte die Notiz über Semper gelesen, und freue mich so sehr über diese endliche Anerkennung eines grossen Künstlers, dass ich selbst meine intimere Freude dafür opfern will.«[51] Semper war wie selbstverständlich in den vertrauten Tribschener Gesprächsstoff einbezogen, wie es Wagners wohl ironische Anspielung auf »Semper's Meinung über das weitschweifige Partikelwesen« andeutet, die sich in seinem Brief an Nietzsche vom 26. November 1869 findet. Gemeint war damit vermutlich eine episodische Damenbekanntschaft Sempers aus der gemeinsamen Zürcher Zeit,[52] von der Wagner in Nietzsches Gegenwart wohl einen Schwank zum Besten gegeben haben dürfte.

Die imaginäre Präsenz Sempers in Nietzsches erstem Tribschener Sommer ist auf das Schönste in Cosima von Bülows Brief vom 26. August 1869 festgehalten, indem sie mit feinem Gespür für geistige Wahlverwandtschaften Nietzsche, Wagner und Semper zu Gleichgesinnten und verbündeten Kulturreformern macht, wenn sie an Nietzsche schreibt:

---

[50] Wie eng der Name Sempers mit Nietzsches Präsenz in Tribschen verbunden ist, wird offenbar durch Cosima Wagner: Die Tagebücher, Band I, 1869 1877. Ediert und kommentiert von Martin Gregor-Dellin und Dietrich Mak, München/Zürich 1976. Dort 141 ff. die Eintragungen für drei aufeinanderfolgende Tage: Donnerstag 19. August 1869: »Wie ich mit den Kindern arbeite, kommt eine Sendung des Professor Nietzsche: der Vortrag Semper's über die Baustile. Mit grossem Interesse dasselbe gelesen, bei Tisch R(ichard). darüber gesprochen, beiderseitiges Bedauern, daß wir mit Semper keinen Verkehr mehr haben. (...) Abends lese ich R. die Broschüre Semper's vor.« – Freitag, 20. August 1869: »(...) und R. bedauert den witzelnden Ton, der jetzt überall sich breit macht und dem selbst Semper bei seinen großartigen Gedanken, durch die Notwendigkeit der Verhältnisse (einen Vortrag vor gemischtem Züricher Publikum uber Dinge, die ein ganzes Buch erforderten) gezwungen nachgibt. R. hört auch nicht gern von ›Menschtum‹ reden, und im ganzen bleibt es ein Jammer, daß anstatt zu bauen Semper nun schreibt.« – Samstag 21. August 1869: »Abends Besuch des Professor Nietzsche, immer sehr angenehm.«

[51] Cosmia von Bülow an Nietzsche in Basel; Tribschen 17. Januar 1870, NB II.2, 119. – Vermutlich bezieht sich die Notiz auf Sempers Berufung nach Wien als Leiter der Bauten der Hofmuseen, der Hofburg und des Hofburgtheaters.

[52] Richard Wagner an Nietzsche in Basel, Tribschen 26.11.1871, NB II.2, 463 f. – Bei dieser Damenbekanntschaft, von der Wagner in seinen Lebenserinnerungen berichtet, handelte es sich vermutlich um eine Fürstin Karoline, die während ihres Besuchs in Zürich wegen ihrer Ungezwungenheit unter Wagners Freunden für Aufregung sorgte: »Traf ich von meiner regelmäßigen Mittagspromenade für einen Augenblick ein, so dinierte die Dame einmal mit Semper, das andre Mal mit Professor Köchly, ein drittes Mal mit Moleschott und so fort en particulier.« Wagner: Mein Leben, 2.150.

> »Ihr Wiederanknüpfen an August Wolf's an die griechische Forschung bildet für mich ein Seitenstück zu Wagner's Wiederanknüpfen der deutschen Kultur unter Goethe und Schiller an der Reformationsblüthe, und Semper's Römischer Fortsetzung des Baustyles Alexander's.«[53]

Man meint zwischen diesen Zeilen das Bedauern darüber zu hören, daß es diese drei Männer nicht schafften, ihre Köpfe zusammenstecken, um ein Gemeinsames zu vollbringen, nämlich die »Große Renaissance« ins Werk zu setzen, von der jeder der Drei, wenn auch auf unterschiedliche Weise, beseelt war und wozu Nietzsche von Wagner wenig später mit den Worten aufgefordert wurde:

> »Lieber Freund! (...) Sie könnten mir nun viel, ja ein ganzes Halbtheil meiner Bestimmung abnehmen. Und dabei gingen Sie vielleicht ganz Ihrer Bestimmung nach. (...) Nun zeigen Sie denn, zu was die Philologie da ist, und helfen Sie mir, die grosse ›Renaissance‹ zu Stande zu bringen (...).«[54]

Der schwärmerische Wagner-Apostel Nietzsche war mehr als willig und bereit, dem Meister als Gehilfe zur Hand zu gehen. Nietzsche erledigt als Dienstmann Besorgungen und Einkäufe, ordnet während der Wochenendbesuche in Tribschen die Bibliothek, kopiert und lektoriert Manuskripte Wagners und korrigiert Satzfahnen, was für den hochgradig Sehschwachen nicht gerade ein Vergnügen gewesen sein dürfte. Seit Dezember 1869 redigiert und ediert Nietzsche eine ihm von Wagner zugestellte »ziemliche Masse von Manuscript werthvollster Art, nämlich den Anfang meiner Dictate von meiner Lebenserzählung«,[55] von denen die ersten Bogen noch rechtzeitig als Weihnachtsgeschenk für Cosima gedruckt sein sollen. Nietzsche, der Weihnachten und Neujahr in Tribschen verbringt, wird einen guten Teil seiner Zeit auf die Fortführung dieser Arbeit verwendet haben. An zahlreichen Stellen in »Mein Leben« ging Wagner auch auf den Freund Semper ein, verschwieg dabei auch nicht dessen beharrliche Kritik an der Wagnerschen Mittelaltertümelei.

Die Briefe von Cosima und Richard Wagner an Nietzsche enthielten regelmäßig Bestellungen, und die Liste der Besorgungen reichte vom Dürer-Stich, einem Wasserkrug mit Gläsern, Tüll mit Goldsternen, Rosenstöcken, bis zu Kaviar und seidener Unterwäsche für den Meister.[56] Im Rahmen dieser Tribschener Dienstleistun-

---

[53] Cosmia von Bülow an Nietzsche in Basel; Tribschen 26.8.1869, NB II.2, 36.

[54] Richard Wagner an Nietzsche in Basel; Tribschen, kurz vor dem 12. Februar 1870, NB II.2, 145 f.

[55] Richard Wagner an Nietzsche in Basel, 3.12. 1869, NB II.2, 89.

[56] Siehe folgende Briefe von Cosima von Bülow an Nietzsche, NB II.2, 69 vom 2.11.1869: Bitte, Dürers »Melancholie« als Weihnachtsgeschenk für Richard Wagner zu besorgen. – NB II.2, 91 vom 9.12.1869: Bitte, einen »Wasserkrug von sechs oder vier Gläsern umgeben aus gläsernem Plateau« zu besorgen. – NB II.2, 95 vom 15.12. 1869: Bitte, für die Ausstaffierung des Christkindes »Tüll mit Goldsternen oder Pünktchen« zu besorgen. – NB II.2, 208 vom 15.5.1870: Bitte um Lieferung von 12 Rosenstöcken für Wagners Geburtstag. – Vgl. auch die beiden Telegramme von Richard Wagner an Nietzsche, NB II.6/2, 1270 vom 9.1.1870: Richard

gen als »professoraler Laufbursche«[57] trat Nietzsche zwecks Beschaffung eines silbernen Leuchters schließlich auch mit Gottfried Semper in näheren Kontakt. Wagner, der aus seinem vehementen Antisemitismus keinen Hehl machte,[58] hatte an einer silbernen Ampel Gefallen gefunden, die Semper für die jüdische Gemeinde in Dresden entworfen hatte. Da die beiden Künstlerfreunde sich überworfen hatten und die Angelegenheit an sich nicht unpikant war, wurde Nietzsche von Cosima von Bülow vorgeschickt, um diesen Zimmerschmuck zu erwerben. Im Namen einer ungenannt bleiben wollenden Dame wendet Nietzsche sich brieflich an Semper mit der Bitte um Überlassung der Zeichnungen. Nietzsches Brief ist nicht überliefert, allerdings das Antwortschreiben Sempers an Nietzsche, datiert vom 23. Januar 1870. Die förmliche Anrede und die ganz aufs Sachliche beschränkte Abfassung macht deutlich, daß beide sich persönlich nicht bekannt waren.[59]

Wagner, Luzern, Telegramm an Nietzsche in Basel: »Haben Sie mein Manuscript richtig erhalten? Ein Pfund ächter russischer caviar wäre sehr willkommen. das aller willkommenste wäre aber der Professor selbst am Sonntag.«- NB II.6/1, 405 vom 23.9.1876: Wagner aus Venedig an Nietzsche in Basel: »Bitte zusendung zweier Paar seideneren unterjacke und hosen basler fabrikant feinste Waare mittwoch an Bologna hotel Italie Bis dahin venedig hotel Europa. Richard Wagner«. – Mit subtilem Sarkasmus antwortet Nietzsche, inzwischen innerlich zu Wagner auf Distanz gegangen, am 27.9. 1876, SB 5.190: »Hochverehrter Freund! Sie haben mir durch den kleinen Auftrag, welchen Sie mir erteilten, Freude gemacht: er erinnert mich an die Tribschener Zeiten.«[57] Joachim Köhler: Friedrich Nietzsche und Cosima Wagner. Die Schule der Unterwerfung, Berlin 1996, 70.

[58] Vgl. Richard Wagners Pamphlet, Das Judenthum in der Musik, erstmals erschienen 1850; 1869 erschien eine revidierte Ausgabe.

[59] Gottfried Semper an Nietzsche in Basel, Hottingen(Zürich) den 23. Januar 1870, NB II.2, 121 f. Antwort auf einen nicht überlieferten Brief Nietzsches vom Januar 1870:

»Hochgeehrtester Herr Professor.

Ihren Brief den ich erst nach meiner Rückkehr von Wien einige Tage nach seiner Ankunft erhielt würde ich schon lange beantwortet haben wäre es nicht mein Wunsch gewesen Ihnen eine Zeichnung der Ampel um die es sich handelt gleichzeitig mit meinem Briefe zukommen zu lassen. Nach dieser Zeichnung habe ich denn lange vergeblich unter meinen Papieren gesucht und nachdem sie endlich gefunden war mußte ich sie erst kopiren lassen, was wieder einige Tage fortnahm.

Die beiliegende Zeichnung gibt die halbe Größe der Ausführung und steht natürlich der Dame von der Sie sprechen zur Disposition.

Das Gefäß wurde von den unverheirateten Genossen der jüdischen Gemeinde der Synagoge geweiht doch habe ich vergessen durch wen sie ausgeführt worden ist. Darüber kann aber die Vorsteherschaft der israelitischen Gemeinde in Dresden die sicherste Auskunft geben. Ich glaube Sie würden am besten thun sich an die Addresse Herrn Adolph Schie in Dresden zu wenden. Sonst würde aber auch das Juwelierhaus Meyer und Noske Auskunft gewähren können, da ich sogar glaube daß durch dessen Vermittlung das Gefäß vollendet wurde, natürlich durch einen Silberarbeiter von Fach, denn die genannten Herrn sind nicht selbst Künstler sondern die Chefs eines bedeutenden Juwelier- und Goldarbeitergeschäftes.

In wahrer Verehrung Ihr ganz ergebener Gottfried Semper«.

Am 27. Januar 1870 hält Cosima von Bülow die Zeichnung in Händen und bedankt sich bei Nietzsche für den Freundschaftsdienst, indem sie Sempers Brief im Original gleichsam zur Belohnung mit der Bemerkung »weil ein Autograph S(empers)s doch immer werthvoll ist« retourniert, nicht ohne Nietzsche sogleich für den zweiten Teil der Aufgabe einzuspannen. Da Semper sich nicht mehr an die ausführenden Kunsthandwerker erinnern kann, soll Nietzsche in Dresden Auskünfte einziehen. Mit dem Argument, sie »liefe dabei Gefahr im Tageblatt mit meiner jüdischen Bestellung vorzukommen«, wird Nietzsche darum gebeten, erneut einzuspringen und entweder unter falschem oder eigenem Namen briefliche Erkundigungen einzuholen. Auch versäumt Cosima nicht, Nietzsche daran zu erinnern, der Höflichkeit halber »an Semper zwei Worte des Dankes zu richten, (...) wegen der freundlichen Ueberlassung der Zeichnung.«[60]

Dieser Dankesbrief an Semper ist nicht überliefert, wohl aber Cosimas nächster Brief an Nietzsche, in dem man unter anderem liest:

> »Vielen Dank dass Sie auch an Semper geschrieben haben. Ich bin wirklich beschämt Ihnen so viel Mühe zu geben und muss Sie doch wieder um etwas angehen! Es wird mir unmöglich in Luzern eine Farbe aufzutreiben; (...) Sie sprechen aber gar nicht mehr davon Tribschen wieder einmal zu besuchen – die Bibliothek ist noch immer zu ordnen (...).«[61]

Trotz der eilfertigen Mithilfe Nietzsches war es nicht gelungen, die Sempersche Ampel, wie von Cosima gewünscht, zum 22. Mai 1870, dem 57. Geburtstag des Meisters, in den Händen zu halten. Zu diesem Tag kommt ein Pferd aus Bayern als Geschenk von Ludwig II. nach Tribschen. Der Leuchter konnte schließlich am 4. September 1870 zur Taufe von Richard und Cosima Wagners Sohn Siegfried einge-

---

[60] Cosima von Bülow an Nietzsche in Basel, Tribschen 27. Januar 1870, NB II.2, 123-127: »Sie sehen, lieber Herr Professor, dass Sie mir wirklich Glück bringen; da habe ich zu meiner erstaunten Freude die Sempersche Zeichnung. Seinen Brief schicke ich zurück weil ein Autograph S(empers)s doch immer werthvoll ist. (...) Darf ich Sie nun weiter belästigen? Ich möchte meinen Brief an Meyer Noske (Anm. d. Verf.: gemeint ist eine Dresdener Juweliersfirma) nicht mit meinem Namen unterzeichnen, noch von Luzern aus datiren, denn ich liefe dabei Gefahr im Tageblatt mit meiner jüdischen Bestellung vorzukommen. Wollen Sie wohl die grosse Güte haben beifolgenden Brief (welchen meine Gouvernante geschrieben und unterzeichnet hat), entweder abzuschreiben und in Ihren Namen die Anfrage stellen, oder so abzuschicken und nur Ihre Adresse beifügen. Ich bitte tausendmal um Entschuldigung. Ich glaube auch dass an Semper zwei Worte des Dankes zu richten wären, wegen der freundlichen Ueberlassung der Zeichnung. (...) Die Laterna Magica ist diesmal sehr weitläufig und doch nicht sehr heiter ausgefallen; das Walkürenbild wirft seinen Schatten über alles; einzig hell und rein erschien die Sempersche Zeichnung, dass ich Ihnen aus tiefem Herzen dafür danke wissen Sie.«

[61] Cosima von Bülow an Nietzsche in Basel, Tribschen 5. Februar 1870, NB II.2, 143 f. Antwort auf einen nicht überlieferten Brief Nietzsches von Anfang Februar 1870.

[62] Cosima von Bülow an Nietzsche in Clarens au Basset, Tribschen 19. April 1870, NB II.2, 195: »Die Zeichnung habe ich erhalten und sie wird hier ausgeführt! Den Silberarbeiter schickte

weiht werden,[62] – in Abwesenheit Nietzsches, der zu diesem Zeitpunkt als freiwilliger Krankenpfleger im deutsch-französischen Krieg dient.

Die Frage, ob es je zu einer Begegnung zwischen Semper und Nietzsche gekommen ist, nachdem Wagner und Semper im Frühjahr 1875 bei einem Zusammentreffen in Wien ihre alte Freundschaft wieder erneuern, bleibt offen. Die Tagebuchaufzeichnungen von Cosima Wagner berichten voller Anteilnahme über Sempers Wiener Ungemach.[63] Semper folgt der Einladung als Ehrengast zu den ersten Bayreuther Festspielen im August 1876.[64] Hier in Bayreuth, wo sich zu dieser Gelegenheit das halbe geistige Europa ein Stelldichein gibt, hätten die Wagner-Ehrengäste Semper und Nietzsche auch persönlich miteinander bekannt werden können. Jetzt macht sich allerdings Nietzsche in Bayreuth rar, was im Hause Wahnfried mit Be-

ich zu Semper ›in der Angelegenheit des Pr. N(ietzsche)‹; mit allen Instruktionen versehen ist er zurückgekommen, und beginnt die Arbeit, welche freilich zum 22ten nicht fertig werden kann. Der Meister wird sich mit der Idee begnügen müssen! In der Sache haben Sie ja Glück gehabt, denn Sie haben mir ja die Zeichnung erobert, das Missgeschick kam von Semper welcher uns nach Dresden wies. So bin ich nach wie vor in Ihrer Schuld.« – Cosima Wagner: Die Tagebücher, I. 281, Eintrag vom 4. Sept. 1870: »(...) um 4 Uhr geht die Taufe vor sich. (...) Die Semper'sche Ampel wird eingeweiht.« – Am 18. Juli 1870 wurde die Ehe zwischen Cosima und Hans von Bülow geschieden; am 25. August 1870 werden Richard und Cosima Wagner kirchlich getraut.

[63] Cosima Wagner: Die Tagebücher, I. 900, Mittwoch 3. März 1875: »Semper (welchen R. zum erstenmal seit 8 Jahren wiedersieht und zuerst nicht erkennt)« – Donnerstag 4. März: »(...) dann zu dem armen Semper, dessen Pläne angesehen; weil mich die Kuppel mit den vier Küppelchen etwas verwundert, sagt er, es sei eine Konzession, welche er gemacht, seinem Kollegen! Traurigster Eindruck.— Er bleibt arm inmitten der Bestellungen, der kaiserlichen Protektion, so arm, daß er sich nicht getraut, einen Wagen zu nehmen, und sieht so fertig aus, daß ich nicht glaube, daß er lange leben wird. Dabei diese kolossalen Pläne für einen zusammenstürzenden Staat. (...) Der arme Semper, von ganz Deutschland ignoriert, baut nun für diesen Staat und geht an dieser Aufgabe zu Grunde! Abends den dritten Akt der Götterdämmerung bei Standhartners am Klavier vorgenommen.« – Ebenda 915, Donnerstag 6. Mai 1875: »Konzert um 12 Uhr – (...) Abends mit Semper, sehr interessant, welcher förmlich im Umgang mit R, auflebt: Schwindel von Polychromie, Wunsch, Wien zu verlassen, ›was geht's mich an, ob der Kaiser sich ein Schloß baut‹. – Die Deutschen heimatlos, das Genie hat in Deutschland keine Stätte.« – Ebenda, 949, Mittwoch 17. November 1875: »Mehrfache Besuche, abends Lenbach, Makart, (...) und Semper, letzterer sehr müde und alt, herrlich lebendig, wie wir auf Michelangelo zu sprechen kommen, welcher ›Gestalten aus dem Nirwana‹ hervorgerufen hätte; aus dem Sezieren der Toten (die Antike) hätte er eine neue Welt geschaffen, lebensvolle Gestalten, welche dennoch nicht dem Leben angehörten! Er sei viel größer als Phidias.« – Ebenda, 950, Sonntag 21. November 1975: »(...) abends haben wir Semper zu unserer großen Freude.«- Dienstag 23. Nov 1875: »Abends Semper und Fürst Liechtenstein bei uns zu Tisch. R. sehr heiter, der Fürst höchst sympathisch, Semper ein wenig müde.« – Ebenda, 952, Sonntag 5. Dezember 1875: »Ich mache einige Besuche, unter anderem bei Pr. Sickel, Semper's Schwiegersohn, welcher mir klägliche Geschichte der Behandlung Semper's in Wien erzählt!«

[64] Siehe Mallgrave: Semper, 1996, 267.

fremden registriert wird. Die Begeisterung für Wagner war zu diesem Zeitpunkt schon längst nicht mehr so groß, wie man es für jemanden erwarten sollte, der zum gegebenen Anlaß gerade seine Kampfschrift »Wagner in Bayreuth« veröffentlicht hatte. Schon am Abend vor der Generalprobe reiste Nietzsche in den bayrischen Wald nach Klingenbrunn ab, kehrte zum Beginn des ersten Zyklus wieder zurück, flüchtete dann aber noch vor dessen Ende erneut in die Einsamkeit der Berge, um, wie er sagte, »dem Trubel und dem Kometenschweif hinter Wagner, aber auch diesem selbst aus dem Wege zu gehen.«[65]

Gottfried Semper: Wagner-Festspielhaus für München, Schaubild.

[65] Sander L. Gilman, Hrsg.: Begegnungen mit Nietzsche, Bonn 1981, 253.

Griechisches Vasengemälde
nach Stackelberg, aus Sempers »Stil«.

I. 2

Roter Faden und freie Falte: Nietzsches »Musikdrama« und Sempers »Polychromie« parallel gelesen

Nietzsches Semper-Lektüre ist, wie erwähnt, durch eines der ersten Basler Notizhefte vom Herbst 1869 mit Exzerpten aus dem »Stil« belegt. Auf welchem Wege es zu dieser Lektüre kommt, ist keine uninteressante Frage, denn eine Ausleihe des »Stil« in der Basler Universitätsbibliothek ist auf Nietzsches Namen erst für wesentlich später, nämlich für den 8. Dezember 1875, verzeichnet.[66] Daß aus einem eigenen Exemplar dieses Buches exzerpiert wurde, ist mehr als unwahrscheinlich. Unter den nachgelassenen, unvollständigen Beständen von Nietzsches Bibliothek ist kein einziges Werk Sempers verzeichnet,[67] auch nicht der gedruckte Vortrag »Ueber Baustile«, den er nach Tribschen auslieh. Auszuschließen ist auch, daß Nietzsche sich den »Stil« etwa von seinem Kollegen Jacob Burckhardt ausgeborgt haben könnte, sofern dieser überhaupt über ein Exemplar verfügte. Das Feingefühl der Hochachtung hätte derlei Ansinnen als taktlos erscheinen lassen, denn selbst einige von Burckhardts Schriften entleiht Nietzsche der Universitätsbibliothek.[68]

Naheliegend ist, daß Nietzsche sich der Semperschen Schriften auf bequemstem Wege in der Bibliothek von Richard Wagner bediente, die ja ohnehin seiner ordnenden Hand anempfohlen worden war. Erst nachdem die Tribschener Tage verflossen sind, weil die Wagners ihr Domizil von Luzern nach Bayreuth verlegt haben, greift Nietzsche zur erneuten Lektüre von Sempers »Stil« auf die Universitätsbibliothek zurück. In Wagners Bibliothek, heute im Richard-Wagner-Museum in Bayreuth aufbewahrt, sind Sempers Schriften komplett vorzufinden: die sogenannte Polychromie-Schrift von 1834, die »Vier Elemente der Baukunst« von 1851, die Schrift über »Wissenschaft, Industrie und Kunst« von 1852, der Vortrag »Über die formelle Gesetzmässigkeit des Schmuckes« von 1856, selbstverständlich Sempers zweibändiges Hauptwerk »Der Stil« in der ersten Ausgabe von 1860/63, selbst die

[66] Erstmals ausgeliehen am 8. Dezember 1875, siehe: Luca Crescenci: Verzeichnis der von Nietzsche aus der Universitätsbibliothek in Basel entliehenen Bücher (1869-1879), in: Nietzsche Studien, Bd. 23, Berlin/New York 1994, 437.

[67] Elisabeth Förster-Nietzsche: Friedrich Nietzsches Bibliothek, in: Arthur Berthold, Hrsg., unter Mitwirkung von Elisabeth Förster-Nietzsche, Peter Jessen und Philipp Rath: Bücher und Wege zu Büchern, Berlin/Stuttgart 1900, 427–456. – Max Oehler: Nietzsches Bibliothek, Vierzehnte Jahresgabe der Gesellschaft der Freunde des Nietzsche Archivs, Weimar 1942.

[68] 15. Februar 1870 und 1. Juli 1871 entleiht Nietzsche aus der Basler Universitätsbibliothek: Jacob Burckhardt, Die Zeit Contantin's des Grossen, Basel 1853, siehe: Crescenci: Verzeichnis, 1994, 396,408.

absonderliche Schrift »Ueber die bleiernen Schleudergeschosse der Alten« von 1859 fehlt nicht; auch der zirkulierte Vortrag »Ueber Baustile« von 1869 ist vorhanden, womöglich in dem nicht wieder an Nietzsche retournierten Exemplar.[69]

Nietzsche weilte häufig über das Wochenende zu Besuch auf Tribschen. Zwischen Weihnachten und Neujahr 1869/70 verbringt er eine ganze Woche bei den Wagners, die ihm inzwischen einen kleinen Salon als »Denkstube« zum Arbeiten überlassen haben.[70] Hier dürften wohl auch im Herbst und Winter 1869/70 die besagten Semper-Exzerpte niedergeschrieben worden sein. Während der Tribschener Weihnachtsferien 1869/70 beschäftigt Nietzsche sich in der »Denkstube« mit Arbeiten zu seinen beiden Vorträgen im Basler Museum, die unmittelbar bevorstehen: für den 18. Januar 1870 der Vortrag über »Das griechische Musikdrama,« gewürzt mit der erwähnten Bemerkung über die Betrachtung von Deckengemälden aus Sempers »Stil«; für den 1. Februar 1870 der Vortrag über »Sokrates und die Tragödie«.

Daß der Name Semper unmittelbar in diesen Zusammenhang gehört, ist einem Brief zu entnehmen, den Cosima Wagner im Jahr darauf, am Nikolaustag 1871, an Nietzsche richtet, geschrieben in offensichtlich vorweihnachtlicher Stimmung, in der Vorfreude und Erinnerung sich vermischen. Der Brief beginnt mit der obligatorischen Bitte um eine Gefälligkeitsbesorgung, diesmal die Zusendung eines Seidenmusters, leitet dann aber in die gedankenversunkene, für uns höchst aufschlußreiche Passage der Erinnerung an das vergangene, gemeinsam verbrachte Weihnachtsfest über:

> »Ich schreibe Ihnen von der Gallerie; Tannhäuser spielt mir stumm auf, und die bunten Scheiben lassen mir's vor den Augen grün und blau spielen; ich denke

---

[69] Semper-Titel in Wagners Bibliothek, Nationalarchiv der Richard Wagner Stiftung,, Richard -Wagner-Museum Bayreuth: Vorläufige Bemerkungen über bemalte Architektur und Plastik bei den Alten, Hamburg-Altona: Hammerich 1834; – Die vier Elemente der Baukunst. Ein Beitrag zur vergleichenden Baukunde, Braunschweig: Vieweg und Sohn 1851; – Wissenschaft, Industrie und Kunst. Vorschläge zur Anregung nationalen Kunstgefühles, Braunschweig: Vieweg und Sohn 1852; – Ueber die formelle Gesetzmäßigkeit des Schmuckes und dessen Bedeutung als Kunstsymbol, Zürich: Meyer u. Zeller 1856; – Ueber die bleiernen Schleudergeschosse der Alten und über die zweckmässige Gestaltung der Wurfkörper im allgemeinen. Ein Versuch, die dynamische Entstehung gewisser Formen in der Natur und in der Kunst nachzuweisen, Frankfurt a. M.: Kunst und Wissenschaft 1859; – Der Stil in den technischen und tektonischen Künsten, oder praktische Aesthetik. Ein Handbuch für Techniker, Künstler und Kunstfreunde, Erster Band: Textile Kunst, Frankfurt: Kunst und Wissenschaft 1860, Zweiter Band: Keramik, Tektonik, Stereotomie, Metallotechnik, München: Bruckmann 1863; – Ueber Baustile. Ein Vortrag, gehalten auf dem Rathaus in Zürich am 4. März 1869 von Gottfried Semper, Zürich: Schulthess 1869. – Alle Titel ohne Anstreichungen und Widmungen. – Ich danke Herrn Günter Fischer vom Richard-Wagner-Museum Bayreuth für freundliche Hilfe und bereitwillige Auskünfte.

[70] Cosima Wagner: Die Tagebücher, I. 331, 26. Dezember 1870: »(...) in der Denkstube, jetzt Pr. Nietzsche eingeräumt, lassen wir uns nieder.«

dabei an Allerlei, Semper's Polychromie, Goethe's Farbenlehre, auch Schopenhauer's, vor Allem aber an Ihren Sokrates, der ja, glaube ich, an dieser Stelle entstanden ist.«[71]

Der junge Nietzsche war, so sagen es diese Zeilen, zum festen Bestandteil des Genius Loci auf Tribschen geworden, in dessen Hallen auch der Geist von Semper, Goethe und Schopenhauer ihren Stammplatz hatten. Nietzsches Gedanken waren in Tribschen heimisch, ebenso wie sich umgekehrt der Geist von Tribschen in Nietzsches Gedankengebäude einhauste. Daß er seine beiden Vorträge, über das Musikdrama und Sokrates, Cosima Wagner widmet und ihr zum Geschenk macht,[72] ist nicht nur als eine persönliche Zueignung, sondern auch als Huldigung an den Tribschener Geist zu verstehen.

Welche reiche Ernte Nietzsche aus den Früchten der Semper-Lektüre einzufahren verstand, wird deutlich, wenn man allein den Vortrag über »Das griechische Musikdrama«, der schon wegen des Semper-Zitats Neugier erregen muß, vor diesem Hintergrund näher betrachtet. Daß der Vortrag zur gleichen Zeit entsteht, als Nietzsche in geheimer Mission wegen des besagten Leuchters mit Semper im Briefwechsel steht, sei hier noch einmal in Erinnerung gebracht. Bei diesem Vortrag handelt es sich, wie ebenfalls zu betonen ist, um den ersten ausgearbeiteten Text von Nietzsches Basler Arbeiten zwischen Ende 1869 und Ende 1871, die dem Erscheinen des berühmten Erstlingswerkes der »Geburt der Tragödie aus dem Geiste der Musik« von 1872 vorangehen. Schon mit diesem Titel seines Erstlings verbeugte sich Nietzsche vor Wagner und folgte dem ihm von seinem Meister zugedachten Imperativ, sich als »Philolog (...) von der Musik dirigieren zu lassen.«[73]

Aus Semperscher Optik, insbesondere mit Blick auf dessen Polychromie-Schrift von 1834, nimmt sich Nietzsches Vortrag über das »Musikdrama« über weite Strecken fast wie ein Parallelstück aus. Liest man beide Texte nebeneinander, so drängt sich die Verwandtschaft förmlich auf. Mitunter identisch in der Logik der

[71] Cosima Wagner an Nietzsche in Basel, Tribschen am 6. Dezember 1871, NB II.2, 469. – Mit der »Gallerie« war auf Tribschen ein mit Bildern ausgestatteter Raum gemeint, dessen Längswand das Tannhäuser-Aquarell von Illes einnahm, ein Geschenk von Ludwig II.. Siehe: Richard Wagner. Seine Zeit in Luzern. Das Museum in Tribschen, Luzern 1993, 23. – Mit den »bunten Scheiben« wird das bemalte Fenster gemeint sein, das 1869 offenbar als Geburtstagsgeschenk für Richard Wagner angefertigt worden war. Siehe Cosima Wagner: Die Tagebücher, I. 327 f., 21. Dezember 1870: »Wie wir im unteren Salon beim Kaffee sitzen, blickt er auf die Galerie und sagt, er habe jetzt die Empfindung von seiner Überraschung vom Geburtstag 69, wie er da dem Quartett lauschte und die bemalte Fensterscheibe zum ersten Male erblickte!«

[72] Cosima Wagner: Die Tagebücher, I. 248, 2. Juni 1870: »Pr. Nietzsche schreibt sehr schön von dem Eindruck, welchen Tribschen auf ihn und seinen Freund gemacht, und widmet mir seine Vorträge über Sokrates und das Kunstwerk der Griechen.«

[73] Richard Wagner an Nietzsche in Basel; Tribschen, kurz vor dem 12. Februar 1870, NB II.2, 146.

Argumentation wie in der Bildsprache, scheint es, als habe bei Nietzsche lediglich der Gegenstand der Betrachtung gewechselt und als sei die Architektur gegen das Schauspiel ausgetauscht worden.

»Semper's Polychromie«, in Cosima Wagners Brief vom Nikolaustag 1871 an Nietzsche erwähnt, war nicht nur im Hause Wagner, sondern in der Fachwelt längst ein Begriff. Hinter diesem Terminus verbarg sich Sempers Erstling von 1834 mit dem etwas umständlichen Titel »Vorläufige Bemerkungen über bemalte Architektur und Plastik bei den Alten«, eine Schrift, die Aufsehen erregte, weil sie mit dem Vorurteil der akademischen Kunsttheorie aufräumte, der griechische Tempel sei ursprünglich als ein monochromes Gebilde gedacht gewesen. Auf ausgedehnten Italien- und Griechenlandreisen hatte der junge Architekt antike Bauten erforscht, Reste von Bemalung und farbiger Ornamentik nachgewiesen und daraufhin seine Theorie von der Polychromie, der ursprünglich farbigen Bemalung von Architektur und Plastik, aufgestellt.

Damit bezog Semper eindeutig Partei für eine die Kunstwelt revolutionierende Auffassung, die zuvor schon durch die in Paris tätigen Architekten und Archäologen Jakob Ignaz Hittorff und Antoine-Chrisostome Quatremère de Quincy vertreten worden war. Letzterer, Verfasser des berühmten »Dictionnaire d'Architecture« von 1789 und 1832, hatte bereits 1815 in seiner Studie zur griechischen Skulptur auf den neuen Gesichtspunkt der Farbigkeit aufmerksam gemacht.[74] 1830 veröffentlicht Hittorff seine »L'Architecture polychrome chez les Grecs«.[75] Dessen Fußstapfen folgt Semper dankbar mit seiner Schrift von 1834, die ihn in Deutschland zu einem Wortführer in jener Debatte macht, die als der Polychromie-Streit in die Geschichte der Architekturtheorie eingegangen ist.

Auch wenn man, wie Semper einräumte, sich nur schwer vorstellen könne, »daß Griechen so geschmacklos hätten sein können,« daß sie »so herrlichen Stoff, ihren weißen Marmor mit Farben bedeckt haben«,[76] führte kein Weg an der Erkenntnis vorbei, daß die griechischen Bauten in ihrer Urform eben nicht einfarbig und weiß, sondern vielfarbig und bunt waren. Das Wort aus Goethes Faust – »Grau, teurer Freund, ist alle Theorie und grün des Lebens goldener Baum« -, das Semper seiner Schrift als Motto voranstellte, war als leiser aber deutlicher Wink zu verstehen, wo man die eigentliche Wurzel des Übels zu suchen hatte.

Als praktischer Bauforscher kritisierte Semper die realitätsferne akademische Theorie, die ihre Kenntnisse von der Baukunst des Altertums überwiegend aus

---

[74] Antoine-Chrisostome Quatremére de Quincy: Jupiter Olympien: l'art de la sculpture antique considerée sous un nouveau point de vue, Paris 1815.

[75] Jakob Ignaz Hittorff: L'Architecture polychrome chez les Grecs, Paris 1830.

[76] Gottfried Semper: Vorläufige Bemerkungen über bemalte Architektur und Plastik bei den Alten, Hamburg-Altona 1834. – Nachdruck in: Gottfried Semper. Kleine Schriften. Hrsg. von Manfred und Hans Semper, Berlin/Stuttgart 1884, Reprint Mittenwald 1979, 235, 237.

Büchern bezog und sich gegenüber den tatsächlichen Zeugnissen der Vergangenheit als blind erwies. Dies betraf allerdings nur die eine Seite der Medaille, denn die akademische Theorie hatte auch praktische Konsequenzen. Diese geißelte Semper in Gestalt der modernen, neugriechischen Gegenwartsarchitektur. Sie war ein Sproß jener akademischen Kunsttheorie, hatte ebenso wie diese, den Bezug zum Leben verloren und war deshalb in trockener Nachahmung erstarrt. Die »monochromen Neuerer« begingen in Sempers Augen den kardinalen methodischen Fehler, aus den vorgefundenen farblosen Ruinen unmittelbar auf das Ganze zu schließen: sie hielten »das Lückenhafte der antiken Ueberreste für den vollständigen Text«.[77] Winckelmann, dessen einschlägiges Axiom von der »edlen Einfalt und stillen Größe« die Vorstellung von einer weißen Antike zum Epochenparadigma verdichtet hatte, wird als Vater dieser Irrlehre angeprangert und gerät als »Herold einer neuen antikisierenden Schule in Plastik und Architektur«[78] in Sempers Visier.

Die Sprachgewalt, die in Sempers Kritik der akademischen Kunsttheorie aufblitzt, läßt es an anschaulichen Bildern und Donnerworten nicht vermissen. Allein die Macht dieser Sprache und ihre plastische Metaphorik dürfte Nietzsche fasziniert und zu eigenen Anverwandlungen verführt haben. Den akademischen Kurzschluß, vom archäologischen Befund unmittelbar eine Kunsttheorie ableiten zu wollen, übersetzte Semper in das drastische Gleichnis, man habe das von der Zeit übrig gelassene »entseelte Knochengebäude alter Kunst«, wie vorgefunden, für das Ganze genommen und als solches ohne irgendwelche Bedenken zur Nachahmung für gut befunden. Deshalb zieht Semper den polemischen Schluß:

> »Weit entfernt, das Wesentliche der Antike aufzusuchen, brachten wir in geistloser Nachäfferei jene Mammutsknochen erstorbener Vorzeit ganz in dem Zustande, wie wir sie fanden, für unsere ärmlichen Bedürfnisse in Anwendung.«[79]

Folglich war es auch nicht verwunderlich, wenn es »diesen Kopien nach dem Tode, diesen Wachslarven, natürlich an Originalität und Leben«[80] fehlte. In »dieser unverständigen Nachäfferei antiker Bruchstücke«, wie sie Sachwalter der Historie der Kunst und die Vertreter einer historisierenden Baukunst betrieben, erblickte Semper auch den eigentlichen Grund für das »Magere, Trockene, Scharfe, Charakterlose der neueren Erzeugnisse der Architektur.«[81]

Man muß diese Ausführungen vorausschicken, um zu verstehen, in welchem Maße Nietzsche sich an die Sempersche Argumentation anlehnt, bzw. sie unmittelbar übernimmt. »Nachäffung« – so lautet denn auch der kardinale Vorwurf seiner Beurteilung des »heutigen Theaterwesens«. Zwar wurzelten die »Grundformen«

---

[77] Ebenda, 233.
[78] Ebenda, 234.
[79] Ebenda, 229.
[80] Ebenda, 229.
[81] Ebenda, 229.

des Theaterwesens, wie jene der Baukunst, auf hellenischem Boden, von der wirklichen Tragödie des Altertums hatten sie sich aber weit entfernt. Die Erklärung dieser Entwicklung und die Art und Weise, wie Nietzsche sie mit Schlagworten charakterisiert, hält sich eng an das Muster Semperscher Argumentation:

»Das, was wir heute die Oper nennen, das Zerrbild des antiken Musikdrama's, ist durch direkte Nachäffung des Alterthums entstanden: ohne die unbewußte Kraft eines natürlichen Triebes, nach einer abstrakten Theorie gebildet, hat sie sich, wie ein künstlich erzeugter homunculus, als der böse Kobold unserer modernen Musikentwicklung geberdet.«[82]

Auch in der Erklärung des historischen Verfallsprozesses folgt Nietzsche den Fußstapfen der Semperschen Kritik an akademischer Lebensferne. Schon im frühen Mittelalter sei »die gesunde Weiterentwicklung der griechischen Musik« dadurch »auf das stärkste gehemmt und beeinträchtigt worden, als man in Theorie und Praxis mit Gelehrsamkeit auf das Alte zurückgieng«. Folglich entstanden »rein auf gelehrtem Wege« neue Kunstgattungen, und das »Resultat war eine unglaubliche Verkümmerung des Geschmacks«.[83]

Als handfesten Beweis für die These, daß »die Gelehrsamkeit, das bewußte Wissen und Vielwissen der eigentliche Hemmschuh« für die Entwicklung der modernen Künste sei, und daß das lebensferne Theoretisieren zu Verzerrungen führe, mit dem Ergebnis, daß man jetzt aus der »Karikatur das Urbild zu errathen suchen« müsse, verweist Nietzsche dann – ohne Semper namentlich zu erwähnen – konsequenterweise auf den Polychromie-Streit:

»Galt es doch bis vor nicht lange als unbedingtes Kunstaxiom, daß alle ideale Plastik farblos sein müsse, daß die antike Skulptur die Anwendung der Farbe nicht zulasse. Ganz langsam und unter dem heftigsten Widerstreben jener Hyperhellenen, hat sich die polychrome Anschauung der antiken Plastik Bahn gebrochen nach der sie nicht mehr nackt, sondern mit einem farbigen Überzug bekleidet gedacht werden muß.«[84]

Die Polychromie-Debatte, die zum Einsturz einer überholten, abstrakten Gelehrtentheorie führte, ist Nietzsche das eindrücklichste Beispiel dafür, wie wichtig die sorgfältige Erforschung des Altertums sei, damit wir nicht einem »Phantasiebild« von der Antike aufsäßen, und – was ihm »keine geringe Gefahr« scheint – »damit wir nicht etwa das Hellenische überhellenisiren und ein Kunstwerk uns ausdenken, das nirgends in aller Welt eine Heimat hat.«[85]

Diese These vom Überhellenisieren der Hellenen ist die offensichtlichste Anverwandlung eines Semper-Wortes. Sie wird nachvollziehbar, wirft man einen kur-

[82] Das griechische Musikdrama. Vortrag in Basel am 18. Januar 1870, KSA 1.516.
[83] Ebenda, KSA 1.516 f.
[84] Ebenda, KSA 1.518.
[85] Ebenda, KSA 1.518.

zen Seitenblick auf Nietzsches Exzerpte aus dem »Stil«. Die Notizen führen uns vor Augen, daß er das Schlüsselkapitel dieses Werkes über »Das Prinzip der Bekleidung in der Baukunst« nicht nur genau studiert hat, sie geben auch Aufschluß darüber, wie Nietzsche entsprechende Passagen in seinen Vortrag übernommen und eingearbeitet hat. So exzerpiert er aus § 61 des »Stil«, in dem Semper Allgemeines zum Prinzip der Bekleidung vorausschickt, in wörtlicher Übernahme aber mit Auslassungen:

> »Polychrome Anschauung der antiken Architectur und Plastik, wonach sie nicht nackt, mit der Farbe des Stoffes, der in Anwendung kam, sondern mit einem farbigen Überzug bekleidet erscheint.
> Souveräne Verachtung der barbarischen Kunst, uneingedenk der Bewunderung, welche die Hellenen selbst Herodot Xenophon Ktesias Polybios Diodor Strabo der Grösse und Harmonie dieser barbarischen Werke zollen.
> Das hellenische Schiedsgericht muss als Maassstab der Schätzung jener Werke dienen. Aber man ist hellenischer gesinnt als die Hellenen: Barbarenthum eine Art modificirter Menschenfresserei.«[86]

Gerade der letzte, unvollständig exzerpierte Satz macht deutlich, daß Nietzsche den ihm von Semper zugespielten Gedanken angenommen und für sich ausgelegt hat. Nietzsches Wendung vom Überhellenisieren der Hellenen ist nichts anders als eine seiner charakteristischen Inversionen, die Semper ihm in dem nicht exzerpierten Mittelteil des Satzes schon in den Mund gelegt hatte, wo es heißt:

> »Aber man ist hellenischer gesinnt als selbst die Hellenen, überbarbarisirt das Barbarenthum und denkt dabei an eine Art modificirter Menschenfresserei (...).«[87]

Die Exzerpte aus dem »Stil« enthalten, wie man sieht, direkte Anregungen für den Vortrag über das griechische Musikdrama. Aus der Überbarbarisierung der Barbaren macht Nietzsche seine Überhellenisierung der Hellenen, sowie er zuvor schon andere Sempersche Stichworte aufgegriffen und variiert hat. Die Exzerpte zeigen darüber hinaus aber auch, was der frühe Nietzsche zu diesem Zeitpunkt an Semper offenbar n i c h t, oder besser gesagt, n o c h n i c h t zur Kenntnis genommen hat. Nietzsches Exzerpt bricht nämlich an jener Stelle ab, an der Semper seinen Gedankengang über den vermeintlichen Gegensatz zwischen der sogenannten »barbarischen« und der hellenischen Kunst noch einen entscheidenden Schritt weiter fortführt – ein Schritt, den Nietzsche nur wenig später mit seiner Theorie vom dionysischen Ursprung der Kunst nachvollziehen und in den Mittelpunkt seines Denkens stellen wird.

Für Semper hatte die These von der verzerrten Sicht der Kunst unter der Optik der Wissenschaft zweierlei Konsequenzen. Die erste war jene, die zu der lebensfer-

---

[86] Nachgelassene Fragmente. Herbst 1969, KSA 7.15.

[87] Semper: Stil, I. 205 (1860: I. 219).

nen Wissenschaft führte, die mit akademischer Gelehrsamkeit die Simplifizierung oder auch Überhellenisierung der Hellenen betrieb. Auf diese Seite des Arguments stürzt sich Nietzsche sofort mit jugendlicher Kampfeslust. Die andere Konsequenz betraf die Kehrseite jener idealistischen, akademischen Optik, die darin bestand, tendenziell alles vermeintlich Bunte, Lebensnahe als das Barbarische abzustempeln. Nach dieser Logik verfuhren auch die Gegner der Polychromie, die behaupteten, die bunten Bemalungen der antiken Tempel seien erst durch die Barbaren hinzugefügt worden. Semper drehte den Spieß um und postulierte: »Im Gegenteil, die Monumente sind durch Barbarei monochrom geworden.«[88]

Die »moderne« Barbarei zeigte nach Semper also ein Doppelgesicht, denn sie betrieb die akademische Simplifizierung der Griechen zu Hyperhellenen, zu idealen, lebensfernen Lichtgestalten des Absoluten und ächtete gleichzeitig ihre dunklen Vorläufer als Unmenschen. Beide Phänomene erscheinen Semper als die Kehrseite ein und derselben Medaille, und folgerichtig liest man im Anschluß an jene von Nietzsche exzerpierten Sätze im »Stil« die folgende Erörterung des »Barbarischen«:

> »Die homerische Sprache kennt dieses Wort noch nicht, weil damals der Begriff noch nicht existirte dem es entspricht, der sich erst viel später zwischen hellenischem und barbarischem Wesen als Gegensatz beider gestaltete. Auch die hellenische Kunst ist in ihren Elementen barbarisch und wir müssen durch Erforschung dieser barbarischen Elemente, woraus sich die hellenische Kunst entfaltete, das Studium der letzteren vorbereiten, müssen Helena, die leibhaftige, lebendige, wahre, wieder von den ›Müttern‹ heraufbeschwören.«[89]

Gerade den letzten Sätzen sollte man mit Blick auf Nietzsche besonderes Gewicht beimessen, denn Semper schlägt hier ein Modell der Verschränkung vor, in dem das Barbarische nicht mehr als diskriminierende kulturelle Kategorie behandelt und deshalb als ferne, dunkle Vorstufe ins Abseits gestellt und ausgeklammert wird. Im Gegenteil, das Barbarische wird von Semper als dialektischer Bestandteil des Hellenischen in den Prozeß der kulturellen Entwicklung unmittelbar miteinbezogen. Die vermeintlich antagonistischen Gegensätze werden als Pole eines Ganzen in einen tieferen historischen Zusammenhang gebracht, der die Existenz beider als notwendige Bestandteile der Entwicklung – jenseits aller Gelehrtenmoral von Gut und Böse – anerkennt.

Die Sprengkraft dieser Verschränkung des Barbarischen und des Hellenischen, man könnte auch sagen, des Dionysischen und Apollinischen, ist Nietzsche zum Zeitpunkt seines ersten, ganz auf das Wagnersche Thema des Gesamtkunstwerkes eingeschworenen Vortrages, offensichtlich noch nicht in vollem Umfang aufgegangen. Nur wenig später, in der unveröffentlichten Schrift »Die dionysische Weltan-

---

[88] Semper: Vorläufige Bemerkungen, 1834, in: Kleine Schriften, 1884, 236.

[89] Semper: Stil, I. 206 (1860: I. 219).

schauung«, einer wichtigen Vorarbeit zur Tragödienschrift, wird jener logische Schritt in der methodischen Erkenntnis nachvollzogen, wo man liest:

»Nicht im Wechsel von Besonnenheit und Rausch, sondern im Nebeneinander zeigt sich das dionysische Künstlerthum. Dieses Nebeneinander kennzeichnet den Höhepunkt des Hellenenthums (...).«[90]

Das Stichwort der »Überhellenisierung der Hellenen« schien dem frisch berufenen Altphilologen zunächst attraktiv und ergiebig genug, sich in seinem ersten öffentlichen Vortrag als forscher, kritischer Geist zu empfehlen, der sich mit einer Attacke auf das akademische Theoriewesen selbst akademische Sporen zu verdienen hoffte.

Daß in Semper mehr steckte, als sich unter dem Zeitdruck von Vortragsterminen entdecken ließ, zeigte sich bald. Am 22. September 1870 trägt Nietzsche in sein Notizheft ein: »Wir dürfen keinen Abgrund der Betrachtung scheuen, um die Tragödie bei ihren Müttern aufzufinden: diese Mütter sind Wille, Wahn, Wehe.«[91] Jetzt hat Nietzsche offene Ohren für Sempers Aufruf zur Erforschung des Barbarischen. Forschungen dieser Art hatte Semper im ersten Band des »Stil« betrieben. Anhand der textilen Kunst – dem sozusagen »barbarischen« Vorläufer der Architektur – unternimmt er den architekturtheoretischen Versuch, die »architektonische Form von ihrem Ursprung« her zu erklären.[92] Dies war Sempers Beitrag, getreu dem eigenen Motto, Helena wieder von ihren »Müttern« heraufzubeschwören, anstatt weiter der Nachäfferei antiker Bruchstücke das Wort zu reden.

Mit seiner Erstlingsschrift, der »Geburt der Tragödie«, wirft der heimliche Semper-Schüler Nietzsche seinen Blick in den Urgrund der Kunst und liefert eine Begründung der barbarischen Elemente im Hellenischen, die den alten Gegensatz mit den Begriffen des Dionysischen und Apollinischen zu einer neuen Kunsttheorie von epochaler Resonanz auflöst. Semper hatte hierzu im Verborgenen den Weg gewiesen, und seine Präsenz ist im »Griechischen Musikdrama« mehr als nur sporadisch und zufällig. Obgleich nicht ein einziges Mal namentlich genannt, ziehen sich Sempersche Ideen wie ein roter Faden durch den Gedankengang dieses Textes, sei es in Gestalt wörtlicher Übernahmen oder sinngemäßer Anlehnungen.

Nach dem Vorwurf der »Nachäffung des Alterthums«, dem Hinweis auf die Polychromie, dem Hinwies auf die Betrachtung von Deckengemälden mit dem von Nietzsche angeführten »Wort des bedeutendsten lebenden Architekten« setzen sich die Semperiana im »Musikdrama« in eher flüchtiger Weise fort. Man wird natürlich nicht bei einem so unverfänglich anmutenden Begriff wie »das Schachspielartige« stutzig werden und auch hier an Semper als Stichwortgeber denken, wenn man nicht dessen Polychromie-Schrift vor Augen hat und für Nietzscheanische

---

[90] Nachgelassene Schriften. Die dionysische Weltanschauung, in. KSA 1.556.

[91] Nachgelassene Fragmente. 22. September 1870, KSA 7.93.

[92] Semper: Vorläufige Bemerkungen, 1834, in: Kleine Schriften, 1884, 243.

Anverwandlungskünste hellhörig worden ist. Nietzsche benutzt diesen Begriff, um damit in seiner Darstellung der Entwicklung des antiken Musikdramas den Grundzug der neueren attischen Komödie zu kritisieren. In der modernen Komödie hatte sich, so doziert er, »das Wesen des Schauspiels in das des Schachspiels umgewandelt.« Von dieser Kennzeichnung der Verfallsstufe in dem entwicklungsgeschichtlichen Prozeß des modernen Theaters wird Nietzsche noch einmal zwei Wochen später in seinem Vortrag über »Socrates und die Tragödie«, ebenso wie in der »Geburt der Tragödie«, Gebrauch machen.[93]

Für die Beziehung dieser Formulierung auf Semper spricht Einiges, unter anderem, daß der Satz »Aus dem Schauspiel wird eine Art Schachspiel«[94] in Nietzsches Notizheft mit den Exzerpten aus dem »Stil« festgehalten ist, und zwar in einem Absatz, in dem man auch auf die Anverwandlung des Semperschen Diktums von der »Faschingslaune« als der »Wurzel des Dramas« stößt. Wenige Seiten später exzerpiert Nietzsche den bemerkenswert dionysisch anmutenden Satz Sempers: »Der Karnevalskerzendunst ist die wahre Atmosphäre der Kunst«,[95] mit genauer Seitenangabe, was bei seinen Exzerpten nicht häufig der Fall ist. Der erstaunliche Sempersche Vorgriff auf die »Dionysische Weltanschauung« hat folgenden Wortlaut:

> »Jedes Kunstschaffen einerseits, jeder Kunstgenuss andererseits, setzt eine gewisse Faschingslaune voraus, um mich modern auszudrücken – der Karnevalskerzendunst ist die wahre Atmosphäre der Kunst.«[96]

Nietzsches »Musikdrama« reflektiert diese Passage aus dem »Stil« vielleicht darin, daß die »Fastnachtsspiele und Maskenscherze« der Frühlingsfeste und die »dionysischen Schwarmzüge im alten Griechenland« als »die Wiege des Dramas«[97] angenommen werden. Der erste Schritt zur Tragödientheorie ist damit gemacht. Daß es nicht nur der »Stil«, sondern insbesondere die Polychromie-Schrift war, die Nietzsche zur Zeit der Vorbereitung der beiden Vorträge beschäftigte, wird in dem Nikolaustag-Brief von Cosima Wagner angedeutet.[98] In der Polychromie-Schrift ist auch das Schachbrett in solch verführerischer Weise als Metapher aufgestellt worden, daß Nietzsche daran nicht unbeeindruckt vorbeigehen konnte. Zur Charakterisierung der »Gattung der sokratischen Kunst« sollte dieses Bild ihm gute Dienste leisten, etwa, um »das schachspielartige Schauspiel« der neueren attischen Komödie mit einem Schlagwort zu kennzeichnen.[99]

---

[93] Siehe KSA 1.77, 1.535 f., 1.542.
[94] Nachgelassene Fragmente. Herbst 1869, KSA 7.11; auch 7.179.
[95] Ebenda, KSA 7.16.
[96] Semper: Stil, I. 216 f.
[97] Das griechische Musikdrama, KSA 1.521.
[98] Cosima Wagner an Nietzsche in Basel, Tribschen am 6. Dezember 1871, NB II.2, 469.
[99] Nachgelassene Fragmente. Ende 1870 – April 1871, KSA 7.180 f.

Gleich in der Einleitung zur Polychromie-Schrift hatte Semper heftig gegen die moderne Baukunst polemisiert und namentlich den französischen Architekten und Theoretiker Jean-Nicolas-Louis Durand (1760–1834), der auf dem Polytechnikum in Paris lehrte, an den Pranger gestellt. Als Exponent der »halbbankerotte(n) Architektur« mußte Durand die Schmach über sich ergehen lassen, mit einer der einprägsamsten Etikettierungen aus Sempers spitzer Feder, nämlich als »Schachbrettkanzler für mangelnde Ideen«, gebrandmarkt zu werden.[100]

Andersherum betrachtet könnte man Durand durchaus treffend als einen Vertreter des sokratischen Rationalismus in der Architektur bezeichnen. Der Systematiker Durand hatte das Rastersystem mit radikaler Konsequenz auf den gesamten architektonischen Entwurf übertragen und damit dem Einzug des mechanistischen Denkens in die Baukunst Tür und Tor geöffnet. Die moderne Methode bestand darin, wie Semper abschätzig erklärte, das Zeichenpapier »nach der Art der Stickmuster oder Schachbretter in viele Quadrate« aufzuteilen, »auf denen sich die Risse des Gebäudes ganz mechanisch ordnen.«[101] Wer nach diesem simplen, praktischen, schnell zu erlernenden System verfuhr, durch das, so Semper sarkastisch, »der nagelneue Polytechniker zu Paris binnen sechs Monaten sich zum vollendeten Baukünstler« ausbilden lassen konnte, für den ließen sich auch »die heterogensten Dinge ohne viel Kopfzerbrechen unter einen Hut« bringen, und im akademischem Schema von Achsen und Symmetrien schienen sich mittels dieser Quadrate »wie von selbst, Reitbahnen, Thermen, Theater, Tanzsalons und Konzertsäle in einem Plan« erfolgreich zusammenzufügen.[102] Damit folgte die Baukunst nicht mehr dem ewigen organischen Gesetz aller Gestaltung, sondern brachte »auf mechanischem Wege« nur noch seelenlose Gebilde hervor.[103]

Diese im Kern moderne Position eines versachlichten, auf mechanisch-wissenschaftlichem Wege objektivierten Entwurfsprozesses, dem Zweckmäßigkeit und Ökonomie im Grundriß oberstes Gebot sind, aus dem sich von selbst Klarheit und Einfachheit der Form ergäben, bestimmte Durands Theorie der Architektur. Erst im 20. Jahrhundert sollte sie ihre konsequente Übersetzung in die Praxis erleben. Der einflußreiche Modernisierer der klassizistischen Architekturtradition, Erfinder des modernen Rasterdenkens und Verfechter des Funktionalismus von Zweck und Ökonomie, reduzierte die architektonische Logik auf eine Summierung von Funktionen entsprechend der jeweiligen Bauaufgabe, die mit nahezu mathematischer Konsequenz mit Hilfe der Typologie formelhaft gelöst werden konnte. Der künstlerische, ideelle Anteil der Architektur folgte dem Wege dieser logischen Konstruk-

[100] Semper: Vorläufige Bemerkungen, 1834, in: Kleine Schriften, 1884, 216.

[101] Ebenda.

[102] Ebenda.

[103] Gottfried Semper: Entwurf eines Systems der vergleichenden Stillehre, Vortrag London 1853, in: Kleine Schriften, 1884, 262.

tion. Aufgeklärte Kunst war nicht mehr eine den Launen und Anschauungen des Künstlers anheimgestellte Angelegenheit und damit Ausdruck individuellen Künstlertums; moderne, aufgeklärte Kunst, erst recht die Baukunst, wurde zu einer nach objektiven formalen Regeln mit nachvollziehbaren Konsequenzen operierende »ars combinatoria« und schien darin dem Schachspiel durchaus ganz wesensverwandt.

Derart rigoros interpretiert, wie aus Sempers »organischer« Sichtweise von 1834, ist eine solche Baukunst als Phänomen des sokratischen Rationalismus anzusehen und dem Schachspiel verwandt, wenn damit der berechnende Geist allein in Betracht genommen wird. Sokrates selbst hatte die Künste zweigeteilt, und zwar in solche, »welche der Tonkunst folgend in ihren Werken nur geringerer Genauigkeit fähig sind, und in in solche, die der Baukunst folgend, größerer.«[104] Aber auch in einer rationalistischen Baukunst, die wie alle Baukunst auf objektivierbaren Spielregeln gründet, offenbarte sich, bei rechtem Lichte besehen, mehr als nur das mechanisch kombinierende Werkzeug und das mechanisch kombinierte Produkt. Semper ist das Schachbrett nur Sinnbild für eine trockene, auf Zwecke hin berechnete, rationalistische Kunst, nicht aber auch Sinnbild einer aus der Phantasie geborenen Logik und Poesie dieses nicht ohne guten Grund als königliche Kunst bezeichneten Spiels.

Nietzsches Kritik am Schachbrettartigen des modernen Schauspiels hält sich zunächst an dieses Muster, geht aber schnell über die mechanische Enge des frühen Sempers hinaus. Das zeigen andere Texte aus dieser Zeit, in denen Nietzsche im Rückgriff auf die Vorsokratiker das Spiel in seiner tieferen Bedeutung für Kunst und Leben für sich neu entdeckt. Zur »dionysischen Weltanschauung« gehört die »Lehre vom Gesetz im Werden und vom Spiel in der Nothwendigkeit.« Der Vorsokratiker Heraklit öffnet Nietzsche für dieses ewige Weltgesetz die Augen und zieht zu »diesem größten Schauspiel den Vorhang« auf.[105] In ihm offenbart sich die Welt als ein göttliches Spiel jenseits von Gut und Böse, als »ein Werden und Vergehen, ein Bauen und Zerstören, ohne jede moralische Zurechnung,« das »in ewig gleicher Unschuld«[106] die Natur und alles Leben in Gänze durchdringt.

Diese Einsicht nimmt in Nietzsches »Tragödienschrift« von 1872 kunsttheoretische Gestalt an. Alles im Leben ist nur Erscheinung, Maske und täuschendes Spiel. So wie die Natur im Rausch und in der Bilderwelt des Traumes mit dem

---

[104] Platon: Philebos, in: Platons Ausgewählte Werke, hrsg. von Heinrich Conrad, München 1919, IV. 242.

[105] Nachgelassene Schriften. Die Philosophie im tragischen Zeitalter der Griechen, KSA 1.835.

[106] Ebenda, KSA 1.830. – Zur Symbolik des Spiels siehe: Eugen Fink: Spiel als Weltsymbol, Stuttgart 1960.

Menschen spielt, ahmt der Mensch wiederum in der Kunst das Spiel der Natur nach. In diesem Faschingstreiben der Vorstellungen stehen sich nach Nietzsches Theorie zwei Parteien im Kampf gegenüber: Die Kunstgottheiten Apoll und Dionysos; der eine die helle, der andere die dunkle Seite des göttlichen Spiels vertretend. Das Schaffen des dionysischen Künstlers ist das »Spiel mit dem Rausche«,[107] mit der Verzückung, die aus dem Gefühl des Einsseins mit dem Leben hervorgeht; das Schaffen des apollinischen Künstlers ist das Spiel mit dem Traum, aus dem die Erfahrung der Individuation und der Freiheit unter dem Gesetz geboren wird. Im Kunstwerk und im Künstler vereinen sich die beiden gegensätzlichen »Kunsttriebe der Natur«, die rauschvolle Wirklichkeit und die Bilderwelt des Traumes. Und wie der Künstler am Entstehen des Kunstwerks erfahren hat, »wie Nothwendigkeit und Spiel, Widerstreit und Harmonie sich zur Zeugung des Kunstwerkes paaren müssen«,[108] so schaut der »ästhetische Mensch die Welt an«, nämlich als ein sich vor seinen Augen vollziehendes großes Schauspiel des Bauens und Zerstörens, das mit der Gelassenheit eines Heraklit betrachtet sein will, der uns durch Nietzsche zuruft: »es ist ein Spiel, nehmt's nicht zu pathetisch, und vor allem nicht moralisch!«[109]

Im Vortrag über das »Musikdrama« nimmt die Kritik des sokratischen Rationalismus noch den meisten Raum ein. Sie ist der Ausgangspunkt, vom dem aus die Wendung in eine neue Perspektive folgt, die der Idealisierung der Vernunft im Sokratismus die dionysische »Idealisierung der Orgie«[110] als komplementäres Gegenstück folgen läßt. In der Welt des leidenschaftlichen Gefühls, nicht in der Sphäre abstrakter Vorstellungen und Begriffe, liege der Urgrund aller Kunst. Aus dieser Quelle, der auch der Geist der Musik entspringt, soll sich die dramatische Kunst erneuern und im Kunstwerk der Zukunft ihre Wiedergeburt feiern. Auf dieses Modell laufen Nietzsches Überlegungen zum »Musikdrama« mit zwingender Notwendigkeit hinaus.

Allein der absichtsvoll kombinierte Begriff »Musikdrama« beinhaltete für Eingeweihte ein Programm. Hinter ihm verbarg sich ein durch Schopenhauer kunstphilosophisch vorbereitetes und von Richard Wagner zum kulturreformerischen Paradigma verklärtes Konzept des Gesamtkunstwerks auf der Grundlage des Dramas und der Musik. Dichter und Musiker in einer Person, will Wagner seine Werke als »Dramen« und nicht als Opern verstanden wissen. Der Begriff »Oper« ist in seinen Augen durch den vorherrschenden Kulturbetrieb längst entwertet. In diesem Tenor argumentiert Nietzsches Vortrag. Im griechischen Musikdrama war »das natürliche Band der Wort- und Tonsprache noch nicht zerrissen«, und der

[107] Nachgelassene Schriften. Die Geburt des tragischen Gedankens, KSA 1.583.

[108] Nachgelassene Schriften. Philosophie im tragischen Zeitalter der Griechen, KSA 1.831.

[109] Ebenda, KSA 1.832.

[110] Nachgelassene Schriften. Die dionysische Weltanschauung, KSA 1.556.

Dichter war »nothwendig auch der Komponist seines Liedes.« Im Musikdrama durfte man deshalb im Gegensatz zur Oper, so Nietzsche in vorbereitenden Notizen, einen »Ansatz zum Rechten« sehen, während letztere »ihr Leben nicht in der Kunst, sondern der Künstlichkeit« habe.[111]

Der moderne Mensch, »unter dem Einflusse der modernen Kunstart, der Vereinzelung der Künste aufgewachsen«, so erklärt Nietzsche seinem Publikum, sei nicht mehr im Stande, Text und Musik zusammen zu genießen und das »innigste Einssein von Wort und Ton« beim Anhören zu empfinden.[112] Text bedeute für ihn in erster Linie Lektüre, und so verlange er auch beim Hören nach dem Buch. Seinem Sinnesurteil nicht mehr trauend, will er die Zeilen, die ein Drama vorspielt, vor sich sehen; und umgekehrt findet er »den absurdesten Text erträglich, wenn nur die Musik schön ist: etwas was einem Griechen so recht eigentlich als Barbarei vorkommen würde.«[113] »Arbeitstheilung« erscheint dem Apologeten des Gesamtkunstwerkes Nietzsche, wie schon Semper und Wagner, als das »Princip des Barbarenthums«, und er stellt der »Herrschaft des Mechanismus« das an Goethe, Wagner und Semper gemahnende Wort entgegen: »Im Organismus giebt es keine trennbaren Theile.«[114] Wagner hatte in seiner berühmten Schrift »Das Kunstwerk der Zukunft« von 1851 den »Egoismus der Kunstarten«[115] verdammt und den Standpunkt vertreten, der »künstlerische Mensch« könne »sich nur in der Vereinigung aller Kunstarten zum gemeinsamen Kunstwerke vollkommen genügen.«[116]

Absichtsvoll wandelt der Gefolgsmann Nietzsche in den Fußstapfen seines Meisters, mit dessen Schriften er bestens vertraut ist. Als Pflichtlektüre waren sie ihm auch zur Fahnenkorrektur und Lektorierung der Gesamtausgabe von 1871 aufgetragen. Der Dauergast im Hause Wagner stand im Wort. Nietzsche hatte den Ehrgeiz, sich mit seinem ersten öffentlichen Vortrag, der praktisch auf Tribschen entstanden war, auch in den Augen seines Meisters als kompetenter Mitstreiter zu empfehlen und aus der Fachwissenschaft heraus durch geisteswissenschaftliche Zuarbeit philologische Propaganda für den Genius der Musik der Gegenwart zu betreiben. Dieser war der Adressat des Vortrags und auch derjenige, den Nietzsche sich als seinen wichtigsten Zuhörer ins Publikum gewünscht hatte, der sich aber der Einladung entzog.

Der philologischen Beweisführung der These von der Erneuerung des hellenischen Schauspiels im Wagnerschen Musikdrama diente der Vortrag. Erst am Ende

---

[111] Nachgelassene Fragmente. Herbst 1969, KSA 7.15.

[112] Das griechische Musikdrama, KSA 1.529.

[113] Ebenda, KSA 1.529.

[114] Nachgelassene Fragmente. Winter 1869/70, KSA 7.73.

[115] Richard Wagner, Das Kunstwerk der Zukunft, 1851, in: Gesammelte Schriften und Dichtungen von Richard Wagner. Zweite Aufl. Leipzig 1887, Band 3.121.

[116] Ebenda, 3.150.

seiner Ausführungen läßt Nietzsche diese Absicht anklingen, wenn er resümiert: »viele Künste in höchster Thätigkeit und doch ein Kunstwerk – das ist das antike Musikdrama.« Und ebenso mit dem Privileg der Anonymität ausgestattet wie Semper, tritt auch Wagner in den Schlußworten in Erscheinung :

> »Wer aber bei seinem Anblick (des Musikdramas, Anm. d. Verf.) an das Ideal des jetzigen Kunstreformators erinnert wird, der wird sich zugleich sagen müssen, daß jenes Kunstwerk der Zukunft durchaus nicht etwa eine glänzende, doch täuschende Luftspiegelung ist: was wir von der Zukunft erhoffen, das war schon einmal Wirklichkeit — in einer mehr als zweitausendjährigen Vergangenheit.«[117]

Bemerkenswerter noch als das Huldigungsfinale ist die vorangehende Passage, mit der Nietzsche als geschickter Dramaturg den Schluß seines Vortrags einläutet. Wieder ist es Semper, der als Stichwortgeber hinter den Kulissen aktiv wird. Den Schöpfer des antiken Musikdramas, der als Dichter und Musiker, in Orchestrik und Regie und nicht zuletzt als Schauspieler begabt sein mußte, hatte Nietzsche im Verlaufe seines Vortrags im Einzelnen vorgestellt. Nun zieht er zur Verdeutlichung des Ganzen einen abschließenden Vergleich, um durch »ein anderes Bild (...) uns die Bedeutung eines solchen musikdramatischen Fünfkämpfers für die gesammte alte Kunst näher (zu) bringen.«[118] Dieses andere Bild und auch die Methode des Vergleichs übernimmt er wiederum von Semper, wie durch die Vortragsnotizen unschwer zu enträtseln ist. Jenes gemeinte »andere Bild« zeichnet Nietzsche wie folgt:

> »Für die Geschichte der antiken Bekleidung hat Aeschylus eine außerordentliche Bedeutung, insofern er den freien Faltenwurf, die Zierlichkeit Pracht und Anmuth des Hauptgewandes einführte, während vor ihm die Griechen in ihrer Kleidung barbarisirten und den freien Faltenwurf nicht kannten. Das griechische Musikdrama ist für die gesammte alte Kunst jener freie Faltenwurf: alles Unfreie, alles Isolirte der einzelnen Künste ist mit ihm überwunden: bei ihrem gemeinsamen Opferfeste werden der Schönheit und zugleich der Kühnheit Hymnen gesungen.«[119]

Diese Passage ist in dreierlei Hinsicht bemerkenswert. Sie zeigt erstens, daß Nietzsche – was seine Exzerpte im Einzelnen aufschließen[120] – sich erneut an Sempers »Stil« hält und zwar an den § 60 »Gegensatz der freien griechischen Dra-

---

[117] Das griechische Musikdrama, KSA 1.531, f.

[118] Ebenda, KSA 1.531.

[119] Ebenda.

[120] Die entsprechenden Exzerpte in Nietzsches Notizbuch, in: Nachgelassene Fragmente. Herbst 1969, KSA 7.15, lauten:

»Aeschylus erfand die Zierlichkeit und den Anstand der Toga, dem hierin die Priester und die Fackelträger folgten. Vorher barbarisirten die Griechen in ihrer Kleidung und kannten den freien Faltenwurf nicht.«

perie zu den Trachten der Barbaren«,[121] aus dem er Sätze fast wörtlich übernimmt; daß dies alles ohne Anführung der Quelle geschieht, rückt die intellektuelle Redlichkeit des jungen Wissenschaftlers nicht unbedingt in das vorteilhafteste Licht. Semper vertritt hier die These, daß der in Hellas nach den Perserkriegen aufkommende freie Faltenwurf sich erst durch die »dramatische Kunst und das Theater« zur einer neuen Bekleidungsform entwickelte und die Griechen auf diesem Wege »erst zu bewusstvoller Kunstanschauung auch auf diesen Gebiet« gelangten: »Vorher barbarisirten die Griechen in ihren Kleidungen und kannten sie den freien Faltenwurf nicht.«[122] Für Nietzsches Intention, einigermaßen diskret auf die Bedeutung der Wagnerschen Mission für die kulturelle Erneuerung der Gesellschaft hinzuweisen, kam die Sempersche Theorie vom freien Faltenwurf als unverfängliches praktisches Beispiel gerade recht.

(dazu Semper: Stil, I. 201: »(...) wir wissen aus dem Athenäus, dass Aeschylus die Zierlichkeit und den Anstand der Stola erfand, dem hierin zuerst die Priester und Fackelträger bei Opfern folgten. Vorher barbarisirten die Griechen in ihren Kleidungen und kannten sie den freien Faltenwurf nicht (...).«)

»Drei Grundformen: Schurz Hemd Überwurf.

Frauenrock und Männerhose haben diesen Ursprung aus dem Schurz.«

(dazu Semper: Stil, I. 201 f.: »Das gesammte Kleiderwesen aller Völker und aller Zeiten lässt sich, wenn man Kopf- und Fussbedeckungen nicht mitrechnet, auf drei Grundformen oder Elementen zurückführen; nämlich als ältesten den Schurz, dann das Hemd, drittens den Überwurf. (...) Es ist wohl keinem Zweifel unterworfen, dass unsere europäischen Weiberröcke ... ursprünglich aus Ägypten abstammen ... Aber auch die männliche Tracht des modernen Europa, die Tracht der Beinkleider nämlich, ging aus dem Schurz hervor (...)«)

»Der Chiton aus dem Hemd: die katholische Priestertracht ist der asiatische doppelte Chiton.

Der Überwurf in Asien ein Umschlagtuch (Kashmirshawl bei unseren Damen).«

(dazu Semper: Stil, I. 203: »Doch war der Chiton der Assyrer ebenfalls eng und ohne freies Faltenspiel. (...) Der asiatische doppelte Chiton hat sich in der katholischen Priestertracht vollständig erhalten. (...) Der Überwurf fand auch in Asien nur unvollkommene Entwicklung. Er blieb unter allen Umständen ein Umschlagtuch, das heisst, man wickelte den aus feinsten buntgewirkten Wollenstoffen bestehenden langen Ueberwurf in mehreren Spiralwindungen um den Leib. (...) Man kann sich diese Art der Tracht in der That nicht besser vergegenwärtigen als durch die Kaschmir-Shawls und Umschlagtücher unserer Damen (...).«)

»Übergang zur freien Draperie war das Resultat eines plötzlichen Auffassens des Kunstschönen: der ganze Aufschwung Griechenlands war ein plötzlicher, nachdem es lange hinter den civilisirteren Nachbarvölkern zurückgeblieben war.«

(dazu Semper: Stil, I. 204: »Dieser Uebergang zur freien Draperie war das Resultat eines plötzlichen Auffassens und Erkennens des Kunstschönen, wie der ganze Aufschwung, den Griechenland nahm, nachdem es lange hinter den civilisirten Nachbarvölkern zurückgeblieben, ein plötzlicher war.«)

[121] Semper: Stil, I. § 60 Gegensatz der freien griechischen Draperie zu den Trachten der Barbaren, 201.

[122] Alle Zitate aus dem Stil, I. § 59, Zusammenhang des Kostümwesens mit der Baukunst, 198–201.

Zweitens zeigt sich, daß Nietzsche es nicht bei der kulturstiftenden Funktion des Theaters bewenden läßt. Er überhöht vielmehr das Motiv des freien Faltenwurfs zum symbolträchtigen Gleichnis, indem er es auf das Theater wieder zurücküberträgt, nun als Sinnbild für das Musikdrama selbst. Da dieses als Ursprung des Gesamtkunstwerkes zugleich Symbol für »die gesammte alte Kunst« ist, erklärt Nietzsche schließlich drittens das Prinzip des freien Faltenwurfs zum Sinnbild für die Kunst schlechthin und verwandelt es somit zum Kunstsymbol überhaupt. Diese Verkettung der Symbole begründet und trägt zugleich die Hoffnung auf das Gesamtkunstwerk der Zukunft aus der Hand des »jetzigen Kunstreformators.«

Auch für den zweiten und dritten Schritt dieser Aktion drängen sich die Parallelen zu Semper förmlich auf. Der ganze erste Band des »Stil«, ausschließlich der textilen Kunst gewidmet, diente der wissenschaftlichen Begründung der These vom textilen Ursprung der Architektur, mit der Semper die klassische Architekturtheorie revolutioniert.

Ausgehend von der Sprache, nämlich, wie Nietzsche im »Musikdrama« argumentiert, von jenem Punkt, wo das »natürliche Band der Wort- und Tonsprache« noch nicht zerrissen ist, suchte Semper unter Hinweis auf die gemeinsame Sprachwurzel der Begriffe »Wand« und »Gewand« die innere Verwandtschaft zwischen der Architektur und der textilen Kunst zu beweisen. Diesem Zweck dienten die umfänglichen kulturgeschichtlichen Studien zum Stilwandel in der Bekleidung bei den verschiedenen Völkern. Der allgemeine »Zusammenhang des Kostümwesens mit der Baukunst« schien Semper schon allein aus dem Gefühl für die ursprüngliche Einheit der Künste offensichtlich. Weiße Marmortempel mußten sich daher in einer Stadt wie Ephesus angesichts des Kleidergeschmacks wie von selbst verbieten. Auch für die Plastik ließ sich der »direkte Einfluss des Kleiderwesens« feststellen, so daß die »Vergleichung« zwischen Kleid und Kunst »für die Stilgeschichte der Künste in hohem Grade folgewichtig« schien. Von noch größerem wissenschaftlichen Interesse mußte diese »Vergleichung« sein, so folgerte Semper weiterhin, »wenn man dieselbe von dem allgemeinen kulturgeschichtlichen Standpunkte aus anstellt.«[123]

Diesen Schritt von der Kunstgeschichte zur allgemeinen Kulturgeschichte, der die Formen der Bekleidung zu Semperschen »Emanationen eines besonderen Kulturgedankens«[124] werden läßt, macht Nietzsche mit seiner Auslegung des freien Faltenwurfes. Als Gleichnis für das Drama wird die freie Falte zum gesamtkünstlerischen Urmotiv, oder besser, Über-Motiv stilisiert. Für universal-symbolische Aufladungen textiler Motive gibt Semper im »Stil« ein einprägsames Beispiel, wenn er im Knoten ein anthropologisch verbürgtes Ur-Symbol erkennt. Der Kno-

[123] Semper: Stil, I. § 59, 198.

[124] Ebenda, 199.

ten ist für Semper nicht nur »vielleicht das älteste technische Symbol«, sondern darüber hinaus auch »der Ausdruck für die frühesten kosmogonischen Ideen, die bei den Völkern aufkeimten.« Deshalb erblickt er im Knoten »das gemeinsam gültige Symbol der Urverkettung der Dinge, der Nothwendigkeit, – die älter ist, als die Welt der Götter, die Alles fügt und über alles verfügt.«[125]

Nietzsches philosophischer Skeptizismus neigte weniger dazu, die Urverkettung der Dinge als vielmehr die tendenzielle Unverbundenheit der Dinge als Ausgangsprämisse zu akzeptieren, um den Menschen in seiner Rolle als dem eigentlichen Stifter metaphysischer Sinnzusammenhänge heraus- und bloßzustellen. Der Knoten eignete sich für Nietzsches Denken kaum zur angemessenen symbolischen Überhöhung. Anders verhielt es sich mit der auf eine »praktische Aesthetik« verpflichteten Kunstphilosophie Sempers, die den technischen Ursprung der Symbole ins Auge faßte und das Kunstwerk in formaler Hinsicht nicht nur als ein ideelles Produkt, sondern zugleich auch als das Resultat einer zweckgebundenen Auseinandersetzung mit einem bestimmten Stoff betrachtete, der eine ihm angemessene, spezifische Bearbeitungsweise verlangte.

Sempers technische Symbolik argumentierte materialistisch, aus der Ebene des stofflichen Seins. Nietzsches textile Symbolik argumentiert idealistisch, aus der Perspektive des ästhetischen Scheins. Für dieses Reich der Freiheit und Entgrenzung, in dem die schöne Erscheinung »alles Unfreie, alles Isolirte« abstreift und alle Künste sich zu einer großen rauschenden Bewegung festlich vereinten, bedurfte es folglich eines anderen symbolträchtigen Motivs. Der freie Faltenwurf, der über jedes technische Einzelprodukt aus der textilen Fertigungskunst hinausgeht, kam dem im Grunde barocken Ideal vom Gesamtkunstwerk wesentlich näher. Das Spiel der Falten als Symbol der Freiheit der Bewegung und Vielfalt stand auch dem modernen freien Menschen besser zu Gesicht als die enge Knotung einer Zwangsjacke der Moral, in die der gebundene Mensch der Vergangenheit eingeschnürt war. Der Knoten wird indirekt bei Nietzsche in einem anderen Zusammenhang auftauchen, wenn er das Netz aus Fäden als textile Metapher zur Kennzeichnung einer beweglichen Architektur benutzt, um damit das Verknüpfen von Begriffen ins Bild zu setzen.

In Sempers Bekleidungstheorie war der freie Faltenwurf ein Beweis mehr für die These des Hinüberblühens des Praktischen ins Symbolische. Das Gewand, ein zweckgeborenes technisches Produkt, wird im freien Faltenwurf der Griechen zum »Schmuck, der alle drei Schönheitsmomente, nämlich Proportion, Symmetrie und Richtung, gleichmässig hebt und wirken lässt.«[126] Die Gesetzmäßigkeit des Kunstschönen trägt hier den Sieg über das nur Zweckmäßige und Stoffliche davon, denn im freien Faltenwurf tritt uns das Nützliche im Gewand des Schönen entgegen. In

---

[125] Ebenda, I. 78. Vgl. auch I. 169.

[126] Ebenda, I. 201.

Sempers Prinzip der Bekleidung fallen Schutzbedürfnis und Kunsttrieb als elementare menschliche Äußerungen zusammen, sind Schutz und Schmuck nicht voneinander zu trennen. Dieses Prinzip der »praktischen Ästhetik« ist Semper nicht erst am Beispiel der textilen Künste, sondern schon anhand der farbigen Bemalung der Tempel und Statuen aufgegangen. Das Kleid der Farbschicht diente hier dem technischen Schutz der Oberflächen der Materialien und damit der Verlängerung ihrer Haltbarkeit ebensosehr wie dem ästhetischen Wohlgefallen und Vergnügen des Auges an der Betrachtung kunstvoll geschmückter Oberflächen.

Nietzsche, der übrigens selber großen Wert auf gute Kleidung legte, begreift die Bekleidungstheorie als eine allgemeine kulturphilosophische Aussage und sieht in der freien Falte deshalb eine umfassende Metapher. In Letzterem dürften ihn erst recht seine Kenntnisse der Philosophie bestärkt haben. Die ins Unendliche gehende Falte ist nicht nur ein Charakteristikum des Barock in der Kunst geworden, sie hat auch durch den Beitrag von Gottfried Wilhelm Leibniz (1646–1716) ihr Pendant in der Philosophie gefunden. Mit der Leibnizschen Monadenlehre und ihren Faltungen der Materie und den Faltungen der Seele war Nietzsche selbstredend vertraut. Das Kontinuum der Materie und deren Teile und das Labyrinth der Freiheit der Seele hatte Leibniz in das architektonische Modell eines zweistöckigen Hauses übersetzt, in dem man auch auf textile Parallelen zu Sempers Bekleidungstheorie stößt. Die obere Etage, bewohnt von der Seele, ist ein dunkler fensterloser Raum, ausgekleidet mit einer von Falten untergliederten Leinwand. Die Falten repräsentieren eingeborene Erkenntnisse, die aber erst durch die Reizungen der Materie aktiviert werden. Die Materie bewohnt die untere Etage, die mit Fenstern als Öffnungen für die fünf Sinne versehen ist. Die Kommunikation zwischen beiden Etagen ist indirekt. Die unten sichtbaren Bewegungen sind in der blinden und verschlossenen oberen Etage nur als in Töne übersetzte Schwingungen im Widerhall der Falten wahrzunehmen. Aus einem ganz ähnlichen mystischen Abgrund sollte auch für Wagner die Musik, aus dem versenkten Orchestergraben unsichtbar aufsteigend wahrgenommen werden, und möglicherweise hat auch dieser Aspekt in Nietzsches Überhöhung des Faltenwurfes am Schluß seines Musikdramas mitgespielt.

Für Nietzsche stand die Leibnizsche Lehre für die »unvergleichliche Einsicht, mit der er nicht nur gegen Descartes, sondern gegen Alles, was bis zu ihm philosophirt hatte, Recht bekam,« für die Einsicht nämlich, »dass die Bewusstheit nur ein Accidens der Vorstellung ist, nicht deren nothwendiges und wesentliches Attribut, dass also das, was wir Bewusstsein nennen, nur einen Zustand unsrer geistigen und seelischen Welt ausmacht (vielleicht einen krankhaften Zustand) und bei weitem nicht sie selbst.«[127]

---

[127] Die fröhliche Wissenschaft V, Aphor. 357, KSA 3.598.

Die Falte verkörpert für Leibniz eine Bewegung, die ins Unendliche trägt. Diese Bewegung ist nicht eine Linie, die sich in unabhängige Punkte oder Knoten auflösen ließe, wie fließender Sand in Körner, sondern sie ist wie ein elastischer Körper zu verstehen, bestehend aus einem Kontinuum kohärenter Teile, wie ein fließender Stoff, der sich in unendliche Falten unterteilt. Mit diesem erkenntnistheoretischen freien Faltenwurf entwickelte Leibniz in der Geschichte der Philosophie eine alternative Rationalität zum Cartesianischen Denken. Es ist kein Zufall, daß die zeitgenössische Philosophie, die unter Berufung auf Nietzsche zu einer nicht an der Einheit orientierten Bestimmung der Mannigfaltigkeit aufgebrochen ist, auch wieder an Leibniz und dem Faltenwurf Gefallen findet. Die anregende Schrift von Gilles Deleuze »Die Falte. Leibniz und der Barock«[128] hat auch Architekten als Absprungbrett gedient, um auf dem Wege angewandter Philosophie eine Architektur des Komplexen zu ergründen und damit eine vermeintlich notwendige Überwindung der Metaphysik in der Architektur in Angriff zu nehmen.[129]

In Nietzsches Faltenwurf transformiert die Sempersche Bekleidungstheorie zu einer neuen Kunst-Philosophie. Für den fließenden Stoff, sei es der textile von Leibniz oder Semper, sei es der flüssige eines Heraklit oder Wagner, der die Musik mit dem Meer verglich, zeigt sich der dionysische Nietzsche besonders empfänglich. Ihm ist die menschliche Wahrheit ebenso wie die Kunst ein über den tragischen Abgrund des Seins geworfener Schleier, ein Kleid, das sich das Leben zu seiner Erhöhung und Feier als »Schmuck« selbst geschaffen hat. Sempers »Prinzip der Bekleidung« basierte auf der Einsicht in das Wesen aller Kunst als ein »Maskiren der Realität«, dessen Grundmotiv und Ausgangsform das Bedürfnis nach stofflicher Bekleidung und symbolischem Ausdruck bildet. Schutz und Schmuck, Kunst und Leben werden von Semper in eins gesetzt, das Nützliche erscheint in der Maske des Schönen. Nietzsche, dem Sempers dionysische Formel vom Karnevalskerzendunst und der Maskenlaune als der wahren Atmosphäre der Kunst eine Offenbarung gewesen sein muß, erscheint die Wahrheit in der Maske der Kunst. Die Wahrheit selbst ist nur als ein Kunstwerk, als ein ästhetisches Phänomen zu begreifen. Diese zentrale These der »Geburt der Tragödie« behandelt die Wahrheit als einen vom Menschen selbst verfertigten, lebensnotwendigen und kunstvoll hergestellten Schleier der Illusion, den der Mensch benötigt, um nicht an der tragischen Einsicht zu verzweifeln, daß er »die« Wahrheit als solche außerhalb seiner eigenen fensterlosen Welt, eingesperrt im Obergeschoß des Leibnizschen Hauses, niemals wirklich zu sehen bekommt, geschweige denn er- und begreifen kann.

---

[128] Gilles Deleuze: Le pli. Leibniz et le baroque, Paris 1988; Deutsche Ausg. Übers. von Ulrich Johannes Schneider, Frankfurt a. M. 1995.

[129] Eisenman Architects: Unfolding. Frankfurt, Berlin 1991. – Peter Eisenman: Aura und Exzeß. Zur Überwindung der Metaphysik der Architektur, Wien 1995, dort: Die Entfaltung des Ereignisses, Visions' Unfolding.

Dem Menschen bleibt also nichts weiter übrig, als sich an diese Welt der Oberflächen zu halten und sich an ihr als der Haut der Phänomene festzuhalten – und damit, so Nietzsche in seiner Vorrede zur zweiten Auflage der »Fröhlichen Wissenschaft« 1886, im Sinne der Griechen zum Künstler zu werden:

> »...Oh diese Griechen! Sie verstanden sich darauf, zu leben: dazu thut Noth, tapfer bei der Oberfläche, der Falte, der Haut stehen zu bleiben, den Schein anzubeten, an Formen, an Töne, an Worte, an den ganzen Olymp des Scheins zu glauben! Diese Griechen waren oberflächlich – aus Tiefe! Und kommen wir nicht eben darauf zurück, wir Wagehalse des Geistes, die wir die höchste und gefährlichste Spitze des gegenwärtigen Gedankens erklettert und uns von da aus umgesehn haben, die wir von da aus hinabgesehn haben? Sind wir nicht eben darin – Griechen? Anbeter der Formen, der Töne, der Worte? Eben darum – Künstler?«[130]

[130] Vorrede zur zweiten Ausgabe der Fröhlichen Wissenschaft, KSA 3.352.

Richard Wagners Villa in Tribschen bei Luzern am Vierwaldstättersee.

Die alte Universitätsbibliothek in Basel, Augustinergasse 2.

Die Urhütte. Frontispiz zu Marc-Antoine Laugiers: Essai sur l'architecture.

Römisches Columbarium. Stich von Francesco Bianchini, Verona 1727.

I.3

Erste Architekturen: Vom Gartenhaus des Bildungsphilisters ins Columbarium der Begriffe

In Nietzsches frühen Schriften spielt die Architektur, wie sich anhand von zwei Texten veranschaulichen läßt, als literarischer Gegenstand eine Rolle, der sich als kritisches Instrument und theoretische Konstruktion als brauchbar erweist. Der eine Text, der diesen Zusammenhang zutage treten läßt, ist Nietzsches 1873 veröffentlichte erste »Unzeitgemässe Betrachtung«, die den Titel »David Strauss der Bekenner und Schriftsteller« trägt. In dieser Polemik schleudert Nietzsche seine Blitze gegen einen vergleichsweise unbedeutenden Autor und reibt ihm mit oberlehrerhafter Pedanterie genüßlich stilistische Fehler unter die Nase. Bei dem anderen Text handelt es sich um den wohl ebenfalls um 1873 verfaßten, aber nicht veröffentlichten, philosophisch weitaus anspruchsvolleren Essay mit dem Titel »Ueber Wahrheit und Lüge im aussermoralischen Sinne.« Hier greift Nietzsche kühn den Begriff der objektiven Wahrheit an und beleuchtet kritisch das »ungeheure Gebälk und Bretterwerk der Begriffe,« das sich der Mensch mit Hilfe seines Verstandes als geistiges Zuhause zurechtzimmert.

Beiden Formen dieser Bezugnahme zur Kunst des Bauens liegt ihre eigene »Architekturtheorie« zugrunde. Erstmalig tritt bei Nietzsche die Architektur als objektivierter Bau von Ideen und Vorstellungen in Erscheinung und gerät in dieser symbolischen Rolle sogleich auch mit sich selbst in Widerspruch. Einerseits repräsentiert die Architektur als Verkörperung eines objektiven Ganzen den Maßstab von Nietzsches Kritik und wird als kritische Instanz par excellence behandelt. Mit dieser Elle mißt er David Strauss als Schriftsteller und entlarvt ihn als miserablen Architekten, dem es nicht gelingt, ein in sich geschlossenes stimmiges Ganzes zu verwirklichen. Zum anderen gerät die Architektur als eben diese zum Paradigma verfestigte, versteinerte Form menschlicher Welt-Anschauung selbst unter grundsätzlichen Verdacht. Unter den Notizen vom Herbst 1870 findet sich schon eine Eintragung, in der nicht nur die grundsätzliche Skepsis gegenüber jener verfestigten Form der Architektur der Erkenntnis mitschwingt, sondern sogar ein grundsätzlicher erkenntnistheoretischer Vorbehalt gegenüber der verklärenden Wirkung aller Kunst, der wie eine Warnung ausgesprochen wird:

> »Wirkung der Kunst gegen die Erkenntniß.
> In der Architektur: die Ewigkeit und Größe des Menschen.
> In der Malerei: die Welt des Auges.
> In der Poesie: der ganze Mensch.
> In der Musik: sein Gefühl bewundert, geliebt, begehrt.«[131]

Nietzsches Verhältnis zur Architektur als einem zur metaphorischen Kennzeichnung von Bewußtseinsvorgängen tauglichem Gattungswesen gerät in dem Maße ins Schwanken, wie ihm die künstlerische Form der Produktion von Bewußtsein selbst als ein fragwürdiges Unternehmen erscheint. Dabei ist es aufschlußreich, welche Vorstellungen von Architektur Nietzsche in Betracht zieht, wenn er den Bauvorgang unter die Lupe nimmt, mit dem der Mensch sich seine Wirklichkeit durch Anschauung und Begriffe zurechtlegt oder konstruiert.

Das theoretische Interesse an der Architektur stützt sich dabei nicht allein auf die Schriften von Semper. Auch andere Autoren wären daneben anzuführen. Selbstverständlich Richard Wagner, der in seinem »Kunstwerk der Zukunft« von 1851 auch der Baukunst ein eigenes Kapitel gewidmet hatte. Natürlich ist Jacob Burckhardt für Nietzsche eine in diesen Fragen unantastbare Instanz. Mit der ersten »Unzeitgemässen Betrachtung« tritt ein weiterer bedeutender Kunstphilosoph hinzu, mit dem Nietzsche sich auseinandersetzt, nämlich Friedrich Theodor Vischer (1807–1887). Als enger Freund und Verbündeter von David Strauss wird Vischer von Nietzsches Kampfschrift gegen Strauss gleichfalls mit ins Visier genommen. Vischer hat Nietzsches »freches Buch« gegen Strauss auch zutreffend als einen Angriff auf seine Person empfunden.[132]

Vischer hatte Theologie und Philosophie in Tübingen studiert, wurde dort 1844 zum Professor für Ästhetik und Literatur berufen, unmittelbar nach seiner Antrittsvorlesung aber wegen aufrührerischer Rede für zwei Jahre suspendiert und zog 1848 als gewählter Volksvertreter ins Parlament der Paulskirche ein. Seinen wissenschaftlichen Ruf begründete Vischer mit seinem umfangreichen Hauptwerk »Aesthetik oder Wissenschaft des Schönen«, von dem Nietzsche sich am 7. Mai 1870 aus der Universitätsbibliothek den Band ausleiht,[133] der unter dem Titel »Die Künste,« mit der Baukunst beginnend, in Hegelscher Manier das Spektrum der Kunstgattungen von der Plastik und der Malerei über die Musik bis schließlich zur Dichtkunst erfaßt.

Einmal abgesehen davon, daß es sich hier um ein Standardwerk handelte, das sich dem Akademiker laut Untertitel »Zum Gebrauche für Vorlesungen« selbst anempfahl, erklärt sich auch der Rückgriff auf dieses Werk aus dem Wagner-

---

[131] Nachgelassene Fragmente. September 1870 – Januar 1871, KSA 7.109.

[132] Willi Oelmüller: Friedrich Theodor Vischer und das Problem der nachhegelschen Ästhetik, Stuttgart 1959, 206: »Auf Nietzsches Kritik in den »Unzeitgemäßen Betrachtungen« konnte Vischer keine Antwort mehr geben. Er schrieb in einem unveröffentlichtem Brief vom 4. 10. 1873 an seinen Sohn: ›Ein Professor Nietzsche in Basel hat ein freches Buch gegen mich und Strauß geschrieben; ich werde nicht antworten.‹« – Zit. nach Richard Frank Krummel: Nietzsche und der deutsche Geist, Bd. I, Berlin/New York 1998, 30. – Siehe auch Ewald Volhard: Zwischen Hegel und Nietzsche. Der Ästhetiker Friedrich Theodor Vischer, Frankfurt 1932.

[133] Crescenzi: Verzeichnis, 1994, 400: »Friedrich Theodor Vischer: Ästhetik oder Wissenschaft des Schönen, Bd. 4 (Teil 3, Abschnitt 2), Leipzig 1846 ff.«

Semper-Kontext. 1849 war Vischer als Professor nach Zürich gekommen, wo er 1855–60 auch als Kollege von Semper und Burckhardt am Polytechnikum unterrichtete. Wie Wagner und Semper war auch Vischer ein alter »Achtundvierziger«, der aufgrund seiner freisinnigen Anschauungen angeeckt war. Vischers Bekanntschaft mit Wagner und Semper ist durch Gottfried Keller überliefert, der in einem Brief vom 13. Januar 1856 zu berichten weiß, daß im Hause des befreundeten Sulzer, »Richard Wagner, Semper, der das Dresdener Theater und Museum baute, der Tübinger Vischer und einige Zürcher« zu Soupers zusammenkamen, »wo man morgens zwei Uhr nach genugsamen Schwelgen, eine Tasse heissen Tee und eine Hawannazigarre bekommt.«[134] Vischer kehrte 1869 als Professor nach Stuttgart zurück. Seine »Aesthetik« war mit ihren allgemeinen Teilen, der »Metaphysik des Schönen« und der »Lehre vom Schönen« bereits 1846/47 erschienen. Der von Nietzsche ausgeliehene Band über die Kunst war in der Zürcher Jahren zwischen 1852 und 1857 entstanden, weshalb auch kritische Anmerkungen zu den Theorien von Semper und Wagner darin nicht fehlen.

Dies vorausgeschickt, können wir uns zunächst einmal der ersten »Unzeitgemässen Betrachtung« gegen den freisinnigen Theologen David Friedrich Strauss (1808–1874) zuwenden, für den Nietzsche in seiner Jugendzeit durchaus Sympathien hegte. Strauss hatte 1872 sein letztes großes Werk »Der alte und der neue Glaube« veröffentlicht. Nach einem knappen Jahr erlebte das Buch, in dem auch Kunstbetrachtungen, unter anderem zur Musik, zu finden sind, bereits eine beachtliche sechste Auflage. Weshalb Nietzsche sich überhaupt Strauss als Zielscheibe aussuchte, war kein Geheimnis. Wagner hatte aus seiner Münchner Zeit mit Strauss noch eine Rechnung zu begleichen, der damals gegen die Verdrängung des alten Hofkapellmeisters durch Wagner Partei ergriffen hatte. Insofern war die Kampfschrift gegen Strauss dem Wagner-Jünger mehr oder weniger in Auftrag gegeben worden,[135] und Nietzsche ging mit Feuereifer zur Sache. Seine erbarmungslose Kritik versetzte dem liberalen Theologen den literarischen Todesstoß. Daß Strauss, der sich die Heftigkeit dieser Feindschaft überhaupt nicht erklären konnte, ein halbes Jahr nach Erscheinen der ersten »Unzeitgemässen« stirbt, registriert Nietzsche nicht ohne Anzeichen von Gewissensbissen.

Es spricht Einiges dafür, daß Nietzsche bei der Abfassung dieser Schrift einmal mehr die Sempersche Polychromie-Schrift und auch den »Stil« mit seiner Theorie

[134] Brief von Gottfried Keller an Lina Duncker vom 13.1.1856, in: Gottfried Keller: Gesammelte Briefe, hrsg. von C. Helbing, Bern 1951, Bd. II.147, zit. nach: Albert Knoepfli: Zu Tische in der Aula des Semperschen Polytechnikumgebäudes. Zu den Zürcher Kreisen der frühen Semperzeit, in: Gottfried Semper und die Mitte des 19. Jahrhunderts, Basel/Stuttgart 1976, 256.

[135] Siehe hierzu Curt Paul Janz: Friedrich Nietzsche Biographie, Band 1, München/Wien 1978, 533 ff.

zum Bekleidungswesen als nützliche – und man darf hinzufügen, inzwischen schon bewährte – Inspirationsquellen im Hinterkopf hatte. Wie Sempers Polychromie-Schrift, beginnt Nietzsches Abhandlung mit einer grundsätzlichen Attacke gegen die allgemeinen Zustände in Kunst und Kultur, um dann den modernen deutschen »Bildungs-Philister« und dessen »Pseudo-Kultur« geistloser Imitation vergangener Stile aufs Korn zu nehmen und Strauss als ein Exemplar dieses geistigen Verfalls regelrecht vorzuführen. Daß Nietzsche sich in diesem zweiten Part an die Architektur als die geeignete Bühne für seine Kritik hält, ist auch ein Anhaltspunkt dafür, daß sich seine Gedanken im Umkreis Semperscher Ideen bewegen.

Nietzsche eröffnet das Verfahren gegen Strauss aus streng architektonischer Perspektive, um den »metaphysischen Baumeister« zunächst einmal daraufhin zu betrachten,

> »(...) ob er im Stande ist, sein Haus als Schriftsteller zu bauen und ob er wirklich die Architektur des Buches versteht. (...) Wir fragen also, ob Strauss die künstlerische Kraft hat, ein Ganzes hinzusetzen, totum ponere.«[136]

Die Antwort auf diese Frage erübrigte sich, hatte man zuvor mit Nietzsche einen Blick auf die allgemeinen kulturellen Verhältnisse der Zeit geworfen. In der »Barbarei« der Stillosigkeit und in dem »chaotischen Durcheinander aller Stile« scheint der Beweis dafür gegeben, »dass in Deutschland der reine Begriff der Kultur verloren gegangen ist.«[137] Diese Feststellung war nicht explizit auf Kunst und Architektur gemünzt, deren mit Kunstgelehrsamkeit erzeugtes Stilchaos Semper schon 1834 zu der Bemerkung veranlaßt hatte, »daß wir, in angenehmster Täuschung, am Ende selber vergessen, welchem Jahrhundert wir angehören.«[138] Der Vorwurf der Stillosigkeit, nämlich das Durcheinander aller Stile, galt allgemein. Dem Gesamtkunstwerk Kultur mangelte es an Einheit, denn – so definiert Nietzsches Stilempfinden – »Kultur ist vor allem Einheit des künstlerischen Stiles in allen Lebensäusserungen eines Volkes.«[139]

Eine vergleichbare Kritik an der Unkultur des Historismus hatte Semper schon 1834 vorgebracht, die er in seinem Vortrag »Ueber Baustile« von 1869 erneuerte, in dem er über »deutsche Kunstzustände« das Urteil fällt, hier werde »in neuerer

---

[136] Strauss, KSA 1.209.

[137] Strauss, KSA 1.163.

[138] Semper: Vorläufige Bemerkungen, 1834, in: Kleine Schriften, 1884, 217.

[139] Strauss, KSA 1.163. – Vgl. auch: »Der Kulturphilister weiß nicht, was Kultur ist – Einheit des Stils.« in: Nachgelassene Fragmente. Frühjahr – Herbst 1873, KSA 7.606. – Semper definiert Stil, in: Ueber Baustile, 1869, in: Kleine Schriften, 1884, 402: »Stil ist die Uebereinstimmung einer Kunsterscheinung mit ihrer Entstehungsgeschichte, mit allen Vorbedingungen und Umständen ihres Werdens.«

[140] Semper: Ueber Baustile, 1869, in: Kleine Schriften, 1884, 399.

Zeit eifriger und mehr in Stil gemacht als irgendwo anders.«[140] Auch Wagner ist als früher Mitstreiter an Sempers Seite im Kampf gegen Historismus und Eklektizismus als wetternder Kritiker nicht zu vergessen. In seinem »Kunstwerk der Zukunft« hatte er ähnlich wortstark gegen »unsere Kulturkunst«[141] und eine Architektur vom Leder gezogen, die »nie zu produzieren, immer nur nachzuahmen, zusammenzustellen« vermochte und nach der Willkür der Mode »alle nationalen Baustyle der Welt zu(r) unzusammenhängenden, scheckigen Gestaltung« miteinander verbände. Sempers berühmtes Diktum »Nur einen Herrn kennt die Kunst, das Bedürfnis«,[142] das in der Polychromie-Schrift der Schelte der Stilkunst folgt, paraphrasierte Wagner nach seiner Abrechnung mit dem Satz, auf dem eine neue Kultur aufbauen sollte: »Nur das wirkliche Bedürfniß macht erfinderisch.«[143]

In einem einzigen Absatz hat Nietzsche das von Semper und Wagner seitenweise beklagte Dilemma der modernen Scheinkultur in seinem »Strauss« zu einem Panorama zusammengezogen und zu einem Rundumschlag von literarischem Format verdichtet, der eindringlicher kaum formuliert werden könnte:

> »In diesem chaotischen Durcheinander aller Stile lebt aber der Deutsche unserer Tage: und es bleibt ein ernstes Problem, wie es ihm doch möglich sein kann, dies bei aller seiner Belehrtheit nicht zu merken und sich noch dazu seiner gegenwärtigen ›Bildung‹ recht von Herzen zu freuen. Alles sollte ihn doch belehren: ein jeder Blick auf seine Kleidung, seine Zimmer, sein Haus, ein jeder Gang durch die Strassen seiner Städte, eine jede Einkehr in den Magazinen der Kunstmodehändler; inmitten des geselligen Verkehrs sollte er sich des Ursprunges seiner Manieren und Bewegungen, inmitten unserer Kunstanstalten, Concert-, Theater- und Museenfreuden sich des grotesken Neben- und Uebereinander aller möglichen Stile bewusst werden. Die Formen, Farben, Producte und Curiositäten aller Zeiten und aller Zonen häuft der Deutsche um sich auf und bringt dadurch jene moderne Jahrmarkts-Buntheit hervor, die seine Gelehrten nun wiederum als das ›Moderne an sich‹ zu betrachten und zu formuliren haben; er selbst bleibt ruhig in diesem Tumult aller Stile sitzen.«[144]

Ein ähnliches Szenario von der »historischen Krankheit«[145] der Epoche beschwört der späte Nietzsche in »Jenseits von Gut und Böse« noch einmal herauf. Jetzt sieht er das Phänomen des deutschen Bildungsphilisters sich gleichsam über den europäischem Horizont ausbreiten, und er beschreibt den Europäer schonungslos als häßlichen Plebejer, dem die Geschichte »die Vorrathskammer der Kostüme« für den schnellen Wechsel der »Stil-Maskeraden« ist, die aus »Verzweif-

---

[141] Wagner: Das Kunstwerk der Zukunft, 1851, in: Gesammelte Schriften, 1887, 3.148.
[142] Semper: Vorläufige Bemerkungen, 1834, in: Kleine Schriften, 1884, 217.
[143] Wagner: Das Kunstwerk der Zukunft, in: Gesammelte Schriften, 1887, 3. 129.
[144] Strauss, KSA 1.163.
[145] Vom Nutzen und Nachtheil der Historie für das Leben. Unzeitgemässe Betrachtungen II, KSA 1.329.

lung« darüber stattfinden, »dass uns ›nichts steht‹ –.«[146] Unmittelbar an diese Worte knüpft die Avantgarde des frühen 20. Jahrhunderts an, die unter Berufung auf Nietzsche antritt, alles Historische in Kunst und Architektur als verlogene Maskerade zu entlarven und das barbarische Stilchaos endlich zu beenden. Auch die Forderung, aus dem Europäer endlich wieder einen Menschen zu machen, wird im selben Atemzug mit auf die Tagesordnung gesetzt.[147] In dem »Ruf zum Bauen«, der nach 1919 vielstimmig ertönt, um die verlorene Einheit des Gesamtempfindens zurückzugewinnen, hallen Nietzsches Worte als Sehnsuchtsträger unüberhörbar nach. Das gilt für die quasi-religiöse Vision von der Erlösung im handwerklichen »Einheitskunstwerk« des frühen Bauhauses ebenso wie für die radikal auf technische Sachlichkeit eingeschworene »Elementare Gestaltung« eines Ludwig Hilberseimer.[148] Die »Wandlung der Form im XX. Jahrhundert« knüpft, wie zum Beispiel

---

[146] Jenseits von Gut und Böse. Vorspiel einer Philosophie der Zukunft, Aphor. 223, KSA 5.157: »Der europäische Mischmensch — ein leidlich hässlicher Plebejer, Alles in Allem — braucht schlechterdings ein Kostüm: er hat die Historie nöthig als die Vorrathskammer der Kostüme. Freilich bemerkt er dabei, dass ihm keines recht auf den Leib passt, — er wechselt und wechselt. Man sehe sich das neunzehnte Jahrhundert auf diese schnellen Vorlieben und Wechsel der Stil-Maskeraden an; auch auf die Augenblicke der Verzweiflung darüber, dass uns ›nichts steht‹ —. Unnütz, sich romantisch oder klassisch oder christlich oder florentinisch oder barokko oder ›national‹ vorzuführen, in moribus et artibus: es ›kleidet nicht‹! Aber der ›Geist‹, insbesondere der ›historische Geist‹, ersieht sich auch noch an dieser Verzweiflung seinen Vortheil: immer wieder wird ein neues Stück Vorzeit und Ausland versucht, umgelegt, abgelegt, eingepackt, vor allem studirt: — wir sind das erste studirte Zeitalter in puncto der ›Kostüme‹, ich meine der Moralen, Glaubensartikel, Kunstgeschmäcker und Religionen, vorbereitet wie noch keine Zeit es war, zum Karneval grossen Stils, zum geistigsten Fasching-Gelächter und Übermuth, zur transscendentalen Höhe des höchsten Blödsinns und der aristophanischen Welt-Verspottung. Vielleicht, dass wir hier gerade das Reich unsrer Erfindung noch entdecken, jenes Reich, wo auch wir noch original sein können, etwa als Parodisten der Weltgeschichte und Hanswürste Gottes, — vielleicht dass, wenn auch Nichts von heute sonst Zukunft hat, doch gerade unser Lachen noch Zukunft hat!«

[147] Vgl. Adolf Behne: Die Wiederkehr der Kunst, Leipzig 1919, 64 ff: »Wir müssen den Europäer überwinden. Diese Forderung ist das A und O. (...) Erst dort wo das Europäertum aufhört, beginnt die Welt schön zu sein.« – In Anlehnung an den Poeten und Nietzsche-Verehrer Paul Scheerbart, der in seiner »Katerpoesie« vom Katzenjammer am Europäertum spricht, sollte eine bunte Glasarchitektur, nach Behne, ebenda 66, »die europäische Geistesrevolution« bringen und »aus einem beschränkten, eitlen Gewohnheitstier einen wachen, hellen, feinen und zarten Menschen machen.« Daß Nietzsches »Zarathustra« unter den expressionistischen Künstlern im Rang einer kanonischen Lektüre stand, ist ebenfalls zu erwähnen. Vgl. Wolfgang Pehnt: Die Architektur des Expressionismus, Stuttgart 1973.

[148] Zu Hilberseimers Auseinandersetzung mit Nietzsche, den er 1919 als Befreier der Künste in seinem Aufsatz »Schöpfung und Entwicklung« würdigt, siehe: Neumeyer: Nietzsche and Modern Architecture, in: Kostka/Wohlfahrt, Hrsg.: Nietzsche and »An Architecture of Our Minds«, 1999, 287 ff.

in der gleichnamigen Publikation von 1926, bewußt an jene Kulturkritik aus dem »Strauss« an.[149]

»Wo ist ein Fundament, auf das man eine Kultur gründen könnte!«[150] Um seine Diagnose des Nihilismus als kulturkritisches Argument zu unterstreichen, hat Nietzsche kein Fragezeichen, sondern ein Ausrufungszeichen hinter diesen Satz aus seinem »Strauss« gestellt. Wenn »noch dazu unsere grossen Künstler« die beschämende Tatsache der Kulturlosigkeit »eingestanden haben und eingestehen,« wie konnte es dann möglich sein, so fragt Nietzsche voller Bestürzung, »dass unter den deutschen Gebildeten trotzdem die grösste Zufriedenheit herrscht«? Der »Bildungs-Philister«, in dem unbegreiflichen Glauben lebend, »eine ächte Kultur zu haben« und »selber Musensohn und Kulturmensch zu sein«,[151] ist die Antwort. Diese Gattung Mensch war in Deutschland zur Herrschaft gelangt und mit ihr »die systematische und zur Herrschaft gebrachte Philisterei«, also das blanke »Gegenstück« von Kultur, »nämlich dauerhaft begründete Barbarei«.[152]

Als ein solcher Bildungsphilister soll Strauss entlarvt und versenkt werden; und Vischer sogleich mit ihm. Letzterer hatte das Sakrileg begangen, an Nietzsches Lieblingsdichter Hölderlin herumzumäkeln und ihn als eine Art von »hoffnungslosem Verliebten« und »Werther Griechenlands« zu betrachten, als einen Träumer mit schwacher Seele, bei dem man sich fragen mußte, ob er sich wohl »in der gegenwärtigen grossen Zeit zurecht finden würde.« Nietzsche, selbst als »Unzeitgemäßer« angetreten, verteidigt seinen unzeitgemäßen Vorgänger. Vischers Frage apostrophiert Nietzsche als »die süssliche Beileidsbezeigung des Tischredners«,[153] und solcherlei Überlegenheitsdünkel gegenüber einem vermeintlich »Schwachen« kanzelt er als bildungsbürgerlichen Zynismus gegenüber jener nur von den tragischen Seelen gefühlten Begierde zum Schönen ab.[154] Eine Ächtung dieser Art sollte aber nicht nur in diesem Fall ausschließen, daß sich die Schriften solchermaßen geschmähter Autoren für Nietzsche durchaus als nützlich erweisen konnten, auch in Bezug auf deren Betrachtungen zur Baukunst.

---

[149] Ernst Kropp: Wandlung der Form im XX. Jahrhundert, Berlin 1926, 13, stellt die Passage aus dem »Strauss«, in der die Einheitsforderung erhoben und das Stilchaos des Bildungsphilisters beklagt wird, seiner Schrift im Zitat leitmotivisch voran.

[150] Nachgelassene Fragmente. Frühjahr Herbst 1873, KSA 7.707. Notizen zum Strauss.

[151] Strauss, KSA 1.165.

[152] Strauss, KSA 1.166.

[153] Strauss, KSA 1.172.

[154] »Es ist die Periode der cynischen Philisterbekenntnisse. Wie Friedrich Vischer mit einem Worte, so hat David Strauss mit einem Buche Bekenntnisse gemacht: und cynisch ist jedes Wort und dieses Bekenntnisbuch.« – Strauss, KSA 1.173. – Siehe auch Nachgelassene Fragmente. Frühjahr – Herbst 1873, KSA 7.607: »›Der Philister der nicht zugeben will Barbar zu sein‹ nach dem Ausdrucke Vischers über Hölderlin.«

Nietzsche zieht den Vorhang auf. Was sich bietet, ist »wahrhaftig ein ergötzliches Schauspiel,« nämlich, »Strauss als metaphysischen Baumeister einmal in die Wolken hineinbauen zu sehen.«[155] Da Schreiben für Nietzsche ein Bauen ist, wird zunächst einmal der Rohbau in Augenschein genommen und danach beurteilt, ob die »wichtigste Aufgabe gelöst und das Gebäude selbst in glücklichen Proportionen aufgerichtet« wurde. Daß es auch hierbei noch allerhand zu tun gibt, wird fachmännisch erläutert:

»(...) wie viel kleinere Fehler sind zu berichtigen, wie viel Lücken auszufüllen, hier und da musste bisher ein vorläufiger Bretterverschlag oder ein Fehlboden genügen, überall liegt Staub und Schutt, und wohin du blickst, gewahrst du die Spuren der Noth und Arbeit; das Haus ist immer noch als Ganzes unwohnlich und unheimlich: alle Wände sind nackt und der Wind saust durch die offenen Fenster.«[156]

Ob der »Architekt« Strauss diese erste Hürde genommen und ein »Gebäude selbst in guten Proportionen und überall als Ganzes hingestellt hat«,[157] darüber läßt Nietzsche sich nicht weiter aus. Als nächstes folgt bereits der Besuch des Hauses selbst, denn der Leser wird sogleich auf einen Rundgang durch die Örtlichkeiten mitgenommen. Was Nietzsche dabei unter die Augen kommt, findet keine Gnade. Zunächst einmal bemängelt er den Bau als solchen, wenn es heißt: »Nicht einen Tempel, nicht ein Wohnhaus, sondern ein Gartenhaus inmitten aller Gartenkünste hinzustellen, war der Traum unseres Architekten.« Der Sinn dieser Aussage wird dem Leser nicht auf Anhieb klar. Was zunächst danach klingt, als habe der Baumeister Strauss sich typologisch vergriffen und statt eines für einen philosophierenden Theologen angemessenen Tempelbaus nur eine magere Remise oder dergleichen zu Stande gebracht, erweist sich als Mißverständnis. Was mit den Gartenhaus inmitten aller Gartenkünste gemeint ist, erklärt auch nicht der anschließende Hinweis, daß dieses Haus den »Ausblick auf ein irrationelles Element« benötige, auch wenn solches nur als »ästhetisches Effectmittel« erwogen worden sei. Der von Nietzsche hier zum ersten Mal praktizierte Umgang mit der architektonischen Metaphorik zeigt seine eigenen Tücken, denn ein stimmiges Bild will sich auf Anhieb nicht so recht einstellen.

Eine genauere Ahnung, worum es Nietzsche eigentlich geht, bekommt man erst, wenn man Jacob Burckhardt als helfende Hand zu Rate zieht, der zu den Merkwürdigkeiten der metaphorischen Verklausulierung mit seinem von Nietzsche äußerst hochgeschätzten »Cicerone« die Vorlage gegeben hat. In dem Kapitel zum italienischen Gartenstil, auf das Nietzsche im Herbst 1880 noch einmal zurückgreifen wird, behandelt Burckhardt die Anlage von Villen und Gärten. Hier ist

[155] Strauss, KSA 1.198.

[156] Strauss, KSA 1.209.

[157] Ebenda.

auch die Rede von der bedeutsamen »Mitwirkung des Irrationellen« als einer ganz wesentlichen ästhetischen Komponente der florentinischen Villenarchitektur. Gemeint ist damit die unverzichtbare Einbeziehung »der Bergfernen, der ländlichen oder städtischen Aussichten, auch wohl des Meeres und seiner Küsten.« Eine »mangelnde Aussicht« ließ sich, laut Burckhardts Urteil, auch durch das bedeutendste »Terrassenwerk« nicht wettmachen.[158]

Nietzsches Vorwurf an den Architekten Strauss macht erst im Lichte dieser Feststellung einen Sinn. Das »Gartenhaus inmitten der Gartenkunst« meint demnach eine hermetisch-beschränkte Anlage, der es an eben diesem tatsächlichen Bezug auf den Horizont der erhabenen Natur und damit an Weitblick fehlt. Das Natürliche erscheint folglich im Strausschen Garten nur in einer zurechtgemachten Form der Künstlichkeit und ist nur auf den Effekt berechnet. Das will Nietzsche in dem Satz zum Ausdruck bringen, der seine Herkunft aus dem »Cicerone« nicht verheimlichen, aber auch zur Klärung des Sachverhaltes keineswegs besonders beitragen kann:

»Ja es scheint fast, dass selbst jene mysteriöse Empfindung für das All, hauptsächlich als ästhetisches Effectmittel berechnet war, gleichsam als ein Ausblick auf ein irrationales Element, etwa das Meer, mitten heraus aus dem zierlichsten und rationellsten Terrassenwerk.«[159]

Was Nietzsche als Baulichkeit vor Augen steht, kommt in den Notizen zum »Strauss« deutlicher zum Ausdruck als dort selbst, wenn es heißt:

»Er hat das Leichtschürzen mißverstanden an großen Autoren: diese wollten ein zierliches Gartenhaus, dagegen spricht der plumpe Entwurf von Str(auss) es fehlt gerade die Leichtigkeit und Anmuth. Das Oberflächliche Unausgebaute ist noch lange nicht das Zierliche.«[160]

Das Gartenhaus sollte als literarisches Genre eine Baugattung kennzeichnen, die sich durch Leichtigkeit und Zierlichkeit auszeichnete und in ihrer charakteristischen freien Anlage Unabhängigkeit und geistige Freiheit repräsentierte. Damit wurde vorzüglich auf Voltaire angespielt, dessen freisinnige Schreib- und Denkweise Strauss expressis verbis zu seinem Ideal erkoren hatte, an dem er in Nietzsches Augen aber kläglich gescheitert war. Wegen der komplizierten Metaphorik ist diese Aussage nicht ohne weiteres nachvollziehbar. Dieser Umstand sorgt auch für die auf Anhieb genausowenig nachvollziehbare nächste Überraschung des Lesers, von Nietzsche nun keineswegs in ein leichtes pavillonartiges, luftig-elegantes Garten-

---

[158] Burckhardt: Cicerone. Neudruck der Urausgabe von 1855, 318. – Nietzsches Exemplar des Cicerone, aufbewahrt in der Herzogin Anna Amalia Bibliothek Weimar, (Sign. C 481) entstammt der 2. Aufl. / bearb. v. A. v. Zahn. 3 Bde. i.1 gebd., Leipzig 1869 und ist vereinzelt mit Anstreichungen versehen.

[159] Strauss, KSA 1.215.

[160] Nachgelassene Fragmente. Frühjahr – Herbst 1873, KSA 7.597.

haus hineingeführt zu werden. Im Gegenteil, in der weiteren Schilderung entpuppt sich das vermeintliche Gartenhaus vielmehr als eine üppig auf einem »Terrassenwerk« von »theologischen Katakomben« brütende Architektur, als eine regelrechte Gründerzeit-Villa mit allem, was dazu gehört.

Es lohnt sich an dieser Stelle Nietzsches Text kurz beiseite zu legen, um die Abhandlung über die Baukunst aus der »Aesthetik« von Vischer hinzuzuziehen, der hier die Parallele von »Dichtkunst« und »Baukunst« als eine Betrachtungsmöglichkeit in Erwägung gezogen hatte, die sich aus der Entsprechung bestimmter »Arten der Phantasie« ergäbe. Das erlaube etwa Gattungsverwandtschaften herzustellen, wie die folgenden:

> »(...) die ländliche Baukunst erinnert an die landschaftliche Phantasie, (...) der Privat-Palast (...) hat zugleich Analogie mit dem Portrait; das öffentliche, politische Gebäude entspricht der geschichtlichen Phantasie (...) u. dergl.«

Im nächsten Schritt sah Vischer solche Analogien »in ganz zarten Umrissen« auch in »der Dichtkunst wie in der Ferne sich ankündigen«:

> »(...) denn das politische Gebäude erinnert an das politische Drama, den historischen Roman, auch an das Epos, das ländliche an die Idylle, wohl an das Volkslied, Palast und Wohnhaus etwa an die Novelle, das Grabmal an die Elegie.«[161]

Nietzsches metaphorische Unstimmigkeiten waren mit Vischers Hinweis auf die »besondere Schwierigkeit in dieser Vergleichung (...) namentlich in der Dichtkunst« zu entschuldigen, die sich daraus ergaben, daß hier »wenig von einer strengen logischen Analogie die Rede sein kann, da bei den meisten Gestaltungen verschiedene Beziehungen sich finden lassen.« Ungeachtet dieser Einschränkung erblickte Vischer aber in solchen Analogien »trotz ihrer Unbestimmtheit kein leeres Spiel.«[162]

Nietzsche will Strauss gleichsam mit der Methode seines Verbündeten Vischer Schachmatt setzen. Die Schilderung vom Hausbesuch bei Strauss kommt einer literarischen Heimsuchung gleich, die von geistvollen Metaphern und maliziösen Anspielungen nur so sprüht:

> »Der Gang durch die ersten Abschnitte, nämlich durch die theologischen Katakomben mit ihrem Dunkel und ihrer krausen und barocken Ornamentik, war wiederum nur ein ästhetisches Mittel, die Reinlichkeit, Helle und Vernünftigkeit des Abschnittes mit der Ueberschrift: ›wie begreifen wir die Welt?‹ durch Kon-

---

[161] Friedrich Theodor Vischer: Aesthetik oder Wissenschaft des Schönen. Zum Gebrauche für Vorlesungen, Dritter Theil. Zweiter Abschnitt, Die Baukunst, Stuttgart 1852, 254 f.

[162] Vischer: Aesthetik, Die Baukunst, 1852, 255.

trast zu heben: denn sofort nach jenem Gang im Düsteren und dem Blick in die irrationale Weite treten wir in eine Halle mit Oberlicht; nüchtern und hell empfängt sie uns, mit Himmelskarten und mathematischen Figuren an den Wänden, gefüllt mit wissenschaftlichen Geräthen, in den Schränken Skelette, ausgestopfte Affen und anatomische Präparate. Von hier aus aber wandeln wir, erst recht beglückt, mitten hinein in die volle Gemächlichkeit unserer Gartenhaus-Bewohner; wir finden sie bei ihren Frauen und Kindern unter ihren Zeitungen und politischen Alltagsgesprächen, wir hören sie eine Zeit lang reden über Ehe und allgemeines Stimmrecht, Todesstrafe und Arbeiterstrikes, und es scheint uns nicht möglich, den Rosenkranz öffentlicher Meinungen schneller abzubeten. Endlich sollen wir auch noch von dem klassischen Geschmacke der hier Hausenden überzeugt werden: ein kurzer Aufenthalt in der Bibliothek und im Musik-Zimmer giebt uns den erwarteten Aufschluss, dass die besten Bücher auf den Regalen und die berühmtesten Musikstücke auf den Notenpulten liegen; man spielt uns sogar etwas vor, und wenn es Haydn'sche Musik sein sollte, so war Haydn jedenfalls nicht Schuld daran, dass es wie Riehl'sche Hausmusik klang. Der Hausherr hat inzwischen Gelegenheit gehabt, sich mit Lessing ganz einverstanden zu erklären, mit Goethe auch, jedoch nur bis auf den zweiten Theil des Faust. Zuletzt preist sich unser Gartenhaus-Besitzer selbst und meint, wem es bei ihm nicht gefiele, dem sei nicht zu helfen, der sei für seinen Standpunkt nicht reif; worauf er uns noch seinen Wagen anbietet.«[163]

Auch an einer kleinen praktischen Demonstration der Anverwandlung der Bekleidungstheorie darf es nach dieser Schilderung nicht fehlen, denn Nietzsche steckt den Bau- und Hausherrn obendrein noch in ein zu dessen literarischer Gewandtheit passendes Gewand. Strauss selbst hatte dazu förmlich eingeladen, wenn er sein Buch als »leichtgeschürzt« bezeichnete. Darauf kontert Nietzsche, Strauss zwinge allerdings seine Leser, »ihn feierlicher anzusehen, als einen beliebigen fester geschürzten Autor.«[164] Nietzsches gesamtkunstwerkliche Kritik macht nicht beim »gebauten Haus«, also dem schriftstellerischen Werk, Halt, sondern bezieht auch die »Kleidung« des Hausherrn, nämlich dessen Sprache, mit in die metaphorische Bildwelt ein. Vom Stil des freien Faltenwurfes, den die Gesetze der Schönheit bestimmten, war dessen Sprachkunst meilenweit entfernt. Mit ihren Nachlässigkeiten und ihrem nicht auf Sitz gearbeiteten Zuschnitt kam diese Sprache, wie Nietzsche sich ausdrückte, im »schlotterichten Gewande«[165] daher.

Was Nietzsche mit diesem Bekleidungsstil, dem vielleicht der heutige »Schlabber-Look« entsprechen könnte, genau meinte, erklärt seine Notiz aus dem Frühjahr 1872, als die Strauss-Schrift noch in Vorbereitung ist: »alles unoriginal, schlotterig, im Hausrocke des Gedankens und des Ausdrucks.«[166] Ein Jahr später

---

[163] Strauss, KSA 1.215 f.

[164] Strauss, KSA 1.218.

[165] Strauss, KSA 1.229.

[166] Nachgelassene Schriften. Ueber die Zukunft unserer Bildungsanstalten. Vortrag II, KSA 1.672.

notiert er: »Bei Strauss ist kein Zusammenhang, es sind Lappen.«[167] In einem Nachtrag zum David Strauss greift Nietzsche noch einmal das Bild auf, jetzt im Sinne eines viel zu großen Glaubenskleides, das der Mensch sich selbst geschneidert hat:

> »(...) der christliche Kultus, dieses Gewand, für einen Gottmenschen zugeschnitten, wird schlotterig und verliert alle Haltung, sobald es einem bloßen Menschen umgelegt wird.«[168]

Sprach- und Denkweisen in Bekleidungsarten zu übersetzen, wurde für Nietzsche zu einer lieben Angewohnheit, und zu dieser poetischen Technik hat Sempers Bekleidungstheorie ihren nicht unbedeutenden Beitrag geleistet. Auch Vischer verglich die Baukunst mit dem »Kleid zu dem Leibe des Geistes.«[169] Auslöser dieser Betrachtungsweise in der Ästhetik war Karl Boettichers berühmte Schrift »Die Tektonik der Hellenen« von 1844, in der erstmals auch auf den Zusammenhang zwischen den textilen Künsten und der Architektur verwiesen wird. Mit dieser Schrift hatte sich Vischer ebenfalls wie Semper eingehend auseinandergesetzt. Im Sommer und Herbst 1875 greift auch Nietzsche auf Boettichers Schriften, darunter die »Tektonik«, in der Basler Universitätsbibliothek zurück,[170] noch vor der Ausleihe von Sempers »Stil« im Dezember desselben Jahres.

Welchen Einfluß das klangfarbliche Kleid der Sprache auf den abstrakten Bau der Begriffe hat, mit dem es der Mensch sich in der geistigen Welt häuslich einrichtet, diesem Zusammenhang, der im »Strauss« nur gestreift wird, geht Nietzsche in dem Essay »Ueber Wahrheit und Lüge im aussermoralischen Sinne« nach, der 1873 entsteht.

Wohl an keiner anderen Stelle in Nietzsches Werk hat die Sempersche Theorie vom textilen Ursprung der Architektur und das Prinzip des Stoffwechsels eine tiefsinnigere Deutung erfahren als hier, denn Sempers These der Übertragung der ursprünglich am textil-beweglichen Stoff gewonnenen Formen auf das steinern-feste Baumaterial wird Nietzsche zum Gleichnis: Mit ihm kennzeichnet er den Übergang von der in bewegliches Klangmaterial gekleideten Tonsprache zum festen Stoff der Architektonik der Begriffe, um damit den Prozeß anschaulich zu machen, in dem sich Erkenntnis zum monumentalen Bauwerk der »Wahrheit« verfestigt.

Die unmittelbare Vorlage zu dieser Betrachtungsweise der Sprache hat allerdings ein anderer Autor geliefert, den Nietzsche in seinen Schriften wie Semper ebenfalls namentlich nicht erwähnt, vielleicht gerade weil er Wendungen übernimmt, manchmal bis in die wörtlichen Formulierungen hinein, die er dann selbständig weiterführt. Es handelt sich hier um Gustav Gerber (1820–1901) und des-

---

[167] Nachgelassene Fragmente. Frühjahr – Herbst 1873, KSA 7.588.

[168] Nachgelassene Fragmente. Frühling 1876. Nachtrag zu David Strauss, KSA 8.280.

[169] Vischer: Aesthetik, Die Baukunst, 202.

[170] Crescenci: Verzeichnis, 1994, 432 ff.

sen Schrift »Die Sprache als Kunst« von 1871, die Nietzsche am 28. September 1872 für das Wintersemester 1872/73 in der Universitätsbibliothek ausleiht.[171] Dieses Buch wird zur Hauptquelle der Sprachphilosophie des jungen Nietzsche und hat auch seine Kunstphilosophie maßgeblich beeinflußt.

Der unmittelbare Einfluß dieser Lektüre auf Nietzsches Rhetorik-Vorlesung und die enge Verwandtschaft mit der Schrift »Ueber Wahrheit und Lüge im aussermoralischen Sinne« ist von der Nietzsche-Forschung aus der Sicht der Sprachphilosophie bis hin zum Textvergleich in einer Konkordanz wörtlicher Übernahmen und auffallender Übereinstimmungen im Wortgebrauch analysiert worden,[172] allerdings ohne dabei der Architektur-Metaphorik Augenmerk zu schenken. Umgekehrt sind die von Nietzsche gerade in dieser Schrift benutzen architektonischen Metaphern ohne Bezug auf die Gerber-Lektüre und ebenso auch ohne einen architketurtheoretischen Hintergrund betrachtet worden.[173]

Durch Semper-Lektüre für solche Bezüge geschärft, scheint Nietzsches Aufmerksamkeit nicht entgangen zu sein, daß in dieser Schrift auch Sprachkunst und Baukunst auf vielfältige Weise parallelisiert werden. An den Anfang seines Buches stellt Gerber eine allgemeine Betrachtung zum System der Künste, die er in die »Künste des Auges« und die »Künste des Ohrs« einteilt und in vorwiegend von der Außenwelt und der Innenwelt angeregten Künste unterscheidet. An dieser Sonderung orientiert sich Nietzsches Ästhetik grundsätzlich und auf Dauer. Wahrscheinlich darf man schon das im »Strauss« von Nietzsche ausgebreitete bauliche Metaphern-Repertoire auf die Anregungen der Gerber-Lektüre zurückführen. Gerber, der, wie Semper, dem Menschen einen »Kunsttrieb« unterstellt, erklärt das aus der Seele des Menschen herauswirkende architektonische Phänomen, als das bewußte Formen des »an sich äußerlichen Material(s)« nach dem Bedürfnis des Menschen, mit dem er »es sich damit heimisch, wohnlich in der Welt« macht, dadurch, daß er sich »aus der Grenzenlosigkeit ein für den Menschen Überschaubares nach uns zusagenden Verhältnissen zusammenordnet.« Im Anschluß an diese allgemeine Feststellung versetzt uns Gerber mit der folgende Passage gleichsam in Strausssches Terrain:

---

[171] Ebenda, 418.

[172] Anthonie Meijers und Martin Stingelin: Konkordanz zu den wörtlichen Abschnitten und Übernahmen von Beispielen und Zitaten aus Gustav Gerber: Die Sprache als Kunst (Bromberg 1871) in Nietzsches Rhetorik-Vorlesung und in »Ueber Wahrheit und Lüge im aussermoralischen Sinne«, in: Nietzsche Studien, Band 17, Berlin/New York 1988, 250–368. – Anthonie Meijers: Gustav Gerber und Friedrich Nietzsche. Zum historischen Hintergrund der sprachphilosophischen Auffassungen des frühen Nietzsche, ebenda 369–390. – Ich danke dem Nietzsche-Forscher Günter Abel für den freundlichen Hinweis auf die Gerber-Lektüre.

[173] So bei Sarah Kofman: Nietzsche und die architektonische Metapher. Metaphorische Bauwerke, in: Architektur als politische Kultur. Philosophia Practica, hrsg. von Hermann Hipp und Ernst Seidl, Berlin 1996,191–211.

»Die Weiten begrenzen sich zu Gärten; Höhen und Tiefen, Wölbung und Grotten, Höhlen – immer eine Vereinigung des Stoffes zu einer Wirkung – werden zu oberirdischen und unterirdischen Bauten, bald mit stärker Anlehnung an das von der Natur gebotene, bald mit phantasievoller Befreiung von derselben. (...) Wir haben so das Gebiet der Architektur.«[174]

Für den Parallelismus zwischen Sprachkunst und Baukunst, zwischen dem Kunstcharakter der Sprache und dem des Bauens, führt Gerber eine Reihe von Argumenten an. Das Bauen und die Sprache stellen beide »erste« Kunstwerke dar, die sich der zum Bewußtsein kommende Mensch schafft: Die Baukunst auf der Seite der »Künste des Auges«, die Tonkunst auf der Seite der »Künste des Ohrs«. Beide sind sich darin ähnlich, daß sie dem Menschen unter allen anderen Künsten als »am wenigsten entbehrlich« erscheinen,[175] weil sie unmittelbar aus dem Bedürfnis hervorgegangen sind. Wie schon bei Vitruv, nach dessen Ursprungslegende Sprache und Bauen gleichzeitig entstanden, als sich die ersten Menschen am Feuer versammelten, sieht Gerber Sprachkunst und Baukunst »von vornherein mit dem Bedürfnis Hand in Hand« einhergehen.[176] Bereits das Wort als solches hat für Gerber »Kunstcharakter«, denn es stellt eine bewußt gebildete Lautfigur dar, die ebenso eine Kunstschöpfung ist, wie »der erste Stein«, der »behauen wurde und regelmäßig geformt,« bereits »an sich ein Kunstwerk« darstellt. Und wie dieser Stein als »Gedenkstein« für sich, oder »zusammengefügt mit anderen, zur Erbauung einer Wohnung, Brücke u. d. m. dienen sollte,«[177] so »erbaut sich der theoretische Geist des Menschen« aus den »Werkstücken«, welche die Sprache liefert, »nicht nur seine Prachttempel, sondern auch seine Wohnungen; (...).«[178]

Etwas Allgemein-Architektonisches, im Sprachaufbau offensichtlich, läßt Gerber auch als Übertragung für die anderen Künste gelten. Ohne ein Minimum an »Architektonik«, jenes Gestaltkriterium, »wodurch die einzelnen Teile des Materials, abgesehen von ihrer letzten und notwendigen Beziehung, gefällig, überschaulich, symmetrisch geordnet werden,« können weder Plastik, Malerei, Musik, Tanz und Theater auskommen, und insofern »ist in der That ein Stück Baukunst in dem Material anderer Künste.«[179] Überhaupt ist die Übertragung die zentrale These von Gerbers Sprachphilosophie, die Nietzsche begeistert aufgreift. Für Gerber sind alle Wörter nur Klangbilder und in Bezug auf ihre Bedeutung nur Tropen, also Metaphern und Metonymien, die nicht die Dinge selbst, sondern nur Merkmale von

---

[174] Gustav Gerber: Die Sprache als Kunst, Band I, 1871, zitiert nach der dritten Auflage, Hildesheim 1961, 21. Dort auch das vorherige Zitat.

[175] Ebenda, 128.

[176] Ebenda, 110.

[177] Ebenda, 110.

[178] Ebenda, 128.

[179] Ebenda, 38.

ihnen bezeichnen, die sich unsere Vorstellung durch Anschauungsformen von ihnen macht und auf sie anwendet. Gerade darin offenbart die Sprache ihren grundsätzlichen Kunstcharakter, weil sie nur Zeichen unserer eigenen künstlerischen Vorstellung produziert, nicht aber einen unmittelbaren Bezug auf die Dinge selbst:

> »In der Formierung der Laute selbst zeigt die Sprache ihre Plastik, in ihrem Satzbau wirkt sie architektonisch, ihre Bilder, Tropen, Gleichnisse sind malerisch; ihre phonetische Figuration und ihr Rhythmus geben uns Musik; endlich in ihrer selbständigen Produktion berührt sie sich mit der Poesie.
> So ist sie durch und durch Kunst und kann auch nur Gedanken darstellen, wie die Kunst es vermag: bildlich.«[180]

In diesem Reigen der Übertragungen war es demnach auch nicht ausgeschlossen, daß »ferner Musik an den Werken der Architektur empfunden werden könne,« wie schon belegt durch »die hellenischen Mythen von dem Mauerbau Thebens durch Amphion und Zethos, oder Trojas durch Apollo und Poseidon, welche also zur Mechanik der Massenbwegung die Harmonik in der Zusammensetzung hinzufügen; (...).«[181]

Kehren wir nach diesem Blick auf Gerbers Sprachphilosophie zu Nietzsches Text »Ueber Lüge und Wahrheit im aussermoralischen Sinne« zurück, der die Gerberschen Architekturparallelen mit Hilfe der Semperschen Architekturtheorie radikalisiert und in ein Entwicklungsmodell der Verfallsgeschichte überführt, wie wir es schon aus dem »Musikdrama« kennengelernt haben. Es beginnt damit, daß Nietzsche zum Auftakt einen Blick in den Abgrund der Seele des Menschen wirft, um die psychische Grundlage und Mechanik jenes Kunsttriebes offenzulegen, mit dem der Mensch sich seine geistige Welt als metaphysische Behausung schafft.

Vischer hatte die Aufgabe des Kunstphilosophen dahingehend bestimmt, »in die innern Gemächer, die Werkstätten der metaphysischen Grundlegung einzutreten«,[182] ohne selbst die Tür zu dem nach Leibniz verschlossenen, fensterlosen »Bewußtseinszimmer«, zu dem, wie Nietzsche es sieht, die Natur den Schlüssel weggeworfen hat,[183] einen Spalt weit aufbiegen zu können. Nietzsche, der in »Wahrheit und Lüge« erstmals eine kernige Kostprobe der für ihn typischen Entlarvungspsychologie gibt, versucht gleichsam aus der Schlüssellochperspektive einen Blick auf die geheime Natur des Menschen zu werfen und ihn dabei zu beobachten, wie er beim Bau der Wahrheit eigentlich zu Werke geht.

---

180 Ebenda, 290.

181 Ebenda, 38 f.

182 Vischer: Aesthetik, 1. Theil: Metaphysik des Schönen, Reutlingen/Leipzig 1846, Vorrede, V.

183 Nachgelassene Schriften. Ueber Wahrheit und Lüge im aussermoralischen Sinne, KSA 1.875.

Das Bild, wie es sich darbietet, ist das folgende: Der Mensch ist ein Wesen, das bewundern und bewundert werden will. Folglich bedient er sich des Ausdrucks, um »Eindruck« zu erzeugen. In diesem Ur-Bedürfnis nach Täuschung und Selbsttäuschung, in dieser Maskenlaune, um es mit Semper zu sagen, wurzelt alle Kunst, die ihren bewußtseinstechnischen Ursprung darin hat, daß der Mensch sich selbst und anderen etwas vormachen muß, weil er sich selbst und die anderen durch täuschende Erscheinungen, durch Be- und Verkleidungen, beeindrucken will. Semper sieht im »Maskiren der Realität in den Künsten«[184] ein allgemeines Gesetz, nämlich das Prinzip der Bekleidung als eine dem Schmuck- und Schutzbedürfnis des Menschen gleichermaßen entsprungene künstlerische Urtechnik, der auch die Baukunst folgt. Nietzsche, der Psychologe, will den Kunsttrieb selber bloßlegen und greift deshalb tiefer: Ausdruckswollen ist Eindruck-machen-Wollen, um sich selbst und anderen zu imponieren. Dieses prinzipielle Täuschen und Verstellen ist, schlicht gesagt, die nackte menschliche Wahrheit. In ihrem Lichte stellt sich die Frage nach den Formen der Erkenntnis und ihren kunstvollen Produktionen neu.

So wie uns ein Naturgesetz nicht an sich, »sondern nur in seinen Wirkungen«[185] bekannt ist, ist auch der »Stoff der Begriffe«,[186] und folglich erst recht das Wahrheitsgebilde, das der Mensch aus diesem Stoff herstellt, letztlich darauf angelegt, »dass wir damit uns selber imponiren.«[187] Der unbesiegbare Hang des Menschen, »sich täuschen zu lassen,« bestimmt auch seinen Intellekt, diesen »Meister der Verstellung« und im Menschen selbst kommt nach Nietzsche die »Verstellungskunst auf ihren Gipfel«.[188] Tief eingetaucht in Illusionen, will der Mensch in »einem ähnlich beschränkten Sinn (...) auch nur die Wahrheit.«[189] Der Glaube an die Wahrheit ist demnach nichts anderes, als »der Glaube an gewisse beglückende Wirkungen.«[190]

Mit diesem Generalverdacht stellt Nietzsche die Sprache im Sinne Gerbers als Ausdruck von Realitäten und als Baustoff für Wahrheiten in Frage. »Was ist ein Wort?« fragt Nietzsche und gibt als erstes zur Antwort: »Die Abbildung eines Nervenreizes in Lauten«, von dem aus es sich verbietet, auf »eine Ursache ausser uns« zu schließen. Beweis dafür ist schon allein die Tatsache, daß wir »die Dinge nach Geschlechtern« einteilen, »wir bezeichnen den Baum als männlich, die Pflanze als weiblich: welche willkürlichen Übertragungen! Wie weit hinausgeflogen über den Canon der Gewissheit!«[191]

---

184 Semper: Stil, I. 213.
185 Ueber Wahrheit und Lüge, KSA 1.885.
186 Ebenda, KSA 1.882.
187 Ebenda, KSA 1.886.
188 Ebenda, KSA 1.876, 1.888.
189 Ebenda, KSA 1.878.
190 Nachgelassene Fragmente Sommer 1872 – Anfang 1873, KSA 7.499.
191 Ueber Wahrheit und Lüge, KSA 1.878.

Nietzsche folgt mitunter wörtlich der von Gerber vorgenommenen Betrachtung der Sprache als Bewußtseinstechnik der Übertragung von Emfindungseindrücken vom Bild zum Laut zu Wort und Begriff, der uns schließlich die Illusion vermittelt, etwas von den Dingen selbst zu wissen. Hingegen handelt es sich tatsächlich aber nur um Bilder des Gefühls in Form von metaphorischen Bezeichnungen, die vom einen auf den anderen Vorstellungsstoff hinüberwechseln. In der Genese der Sprache vollzieht sich also, wie es Gerber ausführlich darstellt, insofern eine Art Semperscher »Stoffwechsel«, als daß das »Material« der Anschauung vom Gesichtsbild auf ein Klangbild übertragen wird, wenn es vom sichtbaren in den hörbaren »Stoff« wechselt. Jedes Wort birgt ein Bild und hat als Verschränkung von Auge und Ohr eine metaphorische Vergangenheit, selbst der sachlich-objektiv anmutende Begriff. Die Frage »Was ist ein Wort?« schließt Nietzsche folglich mit der Antwort ab, die Gerber ihm in den Mund gelegt hat:

> »Ein Nervenreiz zuerst übertragen in ein Bild! Erste Metapher. Das Bild wieder nachgeformt in einem Laut! Zweite Metapher. Und jedesmal vollständiges Überspringen des Sphäre, mitten hinein in eine ganz andere und neue.«[192]

Da man den »Trieb zur Metaphernbildung« als »Fundamentaltrieb des Menschen (...) keinen Augenblick wegrechnen kann, weil man damit den Menschen selbst wegrechnen würde,«[193] ergibt sich auf die anschließende Frage »Was ist also die Wahrheit?« folgende Antwort:

> »Ein bewegliches Heer von Metaphern, Metonymien, Anthropomorphismen kurz eine Summe von menschlichen Relationen, die, poetisch und rhetorisch gesteigert, übertragen, geschmückt wurden, und die nach langem Gebrauche einem Volke fest, canonisch und verbindlich dünken: die Wahrheiten sind Illusionen, von denen man vergessen hat, dass sie welche sind (...).«[194]

Erst jetzt kommt bei Nietzsche die Architektur ins Spiel, denn die Schritte von der Anschauungsmetapher, von der beweglichen poetischen Phantasie zum Klangbild des Wortes und schließlich zum feststehenden objektiven Begriff, mit dem »der Mensch der Wahrheit, der Forscher, der Philosoph arbeitet und baut,« setzt Nietzsche mit der Semperschen Logik der »vorarchitektonischen«, textilen Architektur die im Laufe der Geschichte hart und starr, sprich zur monumentalen Architektur wird, ins Bild. Die eigentliche Bauleistung des Menschen besteht also darin, den grundsätzlichen Zwiespalt zwischen lebendig-beweglicher Anschauung und starrer begrifflicher Objektivation durch Selbsttäuschung ständig zu überbrücken. Aus diesem und keinem anderen Grund verdient der Mensch in Nietzsches Augen volle Bewunderung,

---

[192] Ebenda, KSA 1.879.
[193] Ebenda, KSA 1.887.
[194] Ebenda, KSA 1.880 f.

»(...) als ein gewaltiges Baugenie, dem auf beweglichen Fundamenten und gleichsam auf fliessendem Wasser das Aufthürmen eines unendlich complicirten Begriffsdomes gelingt; freilich, um auf solchen Fundamenten Halt zu finden, muss es ein Bau, wie aus Spinnefäden sein, so zart, um von der Welle mit fortgetragen, so fest, um nicht von dem Winde auseinander geblasen zu werden. Als Baugenie erhebt sich solcher Maassen der Mensch weit über die Biene: diese baut aus Wachs, das sie aus der Natur zusammenholt, er aus dem weit zarteren Stoffe der Begriffe, die er erst aus sich fabriciren muss.«[195]

Was die Sprachkunst mit ihrem nach den Gesetzen der Poesie und aus zarten Fäden geknüpften textilen Bauwerk ursprünglich begann, setzt »in späteren Zeiten die Wissenschaft« mit ihrem Fest-Stellen des beweglichen Metaphern-Heeres im Namen der Logik fort. Mathematische Strenge und Kühle herrschen beim »Thurmbau der Wissenschaft« vor:

»Wie die Biene zugleich an den Zellen baut und die Zellen mit Honig füllt, so arbeitet die Wissenschaft unaufhaltsam an jenem grossen Columbarium der Begriffe, der Begräbnissstätte der Anschauung, baut immer neue und höhere Stockwerke, stützt, reinigt, erneut die alten Zellen, und ist vor allem bemüht, jenes in's Ungeheure aufgethürmte Fachwerk zu füllen und die ganze empirische Welt d. h. die anthropomorphische Welt hineinzuordnen.«[196]

Selbst für Nietzsches Seitenblick auf die Tierwelt dürfte Gerbers Schrift als Quelle in Frage kommen. Hier wird die nicht völlig von der Hand zu weisende Nachahmungstheorie angeführt, von der versucht wird, »die menschliche Baukunst oder Tonkunst aus einer Nachahmung dieser Biberarchitektur und Vogelmusik abzuleiten (...).« Der Vergleich zur Tonhervorbringung etwa bei Vögeln wird um den Hinweis ergänzt, »wie Ameisen, Bienen, Biber Analoga mit den Werken der Architektur (...) hervorbringen.«[197] Auch vom »Zellenbau in einem Bienenstocke« ist an einer Stelle die Rede.[198] Selbst Nietzsches »Begräbnisstätte der Anschauung« könnte man noch mit Gerbers These der Bildhaftigkeit der Sprache in Beziehung bringen. Wer einen Satz nur als eine Verbindung von Wörtern auffasse, statt als Bild, habe nicht die lebendige Sprache im Sinn, sondern nur ein »Knochengerüst.«[199]

Als Rohbau und Ruine zugleich ragt ein gigantisches sinnloses Fachwerk in Nietzsches architektonischer Bilderwelt auf, die unverkennbar apokalyptische

---

[195] Ebenda, KSA 1.882.

[196] Ebenda, KSA 1.886; dort auch vorgenannte Zitate.

[197] Gerber: Die Sprache als Kunst, Band I, 1871, zitiert nach der dritten Auflage, Hildesheim 1961, 25.

[198] Ebenda, 171.

[199] Übernommen von Anthonie Meijers: Gustav Gerber und Friedrich Nietzsche, in: Nietzsche Studien, Band 17, Berlin/New York 1988, 378. Die Autorin weist dieses Zitat aus Gerber für Seite 238 nach. – Im Rerprint der 2. Aufl. unter dieser Seitenangabe nicht zu finden.

Züge trägt. Wie in Piranesis »Carceri« legt sich eine Stimmung der Unentrinnbarkeit über die Szene, in der sich Betriebsamkeit mit Vergeblichkeit paart. Sagte Vischer von der Architektur, sie stelle »nur die allgemeinen Grundlagen«, nämlich »gleichsam das Knochengerüste aus dem Fleische des Lebens«[200] dar, so führt uns Nietzsche, der sich gegen die Hypostasierung allgemeiner Begriffe zu Wahrheiten wendet, diese Symbolik in der letzten Konsequenz mit dem »Columbarium der Begriffe« als »Begräbnisstätte der Anschauung« drastisch vor Augen. Auch das Bild vom »entseelten Knochengerüst«, an dem nach Meinung Sempers die lebensferne akademische Zunft vergeblich nagte, wenn sie sich die verblichenen Ruinen zum Vorbild der Nachahmung nahm, stellt sich in Nietzsches Metaphorik aus der Ferne wieder ein.

Mit diesen Bildern ist das architektonisches Szenario von »Wahrheit und Lüge« aber noch nicht erschöpft. Dicht am »Thurmbau der Wissenschaft« baut nämlich der Forscher seine Hütte, einerseits um als emsiger Bauarbeiter an diesem fruchtlosen Bauunternehmen »mithelfen zu können«, andererseits, um »selbst Schutz unter dem vorhandenen Bollwerk zu finden.« Diesen Schutz hat er bitter nötig, denn es gibt »furchtbare Mächte,« die fortwährend auf ihn eindringen und die »der wissenschaftlichen Wahrheit ganz anders geartete »Wahrheiten« mit den verschiedenartigsten Schildzeichen entgegenhalten.«[201] Damit, daß der Mensch sich aus den Begriffen »eine reguläre und starre neue Welt als eine Zwingburg« baut, ist jener Fundamentaltrieb zu Metaphernbildung »in Wahrheit nicht bezwungen und nicht gebändigt«, sondern lediglich unterdrückt, weshalb er sich ein anderes Flußbett sucht, und »im Mythus und überhaupt in der Kunst« wieder zutage tritt.[202]

Durch die Entladung dieser metaphysischen Energien in der Kunst wird der Mensch erst wirklich Herr der Dinge, weil er hier in Freiheit nach eigenen Gefühlen und Vorstellungen schaltet und waltet:

> »Jenes ungeheure Gebälk und Bretterwerk der Begriffe, an das sich klammernd der bedürftige Mensch sich durch das Leben rettet, ist dem freigewordenen Intellekt nur ein Gerüst und ein Spielzeug für seine verwegensten Kunststücke: und wenn er es zerschlägt, durcheinanderwirft, ironisch wieder zusammensetzt, das Fremdeste paarend und das Nächste trennend, so offenbart er, dass er jene Nothbehelfe der Bedürftigkeit nicht braucht, und dass er jetzt nicht von Begriffen sondern von Intuitionen geleitet wird.«[203]

Diese Herrschaft der Kunst über das Leben durch reinigende und befreiende dionysische Ekstase wieder herzustellen, war Nietzsches Mission als Gefolgsmann Wagners und Vertreter des Gesamtkunstwerks »Leben«. Der von allgemeinen

---

[200] Vischer: Aesthetik, Die Baukunst, 1852, 232.
[201] Ueber Wahrheit und Lüge, KSA 1.886.
[202] Ebenda, KSA 1.886 f.
[203] Ebenda, KSA 1.889.

Begriffsarchitekturen und Abstraktionen der Logik geleitete moderne Mensch vermochte mittels seiner Wahrheitsgebäude das Unglück nur abzuwehren, nicht aber für sich selbst Glück zu erzwingen und das Leben durch »fortwährend einströmende Erhellung, Aufheiterung, Erlösung«[204] tatsächlich zu erfüllen. Diesen Anspruch auf eine beglückende Illusion, die sämtliche Lebensäußerungen umschleiert und dadurch das Leben heiligt, sieht Nietzsche in der Kunst der Griechen beispielhaft eingelöst. In ihr ist jene gesamtkünstlerische Totalität der »Unmittelbarkeit der Täuschung« erreicht, in der weder »das Haus, noch der Schritt, noch die Kleidung, noch der thönerne Krug« verrieten, »dass die Nothdurft sie erfand; (...).«[205]

Nur als verklärende, überhöhende Macht, nicht als erklärende oder gar erbauende Macht, findet die Kunst beim dionysischen Nietzsche ihre Rechtfertigung. Nach Schopenhauer benötigt der Mensch die Kunst als metaphysischen Trost, um nicht am Jammertal des Lebens zu verzweifeln. Nietzsche will diesen Pessimismus überwinden und dem illusionsbedürftigen Wesen »Mensch« die Kunst zur bewußten, rauschhaften Überhöhung der Existenz im Hier und Jetzt zurückgeben. Sich selbst zu erhöhen und das Leben zum Kunstwerk zu steigern, ist Nietzsches Parole als Antwort auf Materialismus, Wissenschaftsfrömmigkeit und Vergangenheitsseligkeit des 19. Jahrhunderts. Zur Wiedergeburt der Kultur bedurfte es einer mythenstiftenden und erlösungsmächtigen Kunst. Für diese Rolle war die Baukunst mit ihrer Innerlichkeitsferne und ihrem objektiven Geist der Besitzergreifung der objektiven Welt unter allen anderen Künsten die denkbar ungeeignetste. Die Kunst, der Nietzsche allein diese Beseelungsmacht zutraute, atmete den Geist der Musik. Glücklicherweise hatte dieser Geist auch einen Namen und sein Zuhause nicht weit von Basel in Tribschen am Vierwaldstätter See.

[204] Ebenda, KSA 1.889.
[205] Ebenda, KSA 1.889.

Olympia, Zeus Tempel.

Ephesos, Jüngeres Artemision.

I.4

Die Begegnung der Architektur mit dem Geist der Musik: Apollinisches Bauen auf dionysischem Grund

In Nietzsches Unterscheidung weist sich der Mensch als Baugenie durch die Produktion zweier unterschiedlicher Architekturen aus, einer beweglichen und einer festen. Dem zarten Bau aus »Spinnefäden«, den die intuitive Anschauung auf »beweglichen Fundamenten« webt, steht der gewaltige Turmbau der Wissenschaft gegenüber. Daß diese beiden Architekturen nicht als alternative Bauformen, sondern als ineinander verschränkte Doppelphänomene zu betrachten sind, die als grundsätzliche Kunstmöglichkeiten ständig miteinander im Streit liegen, geht aus der Bilderwelt von »Wahrheit und Lüge« nur andeutungsweise hervor. Die gewaltige Leistung des »Baugenies« Mensch scheint ja gerade darin zu bestehen, daß das Unmögliche, gleichsam auf dem Flüssigen und mit elastischem Material einen komplizierten Begriffsdom aufzutürmen, zum Schein tatsächlich »gelingt«. Nietzsches Metaphern vom »Columbarium der Begriffe« und der »Begräbnisstätte der Anschauung« suggerieren allerdings, hier sei lebendige Anschauung auf dem Wege ihrer Überführung in die architektonische Stabilität des Begriffs gewissermaßen abgetötet worden und es falle auf die Architektur der Verdacht, an dieser verwerflichen Tat nicht ganz unschuldig zu sein. In Nietzsches Gunstverteilung liegt das Odium des Anrüchigen über der Architektur, weil sie das Bewegliche gewaltsam in das Stabile, das Ephemere in das Dauerhafte überführt.

Die Bedingungen, unter denen das Kunststück jener besonderen Bauleistung zu vollbringen ist, hat Nietzsche indirekt mitskizziert. Die Architektur des Begriffsdomes soll quasi übernatürliche architektonische Fähigkeiten entwickeln, um auf flüssigem Fundament Halt zu finden. Diese schwimmend verankerte Architektur muß sich als flexibel und dehnbar erweisen und geradezu tänzerische, also dionysisch-musikalische Fähigkeiten besitzen, um die im Fluß befindlichen Dinge wie ein Jongleur im Gleichgewicht zu halten. Der Stoff dieser beweglichen Architektur ist elastisch, und die Statik eines solchen Bauwerkes gehorcht nicht mehr der Logik tektonischer Fügung, sondern nimmt dynamische, quasi-organische Eigenschaften an. Mit Nietzsches Philosophieren, das hinter Platon zu Vorsokratikern, wie Heraklit und Anaximander zurückgeht, muß auch die Architektur hinter sich selbst zu einem Stadium zurückgehen, wo die Dinge noch im Fluß sind und noch nicht festgestellt scheinen.

Genau diesen Schritt hinter das Architektonische zurück machte Sempers Theorie vom textilen Ursprung der Architektur mit dem Axiom, daß die textile

Fertigungstechnik, die »Textrin« der »Tektonik« vorangehe.[206] Indirekt hatte Semper zur Unterstützung seiner Theorie auch einen Bogen zum Geist der Musik geschlagen, wenn er das Argument der sprachlichen Verwandtschaft von Wand und Gewand ins Feld führt und damit auf den Klang der Worte als Beweiskraft vertraute.

In seinem Wagner gewidmeten Erstling, »Die Geburt der Tragödie aus dem Geiste der Musik« von 1872, entwirft Nietzsche seine Konzeption vom kulturellen Paradigma zweier gegensätzlicher, aber aufeinander bezogener Bautypen der metaphysischen Tätigkeit des Menschen. In der Duplizität der beiden Kunstgottheiten Apoll und Dionysos deckt Nietzsche in der Entwicklung der griechischen Kunst einen »ungeheuren Gegensatz« auf, den das gemeinsame Wort »Kunst« nur scheinbar überbrücke. Im Unterschied zwischen der bildlichen Kunst der sichtbaren Erscheinungen und der unbildlichen Kunst des musikalischen Klanges wird dieser Gegensatz offenkundig. Erst in der attischen Tragödie, die für Nietzsche den Höhepunkt der griechischen Kultur darstellt, gelingt die harmonische Paarung des Gegensatzes zwischen Auge und Ohr, zwischen Bild und Klang in einem »metaphysischen Wunderakt des hellenischen ›Willens‹« als dem Höhepunkt der griechischen Kultur.[207] Mit dieser Einsicht lieferte Nietzsche einmal mehr eine großartige ästhetisch-philosophische Begründung für die Wagnersche Auffassung vom musikgeborenen Schauspiel als dem höchsten gemeinsamen Kunstwerk, das im »Kunstwerk der Zukunft« seine Auferstehung gemäß der Maxime erleben sollte:

> »Nur, wo Auge und Ohr sich gegenseitig seiner Erscheinung versichern, ist aber der ganze künstlerische Mensch vorhanden.«[208]

Wagners Theorie vom Gesamtkunstwerk unterwarf die Künste, die für das Sichtbare arbeiteten, rechtlos dem Geist der Musik, der auch für Nietzsches »Tragödientheorie« laut Titelzusatz die Patenschaft übernommen hatte. Ermuntert von den Pythagoräern und vorzüglich befördert durch die Philosophie Schopenhauers, stellt Nietzsche die Musik als Verkörperung des Weltwillens in den Mittelpunkt seines Denkens. Schopenhauer hatte der Musik, wie Nietzsche erklärt, gegenüber den anderen Künsten die besondere Rolle der primären Kunstäußerung des Menschen zugesprochen, weil sie als einzige »nicht Abbild der Erscheinung«, sondern »unmittelbar Abbild des Willens selbst ist und also zu allem Physischen der Welt das Metaphysische, zu aller Erscheinung des Dings an sich darstellt.«[209] Platons Höhlengleichnis ähnlich, reden für Schopenhauer die anderen

---

[206] Vgl. Semper: Stil, I. 213.

[207] Die Geburt der Tragödie, KSA 1.25 f.

[208] Richard Wagner: Das Kunstwerk der Zukunft, 1851, in: Gesammelte Schriften, 1887, 3.95.

[209] Die Geburt der Tragödie, KSA 1.106.

Künste »nur vom Schatten«, die Musik aber, als die mächtigste der Künste, redet vom Wesen selbst.[210]

So identifiziert auch der frühe Nietzsche die Musik mit jener höchsten Macht, die allen Erscheinungen und ästhetischen Ausdrucksformen, also auch denen der sichtbaren Formenwelt, zugrunde liegt und bewertet sie als »Sprache des Allgemeinen«[211] und »im höchsten Grade allgemeine Sprache«,[212] als »Spiegel des Weltwillens«[213] und »Wesen der Welt.«[214] Gemäß der Theorie vom »ungeheuren Gegensatz« in der griechischen Kunst wohnen auch in der Musik zwei Seelen in einer Brust, wobei schnell offensichtlich wird, welche von den beiden Kunstgottheiten innerhalb dieses Zweikammersystems gegensätzlicher Kunsttriebe in der Brust des Menschen der eigentliche Musiker ist. Die Musik des Apoll ist nur eine schwache, nur eine halbe Musik, wie Nietzsches aufschlußreicher Bemerkung aus Sicht der »dionysischen Weltanschauung« zu entnehmen ist, »(...) die Musik des Apollo ist Architektur in Tönen, noch dazu in nur angedeuteten Tönen (...).«[215] In der Tragödienschrift präzisiert Nietzsche sie auch stilistisch, nämlich als »dorische Architektonik in Tönen«.[216]

Der grundsätzliche Mangel der Musik apollinischer Prägung liegt damit offen. Es handelt sich um eine nach architekturaler Gesetzmäßigkeit geschaffene Musik, also eigentlich um eine tönende Architektur, die deshalb ihren Namen nicht verdiente. Aus apollinischer Musik spricht – so möchte man zur Verstärkung der Abwertung hinzusetzen – »leider nur« Architektonik, und zwar in einer verwässerten, unartikulierten Variante von »nur angedeuteten Tönen«, – was eine merkwürdige Stilzuordnung zum Dorischen ergibt, einer Ordnung, die seit Vitruv für den kraftvollen, männlichen Ausdruck steht. Der Makel des Architektonischen liegt wie ein begangener Frevel über dieser Musik, die durch die unterdrückende »Gewalt des apollinischen Genius auf der Stufe einer einfachen Architektonik verharren mußte (...).«[217]

Apoll, der Gott des Maßes, der »für die verklärte Welt des Auges«[218] alles in erkennbare Verhältnisse und nach festen harmonischen Gesetzen zu ordnen trachtet und damit der Lust am schönen Schein frönt, verewigte also – und auch hier

[210] Arthur Schopenhauer: Die Welt als Wille und Vorstellung, Bd. I, Leipzig 1819, Stuttgart/Frankfurt 1968, § 52, 359.

[211] Nachgelassene Fragmente. 1871, KSA 7.306.

[212] Die Geburt der Tragödie, KSA 1.105.

[213] Ebenda, KSA 1.112.

[214] Nachgelassene Fragmente. Winter 1969 – Frühjahr 1870, KSA 7.73: »Das Wesen der Musik als Wesen der Welt – die pythagoreische Anschauung.«

[215] Die dionysische Weltanschauung, KSA 1.557.

[216] Die Geburt der Tragödie, KSA 1.33.

[217] Die dionysische Weltanschauung, KSA 1.565.

[218] Ebenda, KSA 1.563.

möchte man wieder ein »leider nur« hinzufügen – die Erscheinungen der Welt, während Dionysos mitten in ihr Wesen hineinführte. Bei Dionysos, der die Musik gleichsam mit der Muttermilch eingesogen hatte, wirft das »musikalische Element alle Schranken von sich«, womit die architektonische Zwangsjacke gemeint sein dürfte, und gibt sich gleichsam im Tristantaumel, auf den Nietzsche anspielt,[219] ganz dem Übermaß, dem Rauschhaften hin. Jetzt dringt der Ton »nicht mehr wie früher in gespensterhafter Verdünnung, sondern in tausendfacher Steigerung der Masse«[220] mit erschütternder Gewalt ans Ohr. Diese »Kunst, die in ihrem ekstatischen Rausche die Wahrheit sprach, verscheuchte die Musen der Scheinkünste (...).«[221] Während Apoll die Orgie zur Vernunft bringen will und sie zu diesem Zweck in das klägliche architektonische Gehäuse von ängstlich unterdrückten, nur angedeuteten Tönen sperrt, brechen in der wahrhaftigen, der dionysischen Musik in einer »Gesamtentfesselung aller symbolischen Kräfte« die Dämme. Mit den befreiten Trieben, die Apoll mühselig in Zaum gehalten hat, tritt endlich das, was »den Charakter der dionysischen Musik und damit der Musik überhaupt ausmacht,« zutage und fährt dem Menschen durch »die erschütternde Gewalt des Tones« in Mark und Bein. Beflügelt durch den einheitlichen »Strom des Melos und die durchaus unvergleichliche Welt der Harmonie«[222] wird der Mensch eins mit sich selbst und der Natur und steigert sich damit selbst in diesem triebhaften Frühlingserwachen zum allerhöchsten Kunstwerk.

Die Architektur als eine tendenziell apollinische Institution der gefestigten Formen, Begriffe und Werte spielt im Schatten dieser übermächtigen und von den Müttern des Daseins heraufbeschworenen »wahren Helena«[223] nur eine hemmende und folglich untergeordnete Rolle. So bringt es auch Nietzsches Verteilung der Sympathien zum Ausdruck, wenn er der ephemeren Architektur von Spinngeweben offensichtlich den Vorzug gegenüber der monumentalen Architektur gibt. In den Vorarbeiten zur »Geburt« sieht Nietzsche »das Erschaffenkönnen von Bil-

[219] Vgl. Die Geburt der Tragödie, KSA 1.235 f.: »An diese ächten Musiker richte ich die Frage, ob sie sich einen Menschen denken können, der den dritten Act von ›Tristan und Isolde‹ ohne alle Beihülfe von Wort und Bild rein als ungeheuren symphonischen Satz zu percipiren im Stande wäre, ohne unter einem krampfartigen Ausspannen aller Seelenflügel zu verathmen? Ein Mensch, der wie hier das Ohr gleichsam an die Herzkammer des Weltwillens gelegt hat, der das rasende Begehren zum Dasein als donnernden Strom oder als zartesten zerstäubten Bach von hier aus in alle Adern der Welt sich ergiessen fühlt, er sollte nicht jählings zerbrechen? Er sollte es ertragen, in der elenden gläsernen Hülle des menschlichen Individuums, den Wiederklang zahlloser Lust- und Weherufe aus dem ›weiten Raum der Weltennacht‹ zu vernehmen, ohne bei diesem Hirtenreigen der Metaphysik sich seiner Urheimat unaufhaltsam zuzuflüchten?«

[220] Die dionysische Weltanschauung, KSA 1.565.

[221] Ebenda, KSA 1.565.

[222] Die Geburt der Tragödie, KSA 1.33 f.

[223] Nachgelassene Fragmente. 1871, KSA 7.324.

dern« noch als die »eigentliche Kunst« an,[224] läßt diesen Apollinismus aber zugunsten der im Rausch gipfelnden dionysischen Willensmetaphysik fallen. Erst unter dem Einfluß des Geistes der Musik bekommen Bild und Begriff als apollinische Erscheinungen durch das reinigende Bad in den Leidenschaften der Ekstase die höhere Weihe einer emotional tieferen Bedeutsamkeit. Auch die Architektur sollte auf dem Weg dionysisch-musikalischer Verzückung endlich ihre Läuterung und Steigerung erfahren. Ein Vorbild für eine solchermaßen gelenkige Architektur entdeckt Nietzsche in dem Vorsokratiker Anaxagoras. Aus seinem Geist spricht »ein Künstler, und zwar das gewaltigste Genie der Mechanik und Baukunst,« der es vermochte, aus der irrational-dionysischen Tiefe der Seele »mit den einfachsten Mitteln die großartigsten Formen und Bahnen und gleichsam eine bewegliche Architektur« zu schaffen.[225]

Eine aus der Tiefe des Wesens der Weltseele, also eine aus dem Geist der Musik geborene »bewegliche Architektur« kennzeichnet das wirkliche Baugenie, denn nur die Musik reicht, wie es Schopenhauer lehrt, in die Tiefe der Weltseele hinab. Das flüssige Element, bewegliche Materie ist der Grund, auf dem das Bauen beginnt. Mit Anaximanders Theorie vom Wasser als dem Ursprung aller Dinge hatte Nietzsche sich bereits in der »Philosophie im tragischen Zeitalter der Griechen« auseinandergesetzt.[226] Der Reigen der Metaphern wurde durch Wagners Vorstellung von der Musik als dem bodenlosen Meer der Harmonie[227] beflügelt, und aus vorsokratischer Optik machte auch Sempers Theorie vom »fließenden« textilen Stoff als dem Urmaterial der Baukunst einen Sinn. Die schiffsartige, schwimmende Existenz, wie Wagner sie dem Orchester als »Bewältiger der Fluthen der Harmonie«[228] zuspricht, legt Nietzsche folglich auch der Architektur zu Grunde, wenn er sie auf fließendem Wasser ihre Dome errichten läßt.

Die Symbolik der festen Form erscheint aus dieser Warte als Produkt, mehr noch, als Relikt apollinischer Objektivation des Dionysischen und damit grundsätzlich verdächtig.[229] Nicht Begriffsarchitektur, sondern »Wortmusik« ist Nietzsches Ideal. »Wortmusik« nennt er die ursprüngliche Sprache der Griechen aus

[224] »Es ist als ob Anaxagoras auf Phidias deutete und Angesichts des ungeheuren Künstlerwerks, des Kosmos, ebenso wie vor dem Parthenon uns zuriefe: das Werden ist kein moralisches, sondern nur ein künstlerisches Phänomen.« Die dionysische Weltanschauung, KSA 1.564. Die Geburt des tragischen Gedankens, KSA 1.592 f.

[225] Die Philosophie im tragischen Zeitalter der Griechen, KSA 1.869.

[226] Siehe KSA 1.828.

[227] Richard Wagner: Oper und Drama, 1851, in: Gesammelte Schriften und Dichtungen, 2. Aufl. Leipzig 1887, 4.146.

[228] Ebenda, 4.165.

[229] »Die Symbolik der Sprache ein Überrest der apollinischen Objektivation des Dionysischen.« Nachgelassene Fragmente. 1871, KSA 7.276.

einer Zeit, da Wort, Bild und Begriff noch unter der Herrschaft des Klanges, also auf musikalisch-beweglichem Fundament standen.

Nietzsches Modell der Verfestigung der noch flüssigen Wortmusik zum Begriff und, weiter noch, zur Begriffsarchitektur entspricht Ideen der romantisch-idealistischen Denktradition. In ihrer Ästhetik ist die Musik ebenfalls eine Urkunst, in der sich gleichsam die Urlaute der Schöpfung kundtun. Schelling hält die Musik für die Kunst der Künste. Auch bei einem Architekten wie Karl Friedrich Schinkel hat die Auffassung von der Musik als der »Kunst im allgemeinsten Sinne« Anklang gefunden.[230] Der romantischen Kunstphilosophie verdanken wir auch das wohl geläufigste und meistzitierte Wort zum Verhältnis von Architektur und Musik, nämlich jene Friedrich Schlegel zugeschriebene berühmte Charakterisierung der Architektur als einer Art gefrorener Musik. Diese Analogie ist fortan in fast jede Abhandlung zur Ästhetik des 19. Jahrhunderts eingegangen. Kaum ein Philosoph hat sich nicht dieses Wortes bedient. Schopenhauer folgt im Grunde dieser Metaphorik, wenn er von der Architektur als Verkörperung der Generalbass-Töne der Natur spricht. Er führt dieses »in den letzten 30 Jahren oft wiederholte kecke Witzwort« übrigens auf Goethe als Urheber zurück.[231]

Das Bild von der Architektur als gefrorener Musik erhält unter der Duplizität des Dionysisch-Apollinischen, von der die Gebrüder Schlegel ebenfalls schon Gebrauch machen,[232] einen plastischen Sinn. Es veranschaulicht den Prozeß der apollinischen Abkühlung des im Fluß befindlichen dionysischen Leidenschaftselementes bis hin zu seinem endgültigen Erstarren in Eis. Nach diesem Modell kann auch Begriffsarchitektur als gefrorene Wortmusik betrachtet werden. Im Vergleich zu Nietzsches Ausmalung dieser Metapher wirkt das Schlegelsche Diktum allerdings weniger tragisch-pessimistisch angehaucht, erscheint die Logik des Bildes weniger endgültig. Nietzsche wertet das Begriffsgebäude, wie wir wissen, zur »Begräbnisstätte« der Anschauung ab. Die Friedhofsstimmung einer Nekropolis weht absichtsvoll durch seine Sprachmusik. Aus ihr klingt auch der unterschwellige Vorwurf, die Anschauung sei wohl nicht ganz freiwillig aus dem Leben geschieden, denn Nietzsche läßt das riesige Columbarium wie eine große Anklage vor unser Auge treten.

Aus dem Schlegelschen Bild des »Gefrorenen« spricht ebenfalls Erstarrung. Allerdings hat sie nicht jene unumkehrbare Endgültigkeit letaler Finalität wie bei Nietzsche. Der Aggregatzustand des Gefrorenen beinhaltet immerhin die Möglichkeit morphologischer Verwandlung. Brächen wärmere Zeiten an, und die Tempe-

---

[230] Karl Friedrich Schinkel. Gedanken und Bemerkungen über Kunst im Allgemeinen, in: Alfred Freiherr von Wolzogen, Hrsg.: Aus Schinkels Nachlaß. Reisetagebücher, Briefe und Aphorismen, Berlin 1863, Band 3, 346.

[231] Arthur Schopenhauer: Die Welt als Wille und Vorstellung, II. 582.

[232] Ernst Behler: Die Auffassung des Dionysischen durch die Brüder Schlegel und Friedrich Nietzsche, in: Nietzsche Studien, Bd. 12, Berlin/New York 1983, 335–354.

raturen stiegen, könnte es zu einer Wiedergeburt kommen. Dies wäre etwa der Fall, wenn, wie Wagner es wünschte, der durchwärmte Atem musikalischer Begeisterung der eisigen Architektur wieder neues Leben einhauchte. In der Prozeßlogik jener Metapher könnte dies die Wiederverflüssigung der Architektur zur Musik bedeuten, was dann einer Wiedergeburt der Musik, diesmal allerdings aus dem Geiste der Architektur, nämlich aus der apollinischen Perspektive der »Festigkeit der Form«[233] entspräche. In diesem Fall handelte es sich bei der Musik dann im Umkehrschluß des Schlegelschen Sprachbildes um nichts anderes als um aufgetaute Architektur.

Als einer der wenigen unter den zahlreichen Theoretikern, die die Schlegelsche Metapher aufgriffen, hat Vischer in seiner »Ästhetik« diese Möglichkeit des Umkehrschlusses angesprochen. Einen kunstphilosophischen Gedankengang über die Art der Beziehungen dieser beiden Kunstgattungen hat er leider nicht damit verbunden. Die Baukunst ist Vischer dadurch gefrorene Musik, »daß sie die Stimmung in der harten Materie krystallisiert,« woraus folgt: »(...) so kann man die Musik, welche dieses Band löst, aufgethaute Baukunst nennen.«[234]

Erst nachdem Nietzsche Wagners und Schopenhauers tragischer Kunstauffassung den Rücken zugekehrt hat, macht er Gebrauch von dieser Möglichkeit, die Verhältnisse umzukehren. Jetzt kann die apollinische Seite aus dem Schatten des Dionysischen heraustreten und darf sich in einer »Fröhlichen Wissenschaft« – dem Gegenstück zur »Tragischen Kunst« – des dionysischen Schuldkomplexes entledigen. Mit der Bemerkung: »Hauptfrage: welches ist das Verhältnis beider Kunsttriebe zu einander?«[235] war im Grunde schon 1871 ein Fragezeichen an die Präferenz des Dionysischen gesetzt worden. Noch aber verfocht Nietzsche leidenschaftlich Wagners Kunstauffassung, die von der dionysischen Prämisse ausging, derzufolge nach den ästhetischen Prinzipien der Musik auch die der bildenden Künste grundsätzlich zu bemessen seien.

1879, in »Menschliches, Allzumenschliches« wird Nietzsche erstmals von der Musik als »Ton-Baukunst« und »als Spätling jeder Cultur«[236] sprechen und

---

[233] »Die Festigkeit der Form ist eine apollinische Konsequenz: Maßhaltung der Motivation, der Gründe.« Nachgelassene Fragmente. Ende 1870 – April 1871, KSA 7.160.

[234] Vischer: Aesthetik, Die Musik, Stuttgart 1857, 826. – Zu Vischers Musikverständnis siehe auch: Wendelin Göbel: Friedrich Theodor Vischer. Grundzüge seiner Metaphysik und Ästhetik, Würzburg 1983, insb. 177 ff. – Max Schasler: Ästhetik. Grundzüge der Wissenschaft des Schönen und der Kunst, Bd. 2 Leipzig 1886, 68, spricht im obigen Sinn von der Musik als »›aufgetaute‹ (d. h. in Fluß gebrachte) Architektonik (...)«.

[235] Nachgelassene Fragmente. 1871, KSA 7.285.

[236] Menschliches, Allzumenschliches, Ein Buch für freie Geister. II, Aphor. 171: »Die Musik als Spätling jeder Cultur«, KSA 2.450. – Wiederholt in: Nietzsche contra Wagner. Aktenstücke eines Psychologen, KSA 6.423.- Vgl. auch Menschliches, Allzumenschliches I, Aphor. 215, KSA 2.175

damit die Logik von der Geburt der Künste aus dem Geiste des Musikdramas revidieren. Mit dem Terminus »Ton-Baukunst« wird die Musik wieder auf eine gesetzmäßig-architektonische Basis zurückbezogen und ihre apollinische Seite als zum Klingen gebrachte Architektur offen anerkannt. Mehr noch, Nietzsche läßt damit die Architektur der Musik nicht nur begrifflich vorangehen. Als kulturgeschichtlicher »Spätling« unter den Künsten erscheint sie sogesehen auch als eine zu Klang verflüssigte, aufgetaute Architektur. Eine Umkehrung findet in Nietzsches Ästhetik statt. Das Modell, in dem der dionysischen Urkunst der Musik bedauerlicherweise apollinische Zügel angelegt worden sind, wird von einem ganz und gar gegensätzlichen abgelöst, in dem eine gewissermaßen eiszeitlich-apollinische Urkunst »Architektur« unter dem Hauch dionysischer Musen zur »Ton-Baukunst« dahinschmelzen soll. Am Ende wird Nietzsche die Architektur gar ganz aus dem Gegensatz des Dionysisch-Apollinischen herausnehmen und sie als eine lebenssteigernde Kunst der vollständigen Bejahung des Daseins über alle anderen Künste stellen.

Dreht man das Rad noch einmal bis zur »Tragödiengeburt« zurück, so versteht sich von selbst, daß der Architektur im Zeichen dionysischer Oberherrschaft keine ihrem Wesen angemessene, »tragende« Rolle mehr zufällt. Sie kann, wie bei Wagner, ins Kulissenfach abgeschoben werden. Nicht als autonome Kunstgattung, sondern als dienender szenischer Rahmen für dramatische Handlung, als Bühne liefert sie gute Dienste. Auf diese Weise bedient sich Nietzsche auch der Architektur für die Inszenierung seiner »Tragödiengeburt«. Die Handlung dieses Stückes ist hinlänglich bekannt. Dargestellt wird einmal mehr das »Musikdrama« der Verfallsgeschichte der griechischen Tragödie, nämlich ihr Abfallen von der dionysischen Musik und die daraus resultierende Erniedrigung zur Sklavin der Erscheinung im Dithyrambus. Nietzsches Dramaturgie ist allerdings neu, denn er läßt die Geschichte vor einem Tempel beginnen und auch wieder vor einem Tempel enden.

Um Licht in den dionysischen Abgrund in der Tiefe der griechischen Seele zu bringen, den das apollinische Bewußtsein nur wie ein Schleier oberflächlich überdeckt, schlüpft Nietzsche in die Rolle eines imaginärer Bauforschers und Archäologen, in der Absicht, »jenes kunstvolle Gebäude der apollinischen Cultur gleichsam Stein um Stein ab(zu)tragen, bis wir die Fundamente erblicken, auf die es begründet ist.«[237] Einmal mehr fühlt man sich an Semper erinnert. Dieser hatte, frühgeschichtlichen Tiefen nachsinnend, sich dasjenige wieder hinzugedacht, was die Zeit im Laufe der Geschichte durch Witterung von den antiken Bauwerken abgezogen und entfernt hatte. Semper trug das verlorene bunte Kleid der Farbschichten als eine Art imaginärer dionysischer Grundierung wieder auf den unfreiwillig nackt und apollinisch-weiß gewordenen Tempel auf. Nietzsche be-

[237] Die Geburt der Tragödie, KSA 1.34.

treibt das imaginäre Geschäft mit der Zeit mit noch radikalerer Gründlichkeit. Sein Blick zurück überspringt die Baugeschichte und alle Erscheinungsproblematik des Bauwerkes. Für seine tiefenpsychologische Analyse muß sogleich der ganzen Tempelbau bis auf die Fundamente verschwinden, auf daß der »olympische Zauberberg«, auf dem er einst errichtet wurde, nun selbst »uns seine Wurzeln« zeige.[238] In der Hoffnung auf prestigeträchtige Funde bereitet übrigens zur gleichen Zeit 1873 auch die deutsche Archäologie mit einer Denkschrift an den Reichstag ihr erstes großes Grabungsprojekt in Olympia vor, bei dem unter anderem auch die Fundamente des Hera-Tempels freigelegt werden. Über die Erfolge dieses Unternehmens wird Nietzsche später durch seinen Schwager Bernhard Förster ins Bild gesetzt, der ihm 1886 eine von ihm veröffentlichte Publikation über die Grabungen in Olympia mit der Widmung versieht: »das ist ein Stückchen Hellenenthum seinem lieben Schwager Fr. Nietzsche überreicht vom Verfasser.«[239]

Im Blick in den olympischen Boden und auf die Fundamente des Tempels offenbart sich Nietzsche das Unterbewußtsein der griechischen Seele, denn hier »gewahren wir nun zuerst die herrlichen olympischen Göttergestalten, die auf den Giebeln dieses Gebäudes stehen, und deren Thaten in weithin leuchtenden Reliefs dargestellt seine Friese zieren.« Die Architektur, soviel wird aus dieser Ausblendung der eigentlichen Tempelarchitektur klar, gehört ins Reich jenes nur störenden apollinischen Schleiers, der wie eine Maske weggezogen werden muß, wenn man dem griechischen Wesen unmittelbar ins Antlitz blicken will. Folglich schwenkt Nietzsches Blick von den Fundamenten unmittelbar zum plastischen Schmuck, zu den Göttergestalten im Giebel, hinauf. Die Architektur ist zwar das tragende, in der Sache anscheinend aber unwesentliche Gerüst für die Reliefs, ähnlich wie die Konstruktion für Semper nur das Mittel zur Herstellung eines Raumkleides ist. Ob Nietzsche bei den leuchtenden Reliefs auch an leuchtende Farben im Sinne der Polychromie dachte, geht aus dieser Bemerkung leider nicht hervor.

Die vor-bewußte und vor-architektonische Kondition, die gleichsam den Bodensatz aller Kultur bildet, ist der wissenschaftliche »Gegenstand«, nach dem Nietzsche als Bewußtseinsarchäologe auf dem olympischen Götterberg gräbt. Der Blick in die Fundamente des Tempels gibt den Blick in den Ur-Grund der griechischen Seele frei. Aus der Empfindung des Schreckens und der Entsetzlichkeiten des Daseins stellte der Grieche, um überhaupt leben zu können, vor sich »die glänzende

---

[238] Ebenda, KSA 1.34 f.

[239] Bernhard Förster: Olympia. Ein Blick auf den allgemeinen kunst- und kulturhistorischen Werth der Grabungen am Alpheios. Mit vier Abbildungen, Halle 1886. – Auf dem Umschlag Widmung des Verfassers. Siehe: Bibliothek Nietzsches. Verzeichnis in alphabetischer Anordnung (mit ergänzenden Anmerkungen zu Bestandsveränderungen gegenüber dem Verzeichnis von Oehler), Weimar, Herzogin Anna Amalia Bibliothek 1997, Signatur C 154.

Traumgeburt der Olympischen« hin.[240] Wie das Dionysische in apollinischer Maskierung, erscheint »das Schreckliche in der Maske des Schönen«,[241] und Nietzsche formuliert, was schon Sempers Anerkennung des barbarischen Elements im Hellenischen vermutete, das kunstpsychologische Axiom der tragischen Ästhetik: »Es gibt keine schöne Fläche ohne schreckliche Tiefe.«[242] Man kann von diesem Modell der Verklärung und Verhüllung der furchtbaren dionysischen Wahrheit durch den apollinischen Schönheitsschleier einen unmittelbaren Bogen etwa zur Kulturtheorie von Sigmund Freud schlagen, der sich die Nietzschesche These von der Kultur als Sublimierung anverwandelt hat.

Eine tiefenpsychologische Erklärung hält Nietzsche auch für den Tod der aus dem dionysischen Chor geborenen griechischen Tragödie parat: »sie starb durch Selbstmord,« genauer an dem »Instincte auflösenden Einfluss«[243] der antidionysischen Tendenz des Sokratismus. Dieser bedingte das Absterben des Mythos und mit ihm starb auch der Genius der Musik. Den Zeigefinger auf Euripides richtend, belehrt uns Nietzsche: »Und weil du Dionysos verlassen, so verließ dich auch Apollo;«[244] bis zum endgültigen »Todessprunge in's bürgerliche Schauspiel«[245] war es nur noch eine Episode.

Was in dieser Finsternis als Silberstreif am Horizont heraufzieht, ist wiederum die Wiedergeburt der Tragödie aus dem Geiste der Wagnerschen Musik. Mit ihr werde sich auch ein germanisches Neuhellentum die Bahn brechen, denn in Wagners Musik registriert Nietzsche – der Stimme seines Herrn folgend – den wetteifernden Widerhall auf den ersten dionysischen Lockruf der Choräle Luthers und der deutschen Reformation und ein Frühlingserwachen, dem »wir die Wiedergeburt des deutschen Mythus danken werden!«[246]

Im Schlußkapitel seiner »Tragödiengeburt« kehrt Nietzsche wieder zum Tempel zurück, mit der Erkenntnis, daß Musik und Mythos beide »einem Kunstbereiche« entstammen, der »jenseits des Apollinischen liegt«, und daß ferner das Dionysische, am Apollinischen gemessen, »als die ewige und ursprüngliche Kunstgewalt, die überhaupt die ganze Welt der Erscheinung in's Dasein ruft«, anzuerkennen sei. Um leben zu können, muß der Mensch, der nur als Dissonanz zu denken ist, einen Schönheitsschleier über sein eigenes Wesen decken. Von dem dionysischen Untergrund der Welt darf aber

---

[240] Die Geburt der Tragödie, KSA 1.35.
[241] Nachgelassene Fragmente. Winter 1869 – Frühjahr 1870, KSA 7.80.
[242] Nachgelassene Fragmente. Ende 1870 – April 1871, KSA 7.159.
[243] Die Geburt der Tragödie, KSA 1.75, 1.91.
[244] Ebenda, KSA 1.75.
[245] Ebenda, KSA 1.94.
[246] Ebenda, KSA 1.147.

»(...) genau nur soviel dem menschlichen Individuum in's Bewusstsein treten, als von jener apollinischen Verklärungskraft wieder überwunden werden kann, so dass diese beiden Kunsttriebe ihre Kräfte in strenger wechselseitiger Proportion, nach dem Gesetze ewiger Gerechtigkeit, zu entfalten genöthigt sind.«[247]

Inwiefern die Wagnersche Übermacht der Musik eine solche gerechte Proportion verkörperte, sei dahingestellt. Um sich eine Vorstellung von der Schönheitswirkung der angedeuteten gerechten Verhältnisse zwischen dem Dionysischen und Apollinischen zu machen, fordert Nietzsche den Leser auf, sich einmal im Traum »in eine althellenische Existenz« zurückzuversetzen. Damit diese Einfühlungsleistung gelingen kann, genügt es nicht mehr, nur die Fundamente des Tempels auf dem Olymp vor Augen zu haben. Eine ganze Tempelanlage wird jetzt mit einem Schlag ins Bild gesetzt. Die Architektur tritt nun in ihrer ganzen räumlich-körperlichen Existenz in Erscheinung und beherrscht die Schlußszene der »Geburt«, in der Nietzsche uns in eine ideale Welt von klassischem Maß, voller Licht und Klarheit, entführt:

»(...) im Wandeln unter hohen ionischen Säulengängen, aufwärtsblickend zu einem Horizont, der durch reine und edle Linien abgeschnitten ist, neben sich Wiederspiegelungen seiner verklärten Gestalt in leuchtendem Marmor, rings um sich feierlich schreitende oder zart bewegte Menschen, mit harmonisch tönenden Lauten und rhythmischer Gebärdensprache — würde er nicht, bei diesem fortwährenden Einströmen der Schönheit, zu Apollo die Hand erhebend ausrufen müssen: ›Seliges Volk der Hellenen! Wie gross muss unter euch Dionysus sein, wenn der delische Gott solche Zauber für nöthig hält, um euren dithyrambischen Wahnsinn zu heilen!‹ — Einem so Gestimmten dürfte aber ein greiser Athener, mit dem erhabenen Auge des Aeschylus zu ihm aufblickend, entgegnen: ›Sage aber auch dies, du wunderlicher Fremdling: wie viel musste dies Volk leiden, um so schön werden zu können! Jetzt aber folge mir zur Tragödie und opfere mit mir im Tempel beider Gottheiten!‹«[248]

Dieses hochgestimmte Finale enthält in dreierlei Hinsicht aufschlußreiche Aussagen: Erstens steht die im dionysischen Urgrund zu verschwinden drohende Architektur am Ende wieder als strahlender, edler Bau da; Nietzsche inszeniert ihre dionysische Auferstehung nicht als eine wie auch immer geartete bombastische Verkörperung des Rauschs des großen Willens im Stil des wagnerischen Kraftmenschen, sondern mit klassisch bemessenen Baukörpern, die ein besonderes Raumangebot für »zart bewegte Menschen« bereitstellen. Die Musik in »nur angedeuteten Tönen«, nicht der strotzende Naturalismus der erschütternden Tongewalt, bestimmt die Szene. Zweitens hat Nietzsche eine subtile architektonische Unterscheidung vorgenommen, die aufschlußreich für die Zugehörigkeit der Bau-

[247] Ebenda, KSA 1.154 f. Dort auch vorgennante Zitate.
[248] Ebenda, KSA 1.155 f.

werke zu den jeweiligen Kunstgottheiten des Apollinischen und Dionysischen ist. Es handelt sich hier nämlich nicht mehr um den dorischen Tempel der Eröffnungsszene, sondern um einen Tempel mit Säulenhallen in der ionischen Ordnung. Drittens ist schließlich festzuhalten, daß Nietzsche diese Ordnung als die harmonisch proportionierte Verbindung des Dionysischen und Apollinischen betrachtet, denn der ionische Stil, aus der kleinasiatischen Heimat des Dionysos stammend und in Hellas neubeheimatet, ist das Symbol für eine glückliche Verbindung beider Gottheiten.

Doch nicht allein der architektonische Kontext, auch die Szene selbst, wie sie Nietzsche vor Augen steht, ist aufschlußreich. Mit den »hohen ionischen Säulengängen,« die auch dionysischen Tänzen genügend Raum geboten hätten, legt sich Nietzsche auf die Gangart ruhigen rhythmischen Schreitens fest. Die Tragödie endet nicht in der dionysischen Selbstvergessenheit bacchantischer Tänze, nicht im charakteristischen taumelnden Bewegungsmodus Wagnerscher Musik, sondern in der Besonnenheit bemessener Schritte. Der philosophischen Gangart des Herumwandelns mißt Nietzsche, der seine Gedanken vorzugsweise auf stundenlangen Spaziergängen unter freiem Himmel und nicht am Schreibtisch faßt, besondere Bedeutung zu. Die einladenden, weiten und luftigen ionischen Säulenhallen werden ein Vorzugsmotiv seiner Architekturen, das in vielfältiger Verwandlung wiederkehrt: so in der »Architektur der Erkennenden« der »Fröhlichen Wissenschaft« und in den gepriesenen großräumigen Arkaden von Turin, der »Stadt (...) mit dem Luxus der portici in einer Länge von 10 020 Meter.«[249]

In Nietzsches »Tragödie«, in der auch die Baukunst dem Geist der Musik unterstellt werden sollte, war die Architektur in einen Widerspruch geraten. Sie teilte das Defizit des Apollinischen, bei dem gemäß dionysischer Weltanschauung »das musikalische Element« auf der Stufe der »einfachen Architektonik« verharren mußte.[250] Von einer Architektur einer komplexeren Architektonik ist in der »Geburt« nicht weiter die Rede. Es genügt die Ordnung der klassischen Architektur. Daß die ionischen Formen von der Architekturtheorie seit Vitruv als weiblich interpretiert worden sind, gibt Nietzsche auch die Gelegenheit zu einem diplomatischen Brückenschlag im Sinne von Wagners berühmtem Diktum »Die Musik ist ein Weib.«[251] Ionische Architektur wäre demnach eine musikgeborene. Andererseits wurde die tendenziell apollinische Institution der »architekturalen« Architektur, die in der Begegnung mit Dionysos wie alles Bauen und der Baugedanke selbst grundsätzlich in Frage gestellt worden war, im ionischen Gewand wieder in ihre alten Rechte gesetzt.

---

[249] Nietzsche an Reinhard von Seydlitz in München, Turin, den 13. Mai 1888, SB 8.313.

[250] Dionysische Weltauffassung, KSA 1.565.

[251] Wagner: Oper und Drama, 1851, in: Gesammelte Schriften, 1887, 3.316.

Die grundsätzliche Überwindung des Architektonischen, die bei dem dionysisch enthusiasmierten Nietzsche als Möglichkeit schemenhaft anklingt, aber nicht vollzogen wird, weil sie weder in der Architektur noch im Denken nicht anders als ein großes Fiasko oder grandioses Scheitern vollzogen werden kann, ist seither eine offenbar faszinierende Herausforderung geblieben. Zumindest auf dem Papier wurde in den expressionistischen Architekturträumen des 20. Jahrhunderts die Geburt der Architektur aus dem Geiste der Musik vollzogen. Die ersten Anläufe dazu nehmen, was nicht verwundert, ebenso Bezug auf Nietzsche wie auf Wagner: Bruno Tauts »Weltbaumeister« von 1919 läßt in einem »Architektur-Schauspiel für symphonische Musik« die Baukunst aus dem Nebel kosmischer Klänge zum Gesamtkunstwerk kristallisieren.

Zu dergleichen »Architekturphantasien ohne Architektur«, wie Paul Flechtheim die alle irdische Schwere verleugnenden expressionistischen Bauvisionen seinerzeit kennzeichnet,[252] gab 1908 die vielbeachtete Schrift von Wilhelm Worringer »Abstraktion und Einfühlung. Ein Beitrag zur Stilpsychologie« den entscheidenden theoretischen Anstoß. Das Apollinische und Dionysische, das schon aus Worringers Titel grüßen läßt, wird unter dem Gesichtspunkt der Stilpsychologie am Beispiel jener zwei Architekturen exemplifiziert, in die Nietzsches »Geburt« unterschieden hatte. Den dorischen Tempel, der Nietzsche als »Heerlager des Apollinischen« anmutet,[253] sieht Worringer jetzt als Manifestation eines fast menschenfeindlichen Abstraktionsdrangs, während der ionische Tempel zu einem dynamischen Gebilde mutiert, in das alle Lebensgefühle hemmungslos einfließen.[254] Die kunsttheoretische Fanfare zum Angriff auf alles Apollinisch-Rechtwinklige war damit geblasen. Der epochale Aufbruch, auch der Architektur ihr neudionysisches Recht auf Rausch und musikalische Bewegung zu erkämpfen, wovon schon der Jugendstil mit Seitenblick auf Nietzsche als erster im 20. Jahrhundert träumt, hat bis heute an Faszination und Vergeblichkeit nichts eingebüßt.

---

[252] Paul Westheim: Architektonische Phantasien, in: Frankfurter Zeitung vom 30. 4. 1919, abgedruckt in: Arbeitsrat für Kunst Berlin 1918–1921. Ausstellungskatalog, Akademie der Künste Berlin, Berlin 1980, 93 f.

[253] So Carl von Gersdorff im Brief aus Messina an Nietzsche in Basel, 30. 4. 1873, NB II.4, 246 f.: »(...) den herrlichen Poseidontempel in Paestum zu sehen das unbeschreibliche Glück hatte. Laß Dir von Burckhardt sagen, was das ist (...) riefen mir schon die Ruinen von Paestum Deine Erklärung der dorischen Kunst als eines Heerlagers des Apollinischen ins Gedächtnis. Ja ja mit Göthe und Nietzsche reist sich's in Sizilien ganz gut.«

[254] Wilhelm Worringer: Abstraktion und Einfühlung. Ein Beitrag zur Stilpsychologie, München 1908.

Made English by John James of Greenwich.

LONDON:
PRINTED by Benj. Motte, MDCCVIII.
Sold by John Sturt in Golden-Lion-Court
in Aldersgate Street.

Die architektonische Macht der Musik, dargestellt im Frontispiz zur englischen Ausgabe von Claude Perrault: A Treatise of the Five Orders of Columns in Architecture, London 1708.

Bayreuther Festspielhaus, Ansicht von Südwesten, (Ende des 19. Jahrhunderts).

I.5

Klangarchitekturen: Zukunftsarchitektur aus dem Geiste der Zukunftsmusik oder Richard Wagners »Architekturtheorie«

Nietzsches Musikenthusiasmus will auch das Bauen über die überkommenen apollinisch-architekturalen Grenzen hinaus in eine Manifestation der dionysischen Weltanschauung transponieren. Wagner forderte diese Verwandlung der Architektur im Geiste der Musik als Programmbestandteil seines Gesamtkunstwerks. Selbst das »Baugenie« Semper ermutigte mit seiner Theorie des Stoffwechsels zu einem solchen Unternehmen. Wagners Imperativ konsequent Folge zu leisten, hätte allerdings eine weit grundsätzlichere Ächtung des Architektonischen zur Folge gehabt, als dies in Nietzsches dionysischen Frühschriften der Fall ist. Die große Tempelarchitektur der Schlußszene der »Tragödiengeburt« ist dafür ein Indiz.

Mit Wagners spätromantischem »Baustil« der tönenden Konstruktion wird in der Geschichte der »Architektur« der Musik ein neues Kapitel aufgeschlagen. Ausgehend von der »Urverwandtschaft« aller Tonsprachen ist der Klang der konstitutive Ausgangs- und Endpunkt aller musikalischen Artikulation: Von der monophonen Lautmalerei des gesprochenen Wortes bis hin zur ins Monumentale gesteigerten polychromen Klangmalerei des Orchesters bestimmt er die Logik des künstlerischen Geschehens. Dieser Wagnerschen Prämisse folgt Nietzsches Erklärungsmodell vom Entstehen und Verfallen des griechischen Dramas und der Sprache im Allgemeinen, wenn der musikalisch-bewegliche Netzbau in architekturale Totenstarre mündet.

Die Reanimation des dionysischen Mythos soll jenem Prozeß der Erstarrung im Abstrakten entgegenwirken. Die Untergrabung der dionysischen Lebenskräfte durch Wissenschafts- und Vergangenheitsgläubigkeit erscheint als die eigentliche Ursache für das Versagen der modernen Kultur, in der die ursprüngliche Einheit von Kunst und Leben zerstört ist; darin sind sich Nietzsche und Wagner einig. Deshalb setzt Wagner in die Wiederherstellung der ursprünglichen Einheit von Musik und Dichtkunst seine kulturreformerischen Erwartungen und erlöserischen Hoffnungen. Nietzsche arbeitete dieser Neuvermählung vom Mythos und Logos philosophisch zu. Dionysische Weisheit soll an die Stelle positivistischer Wissenschaft treten, der bewegliche musikalische Geist an die Stelle der Logik und Starrheit der Empirie. Deshalb muß die Kritik der apollinischen Abkühlung und sokratischen Erstarrung gelten, verkümmert dabei doch die in der Wortmusik der Sprache enthaltene bildliche Phantasie zu einem mit Wahrheitsanspruch versehenen, objektiven Gebilde, zum abstrakten Begriffsgebäude. Die Tonsprache muß »Anfang und Ende der Wortsprache«[255] bleiben. So will es Wagner und mit ihm Nietzsche. Dessen Ziel ist es, als Mann der Wissenschaft Sprache und Denken aus dem Geist der Musik, vom Klang her, zu reformieren. Dafür ist es erforderlich, als Philosoph, wie der Musiker, ein drittes Ohr für jene ursprüngliche Sprache vor aller Wortsprache zu haben, um »den Gesammtklang der Welt in sich nachtönen zu lassen und ihn aus sich herauszustellen in Begriffen.«[256]

Nietzsches Modell der Architektonisierung der Sprache von der Wortmusik zum Begriff ist vor allem eine Wagnersche Vorgabe. Die Entstehung der Sprache aus der Melodie ergibt sich für Wagner nämlich »nicht in einer chronologischen Folge«, womit ein vermeintlich natürlicher Verlauf des Weiterwachsens im Sinne organischer Verwandlung gemeint sein dürfte, sondern »in einer architektonischen Ordnung«.[257] Wagner hat diese auf Anhieb nicht unbedingt nachvollziehbare Wendung nicht weiter erläutert. Erst Nietzsche illustriert jenen Vorgang der Verfestigung der noch musikalisch-biegsamen, lebendigen Tonsprache zum fest- und kaltgestellten allgemeinen Begriff mit dem Übergang in eine »architektonische« Ordnung als einen gewaltsamen Vorgang wirklich anschaulich. Die dionysische Wortmusik kühlt apollinisch ab und erstarrt zur Sprache, gemäß der Logik von der Architektur als gefrorener Musik. Daß die Architektur offenbar wenig mit dem wahren Leben zu tun zu haben scheint, folgt aus Nietzsches drastischem Architekturbild vom »Columbarium der Begriffe«, aus dem man eine Ächtung der Architektur zugunsten der Musik als Absicht herauslesen kann. Der Architektonik sollte also im Namen des Geistes der Musik der Kampf angesagt werden.

Nach dem Wagnerschen Evolutionsmodell war mit der Sprache also zugleich auch die Musik in die architektonische Falle geraten und mußte daraus wieder befreit werden. Die Musik dem Würgegriff apollinischer Objektivation und Erstarrung zu entreißen, ihr den dionysischen Zustand des Fließenden und Entgrenzten zurückzugeben und sie wieder in das Bett der ursprünglichen Tonsprache zurückzulenken, diese Titanenarbeit betrachtet Wagner als seine historische Mission. Nietzsche assistiert dabei eifrig als Philosoph und Philologe und lenkt mit seiner schwimmenden und elastischen Architektur Wasser auf Wagners Mühlen.

Wie man den Geist der Architektur an den Geist der Musik zu binden konnte, zeigte Schopenhauers »Generalbass« als Inbegriff der Objektivation der Naturkräfte. Mit diesem altmodischen, architektonischen Konstruktionsgeist hat aber die Wagnersche Zukunftsmusik nichts mehr im Sinn. Die Zeiten, in denen Architektur und Musik in einem Atemzug beschrieben werden können, sind für Wagner

---

[255] Wagner: Oper und Drama, 1851, in: Gesammelte Schriften, 1887, 4.91.

[256] Die Philosophie im tragischen Zeitalter der Griechen. Nachgelassene Schriften 1870–1873, KSA 1.817.

[257] Wagner: Oper und Drama, 1851, in: Gesammelte Schriften, 1887, 4.94.

endgültig vorbei. Mit der »Kunst der Fuge« hatte Bach das polyphone, kontrapunktische Komponieren und den Generalbaß vollendet. Die »klassischen« Baumeister Mozart, Haydn und der frühe Beethoven lösten den homogenen Fluß der Polyphonie in eine Dialektik verschiedener Gedanken und Impulse auf. Die Musik beginnt im Dialog von Rede und Gegenrede zu »sprechen« und bedient sich damit einer Form, die Nietzsche schon als ein Abfall vom musikalischen Mythos im Sinne des Sokratismus geißelte, so wie auch der Verfall des Dramas durch die Ausbreitung des Dialoges beginnt. Mozart wäre hiernach der Apolliniker, der die Beweglichkeit der neuen Musiksprache zu kristalliner Transparenz architektonisierte. Der heroisch ringende späte Beethoven wäre der Dionysier, den Ethos und Pathos moralisch dazu verpflichten, das Prinzip des apollinischen Starrmachens zur festen, erkennbaren Gestalt niederzukämpfen, um die Grenzen der musikalischen Architektur zu sprengen und ihr Material zu zertrümmern.

Wagner, der es nach eigenen Worten mit Goethe und Beethoven aufnehmen will, knüpft an diesem Punkt an. Er zerlegt das polyphone Klangmaterial und die tonalen Idiome – also die begrifflichen Verfestigungen oder apollinischen Objektivationen – in die betörende Farbenpracht eines schillernden, polychromen Klangkosmos. In den Klangzauber solcher polychromen Farbenpracht will Nietzsche das Denken wieder eintauchen und neu erblühen sehen, zurückgepflanzt auf vorsokratischen Boden, wo alles noch strömt, ineinander fließt und beisammen ist, und wo noch nicht das Wort des Anaxagoras gilt: »da kam der Verstand und schuf Ordnung.«[258]

Aus diesen musikalischen Intentionen erscheint auch Wagners Beziehung zu Semper in einem neuen Licht. Ebenso erklärt sich fast von selbst, warum Wagner seinem Zögling wohl insbesondere die Lektüre der Semperschen Polychromie-Schrift an Herz gelegt haben muß, denn beide Künstler waren auf ihre Art engagierte Verfechter der revolutionären Theorie der Polychromie. Was über Wagners Musik gesagt werden kann, nämlich, daß die Farben des Klangs wichtiger werden als der Bau der Töne, trifft auch auf den frühen Semper zu. Ihm erscheinen die Farben des Tempels fast wichtiger als der Bau selbst. Die Emanzipation der Oberfläche von der Struktur ist der neue Gedanke sowohl in der Wagnerschen Musik als auch in der Semperschen Architekturtheorie. Auch Nietzsches Philosophieren, das es »tapfer bei der Oberfläche« aushalten will und nicht mehr an eine vermeintlich feste, in metaphysischen Tiefen verborgene Seins-Struktur als logischen Wahrheitsgrund glaubt, folgt dieser Wendung.

Neben Semper und Wagner wird Nietzsche der dritte Vertreter der »Polychromie«. Zu dem Architekten und dem Musiker gesellt sich als neues »Baugenie«

---

258 In der Geburt der Tragödie, KSA 1.87, zitiert Nietzsche den Satz von Anaxagoras: »im Anfang war alles beisammen; da kam der Verstand und schuf Ordnung.«

endlich der entsprechende Denker. Jetzt hätte man tatsächlich die »große Renaissance« der Erneuerung der Kultur, die Wagner vorschwebte, in Angriff nehmen können. Wohl auch deshalb wird in Nietzsches Gegenwart auf Tribschen Semper als dritter im Bunde zum großen Bedauern von Cosima Wagner vermißt.

Der Grad der Übereinstimmung ist in der Tat beträchtlich. Auch Semper ist ein Anhänger der lautmalerischen Wagnerschen Argumentation von der »Urverwandtschaft aller Tonarten«.[259] Zur Unterstützung seiner Theorie vom Stoffwechsel verweist er wiederholt auf die sprachliche Verwandtschaft von Begriffen und beruft sich dabei, ohne Namen zu nennen, auch auf die »neueste Sprachforschung«, die bestrebt sei,

> »(...) die verwandtschaftlichen Beziehungen der menschlichen Idiome zu einander nachzuweisen, die einzelnen Wörter auf ihrem Gange der Umbildung in dem Laufe der Jahrhunderte rückwärts zu verfolgen und sie auf einen oder mehrere Punkte zurückzuführen, soselbst sie in gemeinsamen Urformen einander begegnen.«[260]

Als sprachmächtiger und hellsichtiger Metaphern-Leser vertraut auch Semper auf die Tragfähigkeit der Wortmusik und die Logik der Metapher und setzt ebenfalls auf jenen ursprünglichen Zustand, in dem das »natürliche Band« zwischen Klang und Begriff noch nicht zerrissen ist. Nietzsche schließlich stellt die Macht des Klanges ganz in den Mittelpunkt des Denkens. Die Worte werden die »Verführer der Philosophen«, die er wie Fische in den Netzen der Sprache gefangen und zappeln sieht.[261] Am Geschmack der Worte Gefallen zu finden und sich zum Feinschmecker der Sprache zu entwickeln, wird unter dieser Bedingung zwangsläufig Gebot und Tugend. Der moderne Philosoph, dem Klangzauber der Sprache unterlegen, begibt sich, wie Wagner, ins Meer der Klänge. Er ist, mit Heidegger gesagt, »unterwegs zur Sprache«.

Die Affinitäten zwischen Wagner und Semper sind damit noch lange nicht erschöpft. Wagners Musik bevorzugt mit ihrem Ideal des Fließenden, Gleitenden und Entgrenzten ebenso das Ephemere gegenüber der architektonischen Erstarrung, wie Sempers Theorie. Beide Künstler beziehen aus dem Bewußtsein, »organisch« schaffende Künstler zu sein,[262] Position gegen die historisch geronnenen Formen ihrer Kunst. Beide vereint der Anspruch, die Bedingungen des Kunstwerkes aus der Ursprünglichkeit des Lebens selbst zurückzugewinnen. Sieht der eine im Volkslied

---

[259] Wagner: Oper und Drama, 1851, in: Gesammelte Schriften, 1887, 3.149. Mit Tonarten sind hier nicht die musikalischen Tonarten im engeren Sinn gemeint, sondern das Phänomen der Klangform allgemein.

[260] Semper: Stil, I. 1.

[261] »Die Verführer der Philosophen sind die Worte, sie zappeln in den Netzen der Sprache.« Nachgelassene Fragmente. Sommer 1875, KSA 8.113.

[262] Wagner: Oper und Drama, 1851, in: Gesammelte Schriften, 1887, 3.312.

den Anknüpfungspunkt zur Erneuerung der Musik und voller Verachtung auf den dekadenten Kulturbetrieb der Oper herab, so erscheint dem anderen der mit Bastteppichen als Wänden ausgekleidete Pfahlbau einer »Karaiben-Hütte« auf der Weltausstellung in London 1851 als Offenbarung elementarer Architektur.

Die Parallelen ließen sich weiter fortführen, allerdings nicht über einen grundsätzlichen Punkt hinaus, an dem der Unterschied zwischen dem Musiker und dem Architekten unüberbrückbar wird. Als Vertreter eines ganz im Zeitlichen verhafteten Kunstwerkes, bei dem das Ereignis mit der Aufführung verklingt, kann sich der Musiker dem Ephemeren als Ausdrucksform weitaus bedingungsloser hingeben, als der Architekt. Was die Musik als zeitliche Kunst kann, ist der Architektur als einer räumlichen Kunst unmöglich und umgekehrt. Die Architektur kann im Gegensatz zur Musik nicht mit der Zeit gehen, weil sie dazu bestimmt ist, am Ort für eine über ihre »Aufführung« weit hinausreichende Dauer zu verharren. Zeit ist zwar an den Raum gebunden, nicht aber an den Ort. Die Orte, die auf der Höhe der Zeit sind, wechseln beständig. Mit der Zeit zu gehen, würde bedeuten, den Ort zu verlassen. Das Bauwerk ist aber dazu verurteilt, in Festigkeit und Starrheit im Wandel der Zeiten an seinem Ort zu verharren. Es sammelt Zeit, saugt sie auf und gibt sie als Speicher von Geschichte langsam wieder ab. Deshalb scheint die Architektur auch zum Träger von kollektivem Gedächtnis und Repräsentant der Geschichte prädestiniert.

Wagner, der nur Räume für die Aufführung seiner musikalischen Werke benötigte und deshalb am liebsten Festzelte gebaut hätte, war die Architektur im wahrsten Sinne des Wortes eine Last. Der Architekt, der sich bei seiner Aufgabe unausweichlich mit der für die Dauer bestimmten Form auseinanderzusetzen hat, wird ihm zunehmend ein Dorn im Auge. Mit der Bemerkung, »was geht mich alle Baukunst dieser Welt an!«[263] hatte Wagner im Zorn über das Münchner Festspielhaus-Desaster Semper und mit ihm der ganzen Architektur den Rücken zugekehrt. Von dem Gedanken, daß das Bauen auch für seine Kunst eine bedeutsame Kunst sein könnte, hatte Wagner sich ganz verabschiedet. Was von der Baukunst in seinen Augen übrigblieb, war der lästige, gleichwohl aber unverzichtbare Rest, der notgedrungenermaßen nicht ignoriert werden kann, wenn man baut, obwohl man auch dies noch am liebsten täte. Bei Wagner sollte sich die Architektur als Hilfsmittel der musikdramatischen Aufführung am Besten in Luft auflösen, oder doch wenigstens wie das unsichtbar gemachte Orchester im Innenraum seines Theaters, unter Vollziehung der geforderten Dienste in der Versenkung verschwinden.

Dies ist kaum übertrieben die Haltung, mit der Wagner 1871 die Planung seines Festspielhauses in Bayreuth in Angriff nimmt. Daß der Architektur in dem ganz von den dramatischen Künsten beherrschten Gesamtkunstwerk nur eine untergе-

---

[263] Wagner: Das braune Buch. Tagebuchaufzeichnungen 1865 bis 1882, 83.

ordnete Rolle am Rande des Geschehens zukommt, macht Wagner seinem neuen Architekten, dem Berliner Bauinspektor Wilhelm Neumann, von Anfang an klar. Ihm sollte es nicht anders ergehen als Semper. Die Pläne waren wieder einmal viel zu großartig ausgefallen und erregten Wagners Groll. Als Termine nicht gehalten werden, fällt der als »leichtsinniger Berliner« abgekanzelte Neumann endgültig in Ungnade und wird kurzerhand entlassen. Wagner benötigt keinen Baumeister, sondern lediglich einen das bühnenbautechnische Handwerk bis ins Letzte beherrschenden Maschinenmeister. Ihm gibt er Sempers Münchner Pläne zur Orientierung in die Hand, um Bayreuth als Grundform zu entwerfen. Das mußte genügen. Der erst im April 1872 bestellte Leipziger Architekt und Hofbaumeister Otto Brückwald hatte lediglich die Bauausführung zu besorgen. Aber auch er gehörte offenbar zu jener Sorte der Unverbesserlichen, die ermahnt werden mußten, »die Idee unseres Theaters, nicht nach den Gesetzen der Schönheit, sondern nur der Zweckmäßigkeit und Nothwendigkeit, schlicht, ohne allen zierlichen Anschein« baulich umzusetzen.[264]

Architektonisch ist Bayreuth praktisch nicht existent und kommt insofern dem Wagnerschen Ideal einer »unsichtbaren« Architektur sehr nahe. Für den Anspruch des Auges außerhalb des Bühnengeschehens sollten weder geistige noch finanzielle Aufwendungen verschwendet werden. Wagner wollte in Bayreuth keinen architektonisch und städtebaulich anspruchsvollen Theaterbau verwirklichen, sondern auf der grünen Wiese eine möglichst kostengünstige und perfekte Kultstätte seiner Theaterkunst einrichten. Das bühnenkünstlerische Ereignis sollte für sich allein und auf Dauer die ganze Aufmerksamkeit beanspruchen. Monumentale Präsenz gebührte dem Wagnerschen Drama. Die provisorische Rolle gebührte der Architektur.

Die Rede, die Wagner am 22. Mai 1872 anläßlich der auch von Nietzsche besuchten Grundsteinlegung in Bayreuth hält, ist ein architekturtheoretisches Dokument von besonderem Rang. Formuliert wird hier das Grundsatzprogramm zu einem radikal auf Sachlichkeit und funktionalistische Logik verpflichteten Bauen, demzufolge die äußere Gestalt nurmehr das Abfallprodukt der allein mit gesetzgeberischer Macht ausgestatteten inneren Zweckanforderungen ist.

Wagners Bauen argumentiert von Innen nach Außen. Genau genommen spricht es nur vom Innen, denn das Äußere wird der Dynamik der inneren Kräfte unterworfen und zu deren zwangsläufigem Resultat. Formvorstellungen sind dabei nur eine Behinderung jenes inneren Vorgangs, ähnlich der beklagten Erstarrung der Sprachmusik zum Begriff. Das Verschwinden der Architektur wird dabei optimistisch zum Zukunftsprogramm einer vermeintlich höheren Form von Kultur aufgewertet.

---

[264] Habel: Festspielhaus und Wahnfried, 351. – Dort eine detaillierte Planungs und Baugeschichte von Bayreuth.

Semper hatte die Oberfläche als Ausdrucksform vom Gerüst emanzipiert und damit die Schale prinzipiell vom Kern gelöst. Wagner wirft sie als eine rein oberflächliche und deshalb überflüssige Angelegenheit ganz ab. Allein die Sache selbst, Bestimmung und Zweck zählen noch. Nach dieser Gestaltlogik operiert der Bauherr auf dem Bayreuther Hügel. Er ist der eigentliche Architekt, der ihm vorgelegte Pläne mit dem hochmodern anmutenden Imperativ »Die Ornamente fort!« als Randnotiz versieht,[265] als gelte schon das berühmte Diktum vom »Ornament und Verbrechen« aus dem Munde von Adolf Loos.

Erwähnen muß man, daß Wagner mit seiner Haltung zu dieser Zeit keineswegs allein dasteht. Als ein nicht minder diktatorischer Bauherr kreidet der Industrielle Alfred Krupp den Architekten seines »Hügels« Gesimse, Profile und dergleichen als ungebührliche Verschwendung an, verlangt stattdessen ein Haus mit tadellos funktionierender Klimaanlage und macht sich als Bauherr mit der Verfluchung »Die Architekten sind alle egal« in ganz ähnlichen Worten Luft wie Wagner kurz zuvor. Auch klingt Krupps geradezu dionysisch-wagnerianisch anmutendes Credo – »Nichts ist elastischer als die Bedingungen der Architektur« – wie eine unbewußte Vorwegnahme von Nietzsches vorsokratischer Maxime eines auf beweglichem Fundament angelegten Bauens.[266]

Sachlichkeits-Enthusiasmus aus Architekturverdruß bestimmt den Tenor der Festrede zur Grundsteinlegung, in der Wagner eine neue Bautheorie entwickelt. Anstatt einer Fassade, so stimmt Wagner die Festgäste auf die künftige Gebäudegestalt ein, werden sie »eine mit dem dürftigsten Materiale ausgeführte äußere Umschalung antreffen, die ihnen »im glücklichsten Falle die flüchtig gezimmerten Festhallen zurückrufen« würde. Dies war nicht als eine Warnung gemeint, sondern als Empfehlung, denn Wagner denkt an ephemere Festarchitekturen, wie sie einstmals in deutschen Städten für Sängerstreitfeste und ähnliche genossenschaftliche Festzusammenkünfte hergerichtet und nach den Festtagen wieder abgetragen wurden. Dieses provisorische Ideal soll Bayreuth verewigen. Dasjenige aber, was von der Architektur des Festspielhauses »auf einen dauernden Bestand berechnet ist,« sollte den Besuchern dagegen erst nach dem Eintreten ins Innere »immer deutlicher werden.«

Aber auch hier würde der Betrachter, wie Wagner es sich und seinen Zuhörern ausmalt, staunen müssen und eine ungewohnte »völlige Schmucklosigkeit« vorfinden, die sogar das Provisorische noch hinter sich zurückläßt. Selbst auf »die leichten Zierrathen (...), mit welchen jene gewohnten Festhallen in gefälliger Weise aus-

---

265 Ebenda, 423: Plan B 12, mit besagter Notiz Wagners am unteren Rand.

266 Siehe Fritz Neumeyer: Der Zauberlehrling – Alfred Krupp und die Baugeschichte der Villa Hügel, in: Villa Hügel. Das Wohnhaus Krupp in Essen. Industriekultur. Schriften zur Sozial- und Kulturgeschichte des Industriezeitalters, hrsg. von Tilmann Buddensieg, Berlin 1984, 32–89. – Dort auch die angeführten Zitate, 47 f., 74.

geputzt waren,« sollte Bayreuth verzichten. Eine dermaßen nackte, bewußt auf der Stufe der Kunstlosigkeit und des Schmucklosen gehaltene Architektur böte allerdings den Vorzug, den neuen Gedanken des Wagnerschen Bühnenspiels am besten zu verkörpern und als Kontrast zum dargebotenen Kunstereignis dessen Wirkung »rein und vollkommen« – sprich: ungestört von Architektur – zur Geltung zu bringen. Um so mächtiger mußte dann der »geheimnißvolle«, weil optisch nicht nachvollziehbare »Eintritt der Musik« und die »Enthüllung und deutliche Vorführung von scenischen Bildern«[267] wirken.

Die Absicht, »den technischen Herd der Musik, das Orchester, unsichtbar zu machen«, hatte Wagner, worauf er in seiner Rede hinweist, noch gemeinsam mit Semper entwickelt. Allein das Wort »Herd« verweist direkt auf Sempers Theorie. Als »Embryo der Architektur« stellt Semper den Herd als den technischen und auch symbolischen, heiligen kultischen Mittelpunkt menschlichen Zusammenlebens an den Beginn aller Baukunst. Der Herd ist das erste der vier Elemente der Baukunst, zu dessen Schutze sich die anderen drei Elemente, nämlich Wand, Boden und Decke, versammeln.[268] Wagner interpretiert den Ausgangspunkt seines Theaters rein funktional. Sein »Herd« ist keine Kultstätte, denn das Orchester stellt lediglich den »technischen Apparat der Tonhervorbringung« dar, deren »sich aufdrängende Sichtbarkeit« einer »widerwärtigen Störung«[269] gleichkommt, was nicht wenig danach klingt, als handle es sich hier modern gesagt um eine optisch unakzeptable Beschallungsanlage, die man dem Auge besser entzieht.

Das Verhältnis zwischen Klang und Bild, zwischen der »Hörwelt« und der »Schauwelt«, oder zwischen dem Dionysischen und dem Apollinischen, war im musikalischen Drama Wagners von absoluter Natur. Er klammert die Schauwelt, sofern sie aus der Hörwelt keine Berechtigung bezieht, aus dem Kunsterlebnis vollständig aus, die ausführenden Musiker eingeschlossen. Wagner »will alles Sichtbare der Welt zum Hörbaren sich vertiefen und verinnerlichen«[270] – so verteidigt Nietzsche diesen Akt der ästhetischen Anmaßung, der ihm nicht verborgen geblieben ist, denn er konstatiert im Gleichen Atemzug die leise Kritik, daß Wagner wie noch kein Künstler zuvor »mit Einem Schlage zu jener tyrannischen Allmacht«[271]

---

[267] Richard Wagner: Das Bühnenspielhaus zu Bayreuth. Nebst einem Berichte über die Grundsteinlegung desselben, 1873, in: Gesammelte Schriften und Dichtungen, 2. Aufl. Leipzig 1887, 9.326 f.

[268] Gottfried Semper: Die vier Elemente der Baukunst. Ein Beitrag zur vergleichenden Baukunde, Braunschweig 1851; Nachdruck in: Heinz Quitzsch: Gottfried Semper – Praktische Ästhetik und politischer Kampf. Im Anhang: Die vier Elemente der Baukunst, Braunschweig/Wiesbaden 1981.

[269] Wagner: Das Bühnenspielhaus zu Bayreuth, 1873, in: Gesammelte Schriften, 1887, 9.336.

[270] Unzeitgemäße Betrachtungen IV. Richard Wagner in Bayreuth, KSA 1.467

[271] Wagner in Bayreuth, KSA 1.472.

zu kommen trachte, mit der er sich »alle anderen Künstler (...) unterwirft.«[272] Erst der späte Nietzsche spricht offen aus, was er von diesem ästhetischem Zweckdenken hält, und wirft Wagner vor, daß er die Musik zur »Theater-Rhetorik« erniedrige, weil sie ihm nur als Mittel zum Zweck, als »Suggestionsmittel« diene.[273]

Noch war die Tyrannei aus dem Geiste der Musik und die diktatorische Machtübernahme im Gesamtkunstwerk in Nietzsches Augen gerechtfertigt. Mit quasimarxistischer Logik wird diese Kunstdiktatur im Zeitalter des Bildungsphilisters durch das nackte Elend kulturloser Verhältnisse für historisch notwendig erklärt. Wagner darf als Kopf einer dionysischen Kulturrevolution über die Künste herrschen. Erwies sich e i n e der Künste, wie die Architektur, aus prinzipiellen Gründen als nur bedingt integrationsfähig, so mußte sie im Namen des heiligen Zweckes umerzogen, andernfalls als Bestandteil der sichtbaren Welt neutralisiert werden. Diese Reduzierung der Architektur auf das nackte physisch-technische Existenzminimum, das den Nullpunkt allen Bauens bezeichnet, ist Wagners Beitrag zur Architekturtheorie. Von ihr wird eine Verweigerung des architektonischen Rechtes auf Ausdruck als Dogma des modernen Funktionalismus vorweggenommen.

Die Moderne erhebt ein halbes Jahrhundert später eine ähnlich dionysisch-verklärte Bautheorie zu ihrem Ideal, nachzulesen in Adolf Behnes Schlüsselschrift »Der moderne Zweckbau« von 1926. Im Namen dieser Begrifflichkeit entledigt sich die Architektur endlich der verlogenen historischen Kostüme aus der Epoche des Bildungsphilisters, und sie tut dies, indem sie mit der Verkleidung zugleich auch die Fassade als solche verabschiedet, denn die Zwecke sind sich jetzt selbst Form genug. Behnes Kapitelüberschriften diktieren die Parolen für einen Dreistufenplan der Befreiung von der apollinischen Seite der Architektur: 1. Kapitel: »Nicht mehr Fassade – sondern Haus«; 2. Kapitel: »Nicht mehr Haus – sondern geformter Raum«; 3. Kapitel: »Nicht mehr geformter Raum – sondern gestaltete Wirklichkeit« – was immer man sich unter letzterer vorzustellen haben mag. Daß eine Fassade eine der Dynamik des Lebens selbst entsprungene Formvorstellung sein könnte und der Begriff »Haus« somit durchaus »gestaltete Wirklichkeit« im Sinne der Interpretation einer bestimmten Lebensform, diesen Rückschluß sah das Evolutionsmodell der Befreiung von der architektonischen Zwangsjacke nicht vor.

Unter der Diktatur der Klänge mußte nicht nur der technische Herd im »mystischen Abgrund« verschwinden, wie Semper und Wagner den versenkten Orchestergraben nannten, der die Aufgabe hatte, »die Realität von der Idealität zu trennen.« Am besten würden sich die restlichen drei Elemente der Architektur – Wand, Boden und Decke – als Bestandteile der »Schauwelt« auf gleichem Wege verflüch-

---

[272] Wagner in Bayreuth, KSA 1.496.

[273] Der Fall Wagner. Ein Musikanten-Problem, KSA 6.30.

tigen, um dem dionysischen »Rausch der Gemüther«[274] nicht im Wege zu stehen. In diesem Kunsterlebnis sollte es, wie im Traum, »nichts deutlich Wahrnehmbares«, sondern nur entrückte, im Schweben gehaltene Erscheinungen geben. Dazu gehörte eine wie »geisterhaft erklingende Musik«, die als eine Art Klangdunst, wie Wagner erläutert, »gleich den, unter dem Sitze der Pythia dem heiligen Urschoße Gaia's entsteigenden Dämpfen« aus dem mystischen Abgrund aufsteigen und den Zuschauer narkotisieren und in Trance versetzen sollte. Solchermaßen benebelt und in einen »begeisterten Zustand des Hellsehens versetzt,« mochte der Theaterbesucher »das erschaute scenische Bild (...) jetzt zum wahrhaftigsten Abbilde des Lebens selbst«[275] nehmen.

Das Ausblenden der Architektur zur Maximierung des Kunsteffekts ist die Konsequenz einer Überwältigungsästhetik, die dem Kunstwerk eine hypnotisierende Totalität des Erlebnisses verleihen möchte. Darum muß alles Nebensächliche, außerhalb des Musikalisch-Dramatischen existierende, wie die unmittelbare Umwelt des Betrachters, aus dem Erlebnis ausklammert werden. Das Abdunkeln des Zuschauerraumes und das Verschwinden der Architektur wird für Wagner zur notwendigen Voraussetzung der Aufführung seiner Kunst. Der Raum des Kinos ist damit im Prinzip schon vorweggenommen, denn die wirklichkeitsnahe Illusion des Mediums Film beruht auf denselben Voraussetzungen. Wagners Vorstellung von einem »unsichtbaren Theater«, das man erfinden müsse,[276] kommt der dunkle Raum des Kinos am nächsten. Hier »verschwindet«, wie im Wagner-Theater, »das Publikum sich selbst, es lebt und athmet nur noch in dem Kunstwerke (...).«[277] Wagner will den Zuschauerraum in einen reinen Verstärker des Wahrnehmungsgeschehens verwandeln. Deshalb verbannt er die Architektur in die »Dunkelheit« des nicht Erscheinenden. Wie wir aus eigener Erfahrung wissen, rücken Klang und Bild uns in einem dunklen Raum näher. Beim intensiven Hörgenuß schließen wir instinktiv gerne die Augen. Der späte Nietzsche hat von der Musik deshalb auch als einer »Kunst der Nacht und Halbnacht« gesprochen.[278] Auch das Lichtspiel kann als Schauspiel erst dann seine ganze Macht über uns ausüben, wenn die

---

[274] Wagner in Bayreuth, KSA 1.473.

[275] Wagner: Das Bühnenspielhaus zu Bayreuth, 1873, in: Gesammelte Schriften, 1887, 9.338.

[276] Carl Dahlhaus: Die doppelte Wahrheit in Wagners Ästhetik. Zu Nietzsches Fragment »Über Musik und Wort«, in: Zwischen Romantik und Moderne, München 1974, 27.

[277] Wagner: Das Kunstwerk der Zukunft, 1851, in: Gesammelte Schriften, 1887, 3.152.

[278] Morgenröthe. Gedanken über die moralischen Vorurtheile IV, Aphor. 250, KSA 3.205: »Nacht und Musik. – Das Ohr, das Organ der Furcht, hat sich nur in der Nacht und in der Halbnacht dunkler Wälder und Höhlen so reich entwickeln können, wie es sich entwickelt hat, gemäss der Lebensweise des furchtsamen, das heisst des allerlängsten menschlichen Zeitalters, welches es gegeben hat: im Hellen ist das Ohr weniger nöthig. Daher der Charakter der Musik, als einer Kunst der Nacht und Halbnacht.«

»Bühne« – wie es die Wagner-Bühne versucht – frei im Raum vor unserem Auge zu schweben scheint. Die Ablösung der »Bühne« von allen anderen Erscheinungen der Sehwelt, auch jenen der Architektur, ist hierfür Voraussetzung. Diese ästhetische Gesetzmäßigkeit kann jeder Kinobesucher heute nachvollziehen. Jede sichtbare Beziehung auf eine architektonische Form, etwa ein bühnenartiger Aufbau, der die Projektionsfläche sichtbar rahmte oder stütze, würde den Film um seine Wirkung bringen. Vielleicht fühlt sich auch deshalb ein Filmemacher wie der russische Filmpionier und gelernte Architekt Sergej Eisenstein, der 1940 auch Wagners Walküre am Bolschoi Theater inszeniert, in besonderer Weise zu Wagners Kunst hingezogen.[279]

Die Bühne ist der eigentliche »Herd« des Wagnerschen Musikdramas. Für ihr Reich der »idealen Traumwelt« benötigte Wagner »die ganze Wirklichkeit der sinnvollsten Täuschung«, und zwar auf Dauer, aber eben nicht in Gestalt von Architektur:

> »Hier darf nichts mehr in bloßen Andeutungen eben nur provisorisch zu Ihnen sprechen; so weit das künstlerische Vermögen der Gegenwart reicht, soll Ihnen im scenischen, wie im mimischen Spiele das Vollendetste geboten werden. So mein Plan, welcher Das, was ich vorhin das auf Dauer Berechnete unseres Gebäudes nannte, in die möglichst vollendete Ausführung seines auf eine erhabene Täuschung abzielenden Teiles verlegt.«[280]

Daß das Gebäude, welches die »edelsten deutschen Hoffnungen tragen« sollte, zugleich »auch bloß ein provisorisches« war, erscheint keineswegs als ein Mangel oder gar Makel. Ganz im Gegenteil, architektonische Dürftigkeit ist eine nationale Tugend und Auszeichnung, denn das Provisorische des Theaters würde, wie Wagner erklärt:

> »(...) dieses nur in dem gleichen Sinne sein, in welchem seit Jahrhunderten alle äußere Form des deutschen Wesens eine provisorische war. Dieß aber ist das Wesen des deutschen Geistes, daß er von Innen baut: der ewige Gott lebt in ihm wahrhaftig, ehe er sich auch den Tempel seiner Ehre baut.«[281]

Deutsch zu bauen, heißt demnach, »ganz naiv und ganz nach reiner Nothdurft«, von Innen nach Außen zu bauen, ohne Rücksicht auf die Form. Technik ist wichtiger als Baukunst, so lautet die Bayreuther Devise. Bauen bezeichnet lediglich die Herstellung einer äußeren Hülle für eine bestimmte Funktion. Das Bauwerk selbst ist nur ein technischer Apparat und Wagners Theater ist eine Maschine, die den

---

[279] Eisenstein und Deutschland. Texte, Dokumente, Briefe. Hrsg. von der Akademie der Künste. Konzeption und Zusammenstellung von Oksana Bulgakowa, Berlin 1998, insb. 95 ff. mit Regienotizen zur Inszenierung »Die Walküre«.

[280] Wagner: Das Bühnenspielhaus zu Bayreuth, 1873, in: Gesammelte Schriften, 1887, 9.327.

[281] Ebenda, 9.329.

Zweck hat, die Gemüter durch betörende Aufführungen von Musikschauspielen rauschhaft zu bewegen.[282] Die Vorstellung von der modernen, ebenso gesichts- wie geschichtslos gewordenen Architektur, vom High-Tech-Container, der sich vorurteilslos gegen alle traditionellen Architekturformen und Bautypen definiert, nimmt in Bayreuth schemenhaft Gestalt an.

Man glaubt fast Le Corbusier zu hören, der vom Haus als einer »machine à émouvoir« spricht, wenn Wagner diese Auffassung mit der altmodisch-umständlichen Wendung antizipiert, ein Theater stelle »in seinem Haupttheile den unendlich komplizirten technischen Apparat zu scenischen Aufführungen von möglichster Vollendung dar.« Alles andere war unsachliche, sentimentale Rücksichtnahme, die das Bauwerk nur von der zweckmäßigen Form seiner Bestimmung entfernte. Das beginne bereits, wenn man sich symbolischer Architekturformen oder »der ewig unerläßlich dünkenden Hauptfacade« bediene. Ein Zugang zum Theater erscheint Wagner dann ausreichend gestaltet, wenn er den »gleichsam nur übermauerten Vorhof« darstellt, »in welchem sich Diejenigen zweckmäßig unterbringen wollen, welchen die scenische Aufführung zum Schauspiel werden soll.«[283]

Ein Bauwerk sei ganz konsequent aus seiner Bestimmung heraus zu gestalten, nämlich »ohne alles Voreingenommensein durch Bauwerke von ganz anderer Bestimmung wie Paläste, Museen und Kirchen,« um den Zweck des Gebäudes zum »unverkünstelten Ausdrucke« zu bringen. Zur Durchsetzung dieser modernen Auffassung von der Architektur fühlt Wagner sich im Namen des »Genius der deutschen Baukunst« berufen, dem somit »eine nicht unwürdige, ja vielleicht ihm wahrhaft einzig eigenthümliche Aufgabe zur Lösung übergeben sei.«[284] Bayreuth will »als ein Mahnzeichen in die deutsche Welt« hineinragen und beansprucht für sich, auch der zeitgenössischen Baukunst den entscheidenden Wink »zur Auffindung eines deutschen Baustyls« zu geben.[285]

So verwundert es auch nicht, daß sich am Schluß von Wagners Rede bereits der Glorienschein einer kulturellen Morgenröte um das noch nicht gebaute Musiktheater ausbreitet, denn Wagner stilisiert sein Bayreuth prophetisch zu einem epochalen Beitrag der Erneuerung und Höherentwicklung von Architektur und Städtebau. Auch ihnen würde der Geist der Zukunftsmusik den Weg in die Zukunft weisen:

> »Wer mich jedoch hierin richtig verstanden hat, wird sich der Einsicht nicht erwehren können, daß selbst die Architektur durch den Geist der Musik, aus

---

[282] Den Raum in Musik auflösen, das will auch die heutige Disco. Vielleicht gehören auch ihre auf höchstem klangtechnischen Niveau produzierten Verzückungen und synthetisch verstärkten Ekstasen noch in die ungeschriebene Wirkungsgeschichte der Wagnerschen Dionysien.

[283] Alle Zitate dieses Absatzes in: Wagner: Das Bühnenspielhaus zu Bayreuth, 1873, in: Gesammelte Schriften, 1887, 9.341.

[284] Ebenda, 9.341 f.

[285] Ebenda, 9.343.

welchem ich mein Kunstwerk, wie die Stätte seiner Verwirklichung entwarf, zu einer neuen Bedeutung geführt werden dürfte, und daß somit der Mythos des Städtebaues durch Amphion`s Lyra einen noch nicht verlorenen Sinn habe.«[286]

Im antiken Mythos des Amphion bewegen sich, vom Klang der Lyra ergriffen, die Steine auf magische Weise durch die Lüfte herbei und fügen sich wie von selbst zu den Mauern der Stadt Theben zusammen. Mit seiner schönen Wendung – »Die Töne verhallen, aber die Harmonie bleibt.« – hat Goethe, der die Architektur eine verstummte Tonkunst nannte, der Leier des Orpheus einen vergleichbaren städtebaulichen Mythos angedichtet.[287] Der Amphion von Bayreuth setzt auf ein ähnliches Wunder. Bei Schelling, einem Philosophen der Kunst, mit dem Wagner und Nietzsche vertraut sind, und der auch als Vordenker des Dionysischen zu erwähnen ist,[288] wird der Mythos des Amphion als Beleg dafür überliefert, daß schon den Griechen die Vorstellung von der Architektur als erstarrte Musik geläufig gewesen sei. Schelling geht in seiner Deutung der Architektur als »concrete Musik« soweit, daß er selbst in den Triglyphen am dorischen Tempel eine aus der Musik übertragene sinnbildliche Form der Lyra erkennt, die den rhythmischen Charakter ausdrückt. Goethes bekannter Vers aus dem Faust – »Der Säulenschaft, auch die Triglyphe klingt, ich glaube gar, der ganze Tempel singt.« – gibt hierzu eine Parallele.

Wagner denkt in anderen Dimensionen. Ihm geht es darum, die ganze Architektur aus dem Sumpf zu ziehen und in eine neue Zukunftsperspektive zu stellen. Als musikdramatischer Fünfkämpfer, so Nietzsches Bild, tritt der Gesamtkünstler auch für die Baukunst in Aktion, teilte sie doch die gleiche Verfallsgeschichte wie die Tragödie, mit deren Verblühen sie auch ihre »Produktionskraft« einbüßte.[289] Die Baukunst ereilte das »demüthigende Schicksal aller getrennter Künste«[290] von verderbter Luxusexistenz, egoistischer Selbstverherrlichung und falschem Virtuosentum. Der Retter für die Baukunst ist das Theater. Bei Wagner ist sie entwicklungsgeschichtlich unmittelbar an den Theaterbau und seine Typologie gekoppelt. Alle übrigen Baugattungen leiten sich von diesem obersten Kultbau ab. Sogar die Herrichtung von Wohnungen würde nach Wagners Prognose durch die Besinnung

[286] Ebenda, 9.342.

[287] Johann Wolfgang von Goethe: Schriften zur Kunst, in: Goethes Werke. Hamburger Ausgabe, hrsg. von Erich Trunz, München 1981, 12.474 f. Die Bürger einer nach diesen Klängen wohl gebauten Stadt sieht Goethe zwischen »ewigen Melodien« weben und wandeln. Die Bürger einer schlecht gebauten Stadt, »wo der Zufall mit leidigem Besen die Häuser zusammenkehrte,« leben »in der Wüste eines düstern Zustandes; dem fremden Eintretenden jedoch ist es zumute, als wenn er Dudelsack, Pfeifen und Schellentrommeln hörte und sich bereiten müßte, Bärentänzen und Affensprüngen beiwohnen zu müssen.« – Zum Musik – Architekturvergleich bei Goethe siehe auch: Herbert Koch: Vom Nachleben des Vitruv, Baden-Baden 1961.

[288] John Ebert Wilson: Schelling und Nietzsche: Zur Auslegung der frühen Werke Nietzsches, Berlin/New York 1966 (Monographien und Texte zur Nietzsche Forschung, Bd. 33).

[289] Wagner: Das Kunstwerk der Zukunft, 1851, in: Gesammelte Schriften, 1887, 3.129.

[290] Ebenda, 3.147.

auf diesen Urtypus aller Architektur wieder zum rechten Maß finden. An dieser Sichtweise ist die Sempersche Architekturtheorie nicht unschuldig. Sie stellt den zeremoniellen Festapparat im improvisierten Gerüst der Tribüne an den Anfang des Monumentalbaus.

Posthume Bestätigung erhält Wagners These vom Theater als dem kulturstiftenden Gemeinschaftsbau 1889 durch Camillo Sittes weitverbreitete und einflußreiche Schrift »Der Städtebau nach seinen künstlerischen Grundsätzen«. Der Wagner- und Semper-Verehrer Sitte vergleicht das Stadtbild mit dem Bühnenbild und erkennt im ungedeckten Theater der Antike den Vorläufer aller städtischen Plätze, auf denen sich das öffentliche Lebens ebenfalls »als eine Art Theater« abspielt. Sittes Forderung an den Städtebau lautete daher, den städtischen Platzraum zur Steigerung der Aufenthaltsqualität im Geist der Szenografie zu organisieren und Städtebau als eine bewußte, auf die Geschlossenheit der Bildwirkung hin angelegte, räumliche Komposition von Szenen zu praktizieren.[291]

Mit Wagners Lyra ließ sich aber kein Theben errichten.[292] So sieht es nach Nietzsche als Kritiker der Wagnerschen Kunstauffassung auch Oskar Bayer 1894 in seinem Essay »Richard Wagner als Baumeister«. Die »wohl stärkste Überhebung« Wagners sieht Bayer darin,

> »(...) die Botschaft in die Welt hinauszurufen, aus der sogenannten Zukunftsmusik werde auch eine Zukunftsarchitektur hervorgehen und gerade aus dem Bauwidrigen, architektonisch Mißförmigen des Wagner-Theaters heraus sei die Entwicklung eines neuen Baustils (...) zu erhoffen.«[293]

Wagners Lyra war so wenig architektonisch gestimmt wie das Bayreuther Musiktheater. Die Zukunftsmusik ruhte ebensowenig auf einem architektonischem Fundament wie Wagner die Möglichkeit gelten ließ, daß auch die Architektur als Kunstform so etwas wie eine Augenmusik zu bieten habe. Dem romantischen Gesamtkunstwerk war solches unter der Prämisse der untrennbaren Einheit aller Künste durchaus noch selbstverständlich. So ist für Schelling »ein schönes Gebäude in der That nichts anderes als eine mit dem Aug empfundene Musik, ein nicht in der Zeit, sondern in der Raumfolge aufgefasstes (simultanes) Konzert von Harmonien und harmonischen Verbindungen.«[294]

---

[291] Camillo Sitte: Der Städtebau nach seinen künstlerischen Grundsätzen, Wien 1889, Einleitungskapitel. – Zur Beziehung Sitte-Wagner vgl.: Michael Mönninger: Vom Ornament zum Nationalkunstwerk. Zur Kunst- und Architekturtheorie Camillo Sittes, Wiesbaden 1998.

[292] Vgl. diesem Zusammenhang die Publikation des Architekten Karl Weidle: Bauformen in der Musik, Stuttgart 1925. Weidle versucht hier, allgemeine Beziehungen zwischen den Bauformen der Architektur und der Musik herzustellen. Den Namen Richard Wagner sucht man in dieser Studie vergeblich.

[293] Oskar Bayer: Richard Wagner als Baumeister (1894), in: Baustudien und Baubilder. Schriften zur Kunst. Aus dem Nachlass hrsg. von Robert Stiassny, Jena 1919, 178.

[294] Friedrich Wilhelm Joseph Schelling: Philosophie der Kunst. Nachdruck d. aus d. handschr. Nachlaß hrsg. Ausg. von 1859, Darmstadt 1980, 239.

Wagners Gesamtkunstwerk erweist sich als eine auf das Musikdrama ausgerichtete Einbahnstraße. Die alte, von den Pythagoräern übernommene Gleichung zwischen Architektur und Musik beruhte auf dem Glauben an die universale Gültigkeit einfacher harmonischer Zahlenverhältnisse, nach denen die Welt selbst vom Baumeister des Universums als einheitliche Schöpfung ins Leben gerufen worden war. Unter dieser von Vitruv überlieferten und bis in das 18. Jahrhundert anerkannten Prämisse, ahmte die Architektur die Musik ebenso nach, wie die Musik die Architektur nachahmte, denn letztlich verfuhren beide nach denselben universalen Gesetzen. Diese Gleichung zwischen Auge und Ohr, zwischen musikalischer und architektonischer Harmonie, gibt erst dem Mythos des Amphion seinen Sinn.

Hält man an dieser wechselseitigen Beziehung zwischen Musik und Architektur fest, so muß man dem, was europäischen Ohren Musik ist, auch einen architektonischen Anteil zubilligen, der nicht eliminiert werden kann. Mit diesem elementaren Anteil hat sich der Philosoph Hermann Lotze (1817–1881) in seiner auch heute noch lesenswerten »Geschichte der Aesthetik in Deutschland« 1868 auseinandergesetzt, von der Nietzsche auch, wohl aber eher beiläufig, Notiz genommen hat.[295] Lotze, der sich als Mediziner und Philosoph habilitiert hatte, war ein bedeutender Kenner der Naturwissenschaften, der mit seinen meisterhaft geschriebenen physiologischen und psychologischen Werken stets auf jenem exakt naturwissenschaftlichen Boden stand, den auch Nietzsche seit 1878 als seine neue Plattform des Philosophierens betrachtet. Tonbestimmung beginnt für Lotze damit, daß die »Tonleiter« eben nicht eine bloße Reihe ist, auf welcher sich der Gang der Melodie bewegt. Erst mit der Festlegung der Tonstufen bekommen die frei im leeren Oktavenraum schwebenden Töne Halt und erst jetzt können sich überhaupt harmonische Beziehungen ergeben, kann die Melodie über die verschiedenen »Scalen«, man könnte auch sagen, Treppen der Tonarten, durch die einzelnen Geschosse von einem zum anderen Oktavraum auf- oder absteigen. Die Melodie, so erklärt Lotze ihre »Figur der Bewegung« als Gangart,

> »(...) schwingt sich nicht wie ein Vogel in einem sonst luftleeren Raum auf und ab, sondern sie wandelt eben auf einer Leiter; unser Genuß an ihr besteht in der gewissen Voraussicht, daß ihr nächster Tritt nicht ins Unberechenbare und versinken, sondern daß er eine der Sprossen erreichen wird, die in der allgemeinen Organisation des Tonreichs ein für alle mal nicht nur für diese, sondern für jede andere Melodie festgelegt sind.«[296]

Die Melodie benötigt also ein verläßliches, dauerhaftes tektonisches Gerüst als musikalisches Koordinatensystem, in dem sie in freier Bewegung wandeln kann. In

---

[295] Max Oehler: Nietzsches Bibliothek, Vierzehnte Jahresgabe der Gesellschaft der Freunde des Nietzsche Archivs, Weimar 1942, verzeichnet: Hermann Lotze: Grundzüge der Ästhetik. Diktate aus Vorlesungen, Leipzig 1884.

[296] Hermann Lotze: Aesthetik in Deutschland, München 1868, 468.

seiner Vorstellung vom gesicherten Auf- und Absteigen der Melodie hatte Lotze das Fliegen als frei dahingleitende Bewegungsfigur daher aus dem Reich der Musik ausklammern wollen. An das Schwimmen, eine diesbezüglich ebenso unpassende Möglichkeit musikalischer Bewegung, hatte er dabei nicht gedacht. Diesen Bewegungsmodus aber sucht Wagner. Die Metaphern seines Musikbildes sprechen eine deutliche Sprache. »Das bodenlose Meer der Harmonie«[297] ist sein Reich der Musik und das Orchester ein »Schiff«, nämlich »der sicher tragende Bewältiger der unendlichen Fluthen der Harmonie.«[298]

Wagner entzieht der Musik das architektonische Fundament und begibt sich aufs Wasser. Die magischen Gewässer der Polychromie haben es ihm angetan. Hier eröffnet sich »eine unendliche Wogenmasse von Möglichkeiten« und beim Anblick dieser hohen See mußte der Musiker »sein ungeheureres Schwimmvermögen (...) fast bereuen.« Beethoven ist »der kühnste Schwimmer«,[299] den Wagner im anderen Zusammenhang auch mit Kolumbus vergleicht.[300] Gegenüber den »unwegsamen Tonöden«, auf die der Wanderer zu Land unweigerlich stoßen mußte, ließ sich auf dem Wasser der »Gedanke der Harmonie in höchster, lebendiger Beweglichkeit« verwirklichen.

Mit dem Satz des Thales, »nicht der Mensch, sondern das Wasser ist die Realität der Dinge,«[301] begab Nietzsche sich hinaus aufs vorsokratische Klangmeer und bewunderte das gewaltige Baugenie, das auf fließendem Wasser schwimmende, elastische Architekturen zu errichten vermochte. Nietzsches wellentüchtiger Netzbau ist im Grunde nichts anderes als die Übersetzung der harmonischen Elastizität der Wagnerschen Wassermusik in ein Architekturbild, also in eine mit dem Auge empfundene Musik; denn mit vergleichbarer Elastizität verdichten sich bei Wagner, wie er es beschrieben hat, die »Glieder des vertikalen Akkordes zur selbständigen Kundgebung ihrer verwandtschaftlichen Neigungen nach einer horizontalen Richtung hin,« wie sie sich auch wieder mit »freiester Bewegungsfähigkeit ausdehnen.«[302]

Das Dehnen der Begriffe und die Kunst, das »verwandtschaftliche Band der Töne«[303] lustvoll und bis zum Zerreißen in neue Höhen und Breiten zu spannen, diese Wagnersche Form der musikalischen Begriffsgymnastik gehörte auch zu Nietzsches Leibesübungen im Reich von Sprache und Denken. Seine Wortkunst

---

[297] Wagner: Oper und Drama, 1851, in: Gesammelte Schriften, 1887, 4.146.

[298] Ebenda, 4.165.

[299] Ebenda, 4.149.

[300] Ebenda, 3.278: »Der Irrthum Beethoven's war der des Columbus.«

[301] Die Philosophie im tragischen Zeitalter der Griechen. Nachgelassene Schriften. 1870–1873, KSA 1.815.

[302] Wagner: Oper und Drama, 1851, in: Gesammelte Schriften, 1887, 4.165. Dort auch vorgenannte Wagner-Zitate.

[303] Ebenda, 4.147.

hat Geschmack am Klang gefunden. Er reitet aus Lust am Ton virtuos auf den Klangwellen des Wortes, so wie sein Held »Zarathustra« am liebsten auf jedem Gleichnis zu jeder Wahrheit reiten will. Nietzsche verfügt wie kein zweiter als Dichter und Musiker über »Schwimmvermögen« im Wagnerschen Sinn. Wer ein Ohr für die dionysischen Lockrufe der Klänge hat, für den schaukeln sich die Worte gleichsam wie von selbst zu Versstrophen auf, als gelte auch für das Philosophieren der Mythos des Amphion. Wie die Töne zu einer Melodie reihen sich die Worte zu einem Sprechgesang, dessen Wellen in andere Räume weitertragen, etwa wenn Nietzsche, gutaufgelegt, in einem Atemzug musiziert und dichtet, komponiert und philosophiert: »(...) was um euch wohnt, das wohnt sich bald euch an: Gewöhnung wird daraus. Und wo man lange sitzt, da wachsen Sitten.«[304] Eine schönere architekturtheoretische und kulturphilosophische Zeile ist kaum geschrieben worden. An ihr dürfte auch ein Rilke Gefallen gefunden haben und Martin Heidegger hätte sie als Motto seinem »Bauen, Wohnen, Denken« voranstellen können.

Nietzsches musikalisches Talent will vom Klang der Worte ins Denken gelangen. Dafür bedarf es allerdings nicht nur der farbigen Dehnung, sondern auch bewußt artikulierter Schritte. Das im Sog der Wagnerschen Musik angestrebte Ideal der Elastizität, das Schwimmen wird Nietzsches eigener musikalischen Gangart suspekt. Was Wagners Musik fehlt, ist der architektonische Halt. Ihr »melodischer Bau«[305] steht nicht mehr wie ein Bauwerk auf der Erde, sondern schwimmt wie ein Geisterschiff in mystisch-diffusem Licht, in schillernder Ambivalenz und betörender Farbenpracht im Bodenlosen. Die dazu gehörenden Effekte des Schlingerns des Rhythmus und der metrischen Irritationen machen den späten Nietzsche gleichsam seekrank und »das abscheuliche Ausweichen von der Logik und Quadratur des Rhythmus,« und »das Schleichende, Streichende, Geheimnißvolle, der Hysterismus seiner ›unendlichen Melodie‹ (...)« ähnelt ihm »in einer befremdlichen Weise den Mitteln, mit denen der Hypnotiseur es zur Wirkung bringt.«[306]

1879 macht Nietzsche Wagners Musik ihren flüssigen Untergrund, ihre Bodenlosigkeit erstmals zum Vorwurf. Zwei gewichtige Argumente führt er dabei ins Feld. Das erste ist das menschliche, allzumenschliche Argument, das er von Lotze übernommen haben könnte, Wagners Musik verleugne die physiologischen Voraussetzungen der bisherigen Musik, weil es zur natürlichen Bewegungsart des Mensch gehöre, daß er gehe und nicht schwimme. Das zweite Argument, das ebenfalls von Lotze stammen könnte, betrifft Wagners Verhältnis zu den Künsten, genauer zur Architektur. Nietzsches ganze Kritik mündet in den Vorwurf, Wagner fürchte die feste Form, die Versteinerung, den Übergang der Musik ins Architektonische:

[304] Nachgelassene Fragmente. Ende 1883, KSA 10.631.
[305] Wagner: Oper und Drama, 1851, in: Gesammelte Schriften, 1887, 4.150.
[306] Nachgelassene Fragmente. Herbst 1887, KSA 12.543.

»Die künstlerische Absicht, welche die neuere Musik in dem verfolgt, was jetzt, sehr stark aber undeutlich, als ›unendliche Melodie‹ bezeichnet wird, kann man sich dadurch klar machen, dass man in's Meer geht, allmählich den sichern Schritt auf dem Grunde verliert und sich endlich dem wogenden Elemente auf Gnade und Ungnade übergiebt: man soll schwimmen. In der bisherigen älteren Musik musste man, im zierlichen oder feierlichen oder feurigen Hin und Wieder, Schneller und Langsamer, tanzen: wobei das hierzu nöthige Maass, das Einhalten bestimmter gleichwiegender Zeit- und Kraftgrade von der Seele des Zuhörers eine fortwährende Besonnenheit erzwang: auf dem Widerspiele dieses kühleren Luftzuges, welcher von der Besonnenheit herkam, und des durchwärmten Athems musikalischer Begeisterung ruhte der Zauber jener Musik. — Richard Wagner wollte eine andere Art Bewegung der Seele, welche, wie gesagt, dem Schwimmen und Schweben verwandt ist. Vielleicht ist diess das Wesentlichste aller seiner Neuerungen. Sein berühmtes Kunstmittel, diesem Wollen entsprungen und angepasst — die ›unendliche Melodie‹ — bestrebt sich alle mathematischen Zeit- und Kraft-Ebenmässigkeit zu brechen, mitunter selbst zu verhöhnen, und er ist überreich in der Erfindung solcher Wirkungen, welche dem älteren Ohre wie rhythmische Paradoxien und Lästerreden klingen. Er fürchtet die Versteinerung, die Krystallisation, den Uebergang der Musik in das Architektonische (...).«[307]

In seinen Kunstbetrachtungen hatte Wagner die Architektur barsch mit einem Rundumschlag beiseite gewischt. Außer dem griechischen Theater als Vorläufer des Tempels läßt er in der Baugeschichte nichts gelten. Von den monströsen Palästen der Despoten Asiens bis zu den Götzentempeln des Egoismus der Neuzeit und den Tempeln »unserer modernen Religion«, den Börsengebäuden, wird alles wortgewaltig lärmend in einen Topf geworfen und als mehr oder minder unnötige Wiederholung früherer Bauwerke betrachtet, die ihre Fortsetzung in der Gegenwart unter neuem Vorzeichen gemäß der Willkür der Mode und »im Sinne des stupidesten Utilismus«[308] fand. Der »moderne Nützlichkeitsmensch«, der »nur noch mechanische Vorrichtungen, nicht aber künstlerische Gestaltungen« zu Wege bringe, erscheint Wagner schon 1851 als das Hauptübel der nihilistischen Zeit, der es an Künstlermenschen fehle. Der Nützlichkeitsmensch Wagner stellt zwanzig Jahre später in Bayreuth seine Modernität unter Beweis, als er die Architektur auf den stummen Zweckapparat reduziert.

---

[307] Menschliches, Allzumenschliches II, Aphor. 134: »Wie nach der neueren Musik sich die Seele bewegen soll«, KSA 2.434 f. – Mit leichten Abwandlungen und Zusätzen versehen wiederholt Nietzsche dieses Passage später in: Nietzsche contra Wagner, »Wo ich Einwände mache«, KSA 6.418: »Meine Einwände gegen die Musik Wagner's sind physiologische Einwände; wozu dieselben noch unter ästhetische Formeln verkleiden?« – Ebenda, »Wagner als Gefahr«, KSA 6.422: »Richard Wagner wollte eine andre Art Bewegung, — er warf die physiologische Voraussetzung der bisherigen Musik um.«

[308] Wagner: Das Kunstwerk der Zukunft, 1851, in: Gesammelte Schriften, 1887, 3.129.

Man könnte Wagners architekturgeschichtlich dürftige, aber rhetorisch üppige Tirade übergehen, wäre im »Kunstwerk der Zukunft« nicht auch die vage Perspektive einer Erlösung für die Baukunst angedeutet. Angesprochen wird sie bezeichnenderweise nicht im Kapitel über die Baukunst, sondern über die »Malerkunst«. Die Polychromie wirft auch in diesem Punkt ihren langen Schatten. Überraschenderweise stellt Wagner in einem Atemzug die »moderne Naturwissenschaft und die Landschaftsmalerei« als »die Erfolge der Gegenwart« dar, »die uns in wissenschaftlicher und künstlerischer Hinsicht einzig Trost und Rettung vor Wahnsinn und Unfähigkeit bieten.«[309] Am Schluß des Kapitels liest man folgende Offenbarung:

> »Die Landschaftsmalerei aber wird, als letzter und vollendeter Abschluß aller bildenden Kunst, die eigentliche, lebengebende Seele der Architektur werden; sie wird uns so lehren die Bühne für das dramatische Kunstwerk der Zukunft, zu errichten, in welchem sie selbst lebendig, den warmen Hintergrund der Natur für den lebendigen, nicht mehr nachgebildeten Menschen darstellen wird.«[310]

Daß Wagner die Landschaftsmalerei zur eigentlichen »Seele der Architektur« erklärt, hat einen naheliegenden Grund. Sie ist zugleich auch »die eigentliche, lebengebende Seele« der Wagnerschen Musik, die sich als »Tonmalerei«[311] und nicht als Tonbaukunst versteht.

Für die Erklärung dieser Hochschätzung der Malerei beim frühen Wagner liefert der mit ihm befreundete Vischer in seiner »Aesthetik« aufschlußreiche Hinweise. Der 1857 erschienene Band über die Musik, der in die Zeit fällt, als beide in Zürich Kontakte unterhalten, beginnt mit dem Satz:

> »Der Eintritt der Musik ist in der Malerei so vorbereitet, daß man sagen kann, man höre überall ihren Schritt schon an der Pforte.«[312]

Vischers »Aesthetik« führt die Architektur als Verkörperung des Objektiven nach Hegelscher Logik als erste, unterste Stufe der Kunstgattungen an, gefolgt von der »Bildnerkunst«. In der Malerei setzt sich die »Auflösung der Objectivität« in Richtung Idealität weiter fort. Bis zum Durchbruch der reinen »subjectiven Bewegtheit«, wie sie die Musik verkörpert, fehlte »nur noch ein Schritt.« Als ein ganz in das Subjekt hineingezogener Gegenstand gehört die Musik für Vischer deshalb auch in ganz anderem Umfang als die anderen Künste ins Fach der Psychologie.

---

309 Ebenda, 3.146 f.

310 Ebenda, 3.148.

311 Wagner: Oper und Drama, 1851, in: Gesammelte Schriften, 1887, 4.187.

312 Vischer: Aesthetik oder Wissenschaft vom Schönen. Dritter Theil. Zweiter Abschnitt: Die Künste. Viertes Heft: Die Musik, Stuttgart 1857, 775.

Die Musik zeigt malerische Qualitäten, weil sich in ihr die »unendlich mischbaren Elemente« Lust und Unlust am unmittelbarsten mitteilen. Der große Grundgegensatz der Gefühlswelt kann durch das, »was in der Musik Klangfarbe heißt,« auf das Subtilste in Gebilde des »Stimmungs-Dualismus« übersetzt werden. Auch in Bezug auf die »landschaftliche Empfindung in der Malerei« sieht Vischer mit Wagner eine Parallele in der Musik als einem Klanggemälde nach der Natur.[313]

Das romantische Klanggemälde sollte die Natur in Szene setzen, wie etwa das »Spiel farbig bewegter Wolken« in der Musik zum Parsifal. In betörenden Farbwerten, flackernder Chromatik, panoramisch-endlosen Spannungsbögen, verschwimmenden Perspektiven und Nebeltönen legt Wagner unter effektvoller Entfaltung aller orchestralen Produktionsmittel und klangfarblichen Ressourcen unvergleichliche polychrome »Tongemälde«[314] an, wie er sie selbst nennt. Semper, der ausgehend von der »Farbenmusik«[315] der Polychromie mit seiner Bekleidungstheorie die Grundsätze der Architektur revolutioniert, bestätigte Wagners Konzept der dramatischen Klangmalerei aus seiner Warte. Nietzsche hat die »malerische Pracht und Gewalt des Tons, die Symbolik von Klang, Rhythmus, Farbentönen der Harmonie und Disharmonie« als die »zur Herrschaft gebrachte Sinnlichkeit der Musik« an Wagners Kunst bewundert, ihr aber zugleich den Vorwurf gemacht, bei aller Erweiterung der Ausdrucksmittel »für sich selbst das Gesetz verloren« zu haben.[316]

Wagners Musik kultiviert eine neue Sensibilität für die Affekteigenschaften der Natur, wie man sie von der Landschaftsmalerei eines Claude Lorrain und vom Landschaftsgarten des 18. Jahrhunderts kennt. In dieses weitläufige Bild paßt es, wenn Nietzsche Wagner als »einen Grossgrundbesitzer im Reich des Klangs« betitelt.[317] Im Natursentimentalismus des Landschaftsgartens ist alles auf Übergang und Verbindung eingestimmt. Selbst notwendige, aber das Bild der Einheit störende, Trennmauern werden, wie Wagners Orchester, im Graben unsichtbar gemacht. Auch spielt die Architektur hauptsächlich eine malerische, »pittoreske« Rolle. Sie dient als Motiv der Szene und hat in erster Linie als bildwirksamer Stimmungsträger räumliche Bedeutung. Als malerische Requisite des Bühnengeschehens trumpft schließlich auch bei Wagner die Architektur auf, hier aber vorzüglich als Gegenbild der Natürlichkeit und Kulisse des Bösen, wenn sich Wotan als Unwesen der Macht brüstet: »Vollendet ist das ewige Werk: auf Berges Gipfel die Götter-Burg, prachtvoll prahlt der prangende Bau!«[318]

---

313 Ebenda, 799 ff, 802.

314 Wagner: Oper und Drama, 1851, in: Gesammelte Schriften, 1887, 4.188.

315 Semper: Die vier Elemente, 1851, 78, 97f.

316 Nachgelassene Fragmente. Frühjahr – Sommer 1888, KSA 13.490.

317 Der Fall Wagner. Ein Musikanten-Problem, KSA 6.31.

318 Richard Wagner: Das Rheingold, in: Gesammelte Schriften und Dichtungen, 2. Aufl. Leipzig, 1887, 5.214.

Im Grundsatz sollte sich Wagners Prognostik für die kommende Architektur als zutreffend erweisen. Das gilt nicht nur für die Bayreuther Perspektive der nackten Architektur des modernen Zweckbaus, sondern auch für die Prophezeiung des frühen Wagner, die Landschaftsmalerei werde die lebengebende Seele einer zukünftigen Architektur werden, da diese von sich aus nicht die nackten Flächen mit frischen Farben der Natur und mit den warmen Licht des Äthers beleben könne:

> »Die plastische *Architektur* fühlt hier ihre Schranke, ihre Unfreiheit, und wirft sich liebebedürftig der Malerkunst in die Arme, die sie zum schönsten Aufgehen in die Natur erlösen soll. Hier tritt die *Landschaftsmalerei* ein von einem gemeinsamen Bedürfnisse hervorgerufen, dem nur sie zu entsprechen vermag.«[319]

Mit Wagner tritt das Malerische in Aktion. Es bleibt nicht auf die Natur allein beschränkt. Als Begründer des »malerischen« Städtebaus geht Camillo Sitte in die Architekturgeschichte ein, weil er im Bildzusammenhang der einzelnen Bauten das maßgebliche Kriterium für Platzwirkung überhaupt sieht. Vor Sitte unterscheidet Wölfflin 1888 in »Renaissance und Barock«, nicht unbeeinflußt von Wagner und Nietzsche, die Kunst in den »malerischen Stil« und den »grossen Stil.« Auch die Reform der Architektur durch die »Malerarchitekten« der Jahrhundertwende, wie Henry van de Velde, Peter Behrens oder Bruno Paul wäre hier zu erwähnen, nicht ohne den Hinweis, daß die meisten dieser Künstler auch Nietzsche und Wagner verehren. In der Hoffnung auf eine neue Einheit von Kunst und Leben fallen sich Architektur und Malerei zu Beginn der zwanziger Jahre im »Neoplastizismus« in die Arme. Die Malerei verzichtet dabei auf das Malerische im herkömmlichen Sinn, nämlich auf die Abbildung des Gegenständlichen; die Architektur ihrerseits verzichtet auf das Kriterium räumlicher Geschlossenheit. Piet Mondrian definiert die Zukunftsarchitektur als »Vielheit von Flächen« und reduziert sie damit auf die reine Angelegenheit der »Flächengestaltung«.[320] Mehr war sie auch nicht in der Theaterkulisse. In der modernen Baukunst stehen monochrom bemalte Wandscheiben als abstrakte Gemälde und als konkrete Architekturelemente gleichermaßen frei im Raum. Der herkömmliche, geschlossene Raum verwandelt sich damit in eine abstrakte Landschaft. Strebte Wagners Illusionsbühne danach, den vor der Bühne sitzenden Zuschauer unmittelbar ins Geschehen des musikdramatischen Kunstwerks hineinzuziehen, so will der Künstler der »Neuen Gestaltung« im Grunde nichts anderes, nämlich endlich den alten Traum verwirklichen, »den Menschen statt *vor*, *in* die Malerei hineinzustellen.«[321]

---

[319] *Wagner*: Das Kunstwerk der Zukunft, 1851, in: Gesammelte Schriften, 1887, 3.152.

[320] Piet *Mondrian*: Neue Gestaltung. Neoplastizismus, Eschwege 1925 (Bauhausbuch 5) Reprint Mainz 1974, 62.

[321] Theo van *Doesburg*: Farben in Raum und Zeit, aus: De Stijl, 1928, Nr. 87, nach: De Stijl. Schriften und Manifeste zu einem theoretischen Konzept ästhetischer Umweltgestaltung, Hrsg. Hagen *Bächler* und Herbert *Letsch*, Leipzig/ Weimar 1984, 221.

Semper-Oper Dresden, Ende 19. Jahrhundert.

Modell des geplanten Richard-Wagner-Festspielhauses in München. Hermann Dürr, 1926/27, nach dem Originalmodell Gottfried Sempers von 1866.

I.6

Festlichkeit und Festigkeit: Dionysische Architektur in monumentaler Erscheinung

Als Dienerin der Zukunftsmusik sollte die Baukunst zu ihrem eigenen Glück gezwungen werden. Wie bei Wagner erscheint auch bei Nietzsche die Architektur als Rivale der dionysischen Kunstform, aber gerade deshalb kann ihr als dialektischem Gegenüber nicht einfach der Rücken zugekehrt werden. Im Gegenteil, als imaginärer Baumeister läßt Nietzsche sie in der Schlußszene der »Tragödie« in alter Herrlichkeit wiederauferstehen. Daß die Architektur unter dionysischer Flagge nicht zwangsläufig in der Versenkung verschwinden muß, führte die Theorie Sempers eindrucksvoll vor Augen. Ihm stellt sich Nietzsche in der Tragödienschrift als imaginärer Bauforscher an die Seite, der seinen Blick zurück über die Fundamente des olympischen Tempels hinaus in prä-architektonische Gründe lenken will.

Ob es über diesen Blick in dionysische Abgründe hinaus noch einen konkreteren Bezug gibt, ist als Frage offen. Läßt sich vielleicht auch Nietzsches Idealarchitektur der Schlußszene auf Umwegen mit Semper in Verbindung bringen, möglicherweise sogar mit dessen Münchner Festspielhaus-Projekt? Umgekehrt stellt sich weitergehend die Frage, ob bei dem altertumsinteressierten Semper, von dem man annehmen darf, daß ihm die »Geburt der Tragödie« nicht entgangen ist, vielleicht eine Resonanz auf Nietzsches ausgesprochene Priviligierung des Dionysischen zu verzeichnen ist und auch architektonisch ihren Niederschlag gefunden hat.

Der Zufall will es jedenfalls, daß in Tribschen die soeben erschienene Tragödienschrift und Sempers Pläne für München nebeneinander auf dem Tisch liegen, wie der Tagebucheintragung von Cosima Wagner vom 6. Januar 1872 zu entnehmen ist:

> »Ernst gestimmt lasen wir noch gestern in dem neuen Buch und mit immer wachsender Freude. – Zwei Probleme beschäftigen uns noch, der Bau des Theaters, wie ein Theater eigentlich sein sollte; die Zeichnungen Semper's betrachtend, und nicht befriedigt mit der Lösung nach außen, sagt R(ichard)., am Ende sei es ein Glück gewesen, daß es nicht zur Ausführung kam! «[322]

Die Tribschener sinnen über Sempers Münchner Plänen und überlegen, was sich daraus für das geplante Bayreuther Theater gewinnen läßt. Im Gegensatz zu Richard Wagner hatte Cosima die »Lösung nach außen«, wie sie Semper in München grandios in Szene setzen wollte, durchaus als glücklich empfunden, wie man ihrem

---

[322] Cosima Wagner: Die Tagebücher, I. 477 f., 6. Januar 1872.

Brief an Ludwig II. vom 3. Januar 1867 entnehmen kann. Hier schildert sie voller Begeisterung ihren Eindruck von dem Semperschen Holzmodell, lobt die prächtige Einheit des Baus mit seinen Terrassen und Portalen und sehnt die »Stunde« herbei, »wo Wir alle in diesem Tempel uns wiederfänden!«[323] Der Münchner Tempel mit seinen Wandelhallen, der jüngst als Tempel der leichten Muse gegenüber von Schloß Neuschwanstein am Ufer des Forggensees bei Füssen als »Ludwig-Musical-Theater« eine fragwürdige Auferstehung erlebt hat, hätte eine ideale Bühne abgegeben, um von hier aus Nietzsches Appell aus der »Tragödie« in die Welt hinauszurufen:

> »Ja, meine Freunde, glaubt mit mir an das dionysische Leben und an die Wiedergeburt der Tragödie. Die Zeit des sokratischen Menschen ist vorüber: kränzt euch mit Epheu, nehmt den Thyrsusstab zur Hand und wundert euch nicht, wenn Tiger und Panther sich schmeichelnd zu euren Knien niederlegen. Jetzt wagt es nur, tragische Menschen zu sein: denn ihr sollt erlöst werden. Ihr sollt den dionysischen Festzug von Indien nach Griechenland geleiten!«[324]

Von solcher Aufbruchsstimmung ist in Wagners Bayreuther Theater kein Hauch zu verspüren, wohl aber in Sempers Münchner Projekt, das schon vor Nietzsche eine nicht minder theatralische Beschwörung des Dionysischen in Form eines architektonischen Ausrufungszeichens vorzuweisen hat: Es ist das zentrale Portal in Gestalt eines Triumphbogens mit Exedra, auf dem Dionysos mit dem Thyrsus-Stab in der Hand und von Panthern umgeben als der weithin sichtbare, krönende Abschluß des Theaters thront. Mit diesem auf die Hauptachse gestellten Portal über der Isar legte Semper dem Theatergott praktisch die ganze Stadt München zu Füßen. Daß Wagner im Privaten mit Dionysos und Cosima von Bülow als Ariadne bezeichnet wurden, verlieh diesem Motiv auch eine ganz persönliche Note.

Sempers »Lösung nach außen« wollte Wagner grundsätzlich nicht gefallen. Nicht nur dieses Motiv, die ganze architektonische Inszenierung konkurrierte Wagner allzu offensichtlich mit dem Bühnengeschehen. Überwältigungseffekte sollten allein dem Inneren, dem Wagnerschen Bühnenkunstwerk, vorbehalten bleiben. Deshalb mußte das Bayreuther Theater unter architektonischer Abstinenz so sparsam und nackt wie möglich aufgeführt werden. Gestaltlosigkeit war das Programm und auch das banale bauliche Ergebnis. Die funktionell unterschiedlichen Bauteile stoßen ohne jede Vermittlung kraß aufeinander und lassen jeden Eindruck organischen Zusammenhangs vermissen. Besonders das Bühnenhaus tritt mit gro-

---

[323] Cosima Wagner an Ludwig II., 3. Januar 1867, nach Habel: Festspielhaus, 1985, 62: Paris »(...) alles hängt zusammen; das Innere entspricht dem Aeußern; ein Gedanke hat da gewaltet, es ist eine Schöpfung, keine mehr oder weniger geschickte Zusammenstellung. Mit diesem Bau schenken Sie, theurer geliebter König, den Deutschen ihre Walhalla wieder!«

[324] Die Geburt der Tragödie, KSA 1.132.

tesker Schärfe wie ein Ungetüm aus den anderen Bauteilen hervor. Das ist auch Cosima Wagner nicht entgangen, die an Sempers prächtigem Bau »die Einheit, die Harmonie« sowie den feierlich-ernsten Stil gepriesen hatte und jetzt aus Unbehagen an der offensichtlichen Ungestalt selbst Vorschläge zur optischen Verbesserung macht: »Ich frage R., warum nicht mit einer Kuppel, kirchenartig, daß der Bühnen-Teil nicht so abstünde?«[325]

Aus baukünstlerischer Warte ist über Bayreuth kaum etwas Erhebendes zu sagen, denn hier paßt nichts so recht zusammen. Auch dem ungeschulten Auge bleibt die eklatante Beziehungslosigkeit der Bauteile und die unbeholfene Mischung aus meistersingerlicher Biederkeit und pompösem Habitus nicht verborgen. Im Kontrast zu der rustikalen Maurermeisterarchitektur aus Fachwerk und Backstein, die an Wandelhallen verschiedenster Art erinnert, wie sie in Kurorten und auch bei Bahnhofsvorhallen des 19. Jahrhunderts anzutreffen sind, steht das alles überragende Bühnenhaus. Wäre es nicht mit einem römischen Thermenfenster als weithin sichtbarem Giebelmotiv dekoriert, man müßte glauben, einen landwirtschaftlichen Zweckbau oder einen Industriebau vor sich zu haben. Josef Bayer mutete das Bühnenhaus denn auch »wie eine riesige Scheune hinter dem niedrigen Vorbau des Zuschauerraumes« an.[326] Bayreuth erinnert insgesamt eher an eine Fabrikanlage nebst Fabrikantenvilla als an ein Theater. Dieser unbeabsichtigten »Tarnung« ist auch das unbeschadete Überstehen des Zweiten Weltkriegs zu verdanken. Bayreuth wurde angeblich von den alliierten Bomberpiloten deshalb verschont, weil sie es für eine Brauerei hielten.[327]

Welten trennen diesen Bau von Sempers großartiger Theaterarchitektur. Allein die exponierte Hügellage und der Fahnenschmuck rufen in Bayreuth so etwas wie die Weihe des Besonderen hervor. Nietzsches Bemerkung von 1874, man würde es den Bauten der Gegenwart ansehen, »dass sie zusammengekarrt, nicht zusammengebaut sind«,[328] hätte auch ein Kommentar auf Wagner als Baumeister sein können. Die ersten Bayreuther Pläne wird Nietzsche in Tribschen ebenso wie Sempers Münchner Entwurf zu Gesicht bekommen haben. Äußerungen zu den Baulichkeiten von Bayreuth sind von ihm nicht überliefert; allein am versenkten Orchestergraben hat er später Anstoß genommen.[329]

---

[325] Cosima Wagner: Die Tagebücher, I. 477 f., 6. Januar 1872.

[326] Bayer: Wagner als Baumeister, 1894, 176.

[327] So behauptet in dem Film »Familiengeschichten: Die Wagners«, Buch und Regie: Otto Jägersberg, Südwestdeutscher Rundfunk, Stuttgart 2000.

[328] Unzeitgemäße Betrachtungen II: Vom Nutzen und Nachteil der Historie für das Leben, KSA 1.301.

[329] Nachgelassene Fragmente. Frühling – Sommer 1878, KSA 8.510: »Das Orchester in Bayreuth zu tief, schon von der Mitte aus musste man die musikalische Richtigkeit auf Treu und Glauben hinnehmen.«

Man kann davon ausgehen, daß zur Zeit der Tragödienschrift Nietzsches Bild von Richard Wagner als Baumeister noch ganz durch Sempers großartiges Münchner Festspielhaus geprägt ist. Das folgende Lob des Freundes Carl von Gersdorff, mit dem Nietzsche seine Wagneriana teilte und den er zur Grundsteinlegung am 22. Mai 1872 nach Bayreuth mitgenommen hatte, dürfte auch Semper mit einbeziehen, dessen Name auch Gersdorff als Eingeweihtem nicht fremd war. Im Frühjahr 1873 bereist Gersdorff Italien, mit Nietzsches Erstling und Burckhardts »Cicerone« im Reisegepäck. Nach dem »unbeschreiblichen Glück«, Paestum zu sehen (»Laß Dir von Burckhardt sagen, was das ist.«), besucht er auch das antike Theater von Taormina, das ihm zugleich als »höchstes Natur- und Kunstwerk« anmutet. Wagnersche Theaterpläne steigen ihm offensichtlich wieder vor Augen auf, denn er schreibt an Nietzsche:

> »Ich weiß nun, daß es recht förderlich ist, die Geburt der Tragödie zu kennen, wenn man nach Syrakus und Taormina geht, und daß andere Architekten und Menschen als Richard Wagner und Consorten von den griechischen Theatern, wie überhaupt von den Griechen etwas zu lernen weder im Stande sind noch für nöthig halten«[330]

Wagner und Semper sind gemeinsam die großen Erneuerer des Theaters. Ihnen kommt im 19. Jahrhundert keiner gleich. Das darf man daraus entnehmen, daß Gersdorff hier die Spezies »Architekten« in einem Atemzug den Richard Wagner verwandten Menschen zurechnet und ausdrücklich hervorhebt. Die Bayreuther Pläne kann Gersdorff dabei nicht im Sinn gehabt haben. Zum Zeitpunkt der Grundsteinlegung lagen sie noch nicht vor und wären auch schwerlich dazu angetan gewesen, einen Bewunderer klassischer Form, von dem Nietzsche brieflich über die Bauten von Alberti und Palladio ins Bild gesetzt wird,[331] als Erneuerung

---

[330] 30. 4. 73 Carl von Gersdorff aus Messina an Nietzsche in Basel: NB II.4, 246 f. – Auf seiner Italienreise von 1873 hat Gersdorff, auf Burckhardts Spuren wandelnd, Nietzsche mehrfach an Architekturerlebnissen teilhaben lassen, z. B. an der Begegnung mit Palladio-Bauten in Vicenza, Albertis Kirche S. Andrea und Guilio Romanos Palazzo del Te in Mantua.

[331] 20. 11. 1873 Carl von Gersdorff aus Brescia an Nietzsche in Basel, in NB II.4, 347 f.: »(...) nach Vincenza gegangen und habe zwei Tage lang den grossen Palladio nach Kräften studirt und bin voll der ehrfürchtigen Bewunderung seines Genies; er studirte das alte Rom und reproducirte frei in neuen Formen, die klassisch sind und bleiben werden, so lange man noch schöne Paläste baut. (...) Dass ich die Villa Rotonda gesehen, von der Goethe so eingehend spricht, versteht sich. (...) Verona (...) Mantua. Was Vicenza für den Architekten in Bezug auf Raumverhältnisse, Facadenbau, Grundriss etc. ist, ist Mantua für den Architekten als Decorateur. (...) Giulio Romano (...) Palast der Gonzaga (...) der berühmte Palazzo del Te (...). Ausser diesen Werken Giulios und seiner Schüler ist die Kirche des Leon Battista Alberti, S. Andrea, als eine der grossartigsten Renaissancekirchen Italiens höchst bewundernswerth. Der Anblick der Facade, der köstlichen Arabesken der Thüre, der Tonnengewölbe mit ihrem Rosettenschmuck belebten mich völlig, als ich melancholisch durch den feinen kalten Nebel, der bis in den Reisesack eingedrungen war, durch die Stadt schlich.«

griechischer Baukunst anzumuten. Dazu war Sempers grandioses Münchner Projekt allerdings weit eher angetan, das manchem der Teilnehmer an der feierlichen Grundsteinlegung in Bayreuth sicherlich noch lebhaft vor Augen stand. Um der diesbezüglich zwangsläufigen Enttäuschung vorwegzugreifen, liefert Wagner in seiner Rede zur Grundsteinlegung wohl auch derart ausführlich eine vorbeugende, theoretische Rechtfertigung des Bauvorhabens.

Während Wagner sein Bayreuth als nackten Nutzbau in ersten Umrissen festlegt, erlebt Sempers Münchner Entwurf in abgewandelter Form andernorts seine Auferstehung. In Dresden kann Dionysos schließlich, am Ende seiner Reise mit Ariadne an seiner Seite, auf einem Triumphtor als Krönung des Theaters in den Mittelpunkt der Stadt einziehen. Mit außerordentlichem szenischen Gespür hatte Semper den Neubau über den Standort des 1869 abgebrannten Vorgängerbaus hinaus verschoben und sich damit eine bedeutendere Wirkung im Stadtraum gesichert. Als freistehender, plastischer Körper tritt der Bau mit dem Halbrund seiner Zuschauerränge nach außen in den Raum. Ein Triumphtor mit konkaver Exedra ist dem konvexen Baukörper als Hauptportal vorgestellt. Wie eine Maske sitzt dies Motiv eigenständig und dazugehörig vor dem eigentlichen Theaterbau.

Wagners Ideal vom Theater als dem höchsten Kultbau der Gemeinschaft, der auch für den Städtebau Wirkung entfaltet, wird in Dresden Wirklichkeit. Das Theater schiebt sich in das Zentrum einer städtischen Bühne, die mit einer grandiosen »Kulisse« von Zwinger, Elbbrücke, Schloß, Hofkirche und Schinkelschen Wache als Panorama aufwarten kann. In den Chor dieses prominenten Ensembles tritt der Semper-Bau ein und spielt seine Rolle als Mitwirkender und als Solist, als Maske und persona. Das Triumphportal übernimmt dabei die wesentliche, doppelte Funktion: es ist ein aus dem Inneren des Theaters als städtisches Motiv hervortretendes Bauteil und wirkt einem Stadttor ähnlich, das dem Platz eine prägnante bauliche Fassung und einen theatralischen Kulminationspunkt gibt.

Für dialektische Choreographien dieser Art hat die Baugeschichte, insbesondere die römische, großartige Beispiele zu bieten. Im 15. Jahrhundert stellt Alberti mit der Fassade von S. Andrea in Mantua einen Triumphbogen als stadträumlichen Abschluß und kolossales Portal vor die Kirche, dessen Kassettengewölbe sich für den Betrachter in die Tiefe des Bauwerkes fortzusetzen scheint, ebenso gut aber auch als eine Verlängerung des Tonnengewölbes aus dem Innenraum in die Front gelesen werden kann. Römische Barockarchitektur liefert üppige Beispiele der dialektischen Verschränkungen von Körper und Raum zu einem Kontinuum, in dem sich das Bauwerk seine objekthafte Autonomie als idealer Baukörper bewahrt, zugleich aber mit dem räumlichem Kontext verschmilzt. Unsere Zeit hat das Ideal der Mehrdeutigkeit in der Balance zwischen Baukörper und Raumkörper unter dem Begriff der »Collage City« wiederentdeckt; das Dresdener Zwingerforum fehlt auch nicht unter den historischen städtebaulichen Beispielen, die Colin Rowe in der Rubrik »Ambiguous and Composite Buildings« versammelt hat.[332]

Sempers Dresdner Triumphtor, das ganz im Schinkelschen Sinn den Raum des Theaters zu einem städtebaulichen Erlebnis und den Stadtraum zu einem theatralischen Ereignis werden läßt, überrascht vor allem aber wegen seiner Symbolik. Der Portalbau ist nämlich nicht mit dem für Theaterbauten bis dahin obligatorischen Gespann des Apoll mit Pferden oder Greifen allegorisch geschmückt, in der Art, wie etwa auch Schinkel sein Berliner Schauspielhaus bekrönt. Semper läßt Dionysos erscheinen, der am Schluß seiner langen Reise Ariadne zu ihrer Vergöttlichung auf den Olymp hinaufführt: weinumkränzten Hauptes, den Thyrsus-Stab schwingend, gezogen von einem Gespann von vier springenden Panthern.

Von Apoll selbst ist als Erscheinung weit und breit nichts zu sehen. Nur seine Leier trifft man an. Sie ziert den rückwärtigen Giebel des Bühnenhauses, das in betont schlichten und flachen klassizistischen Formen gehalten ist und wegen seiner – fast möchte man sagen – »Bayreuther« Nacktheit kritisiert wurde. Im Gegensatz zum apollinischen Bühnenhaus, das – in Nietzsches Worten – nur »in angedeuteten Tönen« spricht, präsentiert sich die den Zuschauerraum umschließende Architektur im Hochrelief, also mit der ganzen sinnlichen Üppigkeit musikalisch-volltönender bauplastischer Mittel. Zu ihnen gehört auch das Triumphtor mit Exedra als architektonischer Höhepunkt der »äußeren Umschalung«, wie Wagner die Außenarchitektur seines Theaters nannte.

Semper praktiziert in Dresden eine fast überdeutliche Unterscheidung in eine apollinische und dionysische Seite der Architektur. Das Bühnenhaus ist das Reich des Apoll, durch die Lyra und Greifen auf den Gebäudeecken ausgewiesen. Umkränzt wird dieser »technische Herd« durch eine dionysische Umrahmung, so, wie die Tragödie mit dem Chor eine lebendige Wand um sich selbst zieht, um diesen idealen, heiligen Bezirk der poetischen Freiheit als ihren eigenen Bezirk vor dem direkten Kontakt mit der Welt zu behüten. Doppelsäulen umrunden mit kraftvollem, aber gelöstem Rhythmus den ganzen Bau und durchklingen ihn von der Rustika bis ins Gebälk. Man meint in ihnen den Dithyrambus als die ursprüngliche Theatersprache wiederzuhören. Das Dionysos-Gespann ist der weithin sichtbare Kulminationspunkt dieser spektakulären Inszenierung.

Das Sempersche Dionysos-Portal ist wegen seine großartigen räumlichen Disposition, zum Postkartenmotiv, zum Symbol, zur Ikone geworden. Es ist das Vorzugsmotiv, das am meisten mit Sempers Namen assoziiert wird.[333] Auch die Werbung hat es inzwischen längst für ihre Zwecke entdeckt. Eine namhafte sächsische Bierbrauerei setzt ihr bacchantisches Produkt dursterregend-plakativ vor dem Hintergrund der nächtlich-erleuchteten Semperschen Exedra in Szene und spielt damit

[332] Colin Rowe, Fred Koetter: Collage City, Cambridge, Mass. 1978; Schwarzplan vom Zwingerforum dort 168.

[333] So schmückt dieses Motiv auch als Titelbild den Umschlag der Semper-Monographie von Mallgrave, 1996.

unbewußt auf einen mythologisch verwandten, rauschhaft-sinnfälligen, dionysischen Bezug an.[334]

Die dionysischen Obertöne in diesem Hauptwerk Sempers sind nicht unbemerkt geblieben. Schon anläßlich der Eröffnung des Theaters hat Cornelius Gurlitt mit einer gewissen Verwunderung Sempers Schritt von der Frührenaissance des ersten Dresdner Theaters zur schweren Pracht der Hochrenaissance des zweiten konstatiert, und darin die Abkehr von der strengen einfachen Form zugunsten einer theatralischeren Wirkung und verschwenderischen Entfaltung der dekorativen Mittel gesehen. Als Erster hat Heinrich Magirius 1985 in seiner Monographie zu Sempers zweitem Dresdener Hoftheater eine Parallele zu Nietzsche gezogen und unter allgemeinem Hinweis auf die »Geburt der Tragödie« von der »Priorität des Dionysischen vor dem Apollinischen« gesprochen.[335] Diesen Gedanken greift Harry Mallgrave 1996 in seiner Semper-Biographie auf, worin »Semper and the Birth of Tragedy« ein eigener Abschnitt gewidmet ist. Mallgrave begründet hier die Parallelität in den Theorien Nietzsches und Sempers aus dem Verständnis des griechischen Dramas und interpretiert Dresden als Spiegel des dionysischen Impulses. Auch weist er darauf hin, daß Nietzsche mit seiner »Tragödiengeburt« zugleich auch Sempers eigene theatralische Interessen auf den Begriff gebracht habe, die dieser schon in den dreißiger Jahren mit Wagner teilte, und die nun an Nietzsche weitergereicht wurden.[336]

Was darüber hinaus noch gesagt werden kann, um die spannende Frage zu beantworten, ob es sich bei der Priorität des Dionysischen möglicherweise doch um mehr als nur eine Parallele handele, ist nicht wesentlich, für eine genauere Klärung der Zusammenhänge aber nicht unerheblich. Ob Semper außer den Briefen, die Nietzsche im Frühjahr 1870 an ihn richtet, je eine gedruckte Zeile von diesem gelesen hat, ist nicht nachweisbar. Daß Semper von der »Geburt« Notiz nahm, ist bei seinem Interesse für die Antike und das Theaterwesen sowie bei dem publizistischen Echo, das Nietzsches Schrift auslöste, mehr als wahrscheinlich. Von einer Auswirkung dieser Lektüre auf den Dresdener Bau könnte aber ohnehin nur für den Innenraum die Rede sein. Als Nietzsches Erstling im Dezember 1871 in einigen Exemplaren vorliegt und Anfang 1872 ausgeliefert wird, sind Sempers Pläne für den Bau, zu dem am 26. April 1871 der Grundstein gelegt wird, bereits gezeichnet. Die Deutsche Bauzeitung vom 23. Februar 1871 spricht in ihrer Beschreibung von Sempers Entwurf bereits von einer »vortretenden Loge auf der Mittelaxe«, die zu

[334] Auf meine Anfrage hat die Abteilung Öffentlichkeitsarbeit der Fa. Radeberger Pilsner am 7. Januar 2000 mitgeteilt, daß »die Plazierung des Glases keinesfalls mit einem mythologischen Hintergrund vorgenommen worden« sei. »Die Semperoper an sich ist und bleibt für unsere Werbung entscheidend.«

[335] Heinrich Magirius: Gottfried Sempers zweites Dresdner Hoftheater. Entstehung. Künstlerische Ausstattung. Ikonographie, Wien/Köln/Graz 1985, 67.

[336] Mallgrave, Semper, 1996, 339 ff.

»einem besonders bedeutsamen Bautheile gestaltet« worden sei, der als »Abschluss des Ganzen« durch eine Quadriga geschmückt ist, mit »Dionysos und Ariadne von Panthern gezogen.«[337]

Die Ausgestaltung des Inneren mit Deckengemälden wird dagegen erst 1875 festgelegt. Für sie trifft das zu, was auch aus der Architektur des Äußeren abgelesen werden kann, denn auch im Bildprogramm ist Apoll in die zweite Reihe gesetzt und tritt nur an untergeordneter Stelle in Erscheinung. Das Dionysos-Thema beherrscht den zentralen Raumbereich im Hauptfoyer zwischen Königsloge und Exedra. In einer ganzen Sequenz von Bildern wird der Mythos des Dionysos erzählt: Dionysos bei den nysäischen Nymphen in zwei Szenen, die Auffindung von Ariadne, die Bestrafung der Seeräuber, Dionysos von den Titanen besiegt, und schließlich, die Wiederkunft des Dionysos, dargestellt an zentraler Stelle zwischen dem königlichen Balkon, der Tribuna, und dem Aufgang zur königlichen Loge, auf deren Rückseite die Exedra des Portals im Außenbau anschließt. Apoll ist nur ein einziges Paneel gegeben, das ihn in einem Ovalbild mit Schwan und Lyra zeigt.[338]

Das Dionysos-Portal ist in Sempers Dresdner Plänen von Anfang an präsent. Drei Monate nach der Auftragsvergabe legt Semper im Mai 1870 einen ersten Entwurf in zwei Varianten vor.[339] Beide zeigen das Motiv der Exedra und als krönenden Abschluß Dionysos mit Ariadne, ähnlich wie es Semper schon 1865 für das Wagner-Festspielhaus in Bayreuth vorgesehen hatte. Daß Semper in Dresden dieses Motiv in fast identischer Form wiederholt, ebenso wie er auch die Struktur der Münchner Fassade fast wörtlich übernimmt, ist offensichtlich. Der in Tribschen geäußerte Vorwurf, Semper würde sich in Dresden Wagnerscher Pläne bedienen, griff insofern nicht ganz ins Leere, auch wenn damit der Sachverhalt nur unkorrekt getroffen war, handelte es sich doch beim Dresdner Bau um nichts anderes als ein Selbstzitat. Sicherlich war aber auch eine persönliche Note mit im Spiel und Semper mochte es erst recht angesichts des sich abzeichnenden handwerksfrommen und zugleich pompösen Kalküls des Bayreuther Festspielhauses eine Genugtuung gewesen sein, an das gemeinsam entwickelte großartige Münchner Projekt zu erinnern.

Hier hatte Semper sich auch erstmals für Dionysos als bekrönende Figur entschieden. Der moderne Theatergott Wagner schien ihm unter der Schirmherrschaft Apolls offenbar nicht mehr angemessen aufgehoben zu sein. In der ersten Planungsstufe sieht Semper für die Exedra der Hauptfassade noch eine figürliche Gestalt mit Pferdegespann vor, die auf Apoll als Musengott hindeutet. Diese Lösung zeigte auch Sempers Entwurf für ein Theater in Rio de Janeiro von 1858.

---

[337] Deutsche Bauzeitung, 5.1871, Nr. 8, 57. – Die Deutsche Bauzeitung 4. 1870 12–15, 64, 69, berichtet ohne architektonische Aussage nur über Auftragsvergabe und Standortfragen.

[338] Ausführlich dargestellt und erläutert bei Magirius, 196 ff.

[339] Vgl. Magirius, 1985, Abb. 11–14.

Auch für das provisorische Wagner-Theater im Münchner Glaspalast hielt er an Apoll mit der Lyra als Figurenschmuck fest. In den Plänen zur Erstellung des Holzmodells für das monumentale Theater von 1866 macht ein Gespann von drei Panthern erstmals Apoll den angestammten Platz streitig. Jetzt betritt Dionysos die Bühne der Semperschen Exedra und bereitet damit den ikonographischen Paradigmenwechsel zur Dresdner Inszenierung vor.[340] Auch das seit 1871 in Planung befindliche Wiener Burgtheater wollte Semper mit einer Dionysos-Figur als Portalschmuck krönen. Auf Carl Hasenauers Veranlassung, den die Wiener Behörden Semper zur Ausführung an die Seite stellen, wird Apoll wieder als angestammter Herrscher über die Künste eingesetzt.[341]

Sempers »Dionysiertum« ist also schwerlich mit Nietzsche in Zusammenhang zu bringen. Wie die Frühschriften zeigen, ist das Umgekehrte der Fall. Nietzsche hat das neue Semper-Theater nicht zu Gesicht bekommen. 1869 besuchte er zuletzt Dresden. Dem Entdecker der Kunstgottheit Dionysos hätte die Entdeckung, daß Semper diesem Gott ein Denkmal errichtet hatte, sicherlich eine große Genugtuung verschafft; umsomehr, als Nietzsche mit seiner schwärmerischen Tragödienschrift für die Fachwelt gestorben war. Der frisch promovierte Altphilologe Ulrich von Wilamowitz-Möllendorf veröffentlichte 1872 unter dem Titel »Zukunftsphilologie!« ein Pamphlet gegen Nietzsche und forderte ihn rüde auf:

> »(...) halte Herr N. wort, ergreife er den thyrsos, ziehe er von Indien nach Griechenland, aber steige er herab vom katheder, auf welchem er wissenschaft lehren soll; sammle er tiger und panther zu seinen knieen, aber nicht Deutschlands philologische Jugend.«[342]

---

340 Der ausführlichen Dokumentation und Planwiedergabe bei Habel: Festspielhaus, 1985, kann man entnehmen, daß Semper erst mit den Plänen zum Modell das Pferdegespann gegen Panther und damit wohl auch Apoll gegen Dionysos austauscht, wie aus dem Vergleich der Pläne hervorgeht: M 21 Erste Skizzen: Pferdegespann, Figur mit Stab in der Rechten; M 28 Erste Planstufe: Pferdegespann, Figur ohne Stab; M 29 Erste Planstufe: Pferdegespann, Figur mit Stab; M 41 Zweite Planstufe: Pferdegespann, Figur nur angedeutet; M 47, 48, 58 Zweite Planstufe: Arbeitspläne: Pferdegespann, Figur mit Stab; M 75 Dritte Planstufe: Pläne zum Modell, August 1866: Panthergespann, Figur und Stab mit Pinienzapfen; August 1866. – Wie wenig genau Sempers zeichnerische Vorgaben in diesem Punkt sind und wie stark die Suggestion von Sempers Dresdner Dionysos-Exedra ist, kann man an der ersten Einschätzung von Habel ablesen, der in seinem Aufsatz: Die Idee eines Festspielhauses, in: Detta und Michael Petzet: Die Richard Wagner-Bühne König Ludwigs II. München Bayreuth, München 1970, 310, in der plastischen Gruppe des Münchener Festspielhauses »Dionysos und Ariadne auf einem von Panthern gezogenen Wagen« sieht. In seiner Monographie Festspielhaus und Wahnfried von 1985, 127 f., korrigiert sich Habel, Semper habe »ein mächtiges Gespann vorgesehen, und zwar – in ikonographischem Bezug zum Theater – der die begeisternde Inspiration verkörpernde Gott Dionysos auf von drei Panthern gezogenen Wagen, den Thyrsosstab in der erhobenen linken Hand schwingend.«

341 Mallgrave: Semper, 1996, 336.

342 Zit. nach: Chronik zu Nietzsches Leben, KSA 15.40.

Daß es jemand zur gleichen Zeit gewagt hatte, Dionysos und seinen Panthern eine ganze Stadt zu Füßen zu legen, hätte Nietzsche wohl ein feierliches Gefühl der Bestätigung verschafft, auch wenn es zu diesem architektonischen Triumph seiner geistigen Patenschaft gar nicht bedurft hatte.

Die Auffassung von der Kunst als Veranstalterin von Lebensfesten vereinte Wagner, Semper und Nietzsche wie die in drei verschiedene Richtungen springenden Panther vor dem Wagen des Dionysos. Das Theatralische war die gemeinsame Grundlage ihres individuellen Schaffens. Mit dem Dresdner Dionysos-Triumphtor schuf Semper ein gebautes Gleichnis seiner eigenen Architekturtheorie, die das Festliche und das Festgewand in den Mittelpunkt ihrer Überlegungen rückt, indem sie das provisorisch gezimmerte, aus dem Hochgefühl des feierlichen Augenblicks heraus errichtete Festgestell als den Vorläufer der festen, monumentalen Architektur betrachtet. Ähnlich interpretierte Wagner im Grunde auch sein Bayreuth, wenn er sich der falschen Hoffnung hingab, eine prächtigere äußere architektonische Form des Theaters würde sich in der Zukunft irgendwann wie von selbst ergeben. Nietzsche verlängert die dionysische Feststimmung ins Leben mit einer Kunst, die als eine zum Leben verführende und das Dasein verherrlichende Kraft begriffen wird.

Mit seinem Dionysos-Triumphtor hat Semper dieser Botschaft von der festlichen Überhöhung des Lebens als Urgrund aller Kunst ein bleibendes Denkmal gesetzt. Der dionysische Festbau schreitet dem eigentlichen Theaterbau räumlich wie symbolisch voran. Im »Stil« sprach Semper den Grundsatz aus, daß »der Wille, irgend einen feierlichen Akt, eine Relligio, ein welthistorisches Ereigniss, eine Haupt- und Staatsaktion, kommemorativ zu verewigen, noch immer die äußere Veranlassung zu monumentalen Unternehmungen gibt.«[343] Der Wille, das Fest in der Wiederkehr zu verewigen, ist demnach der eigentliche Begründer aller monumentaler Kunst. Mit dieser kulturpsychologischen Erklärung der Perpetuierung und Verfestigung des Ritus zum Kultus begründet Semper auch die Geburt der Architektur aus den szenischen Künsten, wie es in einer Schlüsselpassage aus dem »Stil« heißt:

> »Der Festapparatus, das improvisirte Gerüst, mit allem Gepränge und Beiwerke welches den Anlass der Feier näher bezeichnet und die Verherrlichung des Festes erhöht geschmückt und ausgestattet, mit Teppichen verhangen, mit Reisern und Blumen bekleidet, mit Festons und Kränzen, flatternden Bändern und Trophäen geziert, diess ist das Motiv des bleibenden Denkmals, das den feierlichen Akt und das Ereigniss das in ihm gefestet ward den kommenden Generationen fortverkünden soll.«[344]

[343] Semper: Stil, I. .215.

[344] Ebenda.

Die Überführung der festlichen Verherrlichung in dauerhafte Erscheinung ist der »theatralische« Kern von Sempers Theorie der Bekleidung und des Stoffwechsels, die deutlich machen will, wie eng die Architektur als eine Kunst, die ständig Wirklichkeit inszeniert, mit den Ritualen und Formen des Lebens verbunden ist. In Sempers »praktischer« Ästhetik, die von der Permanenz des symbolischen Bedürfnisses nach Verherrlichung ausgeht, wechselt das Festgewand lediglich seinen Stoff. Der ephemere, improvisierte Festapparat wird zum dauerhaft gefestigten Bauwerk. Die ursprünglich aus textilen Stoffen hergestellte Bekleidung wird auf den Stein übertragen und in architektonischer Vollkommenheit verewigt. Daß die Architekturgeschichte aber nicht erst an jenem Punkt beginnt, wo die monumentale Architektur, etwa in Gestalt des Tempels, fertig vor unseren Augen steht, sondern entwicklungsgeschichtlich viel weiter zurückreicht, nämlich bis zu den textilen Ursprüngen architektonischer Wandbildung bei den ersten Mattenflechtern, diese kulturgeschichtliche Tiefendimension zu verdeutlichen, ist das Anliegen der Semperschen Theorie im Gegensatz zur akademischen Kunsttheorie. Nietzsches Schritt zurück zu den Vorsokratikern entspricht dieser Denkbewegung, die ebenfalls hinter die vermeintlich feststehenden Vorstellungen objektiver Begriffsarchitekturen zurückgreift, wo das Denken sich noch im Aggregatzustand der beweglichen Form und auf schwankendem Fundament im Fluß befindet.

Zur Wirkung der vollkommen scheinenden Gestalt gehört es, daß sie den materiellen und geschichtlichen Prozeß ihres Werdens vergessen macht. Am Beispiel des vermeintlich »weißen« Vollkommenheitsideals antiker Tempel und Skulpturen hatte Semper aufgezeigt, wie trügerisch und hartnäckig solche Täuschung sein kann. In »Menschliches, Allzumenschliches« von 1878 greift Nietzsche diesen Gedanken in einem Aphorismus mit der Überschrift »Das Vollkommene soll nicht geworden sein« auf, der sich mit der Gesetzmäßigkeit im Werden am Beispiel der Tempel von Paestum auseinandersetzt. Daß es dabei auch nicht an einem Fingerzeig für die »Wissenschaft der Kunst« fehlt, macht deutlich, daß Nietzsche an die Kunsthistoriker denkt: also vor allem an Burckhardt, dessen »Cicerone« sein wichtigster kunsthistorischer Führer auf seinen ausgedehnten Italienreisen ist, und natürlich an Semper, dessen Gedanken hier in neue Worte gekleidet werden:

> »Wir sind gewöhnt, bei allem Vollkommenen die Frage nach dem Werden zu unterlassen: sondern uns des Gegenwärtigen zu freuen, wie als ob es auf einen Zauberschlag aus dem Boden aufgestiegen sei. Wahrscheinlich stehen wir hier noch unter der Nachwirkung einer uralten mythologischen Empfindung. Es ist uns beinahe noch so zu Muthe (zum Beispiel in einem griechischen Tempel wie der von Pästum), als ob eines Morgens ein Gott spielend aus solchen ungeheuren Lasten sein Wohnhaus gebaut habe: anderemale als ob eine Seele urplötzlich in einen Stein hineingezaubert sei und nun durch ihn reden wolle (...). Die Wissenschaft der Kunst hat dieser Illusion, wie es sich von selbst versteht, auf das bestimmteste zu widersprechen und die Fehlschlüsse und Verwöhnun-

gen des Intellects aufzuzeigen, vermöge welcher er dem Künstler in das Netz läuft.«[345]

Den Winter 1876/77 hatte Nietzsche in Sorrent verbracht, und er besuchte Neapel und Pompeji. Ob er auch einen Abstecher zu den Tempeln von Paestum gemacht hat, ist nicht zu belegen. Vielleicht genügte schon der »Cicerone«, der gleich im ersten Satz auf Paestum verweist.[346] Für Nietzsche bedarf nicht nur das Gewordensein alles Feststehenden und vollkommen Erscheinenden, sondern der Vorgang des Werdens selbst, das diesen Schein des Festen hervorbringt, einer neuen Erklärung. Das Fest wird fest, aus Festlichkeit wird Festigkeit – auf diese knappe Formel läßt sich das Gesetz des Werdens unter der Einheit von Kunst und Leben in Sempers Theorie vom Hervorgehen der Monumentalkunst aus dem Ephemeren reduzieren. Festigkeit und Vollkommenheit sind phänomenologisch nichts anderes als die perpetuierte Wiederholung eines Ritus und dessen Verewigung im Kultus. Schon lange vor Zarathustras »Alle Lust will Ewigkeit« attestiert Semper der Kunst damit ihren dionysischen Urgrund. An Nietzsches frühes Semper-Exzerpt vom Karnevalskerzendunst als der wahren Atmosphäre der Kunst sei in diesem Zusammenhang noch einmal erinnert. Unter Nietzsches Notizen von 1876/77 findet sich eine Passage der beglückenden Einsichtnahme in das Geheimnis allen Kulturwerdens, nämlich zu erkennen, wie das Augenblickliche Dauer und monumentale Bedeutung erlangt:

> »Es ist ein herrliches Schauspiel: aus lokalen Interessen, aus Personen, welche an die kleinsten Vaterländer geknüpft sind, aus Kunstwerken, die für einen Tag, zur Festfeier gemacht wurden, aus lauter Punkten kurzum in Raum und Zeit erwächst allmählich eine dauernde die Länder und Völker überbrückende Cultur; das Lokale bekommt universale, das Augenblickliche bekommt Monumentale Bedeutung. Diesem Gange in der Geschichte muss man nachspüren; freilich stockt einem mitunter der Athem, so zersponnen ist das Garn, so dem Zerreissen nahe der Knoten, welcher das Fernste mit dem Späten verbindet!«[347]

In dieser Passage folgt Nietzsche der Logik, Kultur als einen Prozeß der Perpetuierung und Formalisierung zu begreifen. Dies betrifft die eine Seite des Prozesses, seine apollinische Verfestigung. Die andere Seite betrifft das Vergehen. Burckhardt ist derjenige, der den Prozeß auch von dieser Seite beschrieben hat, wenn er die Stabilität der einmal gewonnenen Form gegen ihre erneute dionysische Verflüchtigung und Verflachung verteidigt. In seiner »Kunst und Kultur der Re-

[345] Menschliches, Allzumenschliches I, »Aus der Seele der Künstler und Schriftsteller«, Aphor. 145, KSA 2.141

[346] Burckhardt: Cicerone. Neudruck der Urausgabe von 1855, 11: »Die Baukunst beginnt in Italien viel früher als bei den Tempeln von Pästum, mit denen wir hier den Anfang machen.«

[347] Nachgelassene Fragmente. Ende 1876 – Sommer 1877, KSA 8.416.

naissance in Italien«, im gleichen Jahr wie Sempers Stil 1860 erschienen, gibt Burckhardt auch der Geselligkeit und den Festen breiten Raum. Er betrachtet die Kleidung und die Moden, gesellschaftliche Umgangsformen, Mysterienaufführungen, die geistlichen und weltlichen Trifoni; selbst der Karneval in Rom und Florenz darf nicht fehlen. Das Schlußkapitel mit der treffenden Überschrift »Dekorationen des Augenblicks«, ist der Kunst der Festdekorationen gewidmet. Hier werden Scheinarchitekturen aller Art bei kirchlichen, weltlichen, aber auch bürgerlichen Zeremonien behandelt, wie die »apparati« bei Hochzeiten und Beerdigungen. Burckhardt wollte zwar das Fest als den wahren Übergang des Lebens in die Kunst anerkennen, mit dessen Konvergieren oder Überführung in potentielle Kunst konnte er sich aber – ganz im Gegensatz zu Semper und Nietzsche – nicht recht anfreunden. Jener der Inszenierung des Augenblicks gewidmete besondere Zweig der Kunst hatte für Burckhardt eindeutig architektonischen Ursprung und ahmte monumentale Architektur nach. Beweis genug hierfür ist ihm die Tatsache, daß diese Kunst im 15. Jahrhundert vorzüglich von Florenz ausgeht, einer Stadt, die, auch was die architektonische Dekoration betraf, soweit sie Baulichkeiten vorstellten, »ohnehin dem übrigen Italien voraus war.«[348] In Florenz war der Geist des Architektonischen tief in alle Poren der Kultur eingedrungen und immunisierte diese somit gegen die dionysischen Anfechtungen eines Dekorationsstils, der andernorts überhand zu nehmen drohte. Der architektonisch genährte monumentale Prachtsinn behauptete sich in Florenz überall. Die Fassadenmalerei stellte sich als »dekorativ umgedeutete, fingierte Architektur«[349] dar, und auch im Inneren der Bauten bezeugte sich die Herrschaft des Architektonischen, was man an Schränken, Stühlen, Prachtbetten, Geräten und Gefäßen ablesen konnte.

Die Weiterentwicklung dieser Kunst nahm Burckhardt folglich mit deutlicher Zurückhaltung auf, denn in dem außerordentlichen Steigen des Aufwandes in der Festdekoration des 16. Jahrhunderts zeichnete sich ab, daß die Künste des Ephemeren, unter einer anderen Gesetzlichkeit des Stoffwechsels als bei Semper, ihren verderblichen Einfluß auf die architektonischen Sitten ausübten:

> »Es ist die Zeit, da Baumeister, Bildhauer und Maler sich bei dieser Beschäftigung auf die Effekte im großen einübten und Proben für die monumentale Kunst machten, freilich sich aber an alles Flüchtige und Grelle gewöhnten.«[350]

Der Aufwand für diese »Scheinarchitekturen«, die sich »im Kolossalen« zu überbieten trachteten, stand im »tiefsten Mißverhältnis« zur Aufgabe und ließ es an einem gesunden, nüchternen Sinn für Angemessenheit, wie ihn echte Architektur verlangte, vermissen. Auch die künstlerische Produktion selbst, die zu solchen

[348] Jacob Burckhardt, Die Kunst und Kultur der Renaissance, Köln 1953, § 187, 425.
[349] Ebenda, § 164, 402.
[350] Ebenda, § 189, 427.

Festanlässen unter gehörigem Zeitdruck das kurzatmige Improvisieren zur Tugend machte, wurde unter dem Diktat temporärer Inszenierung in Mitleidenschaft gezogen, was Burckhardt unter einem ganz anderen dionysischen Gesichtspunkt kritisierte:

> »Die Künstler kamen bei solchen pressanten Arbeiten in eine Art Taumel hinein, und wenn dann mit gutem Wein nachgeholfen wurde, meldeten sich Ideen, die wenigstens während des Festjubels als das Brillianteste von der Welt galten. (...) Beim Volk gelangte man durch solche Arbeiten des Augenblicks zu einem ungemeinen Ruhm.«[351]

Aus kulturgeschichtlicher Warte betrachtet, hatte der dionysische Festapparatus, die Sempersche Urzelle der Architektur, eine lange, wechselvolle Reise hinter sich gebracht, ehe sie als Festbau das Dresdner Theater schmückte und ehe sie – in Nietzsches Sinn, das »Fernste« mit dem »Späten« verbindend und den Blick auf die Gegenwart hinzugesetzt – als Reklamehintergrund popularisiert wurde. Vom Reich der Poesie des griechischen Theaters führt der Weg dieses Architekturmotivs zur kaiserlich-römischen Antike. Triumphbogen, Tribuna und bekrönende Quadriga werden zur Pathosformel weltlicher Macht erhoben. Auch der christliche Kirchenbau bedient sich der Exedra und projiziert das Bild des Erlösers als überirdischen Herrscher in die Kalotte der Apsis. Renaissance und Barock übernehmen dieses Motiv als Zeichen neuer Weltlichkeit und Sinnlichkeit, mit dem der moderne Gewalt- und Genußmensch sich im öffentlichen Raum präsentiert. Das szenische Potential, die theatralische Effektivität begründet die zeichenhafte Universalität dieses Herrschaftssymbols, dessen Überzeugungskraft mit geradezu anthropologisch verbürgter Konstanz religiösen wie weltlichen Zwecken, metaphysischem wie irdischem Machtwillen gleichermaßen entgegenzukommen scheint.

Mit diesem überhistorischen Sinn außerhalb des Kreislaufs von Werden und Vergehen, den Semper und Burckhardt bezeichnen, setzt Nietzsche sich 1874 in seiner zweiten »Unzeitgemäßen Betrachtung« über den »Nutzen und Nachteil der Historie für das Leben« auseinander, in der weniger vom Nutzen als vor allem vom Schaden der Historie die Rede ist. Hier verfolgt Nietzsche erstmals auch das Phänomen der Permanenz und der Monumentalität als Wirkungsform und spricht vom monumentalen Effekt als einer »Sammlung der ›Effecte an sich‹«, und »von Ereignissen die zu allen Zeiten Effect machen werden.«[352]

---

[351] Ebenda, § 191, 429.

[352] Unzeitgemässe Betrachtungen. Zweites Stück: Vom Nutzen und Nachteil der Historie für das Leben, KSA 1.261 f. – Drei Typen von Geschichtsbetrachtungen werden in der Historien-Schrift vorgestellt, die monumentalische, antiquarische und kritische; in seinen Notizen, Nachgelassene Fragmente. Sommer – Herbst 1873, KSA 7.638, weist Nietzsche diesen Typen auch die drei Verhaltensformen zu: »Der Mensch will schaffen – im Gewohnten verharren – von Noth sich befreien.«

An der plastischen Kraft, die Historie zum Leben zu gebrauchen und sie zum Kunstwerk umzubilden, mangelt es nach Nietzsche der vom »analytischen Trieb« beherrschten Gegenwart. Sie leidet an der »historischen Krankheit«, weil sie ohne »inneren Bautrieb« in blinder Sammelwut der Geschichte gegenübertritt, und nur ein rastloses Zusammenscharren alles einmal Dagewesenen betreibt.[353] Nur dem »Baumeister der Zukunft« wird aber der »Orakelspruch« der Vergangenheit verständlich, wie auch »nur der, welcher die Zukunft baut, ein Recht hat, die Vergangenheit zu richten.«[354]

Zu bauen bedeutet demnach, unzeitgemäß zu sein und weder von der Vergangenheit noch vom Augenblick beherrscht zu werden. Dem vergangenheitsgläubigen Menschen ist das Überhistorische entgegenzustellen, um ihn vor der Herrschaft des Gewesenen zu bewahren. Der an den Pflock des Augenblicks gebundene moderne Mensch braucht das Überhistorische, nämlich das, was nicht »zeitungsgemäss«(!) ist, um sich »für alle Schicksalsschläge gleich fest hinzustellen, für alle Zeiten zu wappnen.«[355]

Dem Überhistorischen ist das Monumentalische gleichgesetzt. Unter der Überschrift »Noth der Zeit« listet Nietzsche 1873 in seinen Notizen als oberste Punkte der Herausforderung an den Philosophen auf: » 1. Hast 2. Kein Bauen fürs Ewige (die neuen Häuser) (...).«[356] Als Kulturarbeit wird es daher notwendig,

> »Traditionen anpflanzen, fortschreitende Bewegung, Eichbäume für die Enkel (...). Der ruhige Blick in die Zukunft erst möglich, wenn wir uns nicht mehr so ephemer fühlen, so wie eine Welle.«[357]

Danach trachtet die monumentalische Historie, die das Gewordene als Großes, Vorbildliches und Nachahmungswürdiges hinstellen will. Deshalb täuscht das Monumentale durch Analogien, komponiert es die Geschichte wie ein Kunstwerk, überredet es mit »verführerischen Ähnlichkeiten« den »Muthigen zur Verwegenheit« und legt sich die Geschichte so zurecht, damit sie vorbildlich erscheint. Nicht auf die Geschichte als Geschichte, sondern auf den Effekt der Vorbildlichkeit hat es die monumentalische Historie angelegt. Die Inszenierung der Geschichte auf diesen Effekt hin, die Wirkung ihrer Wirkung ist das Ausschlaggebende. Nietzsche definiert das Monumentalisieren gleichsam aus der Perspektive der Wagnerschen Überwältigungsästhetik, in der auch um des gesuchten Effekts willen von der musikalischen »Ursache«, sprich dem Orchester »abgesehen« wird, insofern sie im

---

[353] Vom Nutzen und Nachteil der Historie für das Leben, KSA 1.268.

[354] Ebenda, KSA 1.294.

[355] Nachgelassene Fragmente. 1873 – Winter 1873/74, KSA 7.741: »Das wichtigste an der Weisheit ist, dass sie den Menschen abhält, vom Augenblick beherrscht zu werden. Sie ist deshalb nicht zeitungsgemäss: ihre Absicht ist, den Menschen für alle Schicksalsschläge gleich fest hinzustellen, für alle Zeiten zu wappnen. Sie ist wenig national.«

[356] Nachgelassene Fragmente. Herbst 1873 – Winter 1873/74, KSA 7.736.

[357] Nachgelassene Fragmente. Sommer – Herbst 1873, KSA 7.708 f.

mystischen Abgrund verschwindet. Noch deutlicher als in der Historien-Schrift wird dieser Gedanken einer überzeitlichen, künstlerischen Illusionstechnik in der folgenden Notiz von Sommer 1874 begründet:

> »Das Monumentale sieht von den Ursachen ab. »Effect an sich« »das, was zu allen Zeiten Effect macht« (oder das zu allen Zeiten entstehen kann, zu dem die Ursachen immer da sind).«[358]

Der Hinweis auf jene Ursachen, die »immer« da sind, spielt nicht auf eine ontologisch verbürgte, ewige Wahrheit an, sondern zielt auf die Psychologie, nämlich auf die grundsätzliche Illusionsbedürftigkeit des Menschen. Sie ist die »Ursache« jenes zeitlosen, weil in der Natur des Menschen unausrottbar verankerten Bedürfnisses nach Verehrung und Überhöhung, Glauben und Täuschung – mit einem Wort, nach Kunst und Religion. Letztere sind für Nietzsche die eigentlichen Täuschungsmittel, die sich der Mensch in seinem Verlangen nach dem Wahren und Schönen ersinnt, um die Wirklichkeit zu transzendieren, zu überhöhen und vergessen zu machen.

Das Scheinhafte, Maskenhafte ist das Wesen aller menschlichen Realität, die aus nichts anderem als Erscheinungen besteht, die über die Oberfläche der Sinne auf uns einwirken. Das Dasein und die Welt kann, wie es Nietzsches berühmter Satz der Tragödiengeburt ausspricht, daher auch »nur als ästhetisches Phänomen« ewig gerechtfertigt werden,[359] d. h. nur in Bezug auf die Wahrnehmungen von Erscheinungen durch unsere Sinne. Nur von der Realität dieser Erscheinungswelt aus kann der Mensch auf Wahrheiten schließen. Eine Wahrheit außerhalb dieser Bedingungen ist unerkennbar. Der Mensch, der unter dem Zwang des Glaubens an die Wahrheit steht, schiebt sie den Erscheinungen als deren »Ursache« ständig unter. »Die ›scheinbare‹ Welt ist die einzige: die ›wahre Welt‹ ist nur hinzugelogen...«[360] – diese Einsicht in das Ästhetische wird zur zentralen Prämisse von Nietzsches Philosophieren.

Monumentalität, also eine Form der Täuschung, die es nach Nietzsche mehr auf die Wirkung einer Wirkung als auf die Wirkung einer Ursache absieht, ist demnach als ästhetische Erscheinung reine »Wirklichkeit«, weil ihr keine anderen Absichten und Ursachen untergeschoben oder »hinzugelogen« werden, außer, daß die Erscheinungsform als Kunst in reiner Künstlichkeit erscheine. Die Emanzipation

---

[358] Ebenda, KSA 7.639.

[359] Die Geburt der Tragödie, KSA 1. 47: » — denn nur als aesthetisches Phänomen ist das Dasein und die Welt ewig gerechtfertigt: –« – Ebenda, 1.152: »Hier nun wird es nöthig, uns mit einem kühnen Anlauf in eine Metaphysik der Kunst hinein zu schwingen, indem ich den früheren Satz wiederhole, dass nur als ein aesthetisches Phänomen das Dasein und die Welt gerechtfertigt erscheint.«

[360] Götzen-Dämmerung oder wie man mit dem Hammer philosophirt, »Die ›Vernunft‹ in der Philosophie« 2, KSA 6.75.

[361] Vom Nutzen und Nachteil der Historie für das Leben, KSA 1.333.

der Oberfläche von einem vermeintlichen Wahrheitskern ist hier konsequent vollzogen. Das Leben hat seine höchste Form erreicht, wenn es sich zum reinen Kunstwerk umbildet und jene »Einhelligkeit zwischen Leben, Denken, Scheinen und Wollen«[361] herstellt, die nach Nietzsche erst die Bezeichnung »Kultur« verdient. Bereits 1873 nimmt er diese Umwertung in Angriff, wenn er der Kunst die Freude zugrunde legt, »durch Oberflächen Glauben zu erwecken.« Für die sich hier sofort aufdrängende rhetorische Frage, ob es denn die Kunst dann nicht eigentlich auf Täuschung anlege, hat Nietzsche die Antwort parat:

> »Kunst behandelt also den Schein als Schein, will also gerade nicht täuschen, ist wahr.
> Das reine begierdenlose Betrachten ist nur an dem Scheine möglich, der als Schein erkannt wird, der gar nicht zum Glauben verführen will und insofern unsern Willen gar nicht anregt.
> Nur der, der die ganze Welt als Schein betrachten könnte, wäre im Stande, sie begierden- und trieblos anzusehen – Künstler und Philosoph. Hier hört der Trieb auf.
> So lange man Wahrheit an der Welt sucht, steht man unter der Herrschaft des Triebes: der aber will Lust und nicht Wahrheit, er will den Glauben an die Wahrheit, also die Lustwirkungen dieses Glaubens.
> Die Welt als Schein – Heiliger Künstler Philosoph (...).
> Die Wahrheit ist unerkennbar. Alles Erkennbare ist Schein.
> Bedeutung der Kunst als des wahrhaftigen Scheines.«[362]

Dieses Einswerden von Wahrheit und Schein, von Natur und Kunst im Akt des ästhetischen Erlebens hat auch Semper beschrieben, – mit Worten, die auch aus Nietzsches Feder stammen könnten:

> »Umgeben von einer Welt voller Wunder und Kräfte, deren Gesetze der Mensch ahnt, das er fassen möchte, aber nimmer enträthselt, das nur in einzelnen abgerissenen Akkorden zu ihm dringt und sein Gemüth in stets unbefriedigter Spannung erhält, zaubert er sich die fehlende Vollkommenheit im Spiel hervor, bildet er sich eine Welt im Kleinen, worin das kosmische Gesetz in engster Beschränktheit, aber in sich selbst abgeschlossen, und in dieser Beziehung vollkommen, hervortritt; in diesem Spiel befriedigt er seinen kosmogonischen Instinkt.
> Schafft ihm die Einbildungskraft diese Bilder, indem sie einzelne Naturscenen so vor ihm zurecht legt, erweitert und seiner Stimmung anpasst, dass er im einzelnen die Harmonie des Ganzen zu vernehmen glaubt und durch diese Illusion für Augenblicke der Wirklichkeit entrissen wird, so ist diess Naturgenuss, der vom Kunstgenuss eigentlich prinzipiell nicht verschieden ist, so wie denn auch das Naturschöne (da es erst entsteht durch die Empfänglichkeit und selbst durch die vervollständigende Phantasie des Beschauers) dem allgemeinen Kunstschönen als untere Kategorie zufällt.«[363]

---

362 Nachgelassene Fragmente. Sommer – Herbst 1873, KSA 7.632 f.

363 Semper: Stil I, Prolegomena, XXI f.

Diese Passage zeigt einmal mehr, welche Nähe zwischen den Gedanken Nietzsches und denen Sempers besteht. Daß Nietzsche auch seinen engsten Freunden die Lektüre Sempers ans Herz legt, beweist, daß er diesen hochgelehrten Architekten als eine Entdeckung bewunderte. Sie mit Freunden zu teilen, hatte den Vorzug, daß man auf diesem Wege auch selbst besser verstanden und gewürdigt werden mochte. Von Nietzsches Begeisterung für Semper wurde offenbar Cosima Wagner als erste angesteckt. Mit der Zusendung des Vortrags »Ueber Baustile« im August 1869 initiiert Nietzsche förmlich die Semper-Lektüre auf Tribschen. Im Dezember des gleichen Jahres, zu der Zeit als Nietzsche seine Vorträge über das Griechische Musikdrama und Sokrates vorbereitet, greift auch Cosima Wagner zum »Stil« und beschäftigt sich, wie sie ihrem Tagebuch anvertraut, »mit Semper's Textil-Kunst, wobei R. lacht und mich »du Kunstseele« nennt.«[364] Auch Sempers »Polychromie-Schrift«, der Nietzsches »Musikdrama« etliche Anregungen verdankt, wird laut Tagebuch im Sommer 1871 studiert.[365] Daß Nietzsche die beiden Vorträge Cosima Wagner widmet, ist durchaus als Zeichen für geistige Anteilnahme zu interpretieren. Auch Sempers Schrift über »Industrie, Kunst und Wissenschaft« wird im Sommer 1871 in Cosima Wagners Tagebuch als fesselnde Lektüre registriert.[366]

Selbstverständlich hatte Nietzsche auch seinem Freund Gersdorff den »Stil« ans Herz gelegt. Das geht aus dem Gratulationsbrief hervor, den dieser an Nietzsche zum 28. Geburtstag am 15. Oktober 1872 richtet. Hier berichtet Gersdorff, was nach Erfüllung einer längst angetragenen Lektürepflicht klingt und zugleich auch nach der Bestätigung einer damit verbundenen Erwartung:

> »(...) Inzwischen habe ich endlich auch Sempers herrlichen »Stil« vorgenommen; die würdigste und fruchtbarste Propädeutik für bildende Kunst. Das trägt den Stempel des Genies auf jeder Seite; wie ärmlich sind daneben die Aesthetiker, mit ihren abgedroschenen Phrasen.«[367]

Direkte Spuren von Nietzsches Empfehlungen der Semper-Lektüre lassen sich bis zum Dezember 1875 nachweisen. Von der bereits erwähnten Ausleihe des »Stil« aus der Universitätsbibliothek Basel am 8. Dezember 1875 läßt sich sogar eine unmittelbare Nachwirkung der Lektüre rekonstruieren. Am Tag der Semper-Ausleihe verabschiedet Nietzsche auch seinen Schüler Albert Brenner, der zur Reise nach Italien aufbricht. Noch am selben Tag schreibt Nietzsche an seinen Freund Erwin Rohde in Kiel:

---

[364] Cosima Wagner: Die Tagebücher, I. 176, Eintr. vom 7. Dezember 1869.

[365] Ebenda, I. 398, Sonntag 11. Juni 1871: »Dann Spaziergang nach der Stadt; wobei Besprechung der Polychromie Semper's, weil ich jetzt dessen Broschüre über diesen Gegenstand lese.«

[366] Ebenda, I. 416, Mittwoch, 19. Juli 1871: »Am Nachmittag bearbeitet R. seine Biographie, ich lese Semper's Broschüre von Industrie, Kunst und Wissenschaft, die mich sehr fesselt.«

[367] Carl von Gersdorff an Nietzsche in Basel, (Berlin,) 14. 10. 1872, NB II.4, 88.

> »Mein Schüler Brenner ist leidend und mußte fort nach Catania; ich habe ihm für Frl. v. Meysenbug Grüße mitgegeben.«[368]

Offensichtlich stand Nietzsche, als er Brenner verabschiedete, noch unter dem Eindruck der erneuten Semper Lektüre, denn er muß seinem Schüler zum Abschied die Empfehlung mit auf den Weg gegeben haben, auch die in Rom lebende Schriftstellerin Malwida von Meysenbug, eine alte Freundin Wagners und auch eine Freundin Nietzsches, mit Sempers »Stil« bekannt zu machen. Wohl aus diesem Grund setzt Brenner, der sich einige Wochen später brieflich meldet, bei Nietzsche die beflissenen Zeilen ab:

> »(...) Jeder Dienst, den ich andern zu leisten gewillt bin, mahnt mich an meine Unfähigkeit. So habe ich angefangen Fräulein von Meysenbug aus Semper's Stil vorzulesen, eine Schrift, die mich sehr anregte; nun wollen meine Halsnerven in Gemeinschaft mit dem Kopfe nicht mehr.«[369]

Mit der im »Stil« ausgesprochenen Empfehlung, man solle ein »gutes Bild nicht zu lange anglotzen. Du hast mit einer Anschauung genug, die solange währt, bis der Nacken ermüdet«,[370] hätte Nietzsche seinem Schüler antworten können, auch den »Stil« getrost beiseite zu legen, wenn einem der Nacken ermüdete. Sempers praktische Ästhetik berücksichtigte, womit Nietzsche nach 1878 ganz besonders sympathisiert, auch das Argument der Physiologie.

Zu welchem Zweck Nietzsche im Dezember 1875 wieder auf den »Stil« zurückgreift, ist nicht unmittelbar nachzuvollziehen. Vielleicht dient die Lektüre der Vorbereitung seiner Vorlesung über »Altertümer der religiösen Cultur der Griechen«, die für das Wintersemester 1875/76 als dreistündige Lehrveranstaltung verzeichnet ist.[371] Aus diesem Zusammenhang könnte sich auch das Interesse an den Schriften des Altertumskundlers und Bauforschers Karl Boetticher erklären, der auch auf Semper einen maßgeblichen Einfluß hatte. Die Ausleihe der Schriften Boettichers geht der des »Stil« unmittelbar voran.[372]

Auch mit der Weihnachtspost des Jahres 1875 wird Nietzsche aus Bayreuth der Name Semper wieder zugetragen. Cosima Wagner kolportiert Neuigkeiten aus Wien.[373] Dort hatten die Wagners am 29. November »in heitrer Stimmung« und

---

[368] Nietzsche an Erwin Rohde. Basel 8. 12. 1875, SB 5.127.

[369] Albert Brenner aus Rom an Nietzsche in Basel, 13. 1. 1876, NB II.6/1, 272. Brenner stirbt 17. Mai 1878 an Schwindsucht.

[370] Semper: Stil, I. 70.

[371] Curt Paul Janz: Friedrich Nietzsches Lehrtätigkeit in Basel 1869–1879, in: David Marc Hoffmann, Hrsg.: Nietzsche und die Schweiz, Zürich 1994, 25 ff.

[372] Crescenci: Verzeichnis, 1994, dort folgende Ausleihen von Boetticher: 9. 7. 1875 und 21. 9. 1875: Der Baumkultus der Hellenen, Berlin 1856; 19. 10. 1875 Die Tektonik der Hellenen, 2 Bde. Potsdam 1844–1852; 20.10.1875: Der Zophorus am Parthenon hinsichtlich der Streitfrage über seinen Inhalt und dessen Beziehung auf dieses Gebäude, Berlin 1875.

[373] Cosima Wagner aus Bayreuth an Nietzsche in Basel, 26. 12. 1875, NB II.6/1, 261: »Wenn

alter Verbundenheit den 72. Geburtstag von »Meister Semper« gefeiert. Vielleicht war es jetzt Nietzsche, den man an Sempers Tafel in Wien vermißt hatte. Für Cosima Wagner gehörten diese Namen auf magische Weise zusammen. Einen Tag nach ihrem Schreiben an Nietzsche greift sie wieder zu dem von Nietzsche auf Tribschen eingeführten Vortrag Sempers »Ueber Baustile«.[374]

Semper-Oper Dresden.
Dionysos mit Ariadne auf Panthergespann.

Sie hier wären würde ich Ihnen viel von Wien erzählen. (...) Brahms gesehen und gehört, rechne ich auch zu den Verba-volent-Dingen! Semper, Holtzendorff weniger, doch müssten Sie mehr Zeit und Papier haben, als, (wie) ich merke, mir von dem Bogen übrig bleibt. Also nur noch Glückwünsche, die herzlichsten und wärmsten!«

[374] Cosima Wagner: Die Tagebücher, I. 951, Montag 29. November 1875: »Wir feiern heute Semper's Geburtstag, am abend bei seiner Tochter mit einigen Professoren; R. ist in sehr heitrer Stimmung, Meister Semper gleichfalls, sie entsinnen (sich) der gemeinsamen Erlebnisse in Dresden, namentlich in der Revolutionszeit.« – Ebenda, I.956, Montag 27. Dezember 1875: »Abends in Sagen von Grimm und in der Broschüre Semper's über die Baustile gelesen.«

Giovanni Battista Piranesi: Tempel des Bacchus,
heute S. Urbano, aus den Vedute di Roma.

II

Vom Glaubensgebäude der Metaphysik zur Architektur der Erkennenden

1

Umbau statt Überbau: Der Stein als Stein

Mit der Ablösung von den Wagnerschen Kunstidealen und der Distanzierung von der Schopenhauerschen Philosophie macht Nietzsche den Schritt in die geistige Unabhängigkeit. Dieser Aufbruch wird auch von einem einschneidenden Wandel der Lebensumstände begleitet. Von notorischen Krankheitsanfällen geplagt, des akademischen Lehramtes und der Philologie längst überdrüssig, legt Nietzsche 1879 seine Professur endgültig nieder und wird auf eigenen Wunsch aus der Basler Universität entlassen. Der Philologe verläßt das Haus der Wissenschaft und begibt sich auf Wanderschaft, immer auf der Suche nach einem Ort, der Körper und Geist gleichermaßen günstig gesonnen ist, einem »Ort, in dem ich möglich bin.«[375] Zwischen dem Norden und dem Süden, dem Hochgebirge und dem Meer pendelnd, begibt sich Nietzsche auf die Suche nach sich selbst und einer »Umgebung die zu mir paßt, ich meine zu meinem Werke!«[376] In diesem Jahrzehnt periodisch wechselnder Lebensorte und Gedankenlandschaften, wandert er u.a. zwischen Sils-Maria, Genua, Rom (»...kein Ort für mich – so viel steht fest...«[377]), Florenz (»...paßt nicht...«[378]), Nizza (»...auf die Dauer nicht möglich...«[379]), ehe die Odyssee des einsamen Freigeistes und Märtyrers, der sich selbst der Leidenschaft des Erkennen-Wollens opfert, im Januar 1889 mit dem Zusammenbruch in Turin endet: der Stadt, die Nietzsche in Briefen nicht müde wird, als »meinen Instinkten

[375] An Heinrich Köselitz in Venedig, Turin (20. April 1888), SB 8.299.

[376] An Franziska Nietzsche in Naumburg, Nizza, 29. Januar 1885, SB 7.8.

[377] An Heinrich Köselitz in Venedig, (Rom, 10. Mai 1883), SB 6.374.

[378] An Elisabeth Förster in Naumburg, (Florenz, 7. November 1885), SB 7.106.

[379] An Franziska und Elisabeth Nietzsche in Naumburg, (Nizza, Anfang Januar 1885), SB 7.3.

schmeichelnd«[380] und als »die einzige Großstadt, die ich gern habe«[381] zu lobpreisen und von der er sagen wird: »Turin ist kein Ort, den man verläßt.«[382]

Auch in der Art des Schreibens zeichnet sich die Veränderung des Lebenswandels ab. »Wagner in Bayreuth« von 1876 ist vorerst die letzte Veröffentlichung, die in der herkömmlichen Form eines systematisch gegliederten durchgehenden Textes verfaßt ist. Mit »Menschliches, Allzumenschliches«, das im Frühjahr 1878 erscheint und dem Andenken des großen Aufklärers Voltaire gewidmet ist, wechselt Nietzsche die literarische Gangart. Der Aphorismus bestimmt fortan seine Schriften, mit Ausnahme des »Zarathustra«, der als poetisches Werk, als ein großes Lied komponiert ist. Erst in der »Genealogie der Moral« von 1887 knüpft Nietzsche wieder an die durchgehende Schreibart seiner Frühschriften an. »Menschliches, Allzumenschliches«, während des Genesungsurlaubs im Winteraufenthalt 1876/1877 in Sorrent entstanden, verkörpert den neuen Typus der literarischen Produktion, die nicht in der Gelehrtenbibliothek, sondern im Freien entsteht. Auf stundenlangen Spaziergängen führt Nietzsche sein einsames Zwiegespräch mit sich selbst und der Welt und füllt seine Notizbücher mit Frischluftgedanken zum Zwekke der späteren Niederschrift.

Auch Nietzsches Denkweise drängt ins Freie. Herausgetreten aus dem systematischen Wahrheitsgebäude der Wissenschaft, setzt er sich selbst dem Experiment eines rastlosen Denkens aus, das den Blick vorurteilslos schweifen läßt, um eine Vielzahl von Einzelperspektiven zu gewinnen, die systematisch ausgelotet und kritisch betrachtet werden wollen. Mit schonungslos entlarvendem Blick tritt Nietzsche der Welt illusionslos gegenüber, und in dieser kalten Leidenschaft zur Erkenntnis will er jetzt selbst noch einen Sokrates überbieten. Aphorismus und Epigramm werden die Waffen, mit denen Nietzsche als Jäger und Sammler unerschrocken ins Weite zieht und Beute macht. Von seiner brillanten Denk- und Sprachkunst werden die Gegenstände zu tiefgründig funkelnden Juwelen des Erkenntnis- und Darstellungsvermögens geschliffen, die wie ein Mikroskop einen Blick in neue Dimensionen freigeben.

Den wissenschaftlichen Ehrgeiz, ein Gedankengebäude im herkömmlichen Sinn als Ganzes zu errichten, hat Nietzsche ad acta gelegt. Der leidenschaftliche Geist der Musik hatte die Architektur der Vernunft und ihren Systemgedanken in Frage gestellt. Jetzt wird der kritische Blick auf die Architektur des Ganzen aus der entgegengesetzten Perspektive leidenschaftlicher Nüchternheit geworfen. Der Enthusiast einer kalten, stählern-harten Erkenntnis löst den dionysischen Schwärmer ab. Alles Pathos, alle hohen Ideale, alle mystische Verklärung, geschehe sie im Namen der Kunst oder der Wissenschaft, wird Nietzsche suspekt. Er bekennt, in die Kunst

---

[380] An Georg Brandes in Kopenhagen, Torino, den 10. April 1888, SB 8.288.

[381] An Franz Overbeck in Basel, Torino, 10. April 1888, SB 8.292.

[382] An Meta von Salis auf Meschlins, Turin, den 14. Nov. 1888, SB 8.472.

verliebt und somit blind gewesen zu sein.[383] Angewidert von dem Kult um die Person und von dem quasi-religiösen Bayreuther Kunstgebaren wendet er sich von Wagner und der Musik ab. Kunst und Künstler verlieren ihre privilegierte Position. Die Suggestionen der Kunst, auch die der Architektur, werden ihm jetzt grundsätzlich verdächtig. Der Künstler erscheint als »Verherrlicher der religiösen und philosophischen Irrthümer der Menschheit«[384] von schwächerer Moralität in Bezug auf den Wahrheitssinn als der Denker, denn in der Wissenschaft lügt es sich schwerer als in der Kunst. Völlig konträr zur dionysischen Auffassung vom wissenschaftlichen Menschen als dem Grundübel moderner Kulturlosigkeit, verkündet der aus dem Wissenschaftsbetrieb geflüchtete Nietzsche:

> »Der wissenschaftliche Mensch ist die Weiterentwickelung des künstlerischen.«[385]

Der Stärke des Gefühls, dem dionysischen Kapital seines Kunsthaushaltes, begegnet Nietzsche mit besonderem Mißtrauen. Für die Erkenntnis verbürge »das starke Gefühl« nichts »als sich selbst, ebenso wie der starke Glaube nur seine Stärke, nicht aber die Wahrheit des Geglaubten beweist.«[386] Leidenschaft erscheint Nietzsche jetzt als Zeichen der Schwäche. Von Jacob Burckhardt übernimmt er das Schlüsselargument, daß eine Kunst, die sich in ihren Mitteln einschränke, in ihrem Wesen mächtig sein müsse.[387] Dementsprechend diagnostiziert er für Wagners »Cultus des Excesses«[388] die »Angst dass man den Wagnerischen Figuren nicht glaubt, dass sie leben: sie gebärden sich deshalb so toll.«[389]

Ebenso schonungslos wie das Prinzip des Gefühls, das der Kunst zugrunde liegt, wird auch das Prinzip der Kausalität, nach dem die Wissenschaft ihr kunstvolles Systemgebäude der Sinn-Totalität errichtet, unter die Lupe genommen. Im Zusammenhang mit der kritischen Betrachtung der Architektur der Vernunft wirft Nietzsche auch einen neuen Blick auf die Architektur als die Kunst des Bauens. Es geht nicht mehr darum, sie mit dionysisch-musikalischer Gewalt von der Erstarrung zu befreien, sondern die metaphysische Komplizenschaft als den Kern ihrer Wir-

---

383 Nachgelassene Fragmente. Frühling – Sommer 1878, KSA 8.500: » Ich war verliebt in die Kunst mit wahrer Leidenschaft und sah zuletzt in allem Seienden nichts als Kunst — im Alter, wosonst vernünftigermaassen andere Leidenschaften die Seele ausfüllen.«

384 Menschliches, Allzumenschliches I, »Aus der Seele der Künstler und Schriftsteller«, Aphor. 220, KSA 2.180.

385 Ebenda, Aphor. 222, KSA 2.186.

386 Menschliches, Allzumenschliches I, »Von den ersten und letzten Dingen«, Aphor. 15, KSA 2.36.

387 Siehe Nachgelassene Fragmente. Sommer 1878, KSA 8.533: »›Wo die Kunst aber sich in ihren Mitteln einschränkt, muss sie in ihrem Wesen mächtig sein.‹ Jacob Burckhardt.«

388 Nachgelassene Fragmente. Frühling – Sommer 1878, KSA 8.496.

389 Nachgelassene Fragmente. Sommer 1878, KSA 8.532.

kungsmacht bloßzulegen. Der »Anhauch der Architektur«, dieser schöne Begriff, den Nietzsche im Zusammenhang mit der Betrachtung der religiösen Wirkung des Kirchenraumes auf unser Gemüt prägt,[390] soll entzaubert werden. Das gilt für das abstrakte Wahrheitsgebäude der Philosophen ebenso wie für das vom Architekten errichtete reale Gebäude in Stein.

Mit »Menschliches, Allzumenschliches« wird der Abschied vom bauenden Philosophieren eingeläutet, das unter dem Bann der großen Wahrheit steht, deren metaphysisches Fundament auf dem Prinzip der Kausalität von Ursache und Wirkung beruht. Von der Wirkung auf eine Ur-Sache, also auf ein »Ding-an-Sich« oder ein Wesen hinter der Erscheinung zu schließen, sei zwar menschlich, allzumenschlich, weil der Mensch ein wahrheitsverlangendes und somit illusions- und täuschungsbedürftiges Wesen ist, das nach letzten Dingen verlangt. Bei kaltem Verstand besehen, stelle das Ursache-Wirkung-Denken aber nichts anderes dar als gedanklich »unsauberes Schliessen«, belegt es doch nur den Glauben an eine metaphysische Welt, nämlich an eine hinter der Welt existierende Welt. In diesem Glauben an ein Jenseits als Ursache für das Diesseits liegt für Nietzsche der »Erbfehler der Philosophen.«[391] Ähnliches gilt auch für alle Kunst, die in diesem Glauben die Harmonie des Daseins verleugnet und sie hinter die Welt verlegt.

Die Beschaffenheit dieser »Hinterwelt«[392] und die Psychologie dieser »Hinterweltler und Metaphysiker«[393] will Nietzsche bloßlegen. Sein Rigor, das Denken konsequent von allen Glaubensartikeln zu reinigen, macht vor der Architektur nicht Halt. Sie verkörpert seit Descartes und Kant die Grundlage des modernen Systemglaubens der Wissenschaft. Mit »Architektonik« hatte Kant in seiner »Kritik der reinen Vernunft« die »Kunst der Systeme« bezeichnet. In dem berühmten Satz, »Das Ganze ist also gegliedert (articulatio) und nicht gehäuft (coacervatio)«, stellt Kant die systematische Einheit als das entscheidende Kriterium heraus, durch welches sich erst die »gemeine Erkenntnis« zur Wissenschaft, also zur »reinen« Vernunft, erhebe. Dabei trifft Kant die folgende Unterscheidung:

---

[390] Menschliches, Allzumenschliches I, »Das religiöse Leben«, Aphor. 130, KSA 2.123: »Fortleben des religiösen Cultus« im Gemüth – (...) Eine durch tiefe Töne erzitternde Kirche, dumpfe, regelmässige, zurückhaltende Anrufe einer priesterlichen Schaar, welche ihre Spannung unwillkürlich auf die Gemeinde überträgt und sie fast angstvoll lauschen lässt, wie als wenn eben ein Wunder sich vorbereitete, der Anhauch der Architektur, welche als Wohnung einer Gottheit sich in's Unbestimmte ausreckt und in allen dunklen Räumen das Sich-Regen derselben fürchten lässt, — wer wollte solche Vorgänge den Menschen zurückbringen, wenn die Voraussetzungen dazu nicht mehr geglaubt werden?«

[391] Menschliches, Allzumenschliches I, »Von den ersten und letzten Dingen«, Titel von Aphor. 2, KSA 2.24.

[392] Ebenda II, Vermischte Meinungen und Sprüche, Aphor. 17, KSA 2.386.

[393] Nachgelassene Fragmente. Sommer 1878, KSA 8.544.

»Unter der Regierung der Vernunft dürfen unsere Erkenntnisse überhaupt keine Rhapsodie, sondern sie müssen ein System ausmachen, in welchem sie allein die wesentlichen Zwecke derselben unterstützen und befördern können. Ich verstehe aber unter einem Systeme die Einheit der mannigfaltigen Erkenntnisse unter einer Idee.«[394]

Wissenschaft ist Systembau und keine Lyrik, und Architektonik ist keine Rhapsodie. Mit dieser Erkenntnis spricht Kant der wissenschaftlichen Vernunft eine quasi-musikalisch lebendige Gestalt in Form sich zwanglos aneinanderreihender Einzelgesänge ab. Der erhabene Gliederbau der Architektonik eines fest gefügten Ganzen ist ihre angemessene Gestalt. Dieses Modell hatten Wagner und Nietzsche schon mit dem gewaltsamen »architektonischen« Übergang in der Entwicklung der Sprache verurteilt. Jetzt stellt Nietzsche mit der Abkehr von der Metaphysik den Systemgedanken mit anderen Argumenten in Frage. Der Geist der Wissenschaft, so Nietzsches Argument, sei immer nur im Teil, nicht aber im Ganzen mächtig.[395] Vom Ganzen aber könne man ebenso wie von »der metaphysischen Welt gar Nichts aussagen, als ein Anderssein, ein unzugängliches, unbegreifliches Anderssein.«[396] In der dem Menschen zugänglichen Welt ist alles historisch geworden. Folglich kann es in ihr keine ewigen Tatsachen und absoluten Wahrheiten geben, geschweige denn, daß sie – sollten sie im Apriori oder An-sich möglicherweise tatsächlich existieren – außerhalb, oder hinter dieser Welt erkannt werden könnten. Erkenntnis kann immer nur innerhalb der Bedingung des menschlichen Daseins und seiner ihm durch die Sinne gegebenen Wahrnehmungs- und Erkenntnismöglichkeiten stattfinden, und nicht außerhalb: »Die Welt, soweit wir sie erkennen können, ist unsere eigene Nerventhätigkeit, nichts mehr.«[397]

Nicht das Sich-Berauschen am Pathos hoher Ideale und absoluter Wahrheiten soll den Forscher motivieren, sondern die Schätzung und Erkundung der unmittelbar auf das Dasein bezogenen »kleinen Dinge«, der »Grundangelegenheiten des Lebens selber«.[398] Die »menschlich, allzumenschlichen« Angelegenheiten sollen in den Mittelpunkt des Denkens rücken und den Glauben an die »große« Wahrheit ablösen. Der Perspektivwechsel, den Nietzsche fordert, entspricht dem wissen-

---

[394] Immanuel Kant: Kritik der reinen Vernunft, 2. Teil, in: Werke in zehn Bänden. Hrsg. von Wilhelm Weischedel, Band 4, Darmstadt 1956, 695 f. – Eine außerordentlich anregende Untersuchung über Kants Metapher der Architektonik mit Bezug auf die Theorien der perspektivischen Zeichnung in den Traktaten der Renaissance unternimmt Thilo Eichberger: Kants Architektur der Vernunft. Zur methodenleitenden Metaphorik der Kritik der reinen Vernunft, Freiburg/München 1999.

[395] Siehe: Menschliches, Allzumenschliches I, »Von den ersten und letzten Dingen«, Aphor. 6: Der Geist der Wissenschaft im Theil, nicht im Ganzen mächtig, KSA 2.27.

[396] Ebenda, Aphor. 9, KSA 2.29.

[397] Nachgelassene Fragmente. Frühjahr 1880 – Frühjahr 1881, KSA 9.436.

[398] Ecce Homo. Wie man wird, was man ist, »Warum ich so klug bin.« 10, KSA 6.296.

schaftsgeschichtlichen Paradigmenwechsel vom metaphysisch begründeten Systemgedanken zu den Erfahrungswissenschaften, wie er sich seit den sechziger Jahren des 19. Jahrhunderts vollzieht. Einzelwissenschaften, wie Psychologie und Physiologie, entstehen als neue akademische Disziplinen. Die Erforschung der Gesetzmäßigkeiten der Sinneswahrnehmung und Täuschungen beschäftigen die moderne Naturwissenschaft, die durch Forscher, wie Mach, Pettenkover, Helmholtz, Fechner, Wundt u. a. begründet wird.

Auch werden die philosophischen Konsequenzen der modernen Erfahrungswissenschaften zu dieser Zeit lebhaft diskutiert. Die Einsicht, daß alle Erfahrung zunächst innere Erfahrung ist, führt zu dem Schluß, daß der Weg der Erkenntnis von den Vorstellungen in uns auf die Erkenntnis der Dinge außer uns führt. Die moderne Naturwissenschaft liefert den Beweis für Nietzsches Satz, daß die Welt und das Dasein für uns nur als ein ästhetisches Phänomen existiert. Nietzsches Interesse an diesen neuen Zweigen der Wissenschaft wächst so stark, daß er sich sogar mit dem Gedanken trägt, für ein Jahr nach Paris zu gehen, um dort Naturwissenschaften zu studieren. In der Betrachtung der Kunst hatte diese Loslösung vom Idealismus und die Hinwendung zu materiellen, kulturellen und lebenspraktischen Notwendigkeiten und Nützlichkeiten bereits ihren Niederschlag gefunden. Semper und Burckhardt sind hierfür die stärksten Zeugen. Aber auch bei anderen geschätzten Denkern wie Lotze, Carriere oder Taine konnte Nietzsche für seine Betrachtungsweise der Einbeziehung allgemeiner kultureller »Grundangelegenheiten des Lebens«, wie etwa Kleidung, Ernährung und Umgebung, Unterstützung finden. Jeder dieser Autoren unternahm es, die Kunst aus einer wissenschaftlichen Perspektive zu deuten, in der die Erklärung der kulturellen Funktion und Wirkung der künstlerischen Form als Prämisse den Vorrang vor ihrer metaphysischen Begründung hat. Bereits 1876 ist Nietzsche dieser paradigmatische Unterschied bewußt, wenn er für sich notiert:

> »Die Kunst nach den Wirkungen und nach den Ursachen beurtheilen – zwei Aesthetiken!«[399]

Erst ab 1880 wird die Architekturtheorie durch die Schriften von Adamy, Maertens, Wölfflin, Göller und Schmarsow dieser Akzentverlagerung Rechnung tragen, die Adolf Hildebrand, ein früher Nietzsche-Leser, in seiner berühmten Schrift »Das Problem der Form« 1893 mit der Unterscheidung von »Wirkungsform« und »Daseinsform« begrifflich zu fassen versuchte.[400] Der Schlüsselsatz

---

[399] Nachgelassene Fragmente. 1876 bis Winter 1877/1878, KSA 8.310.

[400] Adolf Hildebrand: Das Problem der Form in der bildenden Kunst, Strassburg 1893. – Dem Briefwechsel zwischen Hildebrand und dem befreundeten Kunsttheoretiker Conrad Fiedler kann man entnehmen, daß Nietzsche sehr früh wahrgenommen wurde. Bereits im August 1876 schreibt Fiedler an Hildebrand: »Wenn Du wissen willst, was Kunst ist, so lies »Richard Wagner

Hildebrands lautet: »Im Kunstwerk existiert die Daseinsform nur als Wirkungsrealität.«[401] Mit ihm ist auch der ästhetische Nerv von Nietzsches Philosophieren getroffen.

Aus der Optik der modernen Wissenschaft erscheint der Systembau als fragwürdig. Schon 1876 vertritt Wilhelm Wundt in seiner Schrift »Ueber den Einfluss der Philosophie auf die Erfahrungswissenschaften« den Standpunkt, daß die modernen Einzelwissenschaften zwar nach einer einheitlich zusammenhängenden Weltanschauung strebten, dies Streben aber durch keines der vorhandenen Systeme befriedigt werden könne.[402] Insofern greift Nietzsche nicht ins Leere, wenn er behauptet, daß »uns Allen der geistreiche Blick jetzt mehr gelten darf, als der schönste Gliederbau und das erhabenste Bauwerk.«[403] Auch der aphoristisch-rhapsodische Denk- und Schreibstil war damit legitimiert.

Daß Denken und Bauen sich grundsätzlich nicht gut miteinander vertragen, weil das Bauen eines festen Grundes als Voraussetzung bedarf, das Denken aber, wenn es tatsächlich konsequent zu Werke gehen will, alles Festgeglaubte immer in Frage stellen und zerdenken muß, hatte Nietzsche bereits Ende 1870 mit dem sokratischen Satz zum Ausdruck gebracht, das philosophische Denken könne »nicht bauen, sondern nur zerstören.«[404] In »Wahrheit und Lüge im aussermoralischen Sinne« war die Spaltung eines Gedankens durch ein Bauen, das zerstört, schon als Vorwurf ausgesprochen worden, nämlich als die beklagenswerte Verwässerung des dionysischen Mythos, dem die Schöpfungsvollmacht gehörte. Jetzt greift Nietzsche den Baugedanken als solchen an. Die Kantsche Idealkonstruktion eines auf festem Grund als Ursache und als gesichertem Ganzen in die Höhe geführten »Turmbaus« der reinen Vernunft wird nicht mehr als Begräbnisstätte der Anschauung kritisiert, sondern unter nüchternen Blickwinkel ästhetisch entzaubert. Nietzsche will den »Anhauch« der Architektur als eine metaphysische Konstruktion entlarven, deren Logik es als architektonische Aussage vor allem auf ästhetische Wirkung, nämlich die Schönheit der Kausalität und die Pracht der Gesetzmäßigkeit jener »Hinterwelt« abgesehen hat. Wirkliche Erkenntnis und Ein-

---

in Bayreuth« von Friedr. Nietzsche. Übrigens sollte Wagner der Alliteration wegen Richard Ragner heißen.« – Am 5. 9. 1887 schreibt Hildebrand an Fiedler: »Hast Du Jenseits von Gut und Böse von Nietzsche in der Hand gehabt? Es sind sehr gute Gedanken darin, wenn er nur nicht so zopfig und gehäuft schriebe, man tanzt beständig auf hohen Wellen herum.« – Am 6. 8. 1888 schreibt Hildebrand an Fiedler: »Lese Nietzsches Genealogie der Moral. Ekliger Kerl, aber sehr wahre Gedanken.« – In: Günther Jachmann, Hrsg.: Adolf von Hildebrands Briefwechsel mit Conrad Fiedler, Dresden (1927), 62, 257, 270.

[401] Hildebrand: Problem der Form, 1893, 27.

[402] Edmund König: W. Wundt als Psycholog und Philosoph, Stuttgart 1902, 38.

[403] Menschliches, Allzumenschliches I, »Von den ersten und letzten Dingen«, Aphor. 3, KSA 2.26.

[404] Nachgelassene Fragmente. Ende 1870 – April 1871, KSA 7.140.

sicht muß also auch die Suggestionen und Illusionsmittel der Vernunft selbst aufdecken.

Folglich betrachtet Nietzsche die Kunst unter der Optik der Wissenschaft und die Wissenschaft unter der Optik der Kunst. Aufgabe ist es, die Täuschungsmechanismen beider zu entzaubern. Menschliche Eitelkeit regiert in beiden Disziplinen. In der Kunst ist es vorzüglich die Musik, für deren berauschenden metaphysischen Zauber der Mensch ganz allgemein anfällig ist. In der Wissenschaft ist es der verführerische Anblick einer imponierenden Wahrheitsarchitektur, an der sich der Mensch der Vernunft berauschen und selbst bewundern will.

Mit Seitenblick auf Kants »Architektonik der reinen Vernunft« erklärt Nietzsche, »dass alle Philosophen unter der Verführung der Moral gebaut« hätten. Ihre Absicht zielte zwar auf Gewißheit und auf Wahrheit, in Wirklichkeit ginge es ihnen aber um »majestätisch sittliche Gebäude« und auch darum, so wird Kant zitiert, »den Boden zu jenen majestätischen sittlichen Gebäuden eben und baufest zu machen.«[405] Kant selbst hatte aber auch den architektonischen Blick auf das Wissenschaftsgebäude gefordert, denn es genügte nicht, jede Wissenschaft für sich als ein System zu zu betrachten und seine jeweiligen technischen Bauprinzipien zu berücksichtigen,

> »(...) sondern man muß mit ihr, als einem für sich bestehenden Gebäude, auch architektonisch zu Werke gehen, und sie nicht wie einen Anbau und als einen Teil eines anderen Gebäudes, sondern als ein Ganzes für sich behandeln, ob man gleich nachher einen Übergang aus diesem in jenes oder wechselseitig errichten kann.«[406]

Grundsätzliche Skepsis erscheint daher gegenüber allen Arten von Gebäuden und Architekten gleichermaßen angebracht, gleichgültig, ob sie aus der Gegenwart oder der Vergangenheit stammen. Das nach den »hohen« Idealen einer großen Wahrheit und für die Ewigkeit errichtete, seligmachen-sollende Glaubensgebäude der Vernunft entlarvt Nietzsche als eine an pathetischen Idealen ausgerichtete, pathologische Kunstform, deren Glaubwürdigkeit dahingegangen sei. So wie er nicht mehr glauben will, »dass Wahrheit noch Wahrheit bleibt, wenn man ihr die Schleier abzieht,«[407] kann auch der Bau als Bau nicht mehr fortbestehen, sondern muß als Täuschung in sich zusammenstürzen, wenn man ihm seine metaphysische Prämisse als Grund und Ursache entzieht. Als Konsequenz davon sieht Nietzsche einen großen Trümmerhaufen um sich herum entstehen, bei dessen Anblick er sich fragt:

---

[405] Vorrede zur zweiten Ausgabe der Morgenröthe, KSA 3.13 f.

[406] Immanuel Kant: Kritik der Urteilskraft, in: Werke in zehn Bänden, hrsg. von Wilhelm Weischedel, Darmstadt 1957, 8. 494 f.

[407] Vorrede zur zweiten Ausgabe der Fröhlichen Wissenschaft, KSA 3.352.

»Woran liegt es doch, dass von Plato ab alle philosophischen Baumeister in Europa umsonst gebaut haben? Dass Alles einzufallen droht oder schon in Schutt liegt, was sie selber ehrlich und ernsthaft für aere perennius hielten?«[408]

In der ästhetischen oder moralischen Wirkungsmacht der Wahrheit über das logische Urteil liegt der Grund, daß »wir Philosophen seit ein paar Jahrtausenden wie auf dem sichersten Grunde zu bauen pflegten, — immer wieder, obwohl jedes Gebäude bisher einstürzte (...).«[409] Das unlösbare Dilemma allen Bauens ist, daß es ohne einen festen Grund, also ohne irgendeine metaphysische Prämisse als Ursache überhaupt kein Bauen geben kann. Wirkliche Erkenntnis darf daher nicht mehr unter dem Zweckaspekt des Aufrichtens von neuen Wahrheitstäuschungen stehen, sondern muß die Infragestellung der vorhandenen Wahrheiten zur Verhinderung von Selbsttäuschung betreiben. Systematische Desillusionierung, Entlarvung und Zertrümmerung bestimmen das Geschäft einer schonungslos aufklärerischen Praxis.

Für Nietzsche bedeutet dies, die Verführungskünste und falschen Sicherheitsversprechen der Baukunst systematisch zu untergraben und vom Bauen vorerst Abstand zu nehmen. Philosophie und Kunst sollen nicht mehr versprechen, als sie auch tatsächlich halten können. Nietzsches Philosophieren verweigert sich der Architektonik der geschlossenen und begrenzten Form eines begründeten Ganzen und bevorzugt stattdessen die im Kantschen Sinn »rhapsodische« Form der Sammlung einzelner beweglicher Motive, die sich als freigeistige Aphorismen oder Einzelgesänge an bestimmte Fragestellungen anlagern. Nietzsches Kompositionen sind damit in einem ähnlich Sinn aufgesprengt und »malerisch« unverbunden und fürchten »die Versteinerung, die Krystallisation«, kurzum, »den Uebergang (...) ins Architektonische«, wie er es im gleichen Atemzug in »Menschliches, Allzumenschliches« der Wagnerschen Musik zum Vorwurf macht.

Illusionsloses Denken bedeutet, Abstand vom Bauen und dem trügerischen Anschein zu nehmen, es gäbe letztgültige, sichere Fundamente, auf die man Vertrauen und »ewige« Werke gründen könne. Damit ist aber noch keineswegs entschieden, ob denn die »kleinen«, unscheinbaren Wahrheiten ein Vertrauen erzeugen können, auf dem es sich noch bauen läßt; ferner besteht hier das grundsätzliche Problem als solches weiter fort, denn auch kleine Wahrheiten kommen nicht ganz ohne Metaphysik aus.

Nietzsche beginnt folglich seine Betrachtungen zum Bauen mit der Frage, ob denn die »Wissenschaft«, die doch »den Zweifel und das Misstrauen als treuesten Bundesgenossen« hat, »auch solchen Glauben an ihre Resultate erwecken« könne, »dass man sich daraufhin entschliesst, ›ewige‹ Werke zu gründen.« Diese Frage muß verneint werden, jedenfalls zunächst. Erst später wird er auch eine Bejahung

---

408 Vorrede zur zweiten Ausgabe der Morgenröthe, KSA 3.12.

409 Ebenda.

dieser Frage gelten lassen. Noch wirke der Kontrast des modernen »aufgeregten Ephemeren-Daseins gegen die langatmige Ruhe metaphysischer Zeitalter« zu stark, weil »beide Zeiten« sich zu nahe lägen und die inneren und äußeren Entwicklungen der Gegenwart sich so wechselhaft zeigen, daß der Mensch sich nicht einmal mehr »nur auf seine eigenen Lebenszeit« dauerhaft einzurichten wage. Die Unmöglichkeit des Bauens in solcher Zeit kleidet Nietzsche in den Satz, der die Flüchtigkeit des modernen Seins im Widerspruch zu der überkommenen Architektur in ein schon bekanntes Sprachbild übersetzt:

> »Ein ganz moderner Mensch, der sich zum Beispiel ein Haus bauen will, hat dabei ein Gefühl, als ob er bei lebendigem Leibe sich in ein Mausoleum vermauern wolle.«[410]

Später wird Siegfried Giedion in seiner Kampfschrift »Befreites Wohnen« 1929 mit ähnlichen Worten das »kerkermäßig verklemmte Haus«, das sich »festungsmäßig gegen Außen« absperrt, als einen »Ewigkeitswert« an den Pranger stellen.[411] Daß Nietzsches ganz unmoderne Sehnsüchte – wohl noch eingedenk der Tribschener Idylle – zu dieser Zeit nach einem bescheidenen eigenen Landhaus zum ungestörten Leben und Arbeiten trachten,[412] spricht nicht gegen seine Skepsis. Gerade weil das Bauen eine notwendige Prämisse des Denkens ist, muß es einem Denken verdächtig werden, das es auf die radikale Kritik der Prämissen allen Denkens abgesehen hat. Deshalb muß das Bauen hinterfragt und gemieden, oder wenigstens so lange wie möglich hinausgezögert werden. Schon 1875, als Nietzsches Erkenntnisdrang noch davon träumt, eine »Genossenschaft von Menschen, welche unbedingt sind, keine Schonung kennen und »Vernichter« heißen wollen,« zu gründen, spricht er den Vorbehalt gegenüber dem Bauen als Warnung an sich selbst aus:

> »Wir wollen nicht vorzeitig bauen, wir wissen nicht, ob wir je bauen können und ob es nicht das Beste ist, nicht zu bauen.«[413]

Optimistischer gestimmt ist die wenig später geäußerte Einschätzung: »Vielleicht bauen wir nur die Grundlagen, auf denen spätere Menschen wieder den

---

[410] Menschliches, Allzumenschliches I, »Von den ersten und letzten Dingen«, Aphor. 22, KSA 2.44.

[411] Sigfried Giedion: Befreites Wohnen, Zürich 1929, 7 und 83.

[412] An Hans von Bülow in London, (Naumburg,) 2. Jan. 1875, SB 5.4: »(...) dass ich je wieder krank werde, so steht es mit meiner schriftstellerischen Zukunft fast hoffnungslos – es sei dass sich mein Tichten und Trachten nach einem Landgute irgendwann einmal erfüllte.« – An Malwida von Meysenbug in Rom, Naumburg , 2. Jan. 1875, SB 5.6: »Mein geheimes aber hoffnungsloses Tichten und Trachten geht auf ein Landgut.« – An Franz Overbeck in Zürich, (Rosenlauibad, 28. August 1877), SB 5.276: »Hätte ich doch irgendwo ein Häuschen; da gienge ich wie hier täglich 6–8 Stunden spazieren und dächte mir aus, was ich nachher im Fluge und vollkommner Sicherheit auf's Papier hinwerfe – so habe ich's in Sorrent, so hier gemacht.«

[413] Nachgelassene Fragmente. Frühjahr – Sommer 1875, KSA 8.48.

Tempel der Freude errichten.«[414] Die eigene Zeit scheint Nietzsche jedenfalls keine Zeit mehr zum Bauen zu sein. Für sie galt der Satz: »Man soll nicht bauen, wo es keine Zeit mehr ist.«[415]

Die Moderne, zwischen dem Nicht-mehr und dem Noch-nicht stehend, ist in Nietzsches Augen zum Bauen unfähig. Kurzlebigkeit, Polyphonie der Bestrebungen und Egoismus der Interessen sind ihre Merkmale. Das Aufgehen-Wollen im Jetzt läßt langfristige Projekte und damit auch ein auf Dauer angelegtes Bauen im Sinne von Hegen und Pflegen überflüssig erscheinen. Dies ist ein »wesentlicher Nachtheil«, der mit dem »Aufhören metaphysischer Ansichten« verbunden ist. Das moderne Subjekt hat nur noch seine eigene »kurze Lebenszeit« vor Augen und verspürt keinen Reiz mehr, »an dauerhaften, für Jahrhunderte angelegten Institutionen zu bauen«:

> »(...) es will die Frucht selbst vom Baume pflücken, den es pflanzt, und desshalb mag es jene Bäume nicht mehr pflanzen, welche eine Jahrhundertlange gleichmässige Pflege erfordern und welche lange Reihenfolgen von Geschlechtern zu überschatten bestimmt sind.«[416]

An die noch modernere Möglichkeit, das Konzept der Langfristigkeit unter umgekehrtem Vorzeichen zu praktizieren und im Konsumhunger des Jetzt durch Verschuldung der nächsten Generation sogleich schon einen Teil der Zukunft in der Gegenwart mitzuverzehren, hat Nietzsche noch nicht gedacht. Nicht mehr bauen zu können, weil die alte tragende Idee abgestorben ist, aber noch nicht bauen zu können, weil »sich nirgend eine neue welthistorische, mit Kraft und Bewußtsein verfolgte Idee kundgibt« – in diesem Dilemma steckte die Architektur auch nach Auffassung von Gottfried Semper. In dem Vortrag »Ueber Baustile« hatte er der Gegenwart eben diese Diagnose ausgestellt. Die Aufgabe des Architekten sei es, so Semper, einer solchen Idee »das geeignete architektonische Kleid zu verleihen«. Gab es diese nicht, so konnte es auch keine wirkliche Baukunst geben. Daß es der Gegenwart an Baukunst ermangelte, war also nicht so sehr ein Versagen der Architekten als vielmehr das Symptom einer Zeit, deren Unfähigkeit zu bauen sich in erster Linie aus der Tatsache herleitete, daß keine »solche Idee« sich bisher wirklich Bahn gebrochen hatte. Auch Sempers Schlußfolgerung aus der Abwesenheit einer interpretierenden Weltidee ist zitierenswert: »Bis es dahin kommt, muß man sich, so gut es gehen will, in das Alte hinein schicken.«[417] Die Umwertung der Werte wird Nietzsches Form des Sich-Hineinschickens in dieses Vakuum als einzig möglicher Ausweg aus dem Nihilismus.

Die Sempersche Schlußfolgerung war zudem auch ein tröstliches Schlußwort in eigener Sache. Auch er hatte eine Theorie entwickelt, die im engeren Sinn nicht

---

[416] Menschliches, Allzumenschliches I, »Von den ersten und letzten Dingen«, Aphor. 22, KSA 2.43.

[417] Semper: Ueber Baustile, Zürich 1869, in: Kleine Schriften, 1884, 426

mehr baute, sondern sich darauf beschränkte, die künstlerischen Prämissen des Bauens zu durchleuchten. Vorzüglich die material- und bearbeitungstechnischen Voraussetzungen wurden in bisher nie dagewesener Umfänglichkeit, Gründlichkeit und Detailliertheit an den menschlich, allzumenschlichen Dingen wie dem Hausrat und der Bekleidung untersucht, um damit das äußerst komplexe kulturgeschichtliche Phänomen des Entstehens architektonischer Formen und die Herausbildung von Stilen zu erklären. Für Semper stand ebenso wie für Nietzsche das Erkennen-Wollen des Entstehungsprozesses im Vordergrund der Denkarbeit und nicht die Bestimmung von Gesetzmäßigkeiten, von denen sich etwa Regeln zur Erstellung von Objekten ableiten ließen. Obgleich als praktische Ästhetik betitelt, was beim Leser falsche Erwartungen erzeugen mochte, lieferte Sempers »Stil« keine handhabbare Theorie für das zeitgenössische Bauen. Noch weniger besaß er den Ehrgeiz, eine Philosophie der Baukunst anzubieten, wie es die idealistische akademische Ästhetik des 19. Jahrhundert unternahm. Gerade die Kritik der idealistischen Prämissen der akademische Kunstauffassung bezüglich deren Sicht auf Vergangenheit und Gegenwart war Sempers Unternehmung. Eine eigene Idee, nach der sich die Baukunst zukünftig entwickeln könnte, konnte niemand liefern, auch Semper nicht. (Der späte Nietzsche wird sich als der Protagonist einer solchen tragenden Idee betrachten, der die abendländische Menschheit endlich mit dem Glauben an sich selbst beschenkt.) Regelgebäude werden vom modernen Denken künftig nicht mehr errichtet. Stattdessen weitet sich die von Semper und Nietzsche gestellte Frage nach den Prämissen der Architektonik auf neue Felder aus, und der Diskurs schreitet von der Untersuchung der herstellungstechnischen zu den wahrnehmungstechnischen Voraussetzungen der Architektonik fort, zu Fragen der sinnlichen Wahrnehmungsformen von Körper und Raum und zur Frage nach der Wirkungsrealität der Architektur überhaupt.

Dem Gang dieser Entwicklung folgt Nietzsches Blick auf das Bauen. In »Menschliches, Allzumenschliches« lotet er die verschiedenen Möglichkeiten aus, sich in das Alte hineinzuschicken und eine kritische Umwertung in Gang zu setzen. Gewordenes in neues Werden fortzusetzen, hatte er schon in der Historienschrift gefordert. Was die eine Seite dieses Vorgangs betraf, so lagen die Dinge hier klar. Architektur ist für Nietzsche das versteinerte Kleid einer allgemeinen Idee oder eines Wahns, das seinen ästhetischen Zauber und damit seine Wirkung nur solange ausübt, wie die Faszination von diesem Glauben andauert. Der »Anhauch der Architektur« mußte sich demnach verflüchtigen, »wenn die Voraussetzungen dazu nicht mehr geglaubt werden«, ähnlich wie eine »durch tiefe Töne erzitternde Kirche (...) als Wohnung einer Gottheit« ihre sich ins Unendliche und auf alle dunklen Räume ausstreckende Macht einbüßte, wenn der Glaube seine seligmachende Wirkung verlor.[418]

---

[418] »Eine durch tiefe Töne erzitternde Kirche, dumpfe, regelmässige, zurückhaltende Anrufe

Das bedeutete aber trotzdem nicht, daß sich die Resultate dieser Wirkungen einfach verflüchtigten. Ihr Echo wirkte in der inneren Welt des Menschen weiter fort und prägte sein Gemüt. Demnach ist also auch der Fortschritt in Zivilisation und Kultur, wie in der Geschichte der moralischen Empfindungen, an falsche Annahmen gebunden, die kulturell durchaus eine positive Rolle spielen, wie es Nietzsches Satz besagt: »Ohne die Irrthümer, welche in den Annahmen der Moral liegen, wäre der Mensch Thier geblieben.«[419] Zu diesem Satz aus »Menschliches, Allzumenschliches« finden sich in den nachgelassenen Fragmenten aus diesen Jahren zwei Aphorismen, die eine Parallele zur geschichtlichen Architektur ziehen. Der eine, schon 1876/77 notiert, lautet:

> »Wenn die Menschen nicht für Götter Häuser gebaut hätten, so läge die Architektur noch in der Wiege. Die Aufgaben, welche der Mensch sich auf Grund falscher Annahmen stellte (z.B. Seele loslösbar vom Leibe), haben zu den höchsten Culturformen Anlass gegeben. Die ›Wahrheiten‹ vermögen solche Motive nicht zu geben.«[420]

Der zweite Aphorismus, im Frühjahr 1880 niedergeschrieben, kleidet dieselbe Aussage in andere Worte und verbindet sie mit dem Gedanken an das eigene Bauen:

> »Fast überall auf Erden, wo eine Kirche, ein Tempel steht oder stand, hat sich einmal ein Wunder begeben, das heißt der Pilz der sakralen Baukunst schießt überall dort auf, wo religiösen Menschen ein kleiner Irrsinn begegnete. Hat man je schon an einem Orte gebaut, wo einem Menschen eine große Wahrheit zuerst aufleuchtet? wahrscheinlich nicht; aber warum auch, eine solche Wahrheit will kritisirt, nicht angebetet sein.«[421]

Die kulturstiftende Funktion der geschichtlichen Irrtümer, ihr fortwirkender, metaphysischer »Anhauch« ist durch die Macht der Gewohnheit gleichsam empirisch bewiesen. Wie es um die Kunstmöglichkeiten unserer modernen »Wahrheiten« steht, muß sich in der Zukunft erst noch erweisen. Die Versachlichung der Wahrnehmung durch die wissenschaftliche Erkenntnis entlastet die Welt von dem großen Pathos und zeigt, »wie grundlos man sich in diese Höhe der Empfindung hineingearbeitet hat.«[422] Eine Einbuße der Wirkung der »hohen« Kunst ist die

---

einer priesterlichen Schaar, welche ihre Spannung unwillkürlich auf die Gemeinde überträgt und sie fast angstvoll lauschen lässt, wie als wenn eben ein Wunder sich vorbereitete, der Anhauch der Architektur, welche als Wohnung einer Gottheit sich in's Unendliche ausreckt und in allen dunklen Räumen das Sich-Regen derselben fürchten lässt – wer wollte solche Vorgänge den Menschen zurückbringen, wenn die Voraussetzungen dazu nicht mehr geglaubt werden?«, in: Menschliches, Allzumenschliches I, »Das religiöse Leben«, Aphor. 130, KSA 2.123.

[419] Ebenda I, »Zur Geschichte der moralischen Empfindungen«, Aphor. 40, KSA 2.64.

[420] Nachgelassene Fragmente. Ende 1876 – Sommer 1877, KSA 8.465.

[421] Ebenda. Frühjahr 1880, KSA 9.77.

[422] Ebenda. Ende 1876 – Sommer 1877, KSA 8.428.

zwangsläufige Folge: Die »Entsinnlichung der höheren Kunst«[423] ist eine Konsequenz der wissenschaftlichen Ernüchterung und Abkühlung. Der Akt des ästhetischen Genießens verlagere sich in der Kunst der Moderne daher immer stärker auf die Seite des Verstandes, und je »gedankenfähiger Auge und Ohr werden, um so mehr kommen sie an die Gränze, wo sie unsinnlich werden: die Freude wird in's Gehirn verlegt, die Sinnesorgane werden stumpf und schwach (...).«[424] Hegel hatte diesen Gedanken vom Absterben der Kunst im Zeitalter der Wissenschaft vor Nietzsche längst ausgesprochen.

Die Architektur ist, anders als die Musik, das erste und augenscheinliche Opfer jener Entsinnlichung der Wahrnehmung, die dazu führt, daß auch das Organ ihrer Wahrnehmung abzusterben droht. »Wir verstehen im Allgemeinen Architektur nicht mehr,« behauptet Nietzsche und stellt mit diesem Satz eine Architektur ohne Architektur für die Zukunft in Aussicht. Der elementare Sinn für das Architektonische gehe in dem Maße verloren, wie der Glaube an das Pathos der Architektonik verloren gehe. Diese Perspektive der Entfremdung von der Metaphysik der Architektur ist ihm eine eigene Erörterung wert gewesen, die der Aphorismus 218 von »Menschliches, Allzumenschliches« wiedergibt. Er lautet:

> »Der Stein ist mehr Stein als früher. – Wir verstehen im Allgemeinen Architektur nicht mehr, wenigstens lange nicht in der Weise, wie wir Musik verstehen. Wir sind aus der Symbolik der Linien und Figuren herausgewachsen, wie wir den Klangwirkungen der Rhetorik entwöhnt sind, und haben diese Art von Muttermilch der Bildung nicht mehr vom ersten Augenblick unseres Lebens an eingesogen. An einem griechischen oder christlichen Gebäude bedeutete ursprünglich alles etwas, und zwar in Hinsicht auf eine höhere Ordnung der Dinge; diese Stimmung einer unausschöpflichen Bedeutsamkeit lag um das Gebäude gleich einem zauberhaftem Schleier. Schönheit kam nur nebenbei in das System hinein, ohne die Grundempfindung des Unheimlich-Erhabenen, des durch Götternähe und Magie Geweihten wesentlich zu beeinträchtigen; Schönheit milderte höchstens das Grauen – aber dieses Grauen war überall die Voraussetzung – Was ist jetzt die Schönheit eines Gebäudes? Dasselbe wie das schöne Gesicht einer geistlosen Frau: etwas Maskenhaftes.«[425]

Bekannte Töne schlagen uns in diesem Aphorismus entgegen. Nietzsche hat die Schopenhauersche und Wagnersche Plattform doch noch nicht verlassen. Die tragische Interpretation der Kunst, das dionysisch Unheimliche ist nach wie vor der eigentliche Grund der Kunst: Es gibt keine Schönheit ohne Grauen. An diesem Maßstab gemessen erscheint die modern-nüchterne Kultur als Verfall. Das Wetter-

---

[423] Menschliches, Allzumenschliches I, »Aus der Seele der Künstler und Schriftsteller«, Aphor. 217: »Die Entsinnlichung der höheren Kunst«, KSA 2. 177 f.

[424] Ebenda.

[425] Ebenda, KSA 2.178 f.

leuchten der Kritik an der maskenhaften Unkultur des Historismus, von Semper und Wagner schon um 1840 vorgenommen, liegt immer noch über der Szene. Nietzsche erzeugt den Eindruck, als seien wir mit der Entwöhnung von der Muttermilch der tragischen Kunstauffassung sogleich auch aus der Architektur herausgewachsen und stünden nach dem Tod Gottes an der Schwelle nicht nur eines gottlosen, sondern auch post-architektonischen Zeitalters. Der inneren Logik des Bildes entsprechend folgt auf die ins männlich, allzumännlich Erhabene verklärte Architektur der Absturz in die Flachheit des weiblich, allzuweiblichen maskenhaften Gesichts einer geistlosen Schönheit, die es nur auf das Gefallen abgesehen hat.

Die Entsinnlichung der höheren Kunst, wie sie hier am Beispiel der Architektur beschrieben wird, wäre aus dionysischer Kunstoptik als Anklage vollständig gewesen, wäre da nicht die Überschrift, unter die Nietzsche sie gestellt hat. Wäre die Entsinnlichung der Architektur Nietzsches alleinige Botschaft, hätte er diesen Aphorismus treffender mit der Überschrift: »Der Stein ist nicht mehr Stein wie früher« betiteln können. Die Überschrift lautet jedoch: »Der Stein ist mehr Stein als früher« und diese Formulierung ist höchst absichtsvoll gewählt. Ihr Sinn zieht eine positive Bilanz aus der Ernüchterung, die der Aphorismus selbst nur als Verfall der tragischen Kultur beschreibt. Offenbar gibt es in dieser zum etlichen Male wiederholten Verfallsgeschichte auch einen Gewinner. Es ist der Stein, der durch seinen metaphysischen Bedeutungsverlust erst die Möglichkeit erhält, zu sich zu kommen, nämlich »mehr« Stein zu sein als früher.

Damit wäre die Prämisse einer zukünftigen, ernüchterten Architektur umschrieben, deren alte Inhalte zwar vernichtet sind, die dafür aber neue Wahrnehmungsmöglichkeiten böte. Ihr Zauber beruhte nicht mehr auf dem metaphysischen Schleier des geschichtlichen Formgedankens, der der Architektur als kultureller »Irrtum« übergeworfen worden ist, sondern auf der Wirkung des Steins als »Stein«. Die ästhetische Realität des Materials tritt an die Stelle der ästhetischen Realität der Idee des »Schönen«. Materialistische Ästhetik löst die idealistische ab, die es auf die Vernichtung des Stoffes durch die Form abgesehen hatte. Mit der Frage, welche Konsequenzen diese neue Ästhetik gerade auch in Hinblick auf die Kunstmöglichkeiten der wissenschaftlichen »Wahrheit« haben könnte, befaßt Nietzsche sich leider nicht. Mit dieser Frage würde das Bauen bereits wieder beginnen. Deshalb wagt er sich nicht an sie heran. Nur mit der Überschrift suggeriert er die neue Möglichkeit einer wissenschaftlich-versachlichten Architektur, in der eine »Metaphysik« des Materials die Metaphysik der Form ablöste.

Die Reinigung des Materials von seinen geschichtlichen Formen und Inhalten und das Postulat der Materialgerechtigkeit werden zu Prämissen der modernen Architektur des 20. Jahrhunderts. Adolf Loos setzt auf die Wirkung des edlen Materials anstelle der historischen Form. Das Schlagwort von der Materialgerechtigkeit ist ein Kind des Positivismus des 19. Jahrhunderts. 1887 stellt sich der Stuttgarter Architekt Adolf Göller die Fragen: »Was ist Wahrheit in der Architektur?« und »Worauf beruht die Wirkung des edlen Materials in Architektur und Kunstgewerbe?«[426] Seine Antwort, daß auch die Echtheit des Materials nur als ein ästhetisches Phänomen gerechtfertigt ist, da für den Eindruck der Echtheit vornehmlich die optische Bestätigung des mit diesem Material assoziierten Vorstellungsbildes entscheide, hätte Nietzsche gefallen müssen. Nur in den seltensten Fällen könne man die Echtheit eines Materials auch mit anderen Mitteln, etwa durch Betasten, überprüfen. Da es also vorzüglich auf die Wirkung ankommt, lautete Göllers These für den Wahrheitsbegriff in der Kunst: »Es könnte so sein, und das genügt!« Auch die Vortäuschung eines edleren Materials verbietet sich demnach nicht, vorausgesetzt, die Täuschung gelingt vollständig und dauerhaft und scheitert nicht an der Armseligkeit des gewählten Materials oder an schlechter Verarbeitung. Erst in diesem Fall entdecken wir die Täuschung und fühlen uns tatsächlich betrogen. Im Sinne einer solchermaßen geglückten und beglückenden »Täuschung,« der man ihre Künstlichkeit nicht anmerkt, sodaß der Schein als Schein genossen werden kann, bezeichnet Nietzsche die Kunst ganz allgemein »als den guten Willen zum Scheine.«[427]

Nietzsches Aphorismus vom Stein als Stein dürfte einmal mehr aus dionysisch-bewährter Quelle geschöpft worden sein. In der Polychromie-Schrift von 1834 wollte dem jungen Semper eine materialistische Ästhetik, die aber keineswegs vom »Stein als reinem Stein« spricht, als Ausweg aus dem Verfall der Baukunst erscheinen. In einer Passage, die auch im 20. Jahrhundert ebenso häufig zitiert wie mißverstanden wurde, weil sie sich auf die Arten der Bekleidung und nicht deren Abschaffung bezieht, heißt es:

> »Es spreche das Material für sich und trete auf, unverhüllt, in der Gestalt, in den Verhältnissen, die als die zweckmäßigsten für dasselbe durch Erfahrungen und Wissenschaften erprobt sind. Backstein erscheine als Backstein, Holz als Holz, Eisen als Eisen, ein jedes nach den ihm eigenen Gesetzen der Statik. Dies ist die wahre Einfachheit, auf der man sich dann mit aller Liebe der unschuldigen Stikkerei des Zierraths hingeben darf.«[428]

---

[426] Adolf Göller: Zur Aesthetik der Architektur. Vorträge und Studien, Stuttgart 1887.

[427] Die fröhliche Wissenschaft II, Aphor. 107: »Unsere letzte Dankbarkeit gegen die Kunst«, KSA 3.464.

[428] Semper: Vorläufige Bemerkungen, 1834, in: Kleine Schriften, 1884, 219. – Im Stil, I. 217, bezieht Semper eine andere Position und spricht von der Vernichtung des Stoffes durch dessen Bemeisterung: »Vernichtung der Realität, des Stofflichen, ist nothwendig, wo die Form als bedeutungsvolles Symbol als selbstverständliche Schöpfung des Menschen hervortreten soll. Vergessen machen sollen wir die Mittel, die zu dem erstrebten Kunsteindruck gebraucht werden müssen und nicht mit ihnen herausplatzen und elendiglich aus der Rolle fallen. (...) damit der Stoff, der unentbehrliche, in dem gemeinten Sinne vollständig in dem Kunstgebilde vernichtet sei, ist noch vor allem dessen vollständige Bemeisterung vorher nothwendig. Nur vollkommen technische Vollendung, wohl verstandene richtige Behandlung des Stoffs nach seinen Eigenschaften (...) können den Stoff vergessen machen.«

Tektonik und Materialästhetik werden zu Sempers Zeit als autonome Formideen der Versachlichung und Verweltlichung der Architektur entdeckt, die ihren Status als eine Art Über-Bau der »Hinterwelt« verliert. Auch das Material tritt jetzt in eigener Sache auf. Unter der Bedingung der Entsinnlichung spricht Nietzsche wohl dem Material, nicht aber der Architektur selbst, eine Autonomie des Ästhetischen zu, denn die Entwöhnung von den Göttern und der Muttermilch der Architektur vollzieht sich im glaubensfunktionalistischen Gleichtakt. Wie bei Wagner steht die Architektur bei Nietzsche in einer zwanghaften Abhängigkeit vom Zweck. Nach dem Tod Gottes ist auch seine Wohnung als architektonische Hülle unglaubwürdig geworden. Erst später zieht Nietzsche den Kirchenraum als einen Raum, der umgewertet werden kann, in Betracht. Schillers schöner Satz, daß die Formen des Tempels unserem Auge immer noch »heilig« sind, obwohl die Götter, die sie bewohnten, uns längst entwöhnt und lächerlich geworden sind, gilt nicht in Nietzsches Aphorismus vom Stein. Hier liegen die Verhältnisse umgekehrt. Dem mit metaphysischer Bedeutung getränkten Stein wächst in Nietzsches Naturalismus durch die Reinigung von den Mythen ein Mehr seiner selbst zu. Schillers romantischer Idealismus, der die Kunst als Retter einer Menschheit sieht, die ihre Würde verloren hat, schätzt den Stein, weil dieser über den Wandel der Zeiten er selbst geblieben ist und verlorene Würde gespeichert hat: »aufbewahrt in bedeutenden Steinen« kann die Wahrheit in der Täuschung fortleben, und folglich kann auch »aus dem Nachbilde (...) das Urbild wiederhergestellt werden.«[429]

Nietzsches Ablehnung der idealistischen Ästhetik sehnt sich nicht den Tempel, sondern die griechischen Götter zurück. Im Konzept des Übermenschen nehmen sie ihre neue Gestalt an. Nicht aus der »Kunst der Kunstwerke«, sondern aus der Umbildung des Menschen zum Kunstwerk soll eine neue Kultur aufsteigen. Der neue, ganz dem Diesseits zugewandte Mensch, der nicht mehr wie der alte Mensch Trost in einer »Hinterwelt« sucht, haucht auch dem Stein wieder neue Bedeutung ein. Erst in den »Treppen des Übermenschen« überwindet auch die Architektur ihr maskenhaft hohles Gesicht und wird zum seelenvollen Ebenbild ihres Schöpfers. Mit Zarathustra, der diesen neuen Menschen verkörpert, kann im Zeichen der ewigen Wiederkehr auch die Architekturgeschichte mit einem Stufenbau des »Tempels der Freude« wieder von vorne beginnen.

In »Menschliches, Allzumenschliches« erprobt Nietzsche diese Umwertung der Architektur zunächst ganz aus der Defensive und in behutsamen Schritten. Vier verschiedene Möglichkeiten werden erörtert, wie man – ohne »vorzeitig« zu bauen – sich, so gut es geht, gemäß der Semperschen Devise in das Alte hineinschicken kann. Die erste Option behandelt die Architektur aus der pittoresk-sentimentalischen Perspektive der Ruinenromantik. Der moderne Mensch, der vor den einge-

[429] Friedrich Schiller: Über die ästhetische Erziehung des Menschen in einer Reihe von Briefen. Neunter Brief, in: Werke in drei Bänden, Darmstadt 1984, Bd. 2, 463.

stürzten Glaubensgebäuden der Vergangenheit steht, arrangiert die Überbleibsel, wie im englischen Landschaftsgarten, nach dem Motto »Die Ruine als Schmuck« zu malerischen Versatzstücken, an denen er als etwas Lieb- aber Leergewordenem festhält – »oft zur Zierde der ganzen Gegend«, wie Nietzsche nicht ohne Wohlwollen hinzufügt.[430]

Die zweite Möglichkeit betrifft nicht die ästhetische, sondern die archäologische Betrachtung der Glaubensgebäude. Ihr hatte schon die »Tragödie« mit dem Blick in die Fundamente des olympischen Tempels vorgegriffen. Gerade durch den Zusammenbruch des alten Gehäuses können neue »Aussichten (...) entdeckt und gleichsam unter den Ruinen der Kunst ausgegraben« werden. Hieraus entsteht wiederum das Verlangen, »die Tradition der Kunst wieder zu gewinnen und den stehen gebliebenen Trümmern und Säulengängen des Tempels mit der Phantasie des Auges wenigstens die alte Vollkommenheit und Ganzheit anzudichten.« Kunst erscheint aus dieser Perspektive nur noch als »Erinnerung an die wahre Kunst« möglich.[431]

Die dritte Möglichkeit, die Nietzsche anführt, betrachtet das überkommene Bauwerk zwar als bedeutungslose, aber dennoch nicht unbrauchbare architektonische Hülle, die mangels eines selbst errichteten, eigenen Gehäuses zu neuen Zwekken angeeignet und umgenutzt werden kann. Diese Alternative stellt Nietzsche im Aphorismus »Neue Meinungen im alten Hause« vor:

> »Dem Umsturz der Meinungen folgt der Umsturz der Institutionen nicht sofort nach, vielmehr wohnen die neuen Meinungen lange Zeit im verödeten und unheimlich gewordenen Hause ihrer Vorgängerinnen und conserviren es selbst, aus Wohnungsnoth.«[432]

Welche architektonischen Maßnahmen Nietzsche mit dieser aus der Not geborenen Übernahme konkret verbindet, stellt ein Nachlaßfragment klar. Es ist hier nicht an einen Anbau gedacht, der das Erweitern und damit auch ein Sich-Einfügen in das bestehende Gemäuer bedeutete; erst recht errichtete man hier nicht einen Neubau in unmittelbarer Nachbarschaft zum alten Gemäuer, weil dieser viel zu sehr aus dem Widerspruchsgeist gegen das Bestehende bestimmt wäre. Auf diese Art und Weise, so belehrt uns Nietzsche, bauen nur »Philosophen zweiten Ranges«, die er in »Nebendenker und Gegendenker« einteilt,

---

[430] Menschliches, Allzumenschliches I, »Der Mensch mit sich allein«, Aphor. 602, KSA 2.343: »Die Ruine als Schmuck. – Solche, die viele geistige Wandlungen durchmachen, behalten einige Ansichten und Gewohnheiten früherer Zustände bei, welche dann wie ein Stück unerklärlichen Alterthums und grauen Mauerwerks in ihr neues Denken und Handeln hineinragen: oft zur Zierde der ganzen Gegend.«

[431] Ebenda, »Aus der Seele der Künstler und Schriftsteller«, Aphor. 221: »Die Revolution in der Poesie«, KSA 2.183 f.

[432] Ebenda, »Ein Blick auf den Staat«, Aphor. 466, KSA 2.300.

»(...) das heisst in solche, welche zu einem vorhandenen Gebäude einen Seitenflügel entsprechend dem gegebenen Grundplane, ausführen (wozu die Tugend tüchtiger Baumeister ausreicht), und in solche, die in fortwährendem Widerstreben und Widersprechen so weit geführt werden, dass sie zuletzt einem vorhandenen System ein anderes entgegenstellen.«[433]

Die vierte und schließlich von Nietzsche bevorzugte Möglichkeit im Umgang mit der lädierten Bausubstanz der historischen Glaubensgebäude entspricht dem Geist des Philosophen, dem Nietzsche diese Schrift widmete: Voltaire. Er ist der vorbildliche »Ordner, Baumeister, Künstler, Vollender der menschlichen Natur.« Gegen »Rousseau's leidenschaftliche Thorheiten und Halblügen«, mit denen er zum »Umsturz aller Ordnung« aufgerufen habe und den Glauben erweckte, »dass dann sofort das stolzeste Tempelhaus schönen Menschthums gleichsam von selbst sich erheben werde«, stellt Nietzsche »Voltaire's maassvolle, dem Ordnen, Reinigen und Umbauen zugeneigte Natur« als die wirkliche Verkörperung des Geists der Aufklärung. Durch den »Wahn« des Umsturzes, der mit verführerischen, aber unhaltbaren Versprechen lockt und im Namen eines schwärmerisch-verklärten Überbaus mit dem Vorhandenen tabula rasa macht, sei der Geist des Fortschrittes »auf lange verscheucht« worden. Ihn wieder anzulocken, ist Nietzsches Absicht.[434]

Ordnen, Reinigen, Umbauen – diese drei Voltaireschen Tugenden qualifizieren den Philosophen zum Baukünstler im Geiste der Aufklärung. Behutsamkeit im Umgang mit dem Vorhandenen zeichnet ihn aus. Das Errichten von Gedankengebäuden begreift er als einen kontinuierlichen Bauvorgang. Daher weiß er auch die Trümmerstücke zerbrochener Baukulturen als Material zu schätzen und für sich zu verwenden, wie es ein anderer Aphorismus erklärt:

»Irrthum der Philosophen. — Der Philosoph glaubt, der Werth seiner Philosophie liege im Ganzen, im Bau: die Nachwelt findet ihn im Stein, mit dem er baute und mit dem, von da an, noch oft und besser gebaut wird: also darin, dass jener Bau zerstört werden kann und doch noch als Material Werth hat.«[435]

Ein unbehauster Philosoph wie Nietzsche kann und will sich aus der Einsicht in die Vergeblichkeit des »Neubaus« kein eigenes Haus mehr errichten. Die neuen Häuser mit ihren wilden Versprechungen erregen nicht sein Gefallen, denn ihnen scheint kein Bestand beschert:

»Ich gehe durch die neuen Strassen unserer Städte und denke wie von allen diesen greulichen Häusern, welche das Geschlecht der öffentlich Meinenden sich erbaut hat, in einem Jahrhundert nichts mehr steht und wie dann wohl auch die

433 Nachgelassene Fragmente. September 1876, KSA 8.319 f.

434 Menschliches, Allzumenschliches I, »Ein Blick auf den Staat«, Aphor. 463: Ein Wahn in der Lehre vom Umsturz, KSA 2.299.

435 Ebenda II, »Vermischte Meinungen und Sprüche«, Aphor. 201, KSA 2.466.

Meinungen dieser Häuserbauer umgefallen sein werden. Wie hoffnungsvoll dürfen dagegen alle die sein, welche sich nicht als Bürger dieser Zeit fühlen (...).«[436]

Das vergleichsweise illusionsarme Geschäft des Ordnens, Reinigens und Umbauens gehört zum Handwerk des aufgeklärten Baumeisters, der sich mit neuen Meinungen zur Sanierung in das alte Haus begibt. Für ihn ist der Stein »mehr Stein als früher«, denn er betrachtet ihn nicht wie ein Archäologe oder Denkmalpfleger als Teil eines ganzen Bedeutungsgehäuses, sondern sieht in ihm vor allem das Baumaterial für eigene Zwecke und Ziele. So richtet sich der moderne Philosoph aus der aufgeklärt-nüchternen, lebenspraktischen Perspektive in den Wahrheitsgehäusen der Vergangenheit ein. Deren Irrtümer sind so notwendig wie die Stufen einer Treppe. Auf ihnen schreitet die Erkenntnis in die Höhe. Mehr noch, dem wirklichen Baumeister erscheinen die Irrtümer wertvoller als viele der sogenannten Wahrheiten, nach denen die »greulichen« neuen Häuser errichtet sind, die schon beim ersten Anblick ihre Baufälligkeit verraten. Daß die Moderne selber rasch ein Sanierungsfall zu werden verspricht, ist dabei nicht einmal das Ärgste. Noch trostloser wird es, wenn diese schlechtgebauten Bauten stehen bleiben, und von dem kleinen Geist und der kümmerlichen Seele ihrer Erbauer künden. Um uns diese Erniedrigung zu ersparen, wünscht Zarathustra der modernen Architektur, sie möge nur Episode sein:

»Und ein Mal sah er eine Reihe neuer Häuser; da wunderte
er sich und sagte:
Was bedeuten diese Häuser? Wahrlich, keine grosse Seele
stellte sie hin, sich zum Gleichnisse!
Nahm wohl ein blödes Kind sie aus seiner Spielschachtel?
Dass doch ein anderes Kind sie wieder in seine Schachtel thäte!«[437]

---

436 Schopenhauer als Erzieher, KSA 1.339.

437 Also sprach Zarathustra. Ein Buch für Alle und Keinen. III, »Von der verkleinernden Tugend«, KSA 4.211.

Der Atlant vom Olympeion in Agrigent, wiederaufgerichtet.

II.2

Der Mensch als Stein: Das große Bauindividuum Architektur nach unserer Seelen-Art

Mit einem Lob der Permanenz beginnt Nietzsches »Morgenröthe«, die im Sommer 1881 erscheint. Der erste Aphorismus lautet:

> »Nachträgliche Vernünftigkeit. – Alle Dinge, die lange leben, werden allmählich so mit Vernunft durchtränkt, dass ihre Abkunft aus der Unvernunft dadurch unwahrscheinlich wird.«[438]

Trifft diese Feststellung vom nachträglichen Vernunftgewinn zu, so hätten »alle philosophischen Baumeister in Europa« von Plato an doch nicht ganz »umsonst gebaut«, wie an anderer Stelle behauptet. Nietzsches erster Aphorismus der »Morgenröthe« unterstreicht aus einer anderen Perspektive das Argument, weshalb man umbauen soll: Es ist nicht nur mehr Unvernunft in unserer Vernunft, sondern auch mehr Vernunft in unseren Irrtümern, als wir es aus unserer beschränkten Sicht auf uns selbst und die Welt ahnen, und deshalb setzt der zweite Aphorismus als Warnung vor der Neubau-Überheblichkeit den Satz hinzu:

> »Aber es ist ein Vorurtheil der Gelehrten, dass wir es jetzt besser wüssten, als irgend eine Zeit.«[439]

Auch die moderne Überzeugung von der Richtigkeit des Falschen kann sich als Irrtum entpuppen. Allerdings würde auch ihr wiederum im Laufe der Zeit nachträgliche Vernunft zuwachsen. Mit anderen Worten, nichts erscheint gesichert. Nietzsches Absicht, die für sicher geglaubten Fundamente zu erschüttern, auf denen das Denken seit Jahrtausenden baut, betrachtet das Vertrauen in die Vernunft mit Mißtrauen, denn Vertrauen ist ein moralisches Phänomen und gehört als solches nicht in die Logik der Vernunft.

Das typische Oszillieren zwischen Kulturkritik und Prophezeiung gilt auch für den Nietzsche-Satz von der nachträglichen Vernünftigkeit: Auf der einen Seite wird erneut die Wahrheit als Maskierung des Irrtums entlarvt; auf der anderen Seite wird ein realer Vernunftgewinn, der dem Irrtum geschichtlich zuwächst, als das tröstliche Prinzip in der Entwicklung von Erkenntnis festgehalten, das den zweifelhaften Ursprung der Vernunft nebensächlich erscheinen läßt. Auch in der als steinerne Rhetorik der Verherrlichung von Irrtümern entlarvten, langlebigen Sprache

---

[438] Morgenröthe I, Aphor. 1, KSA 3.19.

[439] Ebenda, Aphor. 2, KSA 3.19.

der Baukunst, müßten demnach in den inzwischen mit Vernunft durchtränkten Steinen weiterhin auch noch wirksame Spurenelemente von der eigentlichen »Muttermilch« der Architektur aufgehoben sein. Vereinfacht gesagt, Nietzsche argumentiert hier getreu seiner späteren Devise, »dass alles Entscheidende »trotzdem« entsteht«[440] – ein Satz, den sich auch der in den Stein verliebte Architekt und Steinmetzsohn Adolf Loos 1930 unter Hinweis auf Nietzsche als Motto und Buchtitel zu eigen machte.[441]

Die Architektur, die immer das Vertrauen auf einen tragenden Grund braucht, um Gedankengebäude oder konkrete Bauwerke zu errichten, ist als Manifestation von Glaubenssachverhalten oder als versteinertes Abbild eines Wahns ein dankbares Demonstrationsobjekt für Nietzsches Dekonstruktionen. Dazu gehört es natürlich, daß auch der Bauende selbst auf den Prüfstand gehoben wird und sich auf seine moralischen Prämissen hin befragen lassen muß. Schon in »Menschliches, Allzumenschliches« zeichnete Nietzsche ein Psychogramm des Architekten, das ihn als Egomanen bloßstellt:

> »(...) er schämt sich der Zerbrechlichkeit seines Materials und möchte, weil er sich selber wichtiger als die übrige Welt nimmt, Nichts thun, was nicht dauernder als die übrige Welt wäre. Im Verlangen nach der Wahrheit umarmt er den Glauben an die persönliche Unsterblichkeit, das heisst: den hochmüthigsten und trotzigsten Gedanken, den es giebt, verschwistert, wie er ist, mit dem Hintergedanken ›pereat mundus, dum ego salvus sim!‹ Sein Werk ist ihm zu seinem ego geworden, er schafft sich selber in's Unvergängliche, Allem Trotzbietende um. Sein unermesslicher Stolz ist es, der nur die besten, härtesten Steine zum Werke verwenden will, Wahrheiten also oder Das, was er dafür hält.«[442]

In der »Morgenröthe« wird der Bauende nun auf seine eigentliche Baufähigkeit hin betrachtet. Wiederum ist die »falsche Grossartigkeit«,[443] die der moderne Mensch als Baumeister von sich selbst entwirft, der Ausgangspunkt dieser Ausleuchtung. Kant ist für Nietzsche der prominenteste Vertreter eines solchen unter der Verführung der Moral bauenden Architekten, auf den er sich, ohne ihn beim Namen zu nennen, bezieht. Wie würde tatsächlich eine Architektur aussehen, wenn das moderne, tatsächlich »freie« Kantsche Subjekt sich einen Bau zum Ebenbild errichtete? Diese Frage nach einer der geistigen Verfassung des modernen Menschen angemessenen »Architektur nach unserer Seelen-Art«[444] beschäftigt Nietzsche in der »Morgenröthe.«

---

[440] Ecce homo, »Also sprach Zarathustra.« 1, KSA 6.337.

[441] So die Aufsatzsammlung von Adolf Loos: Trotzdem, Wien 1930. Dem Vorwort ist der Nietzsche-Satz »Das entscheidende geschieht trotzdem.« vorangestellt.

[442] Menschliches, Allzumenschliches II, »Vermischte Meinungen und Sprüche«, Aphor. 26, KSA 2.390 f.

[443] Morgenröthe I, Aphor. 4, KSA 3.20.

[444] Morgenröthe III, Aphor. 169: »Das Griechische uns sehr fremd«, KSA 3.152.

Es war Kant, der dem modernen Subjekt zur Verherrlichung seiner Autonomie gegenüber der Welt und dem Ich den berühmten Satz in den Mund gelegt hat:

> »Zwei Dinge erfüllen das Gemüt mit immer neuer und zunehmender Bewunderung und Ehrfurcht, je öfter und anhaltender sich das Nachdenken damit beschäftigt: Der bestirnte Himmel über mir und das moralische Gesetz in mir.«[445]

In Nietzsches Fragen, die er an die Beschaffenheit von Himmel und Seele für den modernen Menschen richtet, um die Wahrnehmung von äußerer und innerer Welt zu problematisieren, klingt diese Pathosformel des Erhabenen nach. Unter der Einwirkung der Wissenschaft ist der bestirnte Himmel über uns zusammengeschrumpft. Das »Raumgefühl« muß umlernen, denn wir beginnen, »die Erde als klein, ja das Sonnensystem als Punct zu empfinden.«[446] Der Kosmos wird nicht mehr als ein in göttlicher Harmonie gestaltetes Kunstwerk begriffen, vielmehr bleibt uns der Charakter des Universums »in alle Ewigkeit Chaos, nicht im Sinne der fehlenden Nothwendigkeit, sondern der fehlenden Ordnung, Gliederung, Form, Schönheit, Weisheit, und wie alle unsere ästhetischen Menschlichkeiten heissen.«[447] Diese legen wir in die Erscheinungen am Firmament hinein, um sie überhaupt erfassen zu können. Was die innere Welt des Menschen anbetrifft, so kann sein Verstand dem »Gefängnis« der eigenen Sinne nicht entrinnen, und was er für Ursache und Wirkung nimmt, ist nach Nietzsches Variation von Platos Höhlengleichnis nichts anderes als ein Spiel der Bilder auf dem Spiegel des Intellekts, denn wir »haben ja Nichts gesehen, als die Bilder von ›Ursachen und Wirkungen‹!«[448] Diesen Bildern oder Erscheinungen, die unsere einzige Realität sind, unterstellen wir zur Ausdeutung der wahrgenommenen Bewegungen und Linien, Absichten. Und »im Wahne, dass es nichts Unbeseeltes gebe«, tun wir dies auch dann, wenn es sich um unbeseelte, tote Dinge handelt. Ohne diese »uralte Übung«, hinter Allem einen zweiten, dahinter liegenden Sinn zu sehen, so folgert Nietzsche und erklärt nebenbei die metaphysische Prämisse der zeitgenössischen Einfühlungstheorie, »hätten wir jetzt keine Freude an der Natur(...).«[449] Ist unser Naturgefühl durch Täuschungen bestimmt, so erst recht auch das Gefühl für unsere eigene innere Welt. Das innere Universum des Subjekts ist nach moralischen Vorurteilen in gut und böse, wahr und falsch aufgeteilt. Wir kennen uns selbst nicht genug und auch nicht unsere eigene Meinung über uns selbst.

Wie innere und äußere Natur hängen auch »Hausfrieden und Seelenfrie-

---

[445] Immanuel Kant: Kritik der praktischen Vernunft, in: Werke in zehn Bänden, Hrsg. von Wilhelm Weischedel, Bd. 6, 300.

[446] Morgenröthe I, Aphor. 7: »Umlernen des Raumgefühls«, KSA 3.21.

[447] Die fröhliche Wissenschaft III, Aphor. 109, KSA 3.468.

[448] Morgenröthe II, Aphor. 121, KSA 3.115.

[449] Ebenda, Aphor. 141, KSA 3.134.

den« voneinander ab.[450] Wäre das gebaute Haus als das tatsächliche Abbild des Seelenhauses vorzustellen und das moderne Subjekt müßte, anstatt nach der bisher üblichen Kulturtechnik der Verherrlichung von Irrtümern, tatsächlich für »das sogenannte ›Ich‹«[451] als Bauherr in eigener Sache auftreten und gemäß der eigenen »Seelen-Art« bauen, was würde dabei herauskommen?

Die Antwort gibt Nietzsches Aphorismus der »Morgenröthe« unter der Überschrift »Das Griechische uns sehr fremd«, in dem er die Seelenverwandtschaft des modernen Menschen mit den Griechen in Frage stellt:

> »Wie weit übertreffen wir sie in der Menschenkenntniss! Wie labyrinthisch aber auch nehmen sich unsere Seelen und unsere Vorstellungen von den Seelen gegen die ihrigen aus! Wollten und wagten wir eine Architektur nach unserer Seelen-Art (wir sind zu feige dazu!) — so müsste das Labyrinth unser Vorbild sein! Die uns eigene und uns wirklich aussprechende Musik lässt es schon errathen!«[452]

Dieser Satz vom Labyrinth als der Architektur nach unserer Seelen-Art bedarf der Erklärung, um dem Mißverständnis vorzubeugen, Nietzsche fordere und prophezeie eine labyrinthische Zukunftsarchitektur als Bedingung der Moderne.[453] Die Undurchdringlichkeit des Labyrinths ist die adäquate Metapher für die »unbekannte Welt des ›Subjects‹.«[454] Sie ist Bedingung und als solche eine Herausforderung, nicht aber die Sehnsucht oder gar das eigentliche Ziel. Wir wagen es nicht, diese Bedingung wirklich anzunehmen, uns fehlt der Mut zum Labyrinth wie zu uns selbst. Wir trauen uns nicht in den Irrgarten der Selbsterkenntnis, weil wir selbst »Milchstrassen« in uns tragen und wissen, daß »alle Milchstrassen (...) in's Chaos und Labyrinth des Daseins« führen, wie es Nietzsche an späterer Stelle erklärt.[455] Durch die Kunst der Selbsttäuschung, den Erscheinungen Ordnung, Ursache, Schönheit etc. zu hinterlegen, überwindet das illusionsbedürftige Wesen Mensch die ihm feindlich gesonnene labyrinthische Natur. Nietzsche, der eine Vorliebe für solche Fragen hat, »zu denen Niemand heute den Muth hat«, begibt sich in märtyrerhafter »Vorherbestimmung zum Labyrinth« für uns in diesen Irrgarten hinein und fühlt sich durch dieses Opfer am Ende dem Rest der Menschheit »durch

---

[450] Morgenröthe IV, Aphor. 283, KSA 3.217: »Hausfrieden und Seelenfrieden. – Unsere gewöhnliche Stimmung hängt von der Stimmung ab, in der wir unsere Umgebung zu erhalten wissen.«

[451] Morgenröthe II, Aphor. 115, KSA 3.107.

[452] Ebenda, Aphor. 169: »Das Griechische uns sehr fremd.« KSA 3.152.

[453] So bei Anthony Vidler: The Mask and the Labyrinth: Nietzsche and the (Uncanny) Space of Decadence, in: Kostka/Wohlfahrth, Hrsg: Nietzsche and an »Architecture of Our Minds«, 1999, 53 ff. – Ein weitaus komplexeres Bild zeichnet der im gleichen Band veröffentlichte Beitrag von Karsten Harries: Nietzsche's Labyrinths: Variations on an Ancient Theme, 35–52.

[454] Morgenröthe II, Aphor. 116: »Die unbekannte Welt des ›Subjects‹«, KSA 3.108 f.

[455] Die fröhliche Wissenschaft IV, Aphor. 322, KSA 3.552.

Kraft, durch Höhe der Seele, — durch Verachtung« überlegen.[456] Seinem Notizbuch hatte er 1885 noch ein »Lob der kühlen Vernunft, als Labsal für Menschen des Labyrinths«[457] anvertraut und vor dem labyrinthischen Menschen mit dem Hinweis gewarnt, dieser suche »niemals die Wahrheit, sondern immer nur seine Ariadne — was er uns auch sagen möge.«[458]

Unter der Bedingung des Labyrinthischen zu bauen, bedeutet nicht das nihilistische Projekt des Labyrinths als Bauaufgabe in Angriff zu nehmen, sondern im Gegenteil zum Stifter von Ordnung und zum Gesetzgeber zu werden und dieses Gesetz sich selbst und der Welt aufzuerlegen. Nietzsches Zusatz, »die uns eigene und uns wirklich aussprechende Musik« lasse uns das Labyrinth bereits erraten, womit die romantische Musik und Wagner gemeint sind, macht vollends klar, daß das Labyrinthische nicht das Ziel sein kann. Vielmehr ist es die Voraussetzung »vor dem architektonischen Werk«, ähnlich wie das Chaos für Anaxagoras »gleichsam der Steinhaufen des Bauplatzes« war, aus dem sich der Baumeister bediente.[459]

Unterwerfung der Natur, aber nicht Unterwerfung unter die Natur, Selbstgestaltung und Selbsterhöhung ist Nietzsches Maxime, für die er in der darwinistischen Evolutionstheorie Bestätigung findet. Macht über die eigene Natur zu haben, sich selbst Gesetz geben und selbst Gesetz werden, das ist die höchste Ambition und das Geheimnis der Selbsterlösung des Menschen. Nicht an eine Macht oder Vernunft außer und über sich, sondern an die Macht und Vernunft in sich soll der Mensch glauben, wenn er schon glauben muß. Diese radikal aufklärerische Perspektive meint Nietzsche mit dem unglücklich formulierten und Mißverständnisse herausfordernden »Willen zur Macht«, der nicht als politische, sondern philosophische Aussage zu verstehen ist.[460]

Auch die Kunst bekommt durch diese Umwertung der metaphysischen Machtverhältnisse eine neue Funktion. Sie steht nicht mehr in dem Dienst der Verherrlichung vermeintlich höherer Mächte im Jenseits, sondern dient der Verherrlichung des neuen Menschen, der sich eine Welt nach eigenen Vorstellungen baut. In einem später noch genauer zu erörternden Nachlaßfragment von 1888 über den »Willen zur Macht als Kunst« schreibt Nietzsche den Satz:

> »Über das Chaos Herr werden, das man ist; sein Chaos zwingen, Form zu werden; Nothwendigkeit werden in Form: logisch, einfach, unzweideutig, Mathematik werden; Gesetz werden: das ist hier die große Ambition.«[461]

---

[456] Der Antichrist. Fluch auf das Christenthum. Vorwort, KSA 6.167 f.

[457] Nachgelassene Fragmente. April – Juli 1885, KSA 11.493.

[458] Ebenda. November 1882 – Februar 1883, KSA 10.125.

[459] Vgl. Ebenda. Winter 1872–73, KSA 7.552.

[460] Hierzu grundlegend: Günter Abel: Nietzsche. Die Dynamik der Willen zur Macht und die ewige Wiederkehr, 2. Aufl., Berlin/New York 1998.

[461] Nachgelassene Fragmente. Frühjahr 1888, KSA 13.247.

Der neue Mensch, der sich selbst bezwingt und sich Gesetz wird, ist der neue Bauherr, und Nietzsche wird zum Gewährsmann des neuen Architekten. So darf man es interpretieren, wenn der radikale Architekt und gestrenge Theoretiker des Neuen Bauens Ludwig Hilberseimer, der die Architektur universalen Fortschrittsgesetzen unterwerfen will, jenen Satz über den »Willen zur Macht als Kunst« 1927 als Schlußwort seines Buches über die moderne »Groszstadtarchitektur« zitiert.[462] Zum Pathos dieses »Neuen Bauens« gehörte es, die Architektur mit einem utopischen »Willen zur Macht« auszustatten, der ihr die magische soziale Kraft verlieh, mit den neuen Häusern nicht nur den »Neuen Menschen« als Bewohner, sondern auch eine neue Gesellschaft heranzuziehen.

Für Nietzsche ist ein Bauen ohne diesen zukünftigen Menschen nicht möglich. Der neue Mensch ist das eigentliche »Bauwerk«, das zuallererst errichtet werden muß. Das gegenwärtige Subjekt ist noch nicht frei und mächtig genug, sich selbst konsequent zu verwirklichen. Aber es ist auch nicht mehr in der Lage, zu dienen und sich ein- und unterzuordnen. Es mangelt ihm am Bauwillen, und es taugt nicht mehr als »Baumaterial« für die herkömmliche Architektur einer Gesellschaft.

In einem Aphorismus, der die mit einer gehörigen Prise Sarkasmus gewürzte Überschrift trägt, »Inwiefern es in Europa immer ›künstlerischer‹ zugehen wird«, führt Nietzsche in seiner »Fröhlichen Wissenschaft« die Konsequenzen dieses Dilemmas vor Augen: In Europa verbreite sich immer mehr »jener Amerikaner-Glaube«, in dem jeder davon überzeugt sei,

> »(...) ungefähr alles zu können, ungefähr jeder Rolle gewachsen zu sein, wo Jeder mit sich versucht, improvisirt, neu versucht, mit Lust versucht, wo alle Natur aufhört und Kunst wird.«

Der permanente Rollenwechsel, bei dem es weniger darauf ankommt, was man ist, als darauf, was man darstellt, werde zur gesellschaftlichen Norm, denn – so das sozialpsychologische Argument zur Begründung dieser Verhängnisse,

> »(...) jedes Mal, wenn der Mensch anfängt zu entdecken, wiefern er eine Rolle spielt und inwieweit er Schauspieler sein kann, wird er Schauspieler.«

Damit wächst »eine neue Flora und Fauna von Menschen« heran, und es ziehen »die interessantesten und tollsten Zeitalter der Geschichte herauf, in denen die ›Schauspieler‹, alle Arten Schauspieler, die eigentlichen Herren sind.« Das Ergebnis dieser Entwicklung ist, daß hierdurch jene ›andre Gattung Mensch‹ immer stärker benachteiligt und auf lange Sicht unmöglich gemacht werde, nämlich:

> »(...) vor Allem die grossen ›Baumeister‹; jetzt erlahmt die bauende Kraft; der Muth, auf lange Fernen hin Pläne zu machen, wird entmuthigt; die organisatorischen Genies fangen an zu fehlen: wer wagt es nunmehr noch, Werke zu unter-

---

[462] Ludwig Hilberseimer: Groszstadtarchitektur, Stuttgart 1927, 103.

nehmen, zu deren Vollendung man auf Jahrtausende rechnen müsste? Es stirbt eben jener Grundglaube aus, auf welchen hin Einer dergestalt rechnen, versprechen, die Zukunft im Plane vorwegnehmen, seinem Plane zum Opfer bringen kann, dass nämlich der Mensch nur insofern Werth hat, Sinn hat, als er ein Stein in einem grossen Baue ist: wozu er zuallererst fest sein muss, ›Stein‹ sein muss... Vor Allem nicht — Schauspieler! Kurz gesagt — ach, es wird lang genug noch verschwiegen werden! — was von nun an nicht mehr gebaut wird, nicht mehr gebaut werden kann, das ist – eine Gesellschaft im alten Verstande des Wortes; um diesen Bau zu bauen, fehlt Alles, voran das Material. Wir Alle sind kein Material mehr für eine Gesellschaft: das ist eine Wahrheit, die an der Zeit ist!«[463]

Die Moderne wird das Zeitalter der Gesamtverwandlung ins Schauspielertum, wo jeder zu seinem eigenen Vorteil jeden täuscht, weil es keine nach architektonischen Gesetzen aufgebaute Ordnung in der Gesellschaft mehr gibt. Aus diesem Grund geht es in Zukunft immer »künstlerischer«, bunter und theatralischer, effekthascherischer und marktschreierischer zu, was das glatte Gegenteil von einer Zunahme an wirklicher Kunst bedeutet. Hollywood steht als Vision zukünftiger Alltagskultur vor den Toren.

Der moderne Mensch will sich nicht mehr festlegen und »versteinern,« sondern Rollen spielen. Seine Unfähigkeit zu bauen besteht vor allem darin, daß er sich selbst nicht mehr unter die Bedingungen eines Bausteins und die Architektonik eines Ganzen zu bringen vermag. Nietzsches Lösung dieses Problems ist, das Problem der Baubarkeit vom gesellschaftlichen Maßstab auf einen individuellen Maßstab zu reduzieren. Als sein eigener Bauherr kann und muß der Mensch sich selbst erbauen und zum Kunstwerk erheben. Nietzsche vertraut nicht auf die Gesellschaft, sondern auf das aristokratische Individuum, das sich selbst errichtet und im Sinne jenes Wortes vom Stein, der »mehr Stein als früher« wird, zu höherem Eigenwert veredelt. Der »versteinernde«, sich selbst überwindende, fest und hart und klar werdende Mensch, der nicht mehr im falschen Schein einer Hinterwelt geborgter »Wahrheiten« glänzt, sondern wie ein Kristall aus sich selbst heraus, im Schein des eigenen Seins, erstrahlt, ist Nietzsches Ideal. So sagt es der Aphorismus »Wie man versteinern soll« in der »Morgenröthe«, der nur aus einem einzigen Satz besteht:

»Langsam, langsam hart werden wie ein Edelstein — und zuletzt still und zur Freude der Ewigkeit liegen bleiben.«[464].

Der »Übermensch« ist der Baumeister der Zukunft. Er ist einer, der die Kristallisation, den Übergang ins Architektonische nicht fürchtet, sondern Zarathustras Ruf folgt:

---

[463] Die fröhliche Wissenschaft V, Aphor. 356, KSA 3.596 f. – Dort auch zuvor angeführte Nietzsche-Zitate.

[464] Morgenröthe III, Aphor. 541: »Wie man versteinern soll«, KSA 3.309.

> »Über dich sollst du hinausbauen. Aber erst musst du mir selber gebaut sein, rechtwinklig an Leib und Seele«[465]

Diesen neuen Menschen macht der »Künstler« Nietzsche der Menschheit im Zeitalters des Individuums als »sein« Kunstwerk zum Geschenk. Einem Michelangelo gleich, der seinen im Stein schlafenden David aus einem gewaltigen Felsblock herausschlagen muß, versteht sich der »Philosoph mit dem Hammer« als imaginärer Bildhauer an der vollendeten Gestalt des Individuums. Ihm ist der Mensch ein roher, unbehauener Stein, der der Hand des Bildners bedarf, um die in diesem Material schlummernde höchste Menschengestalt freizulegen, wie es Zarathustra will:

> »Aber zum Menschen treibt er mich stets von Neuem, mein inbrünstiger Schaffens-Wille; so treibt's den Hammer hin zum Steine.
> Ach, ihr Menschen, im Steine schläft mir ein Bild, das Bild meiner Bilder! Ach, dass es im härtesten, hässlichsten Steine schlafen muss!
> Nun wüthet mein Hammer grausam gegen sein Gefängniss. Vom Steine stäuben Stücke: was schiert mich das?
> Vollenden will ich's: denn ein Schatten kam zu mir — aller Dinge Stillstes und Leichtestes kam einst zu mir! Des Übermenschen Schönheit kam zu mir als Schatten. Ach, meine Brüder! Was gehen mich noch — die Götter an!«[466]

Wie eine klassische Skulptur, die den Menschen göttergleich erhöht, erscheint diese neue Menschengestalt, deren Anblick Zarathustra den Ausruf entlockt: »(...) an dieser steinernen Schönheit kühlt sich mein heißes Herz.«[467]

Nietzsche sieht »das Ziel der Menschheit (...) nicht am Ende liegen, sondern nur in ihren höchsten Exemplaren.«[468] In der modernen Demokratie entarte der Mensch zum »Heerdenthiere«. Auf die höchsten Exemplare der Menschheit und die »Verzückungsspitze der Welt«[469] kommt es an. In der Geschichte der Philosophie führen die Cyclopengestalten der großen Denker in einsamer Höhe über die Niederungen hinweg von Bergspitze zu Bergspitze ihr Zwiegespräch. Auch für die Künste und die Architektur gilt dieses Modell. Auf die Frage »Für wen baut ein Baumeister?« lautet daher die konsequente Antwort:

> »Ich glaube er baut für den nächsten grossen Baumeister. Jedes Kunstwerk sucht weiter zu zeugen und sucht nach empfänglichen und zeugenden Seelen umher. So der Philosoph.«[470]

---

[465] Also sprach Zarathustra I, KSA 4.90.

[466] Ebenda II, KSA 4 111 f. – Vgl. auch Nachgelassene Fragmente. Mai – Juni 1883, KSA 10.356: »Ihr seid mir der Stein, in dem das erhabenste aller Bildwerke schläft (.) Und wie mein Hammer nach euch schlägt, so sollt ihr mir selber nach euch schlagen: der Hammerruf soll das schlafende Bild aufwecken.«

[467] Nachgelassene Fragmente. Sommer 1888, KSA 13.567.

[468] Vom Nutzen und Nachtheil der Historie für den Menschen, KSA 1.317.

[469] Nachgelassene Fragmente. Herbst 1869 bis Herbst 1872, KSA 7.200.

[470] Ebenda. Sommer – Herbst 1873, KSA 7.719 f.

Von Berg zu Berg, von Baumeister zu Baumeister, von Haus zu Haus – aus diesem Gegenüber und Widerstreit erstrangiger, schöpferischer Geister addiert sich für Nietzsche Geschehen und Geschichte. Was ist die Architektur demnach anderes, als die steinerne Physiognomik und das gebaute Abbild kühner, lebenshungriger, tätiger Menschen, die den Glauben an sich gefunden und das Leben hoch genug geschätzt haben, um sich in Bauwerken zu verewigen? Bauwerke sind das Spiegelbild ihrer Bauherrn. Diese Lesart entnimmt Nietzsche den Palazzi in und um Genua, denen er in der »Fröhlichen Wissenschaft« 1882 einen eigenen Aphorismus widmet. Die ersten Sätzen lauten:

> »Genua. – Ich habe mir diese Stadt, ihre Landhäuser und Lustgärten und den weiten Umkreis ihrer bewohnten Höhen und Hänge eine gute Weile angesehen; endlich muss ich sagen: ich sehe Gesichter aus vergangenen Geschlechtern, – diese Gegend ist mit den Abbildern kühner und selbstherrlicher Menschen übersäet (...).«[471]

In Häusern Gesichter zu sehen, ist eine alte Übung mit einer langen Geschichte. Zum Beweis der Notwendigkeit abstrakter Zahlenverhältnisse für den Tempelbau zieht der Römer Vitruv die Drittelung der Längenverhältnisse im menschlichen Gesicht von Stirn, Nase und Kinn heran. Alberti leitet in guter Renaissancemanier vom Gesicht abstrakte Empfehlungen über die gerade und ungerade Anzahl und Anordnung von Öffnungen an einem Baukörper ab. Im Manierismus ziehen Häuser in der Fassade sogar Grimassen, wie bei Federico Zuccari. Die Moderne des 17. und 18. Jahrhunderts entwickelt Ansätze zu einer psychologisierenden Argumentation, etwa, wenn Jaques-François Blondel in der Manier der berühmten Charakterköpfe Le Bruns männliche Gesichtsprofile auf die Profile von Gebälken projiziert und damit eine Analogie zwischen den Gemütszuständen und den architektonischen Ordnungen herstellt. Schon Aristoteles hatte das Gesicht als den Spiegel der Seele betrachtet. Geradezu tiefenpsychologische Betrachtungsmöglichkeiten kommen mit der Romantik gegen Ende des 18. Jahrhunderts in Mode. 1788 wird von einem anonymen Autor die vielleicht damals schon nicht mehr ganz ernst gemeinte Deutelei unternommen, nach Art der bekannten Lavaterschen Scherenschnitte von Charakterköpfen auch eingeschwärzte Profile verschiedener Haustypen zu betrachten, um damit eine analoge Form der »Seelenspionage«, wie Goethe die Lavatersche Methode einmal so treffend genannt hat, zu betreiben, die von der Silhouette des Bauwerkes auf die unterschiedlichen Gemütsverfassungen und Charaktereigenschaften seiner Bewohner schließt, selbst wenn diese nur Mieter und nicht Bauherrn waren.[472]

---

[471] Die fröhliche Wissenschaft IV, Aphor. 291: »Genua«, KSA 3.531.

[472] Anonym: Untersuchungen über den Charakter der Gebäude; über die Verbindungen der Baukunst mit den schönen Künsten und über die Wirkungen, welche durch dieselben hervorgebracht werden sollen, Leipzig 1788. Reprint mit einer Einführung von Hanno-Walter Kruft, Nördlingen 1986.

»Häuser blicken uns wie Gesichter an«[473] – so verallgemeinert Nietzsche in einer Variante die Aussage seines Aphorismus zu einem architekturpsychologischen Wahrnehmungsgesetz, dem auch Kunsthistoriker beipflichteten. Jacob Burckhardt, Nietzsches Gewährsmann in Sachen italienischer Baukunst, gibt gleich auf der ersten Seite seines »Cicerone« in der Beschreibung des Tempels von Paestum ein Beispiel der anthropomorphen Charakterisierung, wenn uns in den griechischen Bauwerken »keine bloßen Steine, sondern lebende Wesen« entgegentreten.[474] Erst recht gehörte es zu Burckhardts Methode als Kulturhistoriker, nicht bei der Betrachtung der Kunstwerke stehen zu bleiben, sondern auch ein gesellschaftspolitisches Porträt der Auftraggeber zu zeichnen. Daß Nietzsches Baupsychologie sich daran ein Vorbild nimmt, werden wir gleich sehen.

Im Stil der Einfühlungstheorie, die das Prinzip der Beseelung als eine unwillkürliche Tätigkeit der menschlichen Phantasie für alle Sinnestätigkeit voraussetzt, projiziert Nietzsche »Gesichter aus vergangenen Geschlechtern« in die Bauwerke hinein. Nur vier Jahre später macht Heinrich Wölfflin die Idee einer architektonischen Physiognomik in seiner Dissertation »Prolegomena zu einer Psychologie der Architektur« erstmals zum Gegenstand einer eigenen Untersuchung. Bei Wölfflin blicken uns Häuser tatsächlich wie Gesichter an, denn er schließt von der Deutung des Ausdrucks, der sich in Gesicht und Haltung des Menschen geltend macht, auch auf physiognomische Möglichkeiten der Architektur. Wenn Fenster den Augen ähnlich sind, wie schon Alberti feststellt, wird der Teil der Wand über den Fenstern zur Stirn; werden Fenster durch starke Gesimse beschattet, so scheint das Gesicht die Augenbrauen zusammenzuziehen, und selbst ein Stirnrunzeln ist als architektonische Aussage nicht mehr ausgeschlossen.[475]

Anreger und mehrfach zitierter Kronzeuge von Wölfflins Arbeit, die das Thema der Physiognomik für die Architektur aufwirft, ist der auch von Nietzsche außerordentlich geschätzte Psychologe, Physiologe und Philosoph Wilhelm Wundt (1832–1920), der als Vater der Experimentalpsychologie in die Geschichte eingegangen ist. Mit Nietzsche hatte Wundt sich 1877 auch in einem Aufsatz über »Philosophy in Germany« befaßt.[476] Umgekehrt las Nietzsche, den Fragen der physiologischen Psychologie brennend interessierten, auch Schriften von Wundt, wie Aufzeichnungen vom Herbst 1879 belegen.[477] Daß Wundt bei Nietzsche hohes Ansehen genoß,

---

[473] Manuskriptvariante zum Aphor. 291: »Genua«, aus der Fröhlichen Wissenschaft, KSA 14.265.

[474] Burckhardt: Cicerone. Neudruck der Urausgabe von 1855, 11.

[475] Heinrich Wölfflin: Prolegomena zu einer Psychologie der Architektur, München 1886, 38 f.

[476] Vgl. Krummel: Nietzsche und der deutsche Geist, I. 65. f.

[477] Nachgelassene Fragmente. September – November 1879, KSA 8.621: » – Wundt ›Aberglaube in der Wissenschaft‹ – halbasiatische Barbaren – umnebelter Sumpf – Retorte« – Nietzsches Notiz aus dem Frühjahr 1880, daß die »Welt, soweit wir sie erkennen können« nichts mehr sei, als »unsere eigene Nerventhätigkeit,« könnte der Lektüre Wundts entstammen, der das

kann man daran ablesen, daß er ihn auf die Liste der Namen setzt, die der Verleger Naumann mit Freiexemplaren der »Genealogie der Moral« bedenken sollte. Hierzu gehörten neben Jakob Burckhardt der prominente Historiker Hippolyte Taine, und bedeutende Naturwissenschaftler wie Ernst Mach und Hermann Helmholtz; auch der berühmte Komponist Johannes Brahms, mit dessen Musik Nietzsche bei Wagner einmal einen Wutanfall auslöste, gehörte zur kleinen Schar der Auserwählten, die Nietzsche für seine einzigen Leser hielt.[478]

Nietzsches Gesichtsvorstellungen gelten der Wahrnehmung des heroischen Individuums. Im Gesicht des Genueser Palazzo erkennt er die architektonische Physiognomie des Gewaltmenschen der Renaissance. Diese Bauwerke künden von dem unbedingten Lebenswillen »kühner und selbstherrlicher Menschen«, die als Vorläufer des Übermenschen die höchste Stufe des Individualismus bereits zu leben gewußt haben. Das besagt der Genueser Aphorismus der »Fröhlichen Wissenschaft« in seinem weiteren Wortlaut:

> »Sie haben gelebt und haben fortleben wollen – das sagen sie mir mit ihren Häusern, gebaut und geschmückt für Jahrhunderte und nicht für die flüchtige Stunde: sie waren dem Leben gut, so böse sie oft gegen sich gewesen sein mögen. Ich sehe immer den Bauenden, wie er mit seinen Blicken auf allem fern und nah um ihn her Gebauten ruht und ebenso auf Stadt, Meer und Gebirgslinien, wie er mit diesem Blick Gewalt und Eroberung ausübt: Alles diess will er seinem Plane einfügen und zuletzt zu seinem Eigenthum machen, dadurch dass es ein Stück desselben wird. Diese ganze Gegend ist mit dieser prachtvollen unersättlichen Selbstsucht der Besitz- und Beutelust überwachsen; und wie diese Menschen in der Ferne keine Grenze anerkannten und in ihrem Durste nach Neuem eine neue Welt neben die alte hinstellten, so empörte sich auch in der Heimat immer noch Jeder gegen Jeden und erfand eine Weise, seine Ueberlegenheit auszudrücken und zwischen sich und seinen Nachbar seine persönliche Unendlichkeit dazwischen zu legen. Jeder eroberte sich seine Heimat noch einmal für sich, indem er sie mit seinen architektonischen Gedanken überwältigte und gleichsam zur Augenweide seines Hauses umschuf.«[479]

Ein exemplarisches Bild von der Kunst der Selbstversteinerung zum Edelstein, der »zur Freude der Ewigkeit« liegen bleibt, ist hier gegeben. Unter dem Willen des großen Individuums, sich im Leben durch die Errichtung einer eigenen Machtsphäre zu behaupten, erscheint das Bauen als Eroberung und Ausübung von Gewalt. Bauen ist als existentielle Form die bewußte Aneignung eines Raumausschnittes mit dem Anspruch, sich die Welt durch diesen mit künstlichen und künstlerischen Mitteln reklamierten Anteil einzuverleiben. Bauen ist die Ausbreitung

---

Wesen der Nervenerregung eingehend erforschte. – Wilhelm Wundt: Untersuchungen zur Mechanik der Nerven und Nervencentren, Erlangen 1871 – 1876. – Grundzüge der physiologischen Psychologie, Leipzig 1874, 2. Aufl. 1880, 4. Aufl. 1893.

[478] An Constantin Georg Naumann in Leipzig, Nizza (8. November 1887), SB 8.187.

[479] Die fröhliche Wissenschaft IV, Aphor. 292: »Genua«, KSA 3.531 f.

einer Machtsphäre im Raum. Das Bauwerk ist folglich das Abbild des Menschen als kühner und selbstherrlicher Bauherr.

In der »Cultur der Renaissance«, die Nietzsche zweifach besaß, davon in einem Widmungsexemplar,[480] hat Burckhardt ein umfassendes und tiefgründiges Porträt von der Persönlichkeit des Machtmenschen dieser Epoche gegeben, der seinen Lebensgenuß durch geistige Mittel erhöhte. Die Betrachtung seiner Lebensformen, Bildung, Kleidung, Geselligkeit und Festkultur gehörte zum Gesamtbild der kulturellen Erscheinung und nimmt daher auch ihren gebührenden Raum ein. In dem Kapitel »Entwicklung des Individuums«, in Nietzsches Exemplar mit zahlreichen An- und Unterstreichungen versehen, zeichnet Burckhardt ein umfassendes Bild jener geistvollen »Gewaltmenschen«, die durch den »Genuß der Herrschaft« und in ihrer häuslichen Welt das Programm einer »vollendet durchgebildeten Privatexistenz« verkörperten und durch ihren Kosmopolitismus die »höchste Stufe des Inidividualismus« (alles unterstrichen) verkörperten.[481]

Dieser Gewaltmensch, den Burckhardt in seiner »Cultur der Renaissance« ein Vierteljahrhundert vor »Jenseits von Gut und Böse« als Menschen voller Ruchlosigkeit und Lust am Bösen darstellt, dem man wegen seiner Leidenschaft für ein durch Kunst erhöhtes Leben und als Förderer der Künste nicht böse sein könne, tritt für Nietzsche hinter den Palazzi von Genua wieder hervor. In Architektur, Stadt und Landschaft erkennt er die von Burckhardt gezeichnete Bauherrngestalt, die für den Übermenschen Pate stehen sollte.

Auch von einer »Bauphysiognomie« in landschaftlichen Dimensionen hatte Burckhardt gesprochen. Im »Cicerone« schreibt er über den prägenden Einfluß der Palladio-Nachfolge auf die Architektur Norditaliens eine Passage, die Nietzsche eine Anstreichung wert gewesen ist:

> »Ihr verdankt das moderne Oberitalien, hauptsächlich Mailand, jene Bauphysiognomie, die man kalt und herzlos, aber niemals kleinlich schelten kann. Sie hat das Bedürfnis nach dem Grossen und Monumentalen wachgehalten und damit für jede höhere Entwicklung in der Baukunst einen günstigen Boden vorbereitet.«[482]

Die mit Monumenten durchtränkte Landschaft des Großen bestimmt Nietzsches Bild von Genua. Die Einhelligkeit des Eindrucks der Macht und die Macht des Eindrucks, worauf das Phänomen des Monumentalen beruht, sieht er hier verwirklicht. Architektur wird nicht verstanden als Begrenzung, sondern als Ausbreitung einer persönlichen Machtsphäre im Raum. Der Baukörper ist wie der Bauen-

---

[480] Jacob Burckhardt: Die Cultur der Renaissance in Italien. Ein Versuch, 2. Aufl. Leipzig 1869, in: Herzogin Anna Amalia Bibliothek Weimar, Sign. C 482. Darin die Widmung: »Herrn Prof. Dr. Nietzsche in Verehrung dargebracht vom Verf.«

[481] Ebenda, 107 ff.

[482] Burckhardt: Cicerone, 363. (Neudruck der Urausgabe von 1855, 288 f.)

de selbst etwas Undurchdringliches, Festes, Steinernes. Er ruht mit seinem hungrigen Blick auf nah und fern, auf Stadt und Landschaft, Meer und Gebirgslinien und will sich in seiner »prachtvoll unersättlichen Selbstsucht« alles, soweit das Auge reicht, einverleiben; nicht umsonst ist Genua für Nietzsche vor allem die Stadt des Kolumbus.

In Nietzsches Genua nimmt die Umwertung der Architektur zur höchsten monolithisch-monologischen Kunst konkrete Gestalt an. Stumm, steinern, einer Plastik oder einer Säule gleich, stehen diese Bauten gemäß Nietzsches »Seelen-Art« da, »Jeder gegen Jeden«, als heroische und selbstherrliche Bauindividuen, die ihre »persönliche Unendlichkeit« zwischen sich und ihren Nachbarn legen wollen. Das vornehme, große Pathos der Distanz, das Burckhardt dem Renaissancepalast attestiert, ist die Signatur des Machtmenschen.

Das absolute, dominierende heroische Objekt, das sich seine Umgebung unterwirft, ist Nietzsches dramatische architektonische Vision der Moderne. Die Architektur des 20. Jahrhunderts wird sich dieses Konzept vom Bauindividuum und seinen Stil strahlender, kubischer Selbstgenügsamkeit zu eigen machen, um sich mit herrischer Geste von dem geschmähten 19. Jahrhundert und von der Vergangenheit überhaupt zu distanzieren. Der Nietzscheaner Peter Behrens, dem die Kritik schon 1901 einen »Zarathustrastil« bescheinigt,[483] gibt hierzu mit dem stählernen Tempel der Turbinenhalle für die AEG 1908 den Auftakt. Durch Nietzsche-Lektüre und Behrens inspiriert, wird Le Corbusier 1911 ausgerechnet den Parthenon, das Musterbeispiel klassischer Harmonie und Ausgewogenheit, als eine die Landschaft überstrahlende, beherrschende und damit »Gewalt« ausübende, »terrible machine, broie et domine (...).«[484] bezeichnen, die auf Meilen hinaus alles zu Staub mache. Einen Vorgeschmack auf das amerikanische »Genua« gibt der Behrens-Schüler Mies van der Rohe 1922 mit dem Projekt zu einem Glashochhaus am Bahnhof Friedrichstraße. Unversöhnlich ragt eine messerscharfe Kristallklippe aus der eingeschwärzten alten Stadt, um zwischen sich und die Vergangenheit eine eigene Ewigkeit zu legen. Man könnte die Reihe der Beispiele zu hunderten bis in die Gegenwart fortsetzen. Die »Strahlende Stadt«, in der Hochhäuser den Raumrhythmus angeben, wird die urbane Landschaft dieser Moderne, von der Nietzsches Genua des Bauindividuums bereits spricht.

---

[483] So F. Ahlers Hestermann über das Haus von Peter Behrens auf der Mathildenhöhe in Darmstadt, in: Stilwende. Aufbruch der Jugend um 1900, Berlin 1941, 9, nach Krummel: Nietzsche und der deutsche Geist, I. 692. – Vgl. Buddensieg: Das Wohnhaus als Kultbau, wie Anm. 3.

[484] Paul Venable Turner: The Education of Le Corbusier, New York/London 1977, 101.- Vgl. auch Guiliano Gresleri: Le Corbusier, Reise nach dem Orient, Zürich 1991, 323. – Zur Nietzsche-Rezeption bei Corbusier siehe: Jean Louis Cohen: Le Corbusier's Nietzschean Metaphors, in: Kostka/Wohlfahrt, Hrsg.: Nietzsche and »An Architecture of Our Minds«, 1999, 311–332.

Dieses Genua erscheint als eine weiträumig in die Landschaft aufgelöste Stadt, als eine Art Gartenstadt. Sie ist ein aristokratisches Gemeinwesen von in vornehmer Einsamkeit und Distanz existierenden Bauten. Von der urbanen Kompaktheit Genuas, der Stadt, in der sich im 16. Jahrhundert die Adelspaläste der berühmten »strada nuova« fast Schulter an Schulter aufreihen, redet Nietzsche nicht. Sein Genua ist eine Stadt landschaftlicher Wohnsitze. Die Küstenlandschaft mit ihren Hügeln und Felsen und verstreuten, prächtigen Villen und Landhäusern ist das Revier seiner stundenlangen Spaziergänge. Nietzsches Bauindividuen existieren, wie er selbst, außerhalb des urbanen Zusammenhangs und gesellschaftlichen Kontextes und scheinen unisono den Satz zu wiederholen, der auch als die Maxime des objektfixierten Städtebaus des 20. Jahrhunderts gelten könnte: »Wir Alle sind kein Material mehr für eine Gesellschaft.« Selbst Venedig sieht Nietzsche mit solchen Augen, wie es sein Zweizeiler besagt: »100 tiefe Einsamkeiten bilden zusammen die Stadt Venedig — dies ihr Zauber. Ein Bild für die Menschen der Zukunft.«[485]

Einsamkeit, als das stolze Für-sich-Sein, das vornehme, volle Ruhen im Sein, ist Nietzsches Kennzeichen von Größe. Dazu gehört helle Weiträumigkeit als äußere und innere Umwelt und Bedingung der natürlichen und der Seelen-Landschaft, im Gegensatz zu der im dunklen Drängen der Innerlichkeit beheimateten Musik. Nietzsches Entscheidung für die Architektur ist eine Entscheidung für das südliche Lebensideal. »Die guten Drei«, so lautet die Überschrift eines Aphorismus nach Burckhardtschem Geschmack, sind »Ruhe, Grösse, Sonnenlicht.« Sie »umfassen Alles, was ein Denker wünscht und auch von sich fordert«; und dies, wie Nietzsche ausführt, nicht nur auf »seine Ansprüche im Intellectuellen und Moralischen,« sondern »sogar in der täglichen Lebensweise und selbst im Landschaftlichen seines Wohnsitzes.«[486]

Burckhardt sah im Machtmenschen der Renaissance gebändigte Größe. Höchste Macht und höchste Mäßigung fallen in ihm zusammen. Nietzsche zielt auf entfesselte, losgebundene Subjektivität. Insofern ist sein Genua ein Gefüge, für das nicht bauliche Einordnung, sondern das Gegeneinander für sich stehender Bauten das Gestaltcharakteristikum ist. Daß mit diesem Bauwillen auch ein grundsätzlich anderes Prinzip von Städtebau einhergeht, läßt Nietzsche im letzten Teil seines Genueser Aphorismus der »Fröhlichen Wissenschaft« anklingen, wo er in zwei differente Stadttypen unterscheidet:

> »Im Norden imponirt das Gesetz und die allgemeine Lust an Gesetzlichkeit und Gehorsam, wenn man die Bauweise der Städte ansieht: man erräth dabei jenes innerliche Sich-Gleichsetzen, Sich-Einordnen, welches die Seele aller Bauenden beherrscht haben muss. Hier aber findest du, um jede Ecke biegend, einen Men-

---

[485] Nachgelassene Fragmente. Frühjahr 1880, KSA 9.38.

[486] Menschliches, Allzumenschliches II, »Der Wanderer und sein Schatten«, Aphor. 332: »Die guten Drei«, KSA 2.697.

schen für sich, der das Meer, das Abenteuer und den Orient kennt, einen Menschen, welcher dem Gesetze und dem Nachbar wie einer Art von Langerweile abhold ist und der alles schon Begründete, Alte mit neidischen Blicken misst: er möchte, mit einer wundervollen Verschmitztheit der Phantasie, diess Alles mindestens im Gedanken noch einmal neu gründen, seine Hand darauf-, seinen Sinn hineinlegen — sei es auch nur für den Augenblick eines sonnigen Nachmittags, wo seine unersättliche und melancholische Seele einmal Sattheit fühlt, und seinem Auge nur Eigenes und nichts Fremdes mehr sich zeigen darf.«[487]

Daß sich die Verhältnisse inzwischen umgekehrt haben und wir Nördlichen seit Camillo Sitte auf die italienischen Städte als Vorbilder für lesbar gestalteten Raumzusammenhang schauen, der in unseren Städten dem Privatinteresse geopfert wurde, gehört zur historischen Konsequenz einer modernen, abstrakt-malerischen Perspektive, in der die Stadt nur von Haus zu Haus im offenen Raum existiert. Ein öffentlicher Raum ist in Nietzsches Genua nur als Überlagerung konkurrierender persönlicher Unendlichkeiten vorgestellt. Der Dialog zwischen Körper und Raum im Sinne eines Gleichgewichts zwischen dem allgemeinen Raum und dem individuellen Körper, der seit Alberti Maßstab der europäischen Stadt ist, scheint bei Nietzsche zugunsten von monolithischen und ebenso monologischen Körpern, die frei in den Raum hineintreten, aufgehoben. Das konkave Prinzip der Raumumschließung, die kollektive Form von Straßen und Plätzen spielt keine Rolle. Für den extrem schlechtsichtigen Nietzsche waren diese allein schon wegen ihrer gefährlichen Verkehrsverhältnisse ohnehin nur von beschränkter Aufenthaltsqualität. Erst in Venedig und in den kilometerlangen Arkadengängen von Turin, die wie eine in die Unendlichkeit abgewickelte Säulenhalle das stundenlange ungestörte Wandeln auf der Schwelle zwischen Körper und Raum ermöglichen, findet er als Flaneur sein urbanes Paradies.

Da bei Nietzsche der Mensch erst dort anfängt, wo der Staat aufhört, steht auch radikale Individualität außerhalb des Gemeinwesens und der Stadt. Selbsterrichtung und Selbsterhöhung des Menschen liegen ihm am Herzen; nicht die Verbesserung der Gesellschaft. Auch seine Architekturbilder verraten sich durch dieses Pathos. Die beruflos dastehende Säule, die nichts trägt als sich selbst, scheint ihm das vornehmste Glied der Architektur zu sein. In der Säule hält sich der Mensch einen Spiegel seiner eigenen Schönheit vor. Sie verkörpert seit der Antike Menschengestalt, sogar geschlechtsspezifische Identität wurde diesem aufrechten Wesen, das nur punktförmig den Boden berührt und sich allseitig dem Raum öffnet, angedichtet. Dieses Abbild seiner selbst will Nietzsche dem Menschen wieder als Vorbild vor Augen rücken:

»Der Säule gleich sollst du in die Höhe wachsen, zarter und schlanker, aber innerlich härter und mit angehaltnem Athem: also strebt die Säule aufwärts.«[488]

---

[487] Die fröhliche Wissenschaft IV, Aphor. 292: »Genua«, KSA 3.532.

[488] Nachgelassene Fragmente. Sommer 1883, KSA 10.443.

Auch Zarathustra predigt die Säule, um sich an ihr aufzurichten:

> »Der Säule Tugend sollst du nachstreben: schöner wird sie immer und zarter, aber inwendig härter und tragsamer, je mehr sie aufsteigt.«[489]

Dem von Nietzsche außerordentlich geschätzten amerikanischen Philosophen und Schriftsteller Ralph Waldo Emerson, der auch als Anreger für die Namengebung »Zarathustra« mit in Betracht kommt, hat in seinen »Versuchen« einen Passus geschrieben, den Nietzsche mehrfach angestrichen und mit der Bemerkung »Das ist es!« glossiert hat. Man liest dort:

> »Wir verlangen, daß ein Mensch so groß und säulenförmig in der Landschaft dastehe, daß es berichtet zu werden verdiente, wenn er aufstünde und seine Lenden gürtete und einem andern solchen Ort zueilte. Die glaubwürdigsten Bilder scheinen uns die von großen Menschen zu sein, die bei ihrem ersten Erscheinen schon die Oberhand hatten und die Sinne überführten; wie es dem morgenländischen Weisen erging, der gesandt war, die Verdienste des Zarathustra oder Zoroaster zu erproben.«[490]

Groß und säulenförmig steht das Genueser Bauindividuum als Monolith in der Landschaft. Auf diese stolze Weise, nämlich ohne sichtbare Zeichen der Anteilnahme und inneren Erregung, möchte Nietzsche wie ein »großer Mensch« im Leben stehen: »aufgerichtet zur Säule in der Wüste großen Unglücks, starr (,) stier geworden und steinern – still in seiner goldbraunen Traurigkeit.«[491] Man kann auch aus dieser Zeile entnehmen, daß Nietzsches Säule einsam steht. Sie wirkt an keinem Bau mit, sie steht ganz für sich und trägt nichts über sich außer dem Himmel. Zur »Säule« zu werden ist der erste Schritt. Wer ein Bauender sein will, der muß zuerst sich selbst aufrichten und erbauen. Anders gibt es keinen Bau und erst recht keine Baukunst.

Der Mensch bedarf also einer Kunst, die ihn erbaut, d.h. einer Kunst, die ihn »aufrichten«, nicht aber »umwerfen« soll. In diesem Punkt liegt für Nietzsche der prinzipielle Unterschied zwischen der Architektur und der Musik. Musik ist Kunst der rauschhaften Suggestion und verlockt dazu, aus der momentanen Wirklichkeit in Träume zu flüchten. Architektur ist die Organisation von Wirklichkeit und verführt zum Leben durch die Gestaltung von Zukunft auf Dauer. Sie verlockt das Leben zur Ewigkeit. Die im Zeitlichen verhaftete Musik hat es auf den augenblicklichen Nervenreiz abgesehen. Insbesondere die Wagnersche Musik will unsere Sinne »überfallen, umwerfen, lärmen, quälen, spannen, entsetzen.«[492] Die gleichgültig

[489] Also sprach Zarathustra II, KSA 4.152.

[490] Ralph Waldo Emerson: Versuche, übers. von G. Fabricius, Hannover 1858, zit. nach Kommentarband KSA 14.279.

[491] Nachgelassene Fragmente. Winter 1884/85, KSA 11.384.

[492] Ebenda. Frühling – Sommer 1878, KSA 8.492.

dastehende, sich ihrer Wirkungsmacht aber durchaus bewußte Architektur, gönnt dem Menschen Ruhe und gibt ihm Größe unter dem Sonnenlicht. Daß die Architektur mit ihren vornehmen Tugenden im Zeitalter des Schauspielers, dem es vorrangig darauf ankommt, zu gefallen und zu beeindrucken, einen schweren Stand haben würde, war Nietzsche bewußt. Die kollektiven Rituale verzückter Wagnerianer und der Anklang, den die moderne Überwältigungsästhetik beim breiten Publikum fand, entlockten Nietzsche den galligen Stoßseufzer über das bedauernswerte Schicksal künftiger Kunst und Künstler:

> »Arme Künstler! Ihr wolltet sie erbauen, und dies Gesindel will gerade — umgeworfen werden!«[493]

Der sich selbst formende Goethesche Mensch der Selbstüberwindung und klassischen Bildung, der fähige Bildner und Architekt seiner selbst, ist der Edelstein, auf den Nietzsche baut. Alles andere würde bedeuten, so wendet er sein poetisches Bild vom Stein zur anderen Seite hinüber, »die Menschheit zu Sand zu machen«, nämlich der Persönlichkeit und dem Leben alle Schärfen und Kanten abzureiben:

> »Sand! Kleiner weicher, runder, unendlicher Sand! Ist das euer Ideal, ihr Herolde der sympathischen Affectionen?«[494]

In der Gestalt des Zarathustra tritt der neue Mensch als Herold neuer Wertschätzung und Wertsetzung auf. Er baut das Leben in neue Höhen. Ihm hat Nietzsche wie im Evangelium des Matthäus die Rolle als »nöthigste(r) Apostel« zugedacht hat, der »hart wie ein Stein« ist, »damit auf ihm die neue Kirche gebaut werden könne.«[495] So wie die Bibel von den Menschen als lebendigen Steinen

---

[493] Ebenda. Sommer 1883, KSA 10.392. – Vgl. ebenda auch Sommer – Herbst 1882, KSA 10.83: »Arme Künstler! Was verlangt denn das nervöse Gesindel von euch? Nicht auferbaut sondern umgeworfen will es werden!« – Eine ebenso schonungslose wie anschauliche und von Sarkasmen durchtränkte Kritik der modernen Ästhetik des Umwerfens in der Musik gibt Nietzsche 1888 in »Der Fall Wagner. Ein Musikanten-Problem«, aus der die folgende Kostprobe stammt: »Entschliessen wir uns, meine Herrn Musiker: wir wollen sie umwerfen, wir wollen sie erheben, wir wollen sie ahnen machen. So viel vermögen wir noch. (...) In der Sprache des Meisters geredet: Unendlichkeit, aber ohne Melodie. Was (...) das Umwerfen angeht, so gehört dies zum Theil schon in die Physiologie. Studiren wir vor Allem die Instrumente. Einige von ihnen überreden selbst noch die Eingeweide (– sie öffnen die Thore, mit Händel zu reden), andre bezaubern das Rückenmark. Die Farbe des Klangs entscheidet hier; was erklingt, ist beinahe gleichgültig. Raffiniren wir in diesem Punkte!« – KSA 6.23 f.

[494] Morgenröthe III, Aphor. 174, KSA 3.155.

[495] Menschliches, Allzumenschliches II, »Der Wanderer und sein Schatten«, Aphor. 76, KSA 2.587: »Der nöthigste Apostel. – Unter zwölf Aposteln muss immer einer hart wie ein Stein sein, damit auf ihm die neue Kirche gebaut werden könne.« – Vgl. Matth. 16. 18; Hinweis in KSA 14.190.

spricht, die durch Christus zu einem geistlichen Haus, wohlgefällig vor Gott, auferbaut werden,[496] läßt der Antichrist Nietzsche seinen Zarathustra ausrufen:

> »Und mag doch Alles zerbrechen, was an unseren Wahrheiten zerbrechen — kann! Manches Haus giebt es noch zu bauen!«[497]

Das gegenwärtige Bauen setzt allerdings keine attraktive Aussicht auf »neue Conventionen für die Kommenden«[498] frei. Die neuen Häuser sind »eingedrückte Häuser« für kleingedrückte Seelen, Bauten, die sich transparent, nämlich »vertraulich und offensinnig« geben, aber »niedrig« sind und nur »Niederes einlassen.«[499] Wie Semper gegen die weißen Tempel wendet Zarathustra sich gegen die weiße Moderne: »Wer aber sein Haus weiss tüncht, der verräth mir eine weissgetünchte Seele.«[500] Erst recht widerwärtig ist ihm die moderne Großstadt, als ein Babylon »der eingedrückten Seelen und schmalen Brüste, der spitzen Augen, der klebrigen Finger – (...) die Stadt der Aufdringlinge, der Unverschämten, der Schreib- und Schreihälse, der überheizten Ehrgeizigen (...).«[501]

Erst unter der Bedingung eines Bauens, bei dem »das Leben sich immer wieder selbst überwinden muss«, und sich »mit Pfeilern und Stufen« in die Höhe bauen will, kann das Leben auch wieder »selige Schönheiten« erblicken,[502] und es kann für die Architektur ein neues Zeitalter anbrechen, wie in einer Notiz vom Sommer 1880 prophezeit:

> »Ein Zeitalter der Architektur kommt, wo man wieder für Ewigkeiten wie die Römer baut.«[503]

---

[496] I. Brief Petrus, 2.5: »Ihr werdet als lebendige Steine auferbaut zu einem geistigen Haus, wohlgefällig vor Gott, durch Jesus Christus. Zu ihm kommend als zu einem lebendigen Stein, von Menschen zwar verworfen, bei Gott aber auserwählt, kostbar, laßt euch auch selbst als lebendige Steine aufbauen, als ein geistliches Haus, ein heiliges Priestertum, um geistliche Schlachtopfer darzubringen, Gott wohlannehmbar durch Jesus Christus. Denn es ist in der Schrift enthalten: Siehe, ich lege in Zion einen auserwählten, kostbaren Eckstein; und wer an ihn glaubt, wird nicht zuschanden werden. Euch nun, die ihr glaubt, [bedeutet er] die Kostbarkeit; für die Ungläubigen aber [gilt]: Der Stein, den die Bauleute verworfen haben, dieser ist zum Eckstein geworden, und: ein Stein des Anstoßes und ein Fels des Ärgernisses.« Siehe auch Epheser 2.21 f., Römer 12.1.

[497] Also sprach Zarathustra II, »Von der Selbst-Ueberwindung«, KSA 4.149.

[498] Menschliches, Allzumenschliches II, »Der Wanderer und sein Schatten«, Aphor. 140, KSA 2.612.

[499] Nachgelassene Fragmente. Ende 1883, KSA 10. 623: »Eingedrückte Häuser, blödsinnig gleich einem Kinder-Spielzeug: daß sie ein Kind doch wieder in die Schachtel steckte! — eingedrückte Seelen(.) Vertraulich und offensinnig, aber niedrig gleich Thüren, die nur Niederes einlassen.«

[500] Also sprach Zarathustra III, KSA 4.244.

[501] Ebenda, KSA 4.224.

[502] Ebenda II, KSA 4.131.

[503] Nachgelassene Fragmente. Sommer 1880, KSA 9.135.

An dem pyramidenartigen Steinblock in der Nähe von Surlei, »6000 Fuss jenseits von Mensch und Zeit,« überfällt Nietzsche im August 1881 während seines ersten, fast dreimonatigen Aufenthalts in Sils-Maria der Gedanke von der »ewigen Wiederkunft des Gleichen« als der »höchsten Formel der Bejahung«[504] der Welt und des Lebens, die überhaupt erreicht werden kann. Weshalb sollte unter diesen Umständen und bei einem künftigen Bauwillen nicht auch ein neues Zeitalter, »wo man wieder für Ewigkeiten wie die Römer baut«, heraufziehen? Daß es ausgerechnet die Römer waren, die den Beton erfanden und uns in ihren Kolossalbauten gezeigt haben, wie man mit »Sand« baut, – eine solche Spitzfindigkeit in puncto Baumaterial hätte Nietzsches Leidenschaft für den Stein als der Weisheit letztem Schluß wohl auch keinen Abbruch getan.

Genua mit Teilansicht der Villa Doria.

[504] Ecce homo, »Also sprach Zarathustra.« 1, KSA 6.335.

Giovanni Battista Piranesi: Fundamente des Hadrian-Mausoleums.

Steine in der Fassade des Palazzo Pitti, Florenz.

II.3

Die Kunst der großen Ruhe: Der »grosse Stil« und der Geist der Architektur

Unter dem südlichen Licht gerät Nietzsche in den Bann des Klassischen. So, wie Goethe auf seiner Italienreise den Norden und die romantische Kunst der Gotik hinter sich läßt, nimmt auch bei Nietzsche eine entsprechende Umwertung des Kunstideals Gestalt an. Im »grossen Stil«, von dem Nietzsche erstmals im zweiten Teil von »Menschliches, Allzumenschliches« spricht, daß er entstehe, »wenn das Schöne den Sieg über das Ungeheure« davontrage,[505] schlägt sich diese Wandlung nieder. Der »grosse Stil«, eine Synthese klassischer Koinzidenzen, wie sie sich in den Schriften großer Italienreisender wie Goethe, Burckhardt, Stendhal und Taine finden,[506] wird zum Maßstab für Nietzsches Kunstphilosophie. Burckhardts klare Unterscheidung in einen klassischen Stil des ruhigen Seins und einen romantisch-aufgeregten Stil des Werdens und Vergehens prägt Nietzsches Vorsatz, die kleinen und kurzen Schönheiten zu verachten und stattdessen den »Sinn für Weniges und Langes«[507] zu kultivieren. Nicht das leidenschaftliche Austragen der Gefühle und das Ringen mit dem Tragischen, sondern die Beherrschung und Klärung des Gefühls zur Gelassenheit der wohlbemessenen Form bestimmen das klassische Ideal. Unter dessen Signatur vollzieht Nietzsche auch den eigenen Übergang ins Architektonische, nämlich den Wechsel von den zeitlichen zu den räumlichen Künsten, vom musikalisch-bewegten Augenblick zur architektonischen Versteinerung, zur Freude der Ewigkeit. Ruhe und Wirkung durch das Wenige und Große bestimmen das neue Paradigma für Größe in Kunst und Leben.

Die romantisch-aufgeregte, aufwühlende Kunst ist die Kunst der Ruhesüchtigen und Pathetiker, die sich an »die gierigen, unersättlichen, ungebändigten, verekelten, zerquälten Menschen der Gegenwart«[508] wendet. Diese Kunst gehört wie die ganze »moderne Originalitätswuth«[509] in die Periode des Verfalls, des Barock. Barock ist für Nietzsche das Synonym für den »überladenen Stil«, Zeichen der »Ver-

[505] Aphor. 96 »Der grosse Stil«, in KSA 2.596.

[506] Zu Nietzsches Beschäftigung mit Goethe, Burckhardt und Stendhal während seiner Italienaufenthalte, siehe Vivetta Vivarelli: ›Vorschule des Sehens‹ und ›stilisierte Natur‹ in der »Morgenröthe« und der »Fröhlichen Wissenschaft«, in: Nietzsche-Studien, Bd. 20, Berlin, New York 1991, 134–151.

[507] Nachgelassene Fragmente. Frühjahr 1884, KSA 11.95.

[508] Morgenröthe III, Aphor. 191, KSA 3.164.

[509] Menschliches, Allzumenschliches II, »Der Wanderer und sein Schatten«, Aphor. 122, KSA 2.605.

armung der organisirenden Kraft bei verschwenderischem Vorhandensein von Mitteln und Absichten.«[510] Burckhardts Psychologie der Macht auf dem Gebiete der Kunst, nämlich daß sich derjenige in seinen Mitteln einschränke, der im Wesen mächtig sei, bestimmt Nietzsches Psychologie vom »grossen Stil«. Ihr folgt bereits 1888 Wölfflins Schrift »Renaissance und Barock«, in der er dem »Grossen Stil« ein eigenes Kaptitel einräumt und ihn mit Burckhardt als »die Kunst des schönen ruhigen Seins« definiert, der im Gegensatz zum barocken Stil des Werdens und des Ruhelosen steht, in dem man sich, mit Hinweis auf den Tristan-Taumel, »nicht erlöst, sondern in die Spannung eines leidenschaftlichen Zustandes hineingezogen« fühle.[511]

Das musikalische Argument der Wegweisung zum »grossen Stil« hatte Nietzsche schon im Sommer 1878 in Emersons »Versuchen« gefunden und exzerpiert. Es lautet:

> »Der Ton des Suchens ist einer und der Ton des Habens ist ein anderer.«[512]

Zum »grossen Stil« gehört auch eine Psychologie des Tones: Wer sucht, versucht sich selbst und andere von seinen Zielen zu überzeugen; er will und muß sich mitteilen, notfalls auch in lauten Tönen. Wer hat, der muß nicht mehr überreden, er kann in leisen Tönen sprechen oder ganz vornehm schweigen. Aus dieser Warte findet Nietzsche am stillen Klang der Steine als einer Kunst der großen Ruhe Gefallen gegenüber den quälenden Unerlöstheiten und den romantisch-bizarren Unergründlichkeiten, insbesondere der Wagnerschen Musik. Insofern trägt in der steinernen Musik der Architektur die Schönheit einen Sieg über das Ungeheure davon. Vielleicht war es ein ähnlicher Gedanke, der Nietzsche dazu bewegte, den im »Cicerone« gefundenen Satz – »Manche Architekten componieren in einem ständigen Fortissimo.«[513] – mit einem Bleistiftstrich zu markieren.

Daß das Auge, wie in dieser Wendung von Burckhardt, gleichsam hören kann, ist ein deutliches Anzeichen dafür, daß die Architektur aus dem Schatten der Musik heraustritt und sich das ehemals vom Klang her bestimmte Verhältnis zwischen Ohr und Auge entschärft. In »Menschliches, Allzumenschliches« schränkt Nietzsche die Vormacht des Ohres mit der Bemerkung ein, man könne »viel hören,

---

[510] Ebenda, »Vermischte Meinungen und Sprüche«, Aphor. 117, KSA

[511] Heinrich Wölfflin: Renaissance und Barock. Eine Untersuchung über Wesen und Entstehung des Barockstils in Italien, Basel/Stuttgart 1888. Reprint 1986, 38 f.

[512] Nachgelassene Fragmente. Sommer 1878, KSA 8.539. Aus Ralph Waldo Emerson: Versuche, übers. von G. Fabricius, Hannover 1858, 211, worin Nietzsche diese Stelle nach KSA 14.614 unterstrichen und angestrichen hat.

[513] Randanstreichung in Nietzsches Exemplar des Cicerone, 367. (Neudruck der Urausgabe von 1855, 291.)

wenn man versteht, gut zu sehen (...).«[514] Aus Mißtrauen gegenüber der Musik heißt es in der »Fröhlichen Wissenschaft«: »Man hat auch die Augen um zu hören (...).«[515] In seinen Notizen behauptet Nietzsche sogar: »Unsere Augen hören feiner als unsere Ohren (...)«[516] und hält fest:

> »Denn die Menschen hören schwer: und wer klug ist, zerschlägt ihnen die Ohren, daß sie anfangen mit den Augen zu hören.«[517]

Sind dem Auge im übertragenen Sinn »Ohren« gewachsen, so kann es die Architektur als eine mit dem Auge empfundene Musik betrachten, die ihren eigenen »Klang« hat. Der laute Ton der Übertreibung und Aufregung ist nicht die Sache einer großen Kunst und eines echten Baumeisters, sondern die einer geringen Kunst und eines schlechten Darstellers; anders als die Musik benutzt die Baukunst die Kunst nicht in erster Linie zur bloßen Erregung unserer Sinne. Wer die Kunst um ihres umwerfenden Eindrucks willen benutzt, mißbraucht sie ebenso wie derjenige, der sie zum Zwecke des metaphysischen Trostes einsetzt. Erregung und Tröstung, beide erzeugen als ästhetische Absichten Mißklang in Nietzsches Ohren.

Der leise Ton des Habens wird Nietzsches philosophisches und ästhetisches Ideal: »Die stillsten Worte sind es, welche den Sturm bringen. Gedanken, die mit Taubenfüssen kommen, lenken die Welt.«[518] Zartheit und Behutsamkeit kennzeichnet die Sprache der Gedanken; Nachhaltigkeit, nicht Plötzlichkeit ist die Sprache der Schönheit, wie es Nietzsches Aphorismus 149 »Der langsame Pfeil der Schönheit« aus »Menschliches, Allzumenschliches« besagt:

> »Die edelste Art der Schönheit ist die, welche nicht auf einmal hinreisst, welche nicht stürmische und berauschende Angriffe macht (eine solche erweckt leicht Ekel), sondern jene langsam einsickernde, welche man fast unbemerkt mit sich fortträgt und die Einem im Traum einmal wiederbegegnet, endlich aber, nachdem sie lange mit Bescheidenheit an unserm Herzen gelegen, von uns ganz Besitz nimmt, unser Auge mit Thränen, unser Herz mit Sehnsucht füllt.«[519]

---

[514] Menschliches, Allzumenschliches II, »Der Wanderer und sein Schatten«, Aphor. 241, KSA 2.660.

[515] Die fröhliche Wissenschaft III, Aphor. 223, KSA 3.510: »Vicariat der Sinne. – ›Man hat auch die Augen um zu hören – sagte ein alter Beichtvater, der taub wurde; und unter den Blinden ist Der König, wer die längsten Ohren hat.‹«

[516] Nachgelassene Fragmente. Juli 1882 bis Winter 1883/84, KSA 10.103: »Unsere Augen hören feiner als unsere Ohren: wir verstehen und schmecken lesend besser als hörend – bei Büchern wie bei Musik.«

[517] Ebenda, KSA 10.167. -Vgl. Also sprach Zarathustra, Vorrede 5, KSA 4.18: »Muss man ihnen erst die Ohren zerschlagen, dass sie lernen, mit den Augen hören? Muss man rasseln gleich Pauken und Busspredigern? Oder glauben sie nur dem Stammelnden?«

[518] Also sprach Zarathustra II, »Die stillste Stunde«, KSA 4.189.

[519] Menschliches, Allzumenschliches I, »Aus der Seele der Künstler und Schriftsteller, in: KSA 2.143 f.

Die Kunst hat zum Leben zu überreden und zum Leben zu verführen. Das ist ihr eigentlicher Sinn. Aufgeregtheit und Lautstärke bestimmen ebensowenig die Macht der Überredung, wie Monumentalität als das Ergebnis von Kolossalität angesehen werden darf. Diejenige Intensität der Überredung ist die wirkungsvollste, bei der man es vergißt, daß man überredet wird, bei der man das Fremde als etwas Eigenes empfindet und sich im Anderen selbst findet, ohne zu merken, daß man es gesucht hat. So wird man der, der man ist, bekommt man Bewußtsein von sich selbst und Herrschaft über sich selbst.

Allein der Mensch, der in der Stärke des Eigenen ruht und somit die große, ruhig-schöne Natur verkörpert, ist fähig zum großen Stil. Er wird nicht (mehr) von der Leidenschaft des Wollens und Werdens umgetrieben, sondern ruht mit dem höchsten Gefühl von Macht und Sicherheit im Sein und kann deshalb jenen Schein »verschmähen«, der es nur darauf anlegt, zu gefallen, sprich, zu schauspielern. Für Nietzsche verkörpert ein solcher Mensch deshalb die höchste Stufe des Menschseins, weil dieses Ruhen im Sein gleichsam aus sich selbst heraus zur Erscheinung drängt und das Handeln deshalb das Schöne erreicht, ohne daran zu denken. In diesem absichtslosen Scheinen der »Macht«, die sich durch ein Vermögen anstelle eines Wollens auszeichnet, schweigt das Verlangen. Der Genuß des Schönen läßt den Willen schweigen. Diese Einsicht ist schon bei Kant und auch bei Schopenhauer ausgesprochen. Aus diesem Schweigen spricht nicht träge Sattheit, sondern die ästhetische Erfahrung eines Momentes der ruhigen, begierdelosen Präsenz jenseits von Hunger und Sattheit, Werden und Vergehen. Es ist ein Augenblick, der der glücklichen Stunde des Mittags gleichkommt, wo alle Dinge im vollsten Licht erscheinen. In dieser Stunde der Feststimmung des höchsten Gefühls von Sicherheit und Macht im Sein tritt der Mensch aus dem Reich der Notwendigkeit und des Wollens heraus ins Reich der Freiheit.

Dieser Gedanke läßt Nietzsche die Architektur mit neuen Augen sehen. Die feierliche Ruhe der schweigsamen Steine bietet ein kaltes Fest für den illusionslosen, verweltlichten Menschen, der seinen Lebenssinn nicht mehr aus der Innerlichkeit eines Jenseits, sondern aus den diesseitigen Gegebenheiten des Realen bezieht. Die Architektur ist die Kunst, die über den langsamsten Pfeil der Schönheit verfügt. Sie ist am unmittelbarsten auf die Lebenszwecke bezogen und damit eine Kunst, bei der, wie wir schon gehört haben, »Schönheit nur nebenbei« ins Spiel kommt. Diese Zweckgebundenheit, aus idealistischer Perspektive immer als Geburtsmakel empfunden, macht die Architektur für Nietzsche besonders attraktiv. Der späte Nietzsche stellt die Architektur allen anderen Künsten voran. Sie wird ihm die am stärksten mit der Physis verbundene und damit dem Sein zugehörige, diesseitige Kunst und damit höchster Vertreter des »grossen Stils«: eine Ausnahmekunst jenseits von allem Suchen und Wollen, jenseits von Gut und Böse und – was vielleicht ihre höchste Auszeichnung ist – sogar jenseits von Nietzsches eigenem fundamentalen Kunstwiderspruch des Apollinisch-Dionysischen.

In den »Streifzügen eines Unzeitgemässen« der »Götzendämmerung«, die als letztes von Nietzsche selbst herausgegebenes Werk im Januar 1889 erscheint, legt er diesen bedeutsamen Unterschied in einem eigenen Aphorismus klar, der den Abschied vom Geist der Musik konstatiert:

»Der Schauspieler, der Mime, der Tänzer, der Musiker, der Lyriker sind in ihren Instinkten grundverwandt und an sich Eins, aber allmählich spezialisirt und von einander abgetrennt – bis selbst zum Widerspruch. Der Lyriker blieb am längsten mit dem Musiker geeint; der Schauspieler mit dem Tänzer.«

An dieser Stelle fügt Nietzsche einen Gedankenstrich ein, um mit dieser Zäsur auf die Architektur einzuschwenken, und es heißt weiter:

> »Der *Architekt* stellt weder einen dionysischen, noch einen apollinischen Zustand dar: hier ist es der grosse Willensakt, der Wille, der Berge versetzt, der Rausch des grossen Willens, der zur Kunst verlangt. Die mächtigsten Menschen haben immer die Architekten inspirirt; der Architekt war stets unter der Suggestion der Macht. Im Bauwerk soll sich der Stolz, der Sieg über die Schwere, der Wille zur Macht versichtbaren; Architektur ist eine Art Macht-Beredsamkeit in Formen, bald überredend, selbst schmeichelnd, bald bloss befehlend. Das höchste Gefühl von Macht und Sicherheit kommt in dem zum Ausdruck, was *grossen Stil* hat. Die Macht, die keinen Beweis mehr nöthig hat; die es verschmäht, zu gefallen; die schwer antwortet; die keinen Zeugen um sich fühlt; die ohne Bewusstsein davon lebt, dass es Widerspruch gegen sie giebt; die in *sich* ruht, fatalistisch, ein Gesetz unter Gesetzen: *Das* redet als grosser Stil von sich.«[520]

Stärker und mächtiger als diese Seins-Architektur konnte keine Kunst mehr werden, schon gar nicht eine der Künste aus dem Schauspielfach, in dem man den Unterschied zwischen Schein und Sein nicht fühlte. Das Ideal des festen Ruhens im realen Sein ist Nietzsches Kennzeichen für großen Stil. Er wird von einer objekthaften Architektur des Physischen, wie sie in den Palazzi von Genua erscheint, gleichnishaft verkörpert. Machtberedsamkeit ist die Qualität eines in sich selbst ruhenden Baukörpers, der jenseits apollinischer und dionysischer Willensverklärung in der Welt des Scheins als ein in sich selbst monolithisch geborgenes und monologisch begründetes Ganzes dasteht: als großer Stein, der »mehr Stein« ist als früher, denn er muß nicht mehr »bedeuten«, scheinhaft abbilden oder gar maskenhaft schmeicheln, sondern er kann es vergessen lassen, daß er schmeichelt, überredet, befiehlt, kurz, daß er *will*. Architektur *ist* hier vielmehr das Gesetz selbst, mit dem der Mensch seinen Anspruch im Raum durchsetzt und in machtvoll-ruhiger Präsenz Ausdruck verleiht. Insofern verkörpert Architektur die große Kunst der Selbstüberwindung des Willens im Sinne von Nietzsches »Willen zur Macht«, der als unbedingte Diesseitigkeitsverpflichtung zu verstehen ist. So wie es für Nietzsche logischerweise keinen Willen *zum* Leben geben kann, weil wir in dem

[520] Götzen-Dämmerung, »Streifzüge eines Unzeitgemäßen« 11, KSA 6.118 f.

Augenblick, in dem wir wollen, bereits im Leben sind, und es folglich unsinnig ist, etwas zu wollen, was man schon hat, kann es also auch keinen Willen zum Leben, sondern nur im Leben geben.[521] Macht im aufklärerischen Sinn bedeutet, sich im Leben behaupten und ausbreiten zu wollen und Macht über sich selbst zu haben, anstatt sie vermeintlich höheren Mächten zu zusprechen, seien diese im Namen der Natur oder eines Gottes oder sonst einer metaphysischen Instanz scheinbar autorisiert. Diesen Willensakt, »der Berge versetzt«, verkörpert die Architektur mit ihrer »Macht-Beredsamkeit in Formen«. Auch wenn Nietzsches herrisches Selbst-Pathos uns heute befremdlich anmutet und in seinem gewaltsamen Tenor eher die Staffagen diktatorischer Herrschaftsarchitekturen heraufzubeschwören scheint, darf man den fundamentalen Anspruch konsequenter Selbstverwirklichung und radikaler Selbstgestaltung nicht übersehen. Daß die Moderne vor 1933 Nietzsches Botschaft individueller Selbststilisierung als Imperativ verstanden hat, belegt vielleicht am eindrücklichsten der Architekt und Nietzsche-Verehrer Erich Mendelsohn. Seine Architekturphantasien, die zwischen 1914 und 1919 entstehen und eine plastisch individualisierte, dionysisch-dynamisierte und musikalisch beflügelte Architektur imaginieren, werden 1920 unter das Nietzsche-Wort von der Architektur als versichtbartem Willen zur Macht gestellt und von Oskar Beyer als »Eine neue Monumental-Architektur« angekündigt, die zu dieser Zeit mit dem Bau des Einsteinturms in Potsdam ihre demonstrative Verkörperung fand.[522]

Nietzsches Architektur des »grossen Stils« beginnt mit der Ablösung von der Musik. Schon 1876 notiert er als Zielsetzung: »Ich will den Menschen die Ruhe wiedergeben, ohne welche keine Cultur werden und bestehen kann. Ebenso die Schlichtheit.«[523] Burckhardts »Kunst der Verhältnisse im Grossen«[524] hat dabei offenbar eine besondere Rolle gespielt, was Unterstreichungen und Anstreichungen in Nietzsches Exemplar des »Cicerone« nahelegen. So liest man dort über das »Einfachgrosse« am Stil der Hochrenaissance in der angestrichenen Passage:

---

[521] Vgl. Kommentarband, KSA 14.383 ff.

[522] Oskar Beyer, Eine neue Monumental-Architektur, in: Feuer. Monatsschrift für Kunst und künstlerische Kultur, 2. Jg. 1920/21, Band 1, 111 ff. – Zu Mendelsohns Nietzsche-Lektüre und ihren Einfluß auf seine Architekturvorstellungen, siehe: Neumeyer: Nietzsche and Modern Architecture, in: Kostka/Wohlfahrt, Hrsg.: Nietzsche and »An Architecture of Our Minds«, 1999, 292–299. Es wirft ein Licht auf die Nietzsche-Rezeption nach 1945, daß selbst Oskar Beyer in seiner Edition: Erich Mendelsohn. Briefe eines Architekten, München 1961, alle Hinweise auf Nietzsche unterschlägt. Offenbar erschien es für einen jüdischen Architekten, der 1933 aus Deutschland emigrierte, nicht opportun, mit Nietzsche in Berührung gebracht zu werden.

[523] Nachgelassene Fragmente. Sommer 1876, KSA 8.300.

[524] Burckhardt: Cicerone, Unterstreichung im Exemplar von Nietzsche, 299. (Neudruck der Urausgabe von 1855, 238.)

»Abgetan ist die spielende Zierlust des bunten 15. Jahrhunderts, die soviel Detail geschaffen hatte, das zum Eindruck des Ganzen in gar keiner Beziehung stand, sondern nur eine locale Schönheit besass; man entdeckte dass dessen Wegbleiben den Eindruck der Macht erhöhe.«[525]

Zusätzlich sind durch Unterstreichung noch die Worte »Detail«, »Wegbleiben«, »Eindruck der Macht« hervorgehoben. Aus ihnen ließe sich gleichsam die Formel für eine Kunst des Weg-Steigerns in Richtung auf einen strengen, großen Stil zusammensetzen, dessen Merkmale, die Reduktion, das Reinigen und Klären der Form, zugleich die Voraussetzung moderner Kunst sind, wie es der Satz erklärt:

»Der moderne Künstler hat immer erst zu reinigen, ehe er schaffen kann – meistens wird die Reinigung zuerst eine persönliche sein.«[526]

»Das reine, reinmachende Auge« ist eine »Vorschule des Sehens«.[527] Der, der »hinwegthut, ist ein Künstler: der hinzuthut, ein Verläumder.«[528] – So begründet Nietzsche schon 1876 die Formmoral und Geschmackshygiene der modernen Reduktionsästhetik. In der Baukunst des 20. Jahrhunderts wird sie zu einer ornamentlosen und allein auf die Wirkung abstrakter Volumen hin angelegten universalen Architektursprache führen, die sich den späteren Vorwurf gefallen lassen muß, »daß es bei dieser bloßen Weglassung auch geblieben« sei.[529]

Burckhardts »Cicerone« ist für den »grossen Stil« eine maßgebliche Quelle, aus der Nietzsche immer wieder schöpfte, wie seine Notizen über Jahre hin belegen. In Sils Maria, mit den Vorarbeiten zur »Fröhlichen Wissenschaft« beschäftigt, nimmt er am 26. August 1881 den »Cicerone« zur Hand und notiert:

»(...) ›allem Hübschen und Gefälligen aus dem Wege gehen, als ein weltverachtender Gewaltmensch‹ sagt J. Burckhardt bei Palazzo Pitti.«[530]

Angesichts des kolossalen Palazzo Pitti, der dem späten Nietzsche das gewichtigste Argument gegen die Musik ist, hatte Burckhardt schon das Gefühl beschlichen, »als hätten beim Verteilen dieser Massen übermenschliche Wesen die Rechnung geführt«, und sich dabei die Frage gestellt, »wer denn der weltverachtende

---

525 Ebenda, 298. (Neudruck der Urausgabe von 1855, 237.)

526 Nachgelassene Fragmente. Sommer bis Ende September 1875, KSA 8.265.

527 Morgenröthe V, Aphor. 497: »Das reinmachende Auge«, KSA 3.292 f.

528 Nachgelassene Fragmente. 1876, KSA 8.291.

529 Ernst Bloch: Das Prinzip Hoffnung, 3 Bde. Frankfurt 1959, Bd. 2, 860.

530 Nachgelassene Fragmente. Frühjahr – Herbst 1881, KSA 9.520. – Auch 1888 definiert Nietzsche den großen Stil noch in Anlehnung an diese Burckhardtsche Sentenz, wie in der folgenden Notiz: »Auch in den Künsten schließt der große Stil das Gefällige aus.« Ebenda. Juli – August 1888, KSA 13.531.

Gewaltmensch sei, der, mit solchen Mitteln versehen, allem bloß Hübschen und Gefälligen so aus dem Wege gehen mochte?«[531]

Im Frühjahr 1884 kommt Nietzsche wieder auf Burckhardts Bemerkungen zum Pitti zurück. Jetzt ist es »das Absehen vom Einzel-Reize«, das Unpersönliche, Allgemeine und Abstrakte, das Burckhardt »mit gutem Instinkt vor dem Palazzo Pitti« als Demonstration von Macht und als charakteristisches Ausdrucksmittel des »grossen Stils« erkannte.[532]

Daß die Idee vom »grossen Stil« Nietzsche offensichtlich auch dazu beflügelte, sich in Anlehnung an Burckhardts weiträumigem Blick auf die italienische Kulturlandschaft eigene Vorstellungen einer Baukunst im wahrhaft ganz »grossen Stil« zu machen, ist Notizen vom Sommer 1880 zu entnehmen. Hier findet sich eine bemerkenswerte Passage, in der Nietzsche seiner kulturellen Phantasie freien Lauf läßt, sich ein Szenario von den Möglichkeiten der Moderne und einer kommenden Baukunst des 20. Jahrhunderts auszumalen:

> »Die Menschheit wird sich im neuen Jahrhundert vielleicht schon viel mehr Kraft durch Beherrschung der Natur erworben haben als sie verbrauchen kann und dann wird etwas vom Luxushaften unter die Menschen kommen, von dem wir uns jetzt keine Vorstellung machen können. Gesetzt, der Idealismus der Menschen in ihren Zielen bliebe nicht stehen, so könnten dann großartige Unternehmungen gemacht werden, wie wir sie jetzt noch nicht träumen. Allein die Luftschifffahrt wirft alle unsere Culturbegriffe über den Haufen. Statt Kunstwerke zu schaffen wird man die Natur in großem Maaße verschönern in ein paar Jahrhunderte Arbeit, um z. B. die Alpen aus ihren Ansätzen und Motiven der Schönheit zur Vollkommenheit zu erheben. Dann wird alle frühere Litteratur etwas nach der Enge kleiner Städte riechen. Ein Zeitalter der Architektur kommt, wo man wieder für Ewigkeiten wie die Römer baut.«[533]

Dem späten Nietzsche gelten die Römer als »die Starken und Vornehmen, wie sie stärker und vornehmer bisher auf Erden nie dagewesen, selbst niemals geträumt worden sind«, und das Imperium Romanum ist ihm »das bewunderungswürdigste Kunstwerk des grossen Stils.« Rom war ein »Anfang« und seine Bauten, berechnet, »sich mit Jahrtausenden zu beweisen,« erscheinen daher vorbildlich: »(...) es ist bis heute nie so gebaut, nie auch nur geträumt worden, in gleichem Maasse sub specie aeterni zu bauen!«[534] Den Baustil der Römer hatte Semper, wie Nietzsche aus dem Vortag »Ueber Baustile« bekannt, zwar als »Weltherrschaftsgedanke(n) in Stein ausgedrückt« bezeichnet, hier aber auch einen Vorgriff auf »die kos-

[531] Burckhardt: Cicerone, Neudruck der Urausgabe von 1855, 144.

[532] Nachgelassene Fragmente. Frühjahr 1884, KSA 11.44: »Man hat für ›unpersönlich‹ angesehen, was der Ausdruck der mächtigsten Personen war (J. Burckhardt mit gutem Instinkt vor dem Palazzo Pitti): ›Gewaltmensch‹ – ebenso – das Absehen vom Einzel-Reize.«

[533] Ebenda. Sommer 1880, KSA 9.135.

[534] Der Antichrist, KSA 6.246.

mopolitische Zukunftsarchitektur« gesehen, gerade weil dieser Baustil »die Synthesis der beiden scheinbar einander ausschließenden Kulturmomente, nämlich des individuellen Strebens und des Aufgehens in der Gesamtheit« repräsentierte. In der Logik der Grundrißorganistion nach »dem Prinzipe der Koordination und Subordination,« die »Raumesindividuuen« zu einem »Ganzen« ordnete, »ohne daß letzteres aufhört, sich sowohl äußerlich wie innerlich als Individuum kundzugeben, das seine eigenen ihm angepaßten Organe und Glieder hat,«[535] kam dies zum Ausdruck.

Auch dem modernen Architekten des frühen 20. Jahrhunderts erscheinen die Römer wegen ihrer sozialen und praktischen Kompetenz als vorbildlich. Adolf Loos stellt 1909, ganz im Sinne Sempers, die moderne Architektur geschichtlich in eine römische Perspektive, weil wir von den Römern die »technik unseres denkens und fühlens (...) unser soziales empfinden und die zucht der seele« übernommen haben, und weil die Römer ihre Erfindungskraft nicht, wie die Griechen, in der Säulenordnung verschwendeten, sondern auf den Grundriß verwendeten.[536] Bei Nietzsche, dem es in der Vorstellung einer vom neuen Menschen ermöglichten künftigen Gesellschaft vornehmlich an der metaphysischen Wirkungsmechanik der erhabenen Form zum Zwecke der Selbsterhebung und Selbststilisierung gelegen zu sein scheint, steuert die Moderne des »grossen Stils« auf ein erneuertes Rom imperialen Zuschnitts zu, das sich wieder in Steinen für Jahrtausende verewigt. Der Albtraum einer architektonischen Auferstehung römischer Cyclopenbauten zur Machtsicherung eines »Tausendjährigen Reiches« ist dem 20. Jahrhundert auf deutschem Boden nicht erspart geblieben.

---

[535] Semper: Über Baustile, 1869, in: Kleine Schriften, 1884, 422.

[536] Adolf Loos: Architektur (1909), in: Trotzdem 1900–1930. Hrsg. von Adolf Opel, Wien 1931, 103: »Die griechen waren individualisten. Jedes bauwerk mußte seine eigene profilierung, seine eigene ornamentierung haben. Die römer aber dachten sozial. Die griechen konnten kaum ihre städte verwalten, die römer den erdball. Die griechen verschwendeten ihre erfindungskraft in der säulenordnung, die römer verwendeten sie auf den grundriß. Und wer den großen grundriß lösen kann, der denkt nicht an neue profilierungen.«

Gimmelwald, Hotel Schilthorn im Berner Oberland.
Postkarte aus Nietzsches eigener Sammlung.

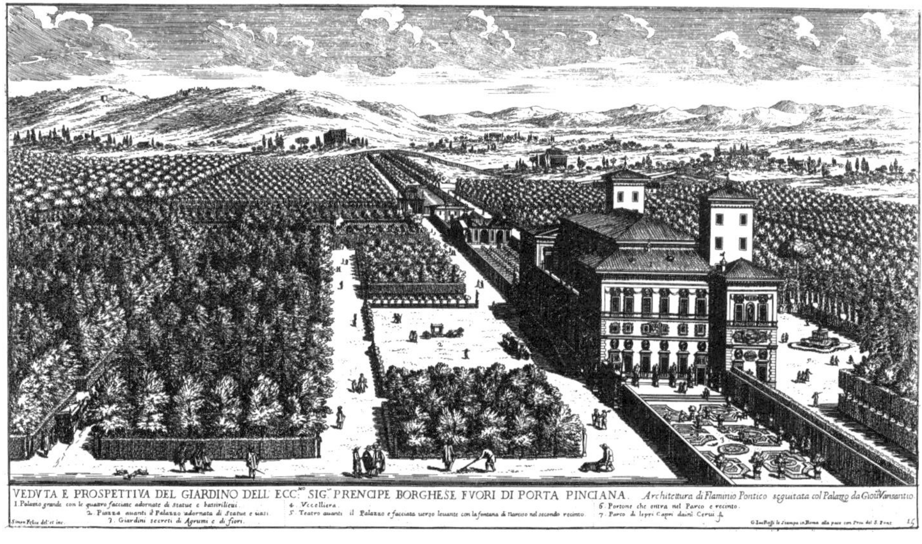

Villa Borghese in Rom. Stich von Simon Felice.

II.4

Das Zeitalter der Cyclopenbauten: Gartenkunst im »grossen Stil«

»Jetzt erst ist das Zeitalter der Cyclopenbauten! Endlich Sicherheit der Fundamente, damit alle Zukunft auf ihnen ohne Gefahr bauen kann!« – Diese überraschend optimistische Einschätzung der Kulturmöglichkeiten der Moderne entstammt Nietzsches Aphorismus 275 aus dem zweiten Teil von »Menschliches, Allzumenschliches«, der mit »Die Zeit der Cyclopenbauten« überschrieben ist.[537] Die Perspektive der unaufhaltsamen Demokratisierung Europas gibt zu denken, und Nietzsche malt sich ihre Konsequenzen aus. Einen wesentlichen Vorzug sieht er darin, daß der Neuzeit damit der endgültige Sieg über das Mittelalter gesichert ist. Wie die große Architektur der Kultur auf dieser Basis aussehen könnte, ist ebenfalls eine Angelegenheit, die Nietzsches Phantasie nun beschäftigt. Die Skepsis, ob die Wissenschaft es auch zu solchen Resultaten bringen könne, »dass man sich daraufhin entschliesst, ›ewige‹ Werke zu gründen,«[538] wird jetzt beiseitegestellt, und der Kritiker der »Hinterwelt« läßt sich vom metaphysischen Zauber der modernen Naturwissenschaften zu utopischen Zukunftsvisionen davontragen.

Den Satz – »Ein Zeitalter der Architektur kommt, wo man wieder für Ewigkeiten wie die Römer baut.« – getraute Nietzsche sich allerdings nur ins Notizbuch zu schreiben. In den Schriften formuliert er behutsamer, bremst er den utopischen Elan ab. Den festen Glauben an die wissenschaftliche Vernunft bekundet er aber erneut nur wenig später in der »Fröhlichen Wissenschaft« mit dem Satz: »Bisher hat die Wissenschaft ihre Cyclopen-Bauten noch nicht gebaut; auch dafür wird die Zeit kommen.«[539]

Wie es schon die am Schluß des vorigen Kapitels zitierten Passagen aus den Notizen vom Sommer 1880 verraten haben, imaginiert Nietzsche ein neues Bauen für neue Ewigkeiten, das weit über alle geläufigen Vorstellungen eines Bauwerkes hinausgeht, selbst an den kolossalen Maßstäben der Römer gemessen. Das im Namen der Wissenschaft angelegte utopische Gesamtkunstwerk sprengt alle architektonischen Dimensionen des Großen. Es läßt den alten gesellschaftlichen Rahmen von Haus und Stadt weit hinter sich und steuert auf wahrhaft cyclopische und gigantische Dimensionen zu. Im Genueser Renaissancepalast dehnte Nietzsche die Machtsphäre des Individuums ins Weitläufige, und das Bauindividuum wird zur

537 Menschliches, Allzumenschliches II, »Der Wanderer und sein Schatten«, Aphor. 275, KSA 2.671.

538 Ebenda I, »Von den ersten und letzten Dingen«, Aphor. 22, KSA 3.43.

539 Die fröhliche Wissenschaft I, Aphor. 7, KSA 3.380.

architektonischen Zierde einer ganzen Kulturlandschaft. Jetzt geht die Vision vom Bauen, wie es dem Zeitalter der modernen Wissenschaften zu Gesicht stehen könne, ohne Umwege direkt auf die Gestaltung der Umwelt los. Die moderne Überflußgesellschaft, die mehr Energie erzeugt als sie verbrauchen kann, bietet die Voraussetzung für eine luxuriöse Umgestaltung der Erde, von der nur ein Jules Vernes zu träumen wagte. »Luftschiffahrt«, also Flugverkehr, ist eine Unternehmung, die Nietzsche zutreffenderweise heraufkommen sieht, damit verbunden eine globale Durchdringung der Kulturen, die »alle unsere Culturbegriffe über den Haufen« wirft.

In diesem Zeitalter stellt die Kunst keine Kunstwerke mehr als Objekte im herkömmlichen Sinn her, sondern sie betreibt Verschönerung der Natur »in großem Maaße«. Gemeint sind nicht etwa riesige Parkanlagen im Stil von Versailles oder die Ausdehnung eines Gartenreichs in eine ganze Region, sondern Nietzsche denkt eher an eine ihrer Art unvergleichliche Maßnahme der plastischen Chirurgie an der Landschaft, um etwa, vielleicht im Sinne heutiger »Land Art«, so Nietzsche noch einmal wörtlich, »die Alpen aus ihren Ansätzen und Motiven der Schönheit zur Vollkommenheit zu erheben.« Was wie eine abstruse Phantasie anmutet, in der sich die Kolossalbauten der Assyrer, Ägypter und Römer mit den Möglichkeiten des modernen Ingenieurswesens paaren, etwa ganze Gebirge abzutragen, zu durchbohren oder gar durch Eisenbahnen und Kanalbauten Kontinente zu verbinden, wird hundert Jahre später in der modernen Kunst in kleinerem Maßstab Wirklichkeit. Zwar sind es nicht die Alpen, aber immerhin ist es ein veritabler Krater, den der amerikanische Künstler James Turrell in New Mexiko jüngst erworben und durch Erdabtragung an den Rändern zur geometrischen Vollkommenheit eines Pantheons erhoben hat, damit sich über diesem Auge der Welt für den Betrachter das All in seiner Unermeßlichkeit als Kuppel wölbe. Schon um 1800 geht die Architekturphantasie auf der Suche nach dem Erhabenen auf den großen Naturmaßstab über, wie es etwa der berühmte Entwurf zu einem Newton-Kenotaph von L. Etienne Boullée zeigt.

Nietzsches alpine Phantasie zielt auf eine unvergleichliche Stilisierung der Natur ins Geometrisch-Architektonische. In dem Aphorismus »Welche Gegenden dauernd erfreuen« aus »Menschliches, Allzumenschliches« gibt er einen Hinweis darauf, welche Bedingungen für das ästhetische Erleben der Natur und damit für »vollkommene« landschaftliche Schönheit gelten müssen:

> »Diese Gegend hat bedeutende Züge zu einem Gemälde, aber ich kann die Formel für sie nicht finden, als Ganzes bleibt sie mir unfassbar. Ich bemerke, dass alle Landschaften, die mir dauernd zusagen, unter aller Mannichfaltigkeit ein einfaches geometrisches Linien-Schema haben. Ohne ein solches mathematisches Substrat wird keine Gegend etwas künstlerisch Erfreuendes. Und vielleicht gestattet diese Regel eine gleichnisshafte Anwendung auf den Menschen.«[540]

---

[540] Menschliches, Allzumenschliches II, »Der Wanderer und sein Schatten«, Aphor. 115, KSA 2.601 f.

Getreu der schon 1874 notierten Devise – »Aber mit der unstilisirten Natur kann die Kunst nichts anfangen.«[541] – kehrt er das romantische Kunstkonzept der Naturnachahmung um. Nicht das Pittoresk-Malerische, wie es der englische Garten verkörpert, in dem alles Übergang ist und naturhaft-zufällig erscheint, obgleich von Menschenhand geschaffen, sondern das Abstrakt-Malerische, das auf architektonischer Gesetzmäßigkeit beruht, wie im italienischen Renaissancegarten, will Nietzsche in der Landschaft wiederfinden. Das Pittoreske bringt zwar einprägsame, malerische Zufallsmotive hervor, kann aber nicht Vollkommenheit erzeugen. Nur diese allein vermag durch die Eindeutigkeit der Form die Sinne auf Dauer zu erfreuen. Die Schönheit der Natur ist immer die nach den Vorstellungen des Menschen umgestaltete, vervollkommnete Natur. Das beweist letztlich auch der englische Garten, der die Natur auf vermeintlich natürliche Weise kunstvoll nachahmt. Es ist der Mensch, der beim Genuß ihrer Linien, Umrisse, Farben stets optische Wertschätzungen nach dem Gesetz seines Auges in die Natur hineinlegt, auch wenn er in seiner naiv-sentimentalischen Naturfreude das Gegenteil zu glauben geneigt ist.

In Natur und Kunst begegnet der Mensch sich also selbst. Deshalb ist es in Nietzsches Augen nur konsequent, wenn der Mensch sie nicht mehr auf das »Jenseits« einer »höheren Welt« hinter den Erscheinungen, sondern auf die unmittelbare, physisch und sinnlich gegenwärtige Welt des »Diesseits« bezieht. Nicht die Verinnerlichung, sondern die Verweltlichung ist die Zielsetzung neuzeitlicher Kunst. Physik, Physiologie, Psychologie, mit einem Wort, die moderne Wissenschaft, die den Menschen in der Abhängigkeit von seinen natürlichen Anlagen und der Umwelt betrachtet, tritt an die Stelle der alten Metaphysik. Der systematische Umbau der inneren Welt des Menschen und der Oberfläche der Erde entsprechend den Bedürfnissen dieses verweltlichten Menschen, das ist Nietzsches Vision vom Gesamtkunstwerk der Zukunft. Diese Arbeit der systematischen »Verschönerung« betreibt die Gartenkunst im »grossen Stil«. Getreu dem alten Grundsatz, »tapfer bei der Oberfläche, der Falte, der Haut« stehen zu bleiben, ist es jetzt die Haut der Erde, die zum Gegenstand künstlerischer Aktivitäten wird.

Die künstliche Umgestaltung der Erdoberfläche durch die Cyclopenbauten der Technik, durch Eisenbahnlinien, Kanäle, Großstädte und andere Erscheinungen des Industriezeitalters, hatte vor Nietzsches Augen bereits begonnen; die erste Entfaltung des Gesamtkunstwerkes moderner Industriekultur kurz nach der Jahrhundertwende hat er nicht mehr erlebt. Auch an monströsen Projekten in der von Nietzsche ausgesponnenen Dimension sollte es in naher Zukunft nicht fehlen. Beflügelt durch die Möglichkeiten der Technik, spricht der Kunsthistoriker Paul Zucker 1929 von der »Wiederentdeckung der dritten Dimension in der Landschaft.« Automobil und Flugzeug danke der Mensch ein neues Erlebnis der »Plasti-

[541] Nachgelassene Fragmente. 1874, KSA 7.767.

zität der Welt«, und Zucker leitet aus der neuen Wahrnehmung und Betrachtung ihrer Oberfläche bestimmte Gestaltkategorien und Typen der »plastischen Erscheinung« ab, nach denen das Stadt- und Landschaftsbild künftig wie eine abstrakte Skulptur geplant werden könne.[542] Den nächsten Schritt macht 1932 der Architekturtheoretiker Herman Sörgel mit seinem Projekt »Atlantropa«, das die Landkarte radikal verändert hätte. Der von Architekten wie Peter Behrens, Emil Fahrenkamp, Fritz Hoeger, Wilhelm Kreis und Erich Mendelsohn als Förderern unterstützte Plan sah – man glaubt es kaum – die Absenkung des Mittelmeers, die Bewässerung der Sahara und den Anschluß des afrikanischen Kontinents an Europa vor.[543]

Vielleicht hat Nietzsches Verschönerungsidee der Alpen auch die expressionistischen Träume einer »Alpinen Architektur« beflügelt, die Bruno Taut 1920 unter Anrufung von Zarathustra als Auftakt zur Umgestaltung der Erde in ein utopisches Gartenreich verstanden wissen wollte.[544] Angeekelt von der modernen Zivilisation und dem Blutvergießen des ersten Weltkrieges flüchtete sich die Tautsche Architektur mit heiligen Glashäusern in die reine Luft der Hochalpen und in die unbefleckte Natur, in die Region der Eiskristalle, die auch Zarathustras Vorzugsort war. Mit Nietzsches »Cyclopenbauten« lassen sich die zur Besserung der Menschheit über die Berggipfel hingestreuten bunten Kristallhäuser Tauts aber kaum in Beziehung bringen. Nicht auf Bergen, sondern mit Bergen baute man im ganz großen Stil, wie es Zarathustra vom neuen Menschen verlangte: »Und mit Bergen soll der Erkennende bauen lernen!«[545]

In seinen Notizen vom Sommer 1883 hat Nietzsche diesen Satz dreifach variiert: »Mit Bergen sollt ihr bauen lernen: es ist noch wenig, Berge bloß zu versetzen.«[546] – »Und wer Berge zu versetzen weiß, versetzt auch Thäler und Niederungen.«[547] – und schließlich »Mit Bergen sollt ihr neu bauen lernen: es ist noch wenig, daß ihr Berge versetzen könnt, ihr Erkennenden! Und wer Berge versetzt, versetzt auch Niederungen.«[548]

---

[542] Paul Zucker: Entwicklung des Stadtbildes. Die Stadt als Form, München/Berlin o. J. (1929), 67 ff.

[543] Herman Sörgel: Atlantropa, München 1932. – Alexander Gall: Das Atlantropa-Projekt. Die Geschichte einer gescheiterten Vision. Herman Sörgel und die Absenkung des Mittelmeers, Köln 1998.

[544] Bruno Taut: Alpine Architektur, Hagen 1919. Im Anhang mit Passagen des Zarathustra, aber auch von Kropotkin, u. a. – Zu dem Nietzscheaner Bruno Taut siehe: Dietrich Schubert: Bruno Tauts »Monument des neuen Gesetzes« (1919) – Zur Nietzsche-Wirkung im sozialistischen Expressionismus, in: Jahrbuch der Berliner Museen, Bd. 29/30, Berlin 1988, 241–255.

[545] Also sprach Zarathustra II, »Von den berühmten Weisen«, KSA 4.134.

[546] Nachgelassene Fragmente. Mai – Juni 1883, KSA 10.353.

[547] Ebenda. Sommer 1883, KSA 10.423.

[548] Ebenda, KSA 10.431.

Das sprichwörtliche Berge-Versetzen war nicht nur im übertragenen Sinn zu verstehen. Nietzsches Capriccio einer »Alpinen Architektur« deutet darauf bereits hin. Für den Architekten, der den großen Willensakt verkörpert, den »Wille(n), der Berge versetzt«,[549] hatte die Losung, »Mit Bergen sollt ihr neu bauen lernen«, auch einen wörtlichen Sinn. Schließlich ist der Architekt der umfassende Gestalter der Umwelt des Menschen und verschönert also die Natur und den Menschen »in großem Maaße«.

In dem zum Druck gekommenen Aphorismus »Die Zeit der Cyclopenbauten« malt Nietzsche sich diese Variante unterhalb der Schwelle des alpinen Gigantismus aus. Hier ist von Steindämmen und Schutzmauern die Rede, die das wissenschaftliche Zeitalter zur sicheren Eindämmung jeglicher Form religiösen Wahns und »gegen leibliche und geistige Verknechtung« errichten wird, um die Errungenschaften der Neuzeit für die Ewigkeit zu sichern. Diese Zweckbauten der ersten Stufe, wo »diess Alles zunächst wörtlich und gröblich« zu verstehen ist, dienen, wie in der Baulogik von Wagners Bayreuth, nur der Vorbereitung zu einer nächsten, höheren Stufe, auf der dann nach Jahrhunderten dieser Arbeit alles »aber allmählich immer höher und geistiger verstanden« werden wird, so daß dann, wie es weiter heißt,

> »(...) alle hier angedeuteten Maassregeln die geistreiche Gesammtvorbereitung des höchsten Künstlers der Gartenkunst zu sein scheinen, der sich dann erst zu seiner eigentlichen Aufgabe wenden kann, wenn jene vollkommen ausgeführt ist!«[550]

Nietzsches Wertschätzung des Gartenkünstlers und seine Vision einer Gartenkunst im großen Stil trägt unverkennbar Wagnerianische Züge. Wagner hatte, wie schon erläutert, die Kombination von moderner Naturwissenschaft und Landschaftsmalerei als das Therapeutikum der Gegenwart angepriesen, das in wissenschaftlicher und künstlerischer Hinsicht »einzig Trost und Rettung vor Wahnsinn und Unfähigkeit« böte.[551] Eine Synthese beider Disziplinen bestimmt auch Nietzsches alternatives Gesamtkunstwerk der Zukunft, das jetzt unter dem Mandat der Baukunst anstatt der Musik steht.

Zu dieser Utopie der Verweltlichung und Verschönerung dürfte vor allem aber ein Denker maßgeblich beigetragen haben, den Nietzsche besonders schätzte: Der bedeutende französische Kulturhistoriker, Philosoph und Kunstschriftsteller Hippolyte Taine (1828–1893), auf den er aller Wahrscheinlichkeit nach über Burckhardt aufmerksam geworden ist. Taine hatte schon 1869 in einem seiner berühmten Vorträge an der Ecole des Beaux-Arts Burckhardts »Kultur der Renais-

---

549 Vgl. Götzendämmerung, »Streifzüge eines Unzeitgemässen« 11, KSA 6.118.

550 Menschliches, Allzumenschliches II, »Der Wanderer und sein Schatten«, Aphor. 275, KSA 2.672.

551 Wagner: Das Kunstwerk der Zukunft, 1851, in: Gesammelte Schriften, 1887, 3. 146 f.

sance« als ein bewunderungswürdiges Buch bezeichnet und es das wohl vollkommenste und philosophischste Buch genannt, das bisher über die italienische Renaissance geschrieben worden sei. Dies frühe Lob aus berufenem Munde hat Burckhardt, wie sein Biograph Werner Kaegi zu berichten weiß, erst wesentlich später auf Umwegen erreicht. Im Frühling 1877 liest Burckhardt den ersten Band von Taines »Les origines de la France contemporaine« von 1875, ein dem Ancienne Régime gewidmetes Werk, von dem er äußerst angetan gewesen sein muß, denn er nennt es nicht nur empfehlenswert, sondern »besitzenswert.«[552]

Die ersten Spuren von Nietzsches Taine-Lektüre lassen sich in den Notizen ab 1878 nachweisen. Die Liste der zu lesenden Bücher, die Nietzsche zu dieser Zeit anlegt, führt den erwähnten Band von Taine an erster Stelle auf.[553] Für die Zusendung, wahrscheinlich wohl dieses Titels, dankt Nietzsche am 5. November 1879 seinem Verleger Schmeitzner in Chemnitz.[554] In den Notizen taucht der Name Taine von 1883 bis 1888 in verschiedenen Zusammenhängen immer wieder auf.[555] In »Jenseits von Gut und Böse« lobt Nietzsche Taine als »ersten lebenden« Historiker, verurteilt ihn aber zugleich als einen Hegel von heute.[556] Zu gleicher Zeit entdeckt übrigens, wohl ebenfalls über Burckhardt, der junge Heinrich Wölfflin den ersten Band der »Origines de la France« und findet hier »geradezu das Ideal dessen, was ich mir unter Geschichtsschreibung vorgestellt habe.« Wölfflin zieht Taine sogar Burckhardt vor, wie dem Kompliment zu entnehmen ist:

> »Voilà un philosophe. Jacob Burckhardt kam nie darauf, Analysen zu geben von der »forme fixe de l' intelligence«. Und welche Meister der Analyse sind diese Taine, Renan, Scherer, Sainte Beuve usw (...).«[557]

Wie sehr Nietzsche Taine schätzte, beweist die Tatsache, daß es wegen Taine zum Bruch mit dem alten Freund Erwin Rohde kommt, der diese Begeisterung nicht teilte. Erzürnt weist Nietzsche ihn am 19. Mai 1887 brieflich zurecht:

> »Nein, mein alter Freund Rohde, ich erlaube Niemanden über Ms. Taine so respektwidrig zu reden, wie Dein Brief es thut (...). Ihn ›inhaltlos‹ nennen ist ganz einfach eine rasende Dummheit, studentisch zu reden – es ist zufällig gera-

---

[552] Kaegi: Burckhardt. Biographie, 3.763, 5.247.

[553] Nachgelassene Fragmente. 1878 – Juli 1879, KSA 8.577.

[554] »Postkarte an Ernst Schmeitzner in Chemnitz, (Naumburg, 5. November 18979, SB 5.463: »Ich danke für die Sendung Taine's.«

[555] Vgl. Nachgelassene Fragmente. Juni – Juli 1883, KSA 10.373; ebenda, Frühjahr 1884, KSA 11.50; ebenda, Sommer – Herbst 1884, KSA 11.2141, 11.264, 11.295; ebenda, Juni – Juli 1885, KSA 11.599; ebenda, Herbst 1887, KSA 12.473; ebenda, November 1887 – März 1888, KSA 13.28; 13.132.

[556] Jenseits von Gut und Böse, Aphor. 254, KSA 5.198.

[557] Brief an Eltern. Paris, 22, Dezember 1888, in: Gantner, Hrsg.: Wölfflin 1864–1945. Autobiographie, Tagebücher und Briefe, 1984, 60.

de der substanzielleste Kopf im jetzigen Frankreich – (...). Aber Du solltest Burckhardt über Taine reden hören! Dein Freund N.«[558]

Fünf Tage später folgt Nietzsches letzter Brief an Rohde, in dem er ihm die Freundschaft aufkündigt und Taine und Burckhardt als seine einzigen Leser ins Feld führt.[559] Unter den wenigen Büchern zur Kunst und Ästhetik, die sich aus Nietzsches Bibliothek erhalten haben, ist Taines »Philosophie der Kunst« schon allein wegen der außerordentlich zahlreichen Lesespuren und Anstreichungen hervorzuheben. Bereits 1866 liegt diese Schrift in deutscher Übersetzung vor, die um 1900, wohl auch unter dem Eindruck der ersten Nietzsche-Rezeption, in neuer Auflage verbreitet und auch kritisch zur Kenntnis genommen wird.[560] Julius Zeitler, Autor von »Nietzsches Ästhetik«, Leipzig 1900, veröffentlicht nur ein Jahr später »Die Kunstphilosophie von Hippolyte Adolphe Taine«. Im Vorwort zu dieser Schrift spricht er die Vermutung aus, Taine müsse »eine bedeutend grössere Rolle im Geistesleben Nietzsches gespielt haben, als man gemeinhin weiss.« Ohne darauf näher einzugehen, sieht Zeitler die Stellungen beider »oft in einer überraschenden Weise kongruent.«[561] Die Nietzsche-Forschung hat dieser Beziehung bis heute kaum Aufmerksamkeit geschenkt.[562]

Taines positivistische Kunsttheorie beginnt genau dort, wo auch Nietzsches große Gartenkunst einsetzt, nämlich an der Oberfläche der Erde, konkreter, mit der Betrachtung der Landschaft. Taine interpretiert den Menschen nicht anders als ein Gewächs, dessen Wesen durch die natürlichen Umweltbedingungen, wie Beschaffenheit des Bodens, der Witterung, des Lichts und der Luft vorgeprägt ist. Dieses

[558] An Erwin Rohde in Heidelberg, Chur, den 19. Mai 1887, SB 8.76 f.

[559] An Erwin Rohde in Heidelberg, (Chur, den 23. Mai 1887), SB 8.80 f.: »Dein Wort über T(aine) klang mir über die Maaßen ablehnend und ironisch (...) Es kommt hinzu, daß Taine, außer Burckhardt, in langen Jahren der einzige gewesen ist, der mir ein herzhaftes und theilnehmendes Wort über meine Schriften gesagt hat: so daß ich ihn und Burckhardt einstweilen für meine einzigen Leser halte. Wir sind in der That gründlich aufeinander angewiesen, als drei gründliche Nihilisten; obschon ich selbst, wie Du vielleicht spürst, immer noch nicht daran verzweifle, den Ausweg und das Loch zu finden, durch das man in's ›Etwas‹ kommt.«

[560] Deutsche Ausgaben von Taines Kunst-Schriften nach der Jahrhundertwende: Philosophie der Kunst. Aus dem Französischen übertragen von Ernst Hardt, Jena 1902, 2. Aufl. Jena 1907; – Reise in Italien. Aus dem Französischen übertragen von Ernst Hardt, Jena 1910. – In der Reihe »Klassiker der Kunstsoziologie«, hrsg. von Alphons Silbermann erschien die Philosophie der Kunst in neuer Übersetzung, versehen mit einem Essay über Taine von Leo Kofler, Berlin 1987.

[561] Julius Zeitler: Die Kunstphilosophie von Hippolyte Adolphe Taine, Leipzig 1901, VIII.

[562] Die Weimarer Nietzsche-Bibliographie verzeichnet lediglich einen Titel, der auf die Beziehung Nietzsche-Taine eingeht: Ernest Seillière: Taine et Nietzsche, in: Séances et travaux de l'Académie des Sciences Morales et Politiques. N.S. Année 69. Paris 1909. T. 71, 538–556. Mit Auszügen aus dem Briefwechsel mit H. Taine. – Zur Beziehung Burckhardt und Taine, und auch auf Nietzsche eingehend: Jürgen Kuczynski: Die Muse und der Historiker. Studien über Jacob Burckhardt, Hyppolite Taine, Henry Adams und eine Bibliographie sämtlicher Schriften von Jürgen Kuczynski, zusammengestellt von Erika Behm, Berlin 1974.

»Milieu« ist die Voraussetzung für eine ganz spezifische Form des Lebens. Kunst und Kultur sind im weitesten Sinne nichts anderes als eine Übersetzung dieses Lebens in Formensprache. Gemäß des Taineschen Zentralbegriffs der »traduction de la vie« sind Form und Stil als geschichtliche Erscheinung gleichsam als kulturelle Sedimentationen des Genius Loci und als gesellschaftliche Ablagerung im Sinne einer natürlichen Formation zu begreifen. Kunst ist für Taine, wie auch für Burckhardt, ohne den allgemeinen Lebenszusammenhang überhaupt nicht zu verstehen.[563] Deshalb geht auch die Alltagskultur als Ausdruck geistiger Wesensart mit in die Betrachtung der Kunstwerke ein, denen Taine mit dem Auge eines Malers, das feinste Nuancen wahrnimmt, und als Meister der Sprache, die über einen verschwenderischen Reichtum von Bildern verfügt, ihr Geheimnis abzulesen versucht.

Die Anstreichungen in Nietzsches Exemplar von Taines »Philosophie der Kunst« von 1866 beginnen bereits im Inhaltsverzeichnis. So ist hier der Satz, »es gilt nicht Vorschriften zu geben, sondern Gesetze zu finden«, mit doppeltem Strich markiert. Man gewinnt einen Extrakt der Taineschen Theorie, hält man sich nur an die Passagen, die im ersten Kapitel über das Wesen des Kunstwerkes mit Randanstreichungen hervorgehoben sind. Der »Gesammtzustand des geistigen Lebens und der Sitten« ist eine »Grundursache«[564] der künstlerischen Auswirkungen, die mit den Klimazonen und der dazugehörigen eigentümlichen Pflanzenwelt verglichen wird. In ihnen gibt es nicht nur eine physische, sondern – mit Doppelstrich hervorgehoben – auch »eine moralische Temperatur, die je nach ihren Veränderungen die Erscheinung dieser oder jener Kunstgattung bedingt.«[565] Von diesen jeweils unterschiedlichen Temperaturen und Temperamenten leitet Taine die Notwendigkeit einer der naturwissenschaftlichen Methodik abgeschauten Klassifikation für die »moderne« Ästhetik ab. Diese zeichne sich dadurch aus, daß sie nicht, wie es in der Anstreichung heißt, »dogmatisch ist, d.h. dadurch, daß sie nicht Vorschriften aufdrängt, sondern Gesetze constatirt.«[566] Mit der naturwissenschaftlichen Nüchternheit, mit der sich die Botanik mit gleichem Interesse, einmal dem Orangen-

[563] Gerade dieser Aspekt faszinierte Wölfflin an Taine, wie seiner Tagebucheintragung vom 4. März 1889 zu entnehmen, nach Gantner, Hrsg.: Wölfflin 1864–1945. Autobiographie, Tagebücher und Briefe, 1984, 65: »Alles im menschlichen Dasein ist interessant für den Psychologen und liefert ihm ein Dokument. Von der Art, ein Zimmer zu möblieren, einen Tisch zu servieren, bis zur Form des Gebetes und der Totenbestattung, nichts was nicht verdiente, untersucht, erklärt, gedeutet zu werden, denn überall ist ein Seelisches ausgedrückt, etwas vom Innersten des Menschen.«

[564] Philosophie der Kunst von H. Taine, Professor an der Schule der schönen Künste zu Paris, Autorisirte deutsche Uebersetzung, Paris und Leipzig 1866. Herzogin Anna Amalia Bibliothek Weimar, C 4981, 11.

[565] Taine: Philosophie der Kunst, 1866, 14.

[566] Ebenda, 17.

baum und dem Lorbeer, der Tanne und der Birke widmet, solle auch die Kunstwissenschaft zu Werke gehen, die nach Tainescher Kunstphilosophie, wie in dem angestrichenen Satz, »sogar selbst eine Art Botanik (ist), nur daß sie sich, statt mit Pflanzen, mit menschlichen Werken beschäftigt.«[567]

Die Tainesche Intention, Geisteswissenschaft den Methoden der Naturwissenschaft zu unterwerfen, korrespondierte mit Nietzsches Intention, zunächst, wie in »Menschliches, Allzumenschliches« begonnen, die Kunst unter der Optik der Wissenschaft zu sehen, und umgekehrt, wie beim späten Nietzsche, die Wissenschaft wieder unter die Optik der Kunst zu stellen. Die Tainesche Analogie von Ästhetik und Botanik hatte für Nietzsche nichts Befremdliches an sich. Schon in der »Tragödie« vergleicht er die griechische Kultur mit einer Pflanze, die von den Römern ins Treibhaus verbannt wurde und betrachtet die Historie als ein Gewächs, das auf einem ganz bestimmten Boden gewachsen, nicht in fremde Gegenden verpflanzt werden darf, um nicht zu entarten.[568] Auch durch die Naturphilosophie eines Herder oder Schlegel war Nietzsche mit ähnlichen Gedanken längst vertraut, und schließlich hatte auch Wagner 1850 zum Thema »Kunst und Klima« das Wort ergriffen.[569] Von daher fiel die Tainesche Milieutheorie auf einen fruchtbaren Boden und beflügelte wohl auch Nietzsches botanische Bildersprache, wenn er eine Landschaft, wie jene von Genua, mit den Abbildern kühner und selbstherrlicher Menschen »übersäet« sieht, oder wenn er eine »neue Flora und Fauna von Menschen« im Geist der fröhlichen Wissenschaft heransprießen lassen möchte.[570]

Wie Nietzsche, so interessierte auch Taine nicht das konkrete Kunstwerk als solches, sondern als historisches Dokument der Evidenz von Lebensgefühl und Zeitgeist. Aus dem Kunstwerk spricht das Typische und Gesetzmäßige, sei es als Verobjektivierung eines bestimmten herrschenden Menschenbildes oder als Beschreibung eines Persönlichkeitstypus im Kolorit seiner Lebensbedingungen und -gewohnheiten, die sich bis in den Zusammenhang von körperlicher und geistiger Ernährung verfolgen und nachweisen lassen. Auch den Trachten und der Bekleidung schenkt Taine folglich große Aufmerksamkeit, und er spricht, ähnlich wie Semper, vom Haus als »der zweiten Umhüllung des Menschen«.[571]

Der Name Taine steht für ein grundsätzliches und umfassendes Interesse an der physischen Außenseite des Menschen, begonnen bei der landschaftlichen und klimatischen Umgebung, von der aus man in psychophysischer Paralellaktion Korrespondenzen zwischen dem Genius Loci, dem Gesamtzustand des geistigen Lebens

[567] Ebenda, 19.

[568] Vgl. Vom Nutzen und Nachtheil der Historie für das Leben, KSA 1.264 f.

[569] Richard Wagner: Kunst und Klima, 1850, in: Gesammelte Schriften und Dichtungen, 2. Aufl. Leipzig 1887, 3.207–221.

[570] Die fröhliche Wissenschaft V, Aphor. 356, KSA 3.596.

[571] Hippolyte Taine: Philosophie der Kunst, 2 Bde in 1. Aus dem Franz. von Ernst Hardt, Jena 1902, 343 (2. Jena 1907, 3. Jena 1922).

und der Sitten und der »Seelen-Art« des Individuums feststellen mochte. Aus diesem Blickwinkel wird auch die Architektur betrachtet und »nach dem vorwiegenden Charakter nämlich, den sie jeweilig auffaßt«, stilpsychologisch nach Temperamenten geordnet, wie in Nietzsches Exemplar mit Anstreichung markiert, wonach »in Griechenland und in Rom die Heiterkeit, die Einfachheit, die Kraft und Anmuth, oder – zu den Zeiten der Gothik – das Befremdliche, wechselvolle, Unendliche und Phantastische«[572] bestimmend war. Taines Kennzeichnung der Gotik als »zugleich großartig und krankhaft« (Anstreichung) und Symbol für eine große moralische Krise, klingt in Nietzsches Kritik an der Aufregungsästhetik der Wagnerschen Musik nach,[573] und auch für Nietzsches Bild der maskenhaften Schönheit der Architektur, dem schönen Gesicht einer geistlosen Frau gleich, liesse sich bei Taine ein Seitenstück finden, wenn er in einer angestrichenen Passage die Künstlichkeit des Inneren der Kathedrale als eine aus der Hand eines Goldschmieds stammende »riesige Filigranarbeit (...) ein Geschmeide für nervenschwache, überreizte Frauen« bezeichnet, das mit den Sitten der Zeit und der Überspannung und Zerrüttung des menschlichen Geistes völlig übereinstimme.[574]

Ist der Mensch als »Gewächs« an eine spezifische Umgebung als sein »Milieu« gebunden, so kann man – wie Nietzsche, der den Umkehrschluß von der Analyse zur visionären Hypothese liebt – in Taine auch einen »geistigen Zuchtmeister«[575] für die kommende Generation sehen, mit dem sich eine »neue Flora und Fauna von Menschen« gezielt heranziehen, oder züchten läßt. In dieser Rolle versteht Nietzsche sich als großer Gartenkünstler, der durch Verschönerung der inneren und äußeren Natur den Menschen und die Landschaft »in grossem Maasse« verändert. Als Umwerter der Werte will Nietzsche aus Geschichte wieder Geschehen machen. Den historischen Gewaltmenschen der Renaissance wertet er zum modernen Machtmenschen um. Was Burckhardt aus historischer Distanz ästhetisch bewunderte, zugleich aber ethisch verabscheute, läßt der Immoralist Nietzsche als größeres Reich der Schönheit und neue Lebensperspektive jenseits von Gut und Böse wieder auferstehen. Nach Taine sollte der Kunstwissenschaftler mit der Objektivität eines Botanikers verfahren, der die Landschaft studiert und keinen Baum dem anderen vorzieht. Der Naturbetrachtung vergleichbar, wenn wir »bald bei Sonnen-

---

572 Taine: Philosophie der Kunst, 1866, 57.

573 Vgl. die angestrichene Passage in: Taine: Philosophie der Kunst, 1866, 109 f.: »Eine so erregbare und überreizte Einbildung, wie die jener Menschen begnügt sich auch nicht mit einfachen Formen (...) sie muß ein Symbol sein und irgend ein hohes Mysterium bezeichnen. (...) Auf der anderen Seite müssen die Formen vermittelst Reichthum, Seltsamkeit, Kühnheit, außerordentlicher Feinheit und maßloser Ausdehnung mit der Zügellosigkeit und den Launen der Fantasie in Einklang gesetzt werden. Solche Seelen verlangen nach lebhaften, vielfältigen, wechselnden, ungewöhnlichen und extremartigen Empfindungen.«

574 Taine: Philosophie der Kunst, 1866, 112.

575 Nachgelassene Fragmente. Juni – Juli 1885, KSA 11.599.

schein, bald bei gewitterhaftem Himmel, bald bei der bleichsten Dämmerung« die Schönheit einer Landschaft zu entdecken versuchen, sollten wir nach Nietzsche »auch unter Menschen umhergehen«, um »die ihnen eigene Schönheit« zu entdekken, die bei dem einen »sonnenhaft«, bei dem anderen »gewitterhaft«, bei einem Dritten »erst in der halben Nacht und bei Regenhimmel sich entfaltet.« Nietzsche, der das Denken von allen Vorurteilen losbinden will, vor allem von denen der Moral, verbindet damit die Frage, ob es denn nur erlaubt sei, im Moralisch-Guten nach Schönheit zu suchen:

> »Ist es denn verboten, den bösen Menschen als eine wilde Landschaft zu geniessen, die ihre eigenen kühnen Linien und Lichtwirkungen hat (...)?«[576]

Aus dieser Perspektive kann ein neues Zeitalter des Machtmenschen und auch ein neues Zeitalter der Cyclopenbauten als ein neues und größeres »Reich der Schönheit« anbrechen. Die Kultur der Renaissance mit ihren von mächtigen Individuen errichteten Monumentalbauten wird zum Auslöser eines neuen Gesamtkunstwerks der Verschönerung, das durch Selbstgestaltung und Selbsterhöhung den Über-Menschen und die Über-Landschaft hervorbringt.

Seit »Menschliches, Allzumenschliches« widmet Nietzsche sich auch der »Gartenkunst« als Teil seines Gesamtkunstwerkes vom neuen Menschen. Diese Form der Kunst der Verschönerung betrifft nicht die bloße Zierde, sondern die Kultivierung der eigenen Natur. Die Kunst, mit Bergen zu bauen und eine dem neuen Menschen angemessene Umgebung zu schaffen, dient dem Zweck aller Kunst, »vor Allem und zuerst das Leben« zu verschönern, »also uns selber den Andern erträglich, womöglich angenehm« zu machen.[577] Die Kunstphantasie soll für die tatsächliche Entwicklung des Lebens nutzbar gemacht werden. Sachlichkeit und Diesseitigkeit ist die Grundlage einer modernen Kultur, die allem Gefälligen, Romantischen und Sentimentalen eine Absage erteilt. Der Wille zur unbedingten Sachlichkeit, also der Bauwille von Bayreuth, herrscht auch in Nietzsches lebenspraktischer Milieutheorie, wenn er in seinen Notizen vom Frühjahr 1888 deklamiert:

> »Straßenpflaster, gute Luft im Zimmer, die Bude nicht vergiftet, die Speisen auf ihren Werth begriffen, wir haben Ernst gemacht mit allen Necessitäten des Daseins und verachten alles »Schönseelenthum« als eine Art der ›Leichtfertigkeit und Frivolität.‹«[578]

---

[576] Morgenröthe V, Aphor. 468: »Das Reich der Schönheit ist grösser«, KSA 3.280.

[577] Menschliches, Allzumenschliches II, »Vermischte Meinungen und Sprüche«, Aphor. 174, KSA 2.453 f.: »Gegen die Kunst der Kunstwerke. — Die Kunst soll vor Allem und zuerst das Leben verschönern, also uns selber den Andern erträglich, womöglich angenehm machen: mit dieser Aufgabe vor Augen, mässigt sie und hält uns im Zaume, schafft Formen des Umgangs, bindet die Unerzogenen an Gesetze des Anstandes, der Reinlichkeit, der Höflichkeit, des Redens und Schweigens zur rechten Zeit.«

[578] Nachgelassene Fragmente. Frühjahr 1888, KSA 13.236.

Karl Kraus hat sich die Weihen einer zur akademischen Salonkunst verkommenen, vermeintlich höheren Ästhetik in seiner Umgebung mit dem ganz ähnlich klingenden, vielzitierten Satz verbeten: »Ich verlange von einer Stadt, in der ich leben soll: Asphalt, Straßenspülung, Haustorschlüssel, Luftheizung, Warmwasserleitung. Gemütlich bin ich selber.«[579] Es überrascht kaum, daß Nietzsche zum auslösenden Bildungserlebnis des modernen Gesamtkünstlers der Jahrhundertwende wird, der die Verschönerung der zeitgenössischen Lebensbedürfnisse vom Sofakissen bis zum Städtebau einer gründlichen Geschmackshygiene unterwirft.

Umwelt und Natur sind für Nietzsche keine positivistischen Gegebenheiten, denen die Kunst deterministisch folgt, sondern mit Kraft durchdrungene, dynamische Größen, die aber selber nur eine Vorstufe dessen darstellen, was durch Gestaltung erst verschönert und vollendet und in Kunst überführt werden muß. Dieser Gedanke beinhaltet als extremste Möglichkeit, die Alpen »aus ihren Ansätzen und Motiven« zur Vollkommenheit zu erheben, ebenso wie am anderen Ende der Skala, im kleinsten Naturmaßstab, der Mensch selbst steht, der seine natürlichen Ansätze und Anlagen durch Selbstüberwindung und Selbsterhöhung zur vollendeten Gestalt zu formen hat. Für Taine war der evolutionistische Gedanke ein objektives Naturgesetz. Nietzsches Evolutionismus stellt die Natur des Individuums in den Mittelpunkt der Theorie. Aus dieser Perspektive muß ihm Taine als ein moderner Hegel vorkommen, auf den auch der Satz aus dem Aphorismus »Gärtner und Garten« in der »Morgenröthe« gemünzt sein dürfte:

> »Wehe dem Denker, der nicht der Gärtner, sondern nur der Boden seiner Gewächse ist!«[580]

Tainesche Botanik beginnt für Nietzsche bei den natürlichen »landschaftlichen« Ansätzen, die der Mensch in sich trägt. »Wir haben Alle verborgene Gärten und Pflanzungen in uns«[581] – so wird in der »Fröhlichen Wissenschaft« die Aufgabe der künstlerischen Kultivierungs- und Verschönerungsarbeit des Menschen als die eines »Seelen-Gärtners«[582] umrissen, der seine eigene Natur ausbaut, um über sich selbst hinauszuwachsen. In den Notizen vom Herbst 1880 taucht dieser Gedanke der »Seelen-Gärtnerei« mehrfach auf, und Nietzsche beschäftigt sich mit allen Details dieser Metaphorik:

> »Wir haben es in der Hand, unser Temperament wie einen Garten auszubilden. Erlebnisse hineinpflanzen, andere wegstreichen: eine schöne stille Allee der Freundschaft gründen, verschwiegener Ausblicke auf den Ruhm sich bewußt

[579] Karl Kraus: Auswahl aus dem Werk, München 1967, 48.

[580] Morgenröthe IV, Aphor. 382: »Gärtner und Garten«, KSA 3.248.

[581] Die fröhliche Wissenschaft I, Aphor. 9, KSA 3.381.

[582] Nachgelassene Fragmente. Herbst 1878, KSA 8.571

sein, — Zugänge zu allen diesen guten Winkeln seines Gartens bereit halten, daß er uns nicht fehle, wenn wir ihn nöthig haben!«[583]

»Ich kann mich ganz so behandeln wie ein Gärtner seine Pflanzen: ich kann Motive von mir entfernen, dadurch daß ich mich von einem Orte einer Gesellschaft entferne, ich kann Motive in meine Nähe stellen. Ich kann den Hang, so gärtnerhaft gegen mich zu verfahren, künstlich pflegen oder verdorren machen.«[584]

In der »Morgenröthe« schlagen sich Nietzsches Gartenkunst-Stücke an mehreren Stellen variantenreich nieder. Auf den Irrgarten zielte das schon erwähnte Labyrinth als Vorbild einer »Architektur nach unserer Seelen-Art«. Als Konsequenz aus der Unmöglichkeit des Labyrinths postuliert Nietzsche dann einige Aphorismen später, der Mensch möge aus sich selber etwas formen, »was der andere mit Genuss sieht, etwa einen schönen, ruhigen, in sich abgeschlossenen Garten, welcher hohe Mauern gegen die Stürme und den Staub der Landstrassen, aber auch eine gastfreundliche Pforte hat.«[585] Auch die Möglichkeit, »den bösen Menschen als wilde Landschaft zu geniessen« schließt sich hier an. Sogar der »Verschönerung der Wissenschaft« im Sinne des »embellir la nature« der »Roccoco-Gartenkunst«, ist ein eigener Aphorismus gewidmet. In ihm wird vorgeschlagen, für die trockene und langweilige Wissenschaft »eine Gartenkunst zu schaffen«, die jene auf ähnliche Weise reizvoll und unterhaltsam machen soll, so wie die wilde Natur »durch Tempel, Fernblicke, Grotten, Irrpfade, Wasserfälle, um im Gleichnisse zu reden,« ihre Langeweile verlieren würde.[586]

Einer der letzten Aphorismen der »Morgenröthe« verweist schließlich darauf, daß es uns frei steht, in uns selbst einen Garten gemäß eigener »Seelen-Art« anzulegen, sei es ein Obst- oder Ziergarten, sei es nach französischem, englischem, holländischem, chinesischem oder wildem Geschmack:

»Man kann wie ein Gärtner mit seinen Trieben schalten und, was Wenige wissen, die Keime des Zornes, des Mitleidens, des Nachgrübelns, der Eitelkeit so fruchtbar und nutzbringend ziehen wie ein schönes Obst an Spalieren; man kann es thun mit dem guten und dem schlechten Geschmack eines Gärtners und gleichsam in französischer oder englischer oder holländischer oder chinesischer Manier, man kann auch die Natur walten lassen und nur hier und da für ein Wenig Schmuck und Reinigung sorgen, man kann endlich auch ohne alles Wissen und Nachdenken die Pflanzen in ihren natürlichen Begünstigungen und Hindernissen aufwachsen und unter sich ihren Kampf auskämpfen lassen, — ja, man kann an einer solchen Wildniss seine Freude haben und gerade diese Freude haben wollen, wenn man auch seine Noth damit hat. Diess Alles steht uns frei:

[583] Ebenda. Ende 1880, KSA 9.361.

[584] Ebenda. Herbst 1880, KSA 9.324.

[585] Morgenröthe III, Aphor. 174, KSA 3.155.

[586] Morgenröthe V, Aphor. 427: »Die Verschönerung der Wissenschaft«, KSA 3.263.

aber wie Viele wissen denn davon, dass uns diess frei steht? Glauben nicht die Meisten an sich wie an vollendete ausgewachsene Thatsachen? Haben nicht grosse Philosophen noch ihr Siegel auf diess Vorurtheil gedrückt, mit der Lehre von der Unveränderlichkeit des Charakters?«[587]

Daß der frühe Nietzsche David Strauss als einen »leichtgeschürzten Gartenkünstler« abtat, erscheint aus dieser Warte nicht mehr als ein ganz so großer Makel. Wie schon im »Strauss«, greifen Nietzsches Betrachtungen zur Gartenkunst aus dem Herbst 1880 wiederum auf Burckhardt zurück. Der Abschnitt im »Cicerone« über Villen und Gärten, dem Nietzsche für seinen »Strauss« die »Mitwirkung des Irrationellen« und das »Terrassenwerk« entlehnte, erscheint auch 1880 noch ergiebig genug. Jetzt ist es die Erklärung des Unterschieds zwischen dem modernen englischen und italienischen Garten der Renaissance, die mit Gewinn verwertet wird. In der »Fröhlichen Wissenschaft« von 1882 findet sich ebenfalls ein versteckter Hinweis auf diesen Abschnitt des »Cicerone«. Burckhardt kommt darin auch auf die Verwendung des Wassers zu sprechen und erklärt, wie etwa das mäßige Träufeln eines kleinen Gewässers

»(...) durch architektonischen und mythologischen Schmuck motiviert wird und daher nicht lächerlich erscheint wie der künstliche Naturwasserfall des englischen Gartens bei ähnlicher Armut.«[588]

Bei Nietzsche wird daraus der Aphorismus »Seine Armuth motiviren«, der Burckhardts Sätze gleichnishaft überhöht:

»Wir können freilich durch kein Kunststück aus einer armen Tugend eine reiche, reichfliessende machen, aber wohl können wir ihre Armuth schön in die Nothwendigkeit umdeuten, sodass ihr Anblick uns nicht mehr wehe thut, und wir ihrethalben dem Fatum keine vorwurfsvollen Gesichter machen. So thut der weise Gärtner, der das arme Wässerchen seines Gartens einer Quellnymphe in den Arm legt und also die Armuth motivirt: — und wer hätte nicht gleich ihm die Nymphen nöthig!«[589]

Unter den Nachlaßfragmenten vom Herbst 1880 findet sich ein weiteres, besonders aufschlußreiches Exzerpt aus jenem Gartenkapitel des »Cicerone«, wo Nietzsche notiert:

»der Geschmack der englischen Gartenkunst. – ›die freie Natur mit ihren Zufälligkeiten nachahmen‹ J. B. – ist der ganze moderne Geschmack. Solche Menschen wollen die Dichter: während ein anderes Ziel ist, die Menschen ›den Gesetzen der Kunst dienstbar machen‹. Gegen die elegische Natursentimentalität(.) NB diese habe ich mir abzugewöhnen. ›Der Contrast der freien Natur, welche von außen in die italiänischen Gärten hineinscheint‹ J. B. Grundbedin-

[587] Morgenröthe V, Aphor. 560: »Was uns frei steht«, KSA 3.326.

[588] Burckhardt: Cicerone. Neudruck der Urausgabe von 1855, 317 f.

[589] Die fröhliche Wissenschaft I, Aphor. 17, in KSA 3.389.

gung des Eindrucks. Solche Menschen des Stils wirken am stärksten unter einer halbwilden Umgebung.«[590]

Die wichtigste Lehre, die Nietzsche aus dieser Gegenüberstellung des italienischen und englischen Geschmacks zieht, ist eine persönliche. Sie betrifft die Tatsache, daß er sich erst einmal selbst »die elegische Natursentimentalität« austreiben muß, wie es das »Nota Bene« sagt, »diese habe ich mir abzugewöhnen.« Die Absage an das Romantische und Malerische wird für den Denker, der aufbricht, Abschied von der Metaphysik und dem Glauben an die Herrschaft des Gefühls zu nehmen, zur Pflicht. Der ehemalige Wagner-Jünger verordnet sich eine »antiromantische Selbstbehandlung« als geistige Kur und unterwirft sich als Seelen-Gärtner in eigener Sache dem Exercitium des architektonischen Zwangs, »um aus dem Naturalisieren herauszukommen.«[591] Nietzsche mußte zuerst die eigene Leidenschaft für das Malerische zügeln. Landschaftsmaler wie Poussin und Lorrain, die Anreger des englischen Gartengeschmacks, begeisterten ihn zeitlebens. Nur in seinem Notizbuch wagt es Nietzsche, sich ganz der Natursentimentalität hinzugeben. [592]

Bauen ist die Organisation und Steigerung der Natur, auch der eigenen, zur harmonischen Form. Diesen humanistischen Geist der Beherrschung, der die kleinen und kurzen Schönheiten verachtet und den Sinn für Weniges und Langes kultiviert, verkörpert der italienische Garten bei Burckhardt. Hier werden die Linien der Natur mit künstlichen Mitteln beruhigt, die Flächen geklärt und die Räume eindeutig begrenzt, während der englische Garten die Natur wiederum nur als vermeintlich naturhaft inszeniert. Erst durch den szenischen Rahmen des Architektonischen, durch Terrassen, Treppen, Exedren, große symmetrische Abteilungen von

---

[590] Nachgelassene Fragmente. Herbst 1880, KSA 9.255 f. – Die Passage lautet in Burckhardts Cicerone, Neudruck der Urausgabe von 1855, 317f.: »Das Ganze hat nun einen Zweck, der demjenigen des sogenannten englischen Gartens geradezu entgegengesetzt ist. Es will nicht die freie Natur nachahmen, sondern die Natur den Gesetzen der Kunst dienstbar machen. Wo man krumme Wege, Einsiedeleien, Chinoiserien, Strohhütten, Schloßruinen, gotische Kapellen u. dgl. antrifft, da hat modernste Nachahmung des Auslandes die Hände im Spiel gehabt. Der Italiener teilt und versteht die elegische Naturnachahmung gar nicht. (...) Der Kontrast der freien Natur oder Architektur, die von außen in den italienischen Garten hineinschaut, möchte geradezu eine Grundbedingung des Eindrucks sein.« 317 f.

[591] Menschliches, Allzumenschliches I, »Aus der Seele der Künstler und Schriftsteller«, Aphor. 221: »Die Revolution in der Poesie«, KSA 2.181.

[592] Nachgelassene Fragmente. Juli – August 1879, KSA 8.610: »St. Moritzer Gedanken-Gänge (...) Vorgestern gegen Abend war ich ganz in Claude Lorrain'sche Entzückungen untergetaucht und brach endlich in langes heftiges Weinen aus. Daß ich dies noch erleben durfte! Ich hatte nicht gewußt, daß die Erde dies zeige und meinte, die guten Maler hatten es erfunden. Das Heroisch-Idyllische ist jetzt die Entdeckung meiner Seele: und alles Bukolische der Alten ist mit einem Schlage jetzt vor mir entschleiert und offenbar geworden — bis jetzt begriff ich nichts davon.«

Räumen, kommen die zufälligen und wechselhaften Erscheinungen der Natur wirklich bewußt als solche zur Erscheinung, und zugleich legt sich der Mensch selbst in diesen Erscheinungen zurecht. Das bringt Nietzsche mit dem ebenso einfachen wie schönen Bild aus dem noch näher zu betrachtenden Aphorismus zur »Architektur der Erkennenden« zum Ausdruck:

> »Wir wollen uns in Stein und Pflanze übersetzt haben, wir wollen in uns spazieren gehen, wenn wir in diesen Hallen und Gärten wandeln.«

In diesem Satz umschreibt Nietzsche den humanistischen Imperativ seines »Willens zur Macht« und zugleich den zentralen Gedanken seiner Architekturtheorie, nämlich die Architektur als die Verkörperung der Ausbreitung einer Willenssphäre im Raum zu begreifen. Nietzsches Architekturpsychologie erkennt im Baukörper das Zentrum eines Inneren, dessen Außenseite sich vor uns aufbaut und das weiter in den Raum hinauswirkt. Nietzsche denkt hier die Architektur nicht auf den Körper hin, sondern vom Körper aus fort. Sempers körpernahe Vorstellung von der Architektur als einem Kleid schlug diese Richtung auf der kurzen Distanz ein. Wagner, der nur Räume für seine Aufführungen brauchte, aber keinen wirklichen architektonischen Körper, dachte sich die Architektur in ähnlicher Weise als eine eng anliegende Raumhülle. Diesen Gedanken trägt Nietzsche offensiv ins Weite. Wie ein Stein, der ins Wasser fällt und mit den Ringen, die er erzeugt, seine »private Unendlichkeit« um sich legt, verlängert der Genueser Palazzo das Raumkleid seiner Machtsphäre ins Weite. Das Wagnersche Wasser-Modell der Musik prägt nach wie vor Nietzsches Architekturen. Wie ein Klangkörper seine Schallwellen ausstrahlt, so scheint auch die Architektur ihren Klang der Steine im Raum zu verbreiten.

Die Architekturtheorie ist dieser Umwertung und Umkehrung der Perspektive vom Körper zum Raum noch zu Nietzsches Lebzeiten gefolgt. Ob Nietzsches Schriften zu diesem Prozeß etwas beigetragen haben, ist schwer zu sagen. Korrespondenzen sind nicht unmittelbar nachzuweisen, aber augenscheinlich. Die Antrittsvorlesung des Leipziger Kunsthistorikers August Schmarsow (1853–1936) über »Das Wesen der architektonischen Schöpfung« von 1894 ist ein Zeugnis solcher Geistesverwandtschaft. Schmarsow, der ursprünglich bei Burckhardt studieren wollte und Schüler von Anton Springer und Hermann Lotze ist, grenzt sich wie Nietzsche von der idealistischen ebenso wie von der materialistischen Denkweise ab, um in Anlehnung an G. Th. Fechner, den Begründer der experimentellen Ästhetik, anstatt einer Ästhetik »von Oben« oder »von Unten« vielmehr eine Ästhetik »von Innen« zu geben, die von physiologischen und psychologischen Prämissen ausgeht. Schmarsow fordert, die Architektur solle sich auf ihre »uralte, ewige Innenseite all ihres Schaffens« besinnen und »als Raumgestalterin sich selber wiederfinden«, was bedeutet, daß zunächst einmal der psychische Willensakt der räumlichen Ausbreitung untersucht werden muß, welcher der elementaren Aufgabe der Architektur, nämlich der »Herstellung einer Raumumschließung«, vorausgeht:

> »Jeder leiseste Versuch des Menschen zu Herstellung einer Raumumschließung setzt zunächst in dem Subjekt die Vorstellung des gewollten Raumausschnittes voraus. (...) – der Raum der uns umgiebt, wo wir auch seien, den wir fortan stets um uns aufrichten und notwendig vorstellen, notwendiger als die Form des Leibes, – sobald wir uns selbst und uns alleine als Centrum dieses Raumes fühlen gelernt, dessen Richtungsachsen sich in uns schneiden, so ist auch der wertvolle Kern gegeben, das Kapital gleichsam des architektonischen Schaffens begründet (...). Raumgefühl und Raumphantasie drängen zur Raumgestaltung und suchen ihre Befriedigung in einer Kunst; wir nennen sie Architektur und können sie deutsch kurzweg als Raumgestalterin bezeichnen. (...) Das Raumgebilde ist eine Ausstrahlung gleichsam des gegenwärtigen Menschen, eine Projektion aus dem Innern des Subjekts (...).« [593]

Nach Schmarsow ist die Architektur also die Kunst, eine eigene Raumsphäre um sich selbst herum auszubreiten und dieser nach den Idealformen der Anschauung eine Bezeichnung durch wahrnehmbare Gestalt zu geben. Der Wille, sich im Raum auszubreiten, der »gewollte Raumausschnitt«, steht am Anfang aller Architektur. In diesem Sinne ist alle Architektur, gleichgültig ob ephemer oder monumental, ob mit Pflanzen oder Steinen geschaffen, eine Manifestation jenes im Menschen selbst begründeten Raumwillens. Mit anthropologischem Scharfsinn verweist Schmarsow auf spielende Kinder, für die eine in den Sand gezeichnete Furche bereits zur hinreichenden sichtbaren Bezeichnung eines solchen Raumbezirkes genügt:

> »(...) aber der Machtspruch der Einbildungskraft richtet Wände auf, wo nur Striche sind, und der Glaube macht selig, so skeptisch und überlegen auch der Erwachsene auf dies symbolische Verfahren herabsieht.«[594]

Der Mensch ist nach Nietzsche der, der sich selbst errichtet und von dort aus seinen Willen ins Weite baut. Architektur ist also etwas, das in uns selbst wohnt und dort beginnt. Sie ist eine psychische und physiologische Konsequenz und Notwendigkeit. Nur deshalb kann überhaupt von einer »Architektur nach unserer Seelen-Art« die Rede sein. Wie Nietzsche sich und dem Menschen überhaupt die »elegische Natursentimentalität« abgewöhnen und einen architektonisch gestimmten, aufrechten und geraden Charakter geben will, der nach den Idealformen der menschlichen Raumanschauung gebildet ist, erklärt auch Schmarsow den Ursprung der Architektur als Raumgestalterin mit dem Satz:

> »Mit der fühlbaren Aufrichtung – wenn ich so sagen darf – des Rückgrats unserer Anschauungen beginnt das architektonische Schaffen in uns.«[595]

---

[593] August Schmarsow: Das Wesen der architektonischen Schöpfung, Leipzig 1894, 10–15.

[594] Ebenda, 12.

[595] Ebenda, 14.

Wie der italienische Garten die allgemeine Natur durch die ästhetischen Gesetze von Symmetrie, Proportionalität und Rhythmus zum eigenen Genuß humanisiert, wirkt die ruhige Macht architektonischer Verhältnisse befreiend und erhebend auf die Natur unserer Sinne und bewirkt, wie es Schmarsow nennt, »Ausweitung und Aufschwung unserer Seele.«[596] Nietzsche hat diesen Gedanken 1883 mit folgendem Satz umschrieben:

> »Der Sinn unsrer Gärten und Palläste (und insofern auch der Sinn alles Begehrens nach Reichthümern) ist, die Unordnung und Gemeinheit aus dem Auge sich zu schaffen und dem Adel der Seele eine Heimat zu bauen.«[597]

Baukunst ist demnach nichts anderes, als eine Technik der Umgestaltung der Natur nach einer dem Menschen innewohnenden eigenen Ordnungsvorstellung, die das Sichtbare den inneren Triebkräften unterwirft. Von dieser fundamentalen Gesetzmäßigkeit der Ausbreitung einer räumlichen Willenssphäre geht sowohl die Architekturpsychologie Nietzsches als auch die Schmarsows aus. Diese Gesetzmäßigkeit gilt für die kleinste, einfache Raumeszelle, für die komplexe Raumentfaltung in einem Gebäude, ebenso wie für den landschaftlichen Raumzusammenhang. Mit seiner waghalsigen Vision der Verschönerung der Alpen hat Nietzsche den Gipfel der Gartenkunst im wahrsten Sinne des Wortes erreicht.

Diese abenteuerliche Idee ist mehr als nur eine utopische Extrapolation Burckhardtscher Gartenphilosophie. Zwar interpretiert Burckhardt den Renaissancegarten auch als stilisierte Landschaft, in der Terrassen Abhänge und Absätze »Täler und Niederungen« darstellen,[598] aber den entscheidenden Anstoß zu Nietzsches Quantensprung dürfte erst Taines landschaftliche Betrachtungsweise von Mensch und Kultur gegeben haben. In der »Voyage en Italie« wird die »baukünstlerische Form« der Gegend um Florenz ebenfalls als eine abstrakte, architektonische Landschaft von Terrassen und »Stockwerken« beschrieben. Auch Nietzsches Genua der Bauindividuen scheint bei Taine schon ansatzweise vorweggenommen zu sein, allerdings in Rom, von dem er sagt, daß hier keine »einzige, einförmige und unterdrückende Regel« die Bauten »gezwungen und gleichgemacht« habe:

> »Jeder ist nach seiner Weise emporgewachsen, ohne sich um die anderen zu kümmern, und ihr Durcheinander ist schön, wie die Unordnung in der Werkstatt eines grossen Künstlers.«[599]

---

[596] Ebenda, 22f.

[597] Nachgelassene Fragmente. Frühjahr – Sommer 1883, KSA 10.290.

[598] Burckhardt: Cicerone. Neudruck der Urausgabe von 1855, 3316 f.

[599] H. Taine: Reise in Italien. Aus dem Französischen übertragen von Ernst Hardt, 2 Bände, Jena 1910, I.21. – Daß der Bildhauer Constantin Brancusi einmal sein mit Statuen überfülltes Atelier mit Manhattan verglichen hat, das mit seinen Gipfeln und Schluchten einem modernen Steingebirge gemäß Nietzsches Postulat, »mit Bergen bauen lernen«, vielleicht sehr nahe kommt,

Die Spur führt auch weiter zu Taine, wenn man nach dem Bau sucht, der für Nietzsches Baukunst den Gipfel der Absage an das Sentimentale verkörpert. Der Palazzo Pitti in Florenz ist das Bauwerk, auf das Nietzsche sich als die Inkarnation des »grossen Stils« beruft. Dieser Bau stellt die exemplarische Verkörperung dessen dar, was die »große Ambition« in der Kunst ist.[600]

»Die höchste Ambition, die der Privatbau auf Erden an den Tag gelegt, ist Palazzo Pitti«,[601] so liest man es im »Cicerone«. Für Burckhardt hat dieser Palast »allen Profangebäuden der Erde, auch viel größeren, (...) den höchsten bis jetzt erreichten Eindruck des Erhabenen voraus«, wobei für die imposante Wirkung nicht vorrangig die Lage und die »wirklich großen Dimensionen«, sondern das »Verhältnis der mit weniger Abwechslung sich wiederholenden Formen« ausschlaggebend ist. In dieser Beschreibung ist auch, wie bereits zitiert, vom weltverachtenden Gewaltmenschen die Rede, ebenso von den scheinbar »übermenschlichen Wesen«, die bei der Verteilung der Massen »die Rechnung geführt« zu haben scheinen.[602]

Zu einem identischen Urteil kommt auch Taine in seiner heute noch äußerst lesenswerten »Voyage en Italie«, die 1866 in Paris erscheint und neben den berühmten »Italienreisen« von Goethe und Stendhal wohl auch zur Lektüre des italienischen Nietzsche gehörte. Liebte Taine an den italienischen Palazzi überhaupt die »gesättigte Sinnlichkeit mit ihrer Gleichgültigkeit«,[603] so bewundert er erst recht den Palazzo Pitti, dessen einzigartige »grandiose Strenge« durch die »Riesenhaftigkeit des Materials, aus dem es erbaut ist«, aufs äußerste gesteigert werde, und er erklärt:

> »Ich zweifle, dass es einen monumentaleren Palast in Europa gibt; ich habe keinen gesehen, der einen so grossartigen und einfachen Eindruck hinterlässt.«

Den wohl bemerkenswertesten Teil der Schilderung von Taine findet man in einer Passage, die sich mit der Verteilung der Massen beschäftigt. Das Erstaunen über die Wucht der aus den Steinen des Palazzo Pitti sprechenden Naturgewalt kleidet er in folgende Worte:

> »Das sind keine Steine, sondern Felsstücke und fast ganze Bergecken. Manche Blöcke, vor allem in den Stützmauern der Terrassen, sind lang wie sechs Männer. Kaum behauen, rauh und schwarz, haben sie all ihre ursprüngliche Wildheit behalten. So würde ein von seiner Basis losgebrochener, in Schichten geteilter

---

bestätigt insofern die Richtigkeit von Taines Vergleich von Rom »mit der Werkstatt eines Künstlers.«

[600] Nachgelassene Fragmente. Frühjahr 1888, KSA 13.246.

[601] Jacob Burckhardt: Die Kunst und Kultur der Renaissance in Italien (1860): Der monumentale Sinn der italienischen Architektur § 9; Köln 1953, 266.

[602] Burckhardt: Cicerone. Neudruck der Urausgabe von 1855, 144.

[603] Taine: Reise in Italien, II.143.

und von kyklopischen Händen an einer neuen Stelle wiederaufgebauter Berg aussehen.«[604]

In diesem Vergleich wird der Bau zum Berg und der Berg zum Bau. Der freie Bürger der Renaissance, »ein Privatmann«, wie Taine betont, ließ sich als Wohnstätte ein »Steingebirge« errichten. Hier hatte der große Willensakt tatsächliche Berge versetzt, mehr noch, dieser Architekt hatte wie in Nietzsches Wort, mit Bergen bauen gelernt. Auch scheint der Stein hier »mehr Stein als früher« und der Kunstsprache der Architektur entwöhnt zu sein, denn er ruht hier, wie in Nietzsches Ideal vom »grossen Stil«, mit voller Pracht unbeirrbar in der Natur des eigenen Seins, wie Taine schreibt:

> »Kein Schmuck an der Fassade (...) hier fehlt jeder Schmuck und fehlt mit Absicht (...) Einzig der Stein herrscht hier, das Auge verlangt über die Mannigfaltigkeit seiner Oberflächen und die Festigkeit seiner Fügung nicht hinaus; es scheint, dass er in sich selber besteht und sich selber genügt, dass die Kunst und der Wille des Menschen nicht dazwischen getreten sind und dass für die Phantasie kein Platz war.«[605]

Gereinigt von aller darstellerischen Gefälligkeit der architektonischen Form tritt der Stein in dieser Schilderung in elementarster Form in Erscheinung, als die versichtbarte Strenge des »grossen Stils« der Objektivität. Führende Architekten des 20. Jahrhunderts haben nicht anders empfunden. Adolf Loos, der die nervöse Eitelkeit der Kunst seiner Zeit bekämpft und Ornamentlosigkeit darum als Zeichen von Kultur propagiert, schien der Palazzo Pitti deshalb vorbildlich, weil die Architektur hier trotzig alle gefällige Dekoration abgeschüttelt hatte und schmucklos, allein aus der Verteilung der Massen und den Verhältnissen ihre grandiose Wirkung entfaltete. Auch für Loos verkörperte der Pitti exemplarisch große Ambition in der Baukunst, was er 1909 seinen Zeitgenossen mit der bissigen Bemerkung klarmachen wollte:

> »Könnte ich das stärkste architektonische ereignis, den palazzo Pitti, aus dem gedächtnis der zeitgenossen verlöschen und vom besten zeichner gezeichnet als konkurrenzprojekt einreichen lassen: das preisgericht würde mich ins Irrenhaus sperren«[606]

Auch einem Mies van der Rohe galt dieser Bau als »eines der stärksten Gebäude«. Es zeigte, »mit welch geringen Mitteln man Architektur machen kann« und beinhaltete somit die Herausforderung, »ob wir mit unseren Mitteln etwas ähnlich Kraftvolles schaffen könnten.«[607] Den Palazzo Pitti lernte Mies 1906 auf einer sechswöchigen Italienreise kennen. Sein erster Bauherr, der Berliner Philosoph Alo-

---

604 Ebenda, II.140 f.

605 Ebenda, II.141.

606 Adolf Loos, Architektur, (1909) in: ders., Trotzdem, Innsbruck 1931, 95.

607 Zit. nach Franz Schulze: Mies van der Rohe. Leben und Werk, Berlin (1987) 37, 113.

is Riehl, hatte den gerade einundzwanzigjährigen Architekturnovizen zunächst einmal auf eigene Rechnung auf Bildungsreise nach Italien geschickt, bevor es an den Bau des Hauses ging. Auch Burckhardts »Cultur der Renaissance« wurde Mies von seinem Bauherrn mit ins Reisegepäck gelegt. Der Name Nietzsche gehört ebenfalls unmittelbar in diesen Zusammenhang. Riehl war der erste akademische Philosoph, der sich des Kunst- und Künstler-Philosophen Friedrich Nietzsche angenommen hatte. Sein »Friedrich Nietzsche. Der Künstler und der Denker« von 1897 ist eine der ersten Nietzsche-Monographien überhaupt.[608] In etliche Sprachen übersetzt und mehrfach neu aufgelegt, wurde dieses Buch selbst zum Klassiker der Nietzsche-Rezeption der Jahrhundertwende.

[608] Alois Riehl: Friedrich Nietzsche. Der Künstler und der Denker. Ein Essay, Stuttgart 1897; zuvor erscheinen: Lou Andreas-Salomé: Friedrich Nietzsche in seinen Werken, Wien 1894; Rudolf Steiner: Friedrich Nietzsche. Ein Kämpfer gegen seine Zeit, Weimar 1895. – Zur Beziehung Mies und Riehl siehe: Neumeyer: Mies van der Rohe, 1986.

Palazzo Pitti, Fassade.

Palazzo Pitti, Fassade zum Hof.

II.5

Der Klang der Steine gegen das Leiden an der Musik: Der Palazzo Pitti als Paradigma

Der Tag, an dem Nietzsche die Botschaft des Palazzo Pitti aufging, muß ein besonderer Tag gewesen sein. Sonst hätte er wohl kaum sein Exzerpt aus dem »Cicerone« mit dem Zusatz von Ort und Datum versehen:

> »Sils-Maria 26. August 1881
> ›allem Hübschen und Gefälligen aus dem Wege gehen, als ein weltverachtender Gewaltmensch‹ sagt Jacob Burckhardt bei Palazzo Pitti) (.)«[609]

Der Palazzo Pitti war für Nietzsche fortan ein paradigmatisches Objekt. Er verkörperte einen persönlichen Meilenstein der »antiromantischen Selbstbehandlung«, um mit diesem Vorbild über den eigenen Schatten zu springen, und er wurde zum Prüfstein für den »grossen Stil«, mit dem die Kunst gemessen wurde. Bis zuletzt zog Nietzsche sich auf diese feste Burg zurück, vorzüglich um von hier aus seinen Feldzug gegen die Dekadenz im Reiche der Musik zu führen.

Die Distanzierung von Wagner und der »Wagnerei« hatte auch Nietzsches eigene Leidenschaft für die Musik in Mitleidenschaft gezogen. In dem »Versuch einer Selbstkritik« von 1886 erscheint ihm die aus dem Wagner-Schopenhauerschen »Geiste der Musik« geborene Tragödienschrift von 1872 wie eine Jugendsünde. Die Skepsis gegenüber dem Harmonie produzierenden Wesen der Musik als dem Wesen der Welt spricht er immer offener aus. Seit »Menschliches, Allzumenschliches« geht Nietzsche gegen die metaphysischen Verlockungen der Weltmusik und ihre Sirenengesänge des Unheimlichen an. Musik erscheint ihm jetzt als Flucht aus der Welt in die Innerlichkeit, denn Musik drängt sich auf und macht trunken. Trunkenheit, so spricht der ernüchterte Nietzsche, sei aber »etwas Anderes, als die Cultur.«[610] Seine Abhängigkeit von Wagner erscheint ihm als eine Krankheit, von der er sich selbst befreien muß. Mehr noch, Nietzsche wirft am Ende Wagner sogar vor, die Musik als solche krank gemacht zu haben, weil er im Grunde nur sein eigenes religiöses Bedürfnis als Musik maskiert habe.[611] Der Liebeshaß zu Wagner überträgt sich auf Nietzsches Leidenschaft zur Musik. Den Notizen vom Winter 1882–1883 vertraut er seine schicksalhafte Verstrickung und Zerstrittenheit mit der Musik an:

---

[609] Nachgelassene Fragmente. Frühjahr – Herbst 1881, KSA 9.520.

[610] Ebenda. Frühjahr 1880, KSA 9.95. »Hier sind Menschen, welche alle Welt mit Musik trunken machen möchten und vermeinen, dann käme die Cultur; bisher aber kam auf die Trunkenheit immerdar etwas Anderes, als die Cultur.«

[611] Nietzsche contra Wagner, »Wo ich Einwände mache«, KSA 6.419.

»Liebe ich die Musik? Ich weiß es nicht — auch hasse ich sie zu oft. Doch liebt mich die Musik — und sobald mich jemand verläßt, springt sie herzu und will geliebt sein.«[612]

Nietzsche leidet am Schicksal der Musik und verschreibt ihr und sich selbst den Palazzo Pitti zur Genesung. Aus der enttäuschten großen Musikliebe erklärt sich die Geburt des »grossen Stils« aus dem Geiste der Architektur. Von einer wirklichen Liebe zur Architektur ist bei Nietzsche kein Wort zu finden. Er wirft sich ihr nicht in die Arme. Es ist eine Vernunftehe, die ihn mit dieser zwingenden Kunst verbindet, wie schon jeden bauenden Philosophen zuvor.

Diese Ehe bahnte sich allmählich an. Als »Heerlager des Apollinischen« zeigte die Architektur für den frühen Nietzsche ihr häßliches Gesicht, und er wendet sich von ihr ab, wie er sich von Sokrates abwendet, dem er auch vorhält, mit ihm betrete erstmals ein häßlicher Mensch als Denker die Bühne. Dennoch bleibt die sokratische, wie die architektonische Vernunft gegenüber der dionysischen Metaphysik ein lästiger, weil notwendiger Widerstand, ohne den es nicht geht. Folglich muß dessen Stärke dialektisch zum Beweis für die gewaltige Gegenwart dionysischer Mächte umgewertet werden. Seit »Menschliches, Allzumenschliches« dreht Nietzsche den Spieß um. Die Metaphysik wird von der Vernunft in die Enge getrieben. In dem Maße, wie er selber noch unerbittlicher als ein Sokrates das Denken von allen metaphysischen Schlacken reinigen und zu kristalliner Schärfe und Klarheit veredeln will, wird ihm die Kunst als »Heerlager« der Metaphysik und insbesondere die Musik, die ja angeblich das Wesen der Welt verkörpere, suspekt. Gerade weil die Musik allen Menschen gefällt und in jedem Gefallen eine Täuschung vorhanden ist, wird sie Nietzsche, der es sich zum Vorsatz gemacht hat, das Denken von allen Verführungen der Moral zu reinigen, verdächtig. Darunter fällt auch die Moral der Schönheit, deren Absicht es ist, zu gefallen. Unter allen Künsten erscheint die zweckgebundene Architektur als die gleichgültigste, nüchternste, kälteste, am meisten mit diesseitiger Vernunft durchtränkte Kunst unter allen »schönen« Künsten zu sein, und Nietzsche vernimmt den irdischen Klang der Steine als eine neue Musik. Was auf die musikalische Götterdämmerung als architektonisch angehauchte Morgenröte der Vernunft folgt, ist ein nicht minder pathosbeladenes, bombastisches Gesamtkunstwerk in hyper-wagnerianischen Dimensionen: Das Zeitalter der Cyclopenbauten, wo man wieder wie die Römer für eine neue Ewigkeit baut.

War die Architektur bis dahin nur Gegenpart und Widerlager, verwandelt sie sich im nächsten Schritt zum Prüfstein der Musik. Je stärker der späte Nietzsche an der Musik verzweifelt, desto größer wird sein brennendes Verlangen nach Erlösung durch Musik, das sich – so offenbaren es die Briefe aus dem letzten Jahr vor dem Zusammenbruch – in dem Maße steigert, je einsamer und unverstandener er

---

[612] Nachgelassene Fragmente. November 1882 – Februar 1883, KSA 10.133.

sich fühlt. Aus dieser Verzweiflung heraus vollzieht er für sich selbst die einstmals gefürchtete Versteinerung und den Übergang ins Architektonische. Nietzsche will Härte gegen die Musik zeigen. Dazu braucht er den Stein, weniger die Architektur. Der Bau, in dem der Stein am meisten Stein ist, so kann man es von Burckhardt und Taine lernen, ist der Palazzo Pitti. Hier hat im vollen irdischen Klang der Steine die lebenssteigernde »Vermehrung von Machtgefühl«, die das »Gefühl des Schönen« in der Kunst als Bejahung des Daseins bezwecken soll,[613] ihre denkbar gesättigste Form als Erscheinung angenommen. Deshalb wird dieser Bau als Gipfel der Bejahung des Lebens und der Schönheit zum Zeichen höchster organisierender Kraft, an der auch ein Tongebäude im »grossen Stil« zu messen wäre. Von diesem Gipfel aus erklärt sich die Fragwürdigkeit der Musik, nicht nur als einem historischen Phänomen, ja sogar auch als Gattung. Selbst vor dem Wort Musik scheint Nietzsche jetzt eine gewisse Berührungsscheu zu haben, denn er benutzt es in Anführungszeichen, wie in den Notizen über den »Willen zur Macht als Kunst« vom Frühjahr 1888, als sei diese gefallsüchtige, auf Innerlichkeit gerichtete Kunstform nur noch mit Vorsicht zu genießen:

> »›Musik‹ — und der große Styl – (...) Alle Künste kennen solche Ambitiöse des großen Stils: warum fehlen sie in der Musik? Noch niemals hat ein Musiker gebaut, wie jener Baumeister, der den Palazzo Pitti schuf? Hier liegt ein Problem. Gehört die Musik vielleicht in jene Cultur, wo das Reich aller Art Gewaltmenschen schon zu Ende gieng? Widerspräche zuletzt der Begriff großer Stil schon der Seele der Musik, — dem ›Weibe‹ in unserer Musik?«[614]

Daß diese Passage an die Adresse Wagners gerichtet ist, geht schon daraus hervor, daß Nietzsche hier, entgegen seiner sonstigen Gewohnheit, sich der altmodischen Schreibweise des Wortes »Styl« bedient, die Wagner bevorzugte. Wagner hatte die Musik mit dem Weib verglichen, weil dessen Natur Liebe sei.[615] Darauf nimmt Nietzsche Bezug, wenn er gleich zu Beginn dieser Notizen erklärt, die Größe eines Künstlers bemesse sich nicht nach den »schönen Gefühlen«, die er erregt – »das mögen die Weiblein glauben« – , sondern »nach dem Grade, in dem er sich dem großen Stil nähert, in dem er fähig ist des großen Stils. Dieser Stil hat das mit der großen Leidenschaft gemein, daß er es verschmäht zu gefallen;(...).«[616]

Wichtiger als dies ist aber die von Nietzsche in den Raum gestellte Frage, ob noch niemals ein Musiker so gebaut habe, »wie jener Baumeister, der den Palazzo Pitti schuf?« Diese Frage wirft neue Fragen auf. Meint Nietzsche nur den Musiker oder darüber hinaus auch dessen Kunst selbst? Und wenn ja, was wäre die

---

[613] Nachgelassene Fragmente. Herbst 1887 – März 1888, KSA 12.554.

[614] Ebenda. Frühjahr 1888, KSA 13.247.

[615] Wagner: Oper und Drama, 1851, in: Gesammelte Schriften, 1887, 3.316: »Die Musik ist ein Weib. Die Natur des Weibes ist Liebe.«

[616] Nachgelassene Fragmente. Frühjahr 1888, KSA 13.246.

Konsequenz, wenn man die Frage, ob je ein Musiker wie der Baumeister des Palazzo Pitti gebaut habe, nach reiflicher Prüfung bejahen und womöglich sogar mit einem Ausrufungszeichen beantworten müßte? Dann läge hier allerdings »ein Problem« vor, wie Nietzsche, der diese Möglichkeiten durchgespielt zu haben scheint, andeutet. Dann nämlich widerspräche der Geist der Musik Nietzsches streng-männlich geprägtem Kunstbegriff des großen Stils, den angeblich alle Künste kennen.

Diese drückende Frage vor Augen, führt er seine Gedanken in den Notizen vom Sommer 1888 fort, in denen man sein Ringen mit der Musik als Kunstgattung verfolgen kann:

> »Ich berühre hier eine Cardinal-Frage: wohin gehört unsere ganze Musik? (...) gehört es zu ihrem Charakter, Gegenrenaissance zu sein? Und anders ausgedrückt eine Décadence-Kunst zu sein? etwa wie der Barockstil eine Décadence-Kunst ist? Ist sie die Schwester des Barockstils, da sie jedenfalls seine Zeitgenossin ist? Ist Musik, moderne Musik nicht schon décadence?...
> Die Musik ist Gegenrenaissance in der Kunst: sie ist auch décadence als Gesellschafts-Ausdruck(.)
> Ich habe schon früher einmal den Finger auf diese Frage gelegt: ob unsere Musik nicht ein Stück Gegenrenaissance in der Kunst ist? ob sie nicht die Nächstverwandte des Barockstils ist? ob sie nicht im Widerspruch zu allem klassischen Geschmack gewachsen ist, so daß sich in ihr jede Ambition der Classicität von selbst verböte?...
> Auf diese Werthfrage ersten Ranges würde die Antwort nicht zweifelhaft sein dürfen, wenn die Thatsache richtig abgeschätzt worden wäre, daß die Musik als Romantik ihre höchste Reife und Fülle erlangt — noch einmal als Reaktions-Bewegung gegen die Classicität...«[617]

Damit war der schwerste Verdacht gegen die Musik als Kunst, Nietzsches großer Lebensliebe und das Fundament seines Philosophierens, ausgesprochen: Was, wenn nicht nur Wagners Musik, sondern alle Musik eine fragwürdige Erscheinung, ein Phänomen des Romantischen, des Antiklassischen wäre? Leidet Nietzsche deshalb, wie er in »Ecce homo« sagt, »am Schicksal der Musik wie an einer offnen Wunde«?[618] Nichts scheint in der Musik dem strengen Maßstab des Palazzo Pitti zu genügen – und genügt zu haben, wie Nietzsche feststellt, als er die Geschichte der Musik durchmustert:

---

[617] Ebenda. Frühjahr 1888, KSA 13.247 f.

[618] Ecce homo, »Der Fall Wagner« 1, KSA 6.357. – Zu Nietzsches Verhältnis zur Musik: Franz-Peter Hudek: Die Tyrannei der Musik. Nietzsches Wertung des Wagnerischen Musikdramas, Würzburg 1989. – Johannes Mittenzwei: Das Musikalische in der Literatur. Ein Überblick von Gottfried von Straßburg bis Brecht, Halle 1962, darin 275–198 »Nietzsches Leiden am Schicksal der Musik« – Paul Moos: Die Philosophie der Musik. Von Kant bis Eduard von Hartmann. Ein Jahrhundert deutscher Geistesarbeit, 1901; 2. erg. Aufl. Stuttgart/Berlin/Leipzig 1922, darin »Nietzsche,« 419–464.

> »Mozart – eine zärtliche und verliebte Seele, aber ganz achtzehntes Jahrhundert, auch noch in seinem Ernste...Beethoven der erste große Romantiker, im Sinne des französischen Begriffs Romantik, wie Wagner der letzte große Romantiker ist...beides instinktive Widersacher des klassischen Geschmacks, des strengen Stils, – um vom »großen« hier nicht zu reden ... beides – – –«[619]

Nietzsche bricht die Notiz ab. Den im Stillen als einzige Ausnahme gehandelten getreuen Freund Peter Gast, alias Heinrich Köselitz, den er für den größten lebenden aber von den Zeitgenossen verkannten Musiker und neuen Mozart hält, erspart er sich.

Diese Vorbehalte gegen die Musik als eine romantische, späte, barocke Kunstform werfen ein erhellendes Licht auf die Verhältnisse im Kunstdualismus des späten Nietzsche. Architektur und Musik werden hier zu entgegengesetzten Polen, in denen die appollinisch-dionysische Opposition im Gegensatz zu früher völlig auseinanderdriftet und ohne eine dialektische, dramatische Entladung unerlöst fortbesteht. Die Frage nach dem Standort der Musik kehrt in den Notizen vom Sommer 1888 als Gegenfrage wieder. Unter der Überschrift »Physiologie der Kunst« notiert er in Bezug auf die »Grundtypen« des Apollinischen und Dionysischen: »Frage: wohin die Architektur gehört(.)«[620]

Die Antwort gibt der hier bereits im vorletzten Kapitel zur Erörterung des »grossen Stils« in voller Länge zitierte Architektur-Aphorismus der »Götzendämmerung« von 1889, in dem die Architektur gegen die jetzt hohl tönende Innerlichkeit der Musik als »der grosse Willensakt, der Wille, der Berge versetzt« und als etwas mathematisch Zwingendes, das Gesetz ist und keinen Widerspruch gegen sich duldet und daher fatalistisch in sich selbst ruht, bestimmt wird, und in dessen Weigerung zu gefallen, das höchste Gefühl von Macht und Sicherheit zum Ausdruck komme. Architektur ist hier die höchste Form der durch ein Individuum in einem körperlichen Objekt zur Anschauung gebrachten Bejahung des Daseins, und eben diese Höhe der Daseinsbejahung verleiht ihr den Anschein, »Gesetz unter Gesetzen«[621] zu sein und rückt sie außerhalb des Dionysisch-Apollinischen. Schon bei Eduard von Hanslick, dessen Schrift zum »Musikalisch-Schönen« von 1854 zu den ersten musiktheoretischen Quellen gehörte, mit denen sich der frühe Nietzsche intensiv auseinandersetzte, war der Architektur eine vergleichbare Ausnahmestellung unter den Künsten zugewiesen und die beliebte Analogie zwischen der Musik und der Baukunst mit dem Argument ad acta gelegt worden, es sei nicht der Zweck der Architektur, Gefühle zu erregen.[622]

---

[619] Nachgelassene Fragmente. Frühjahr 1888, KSA 13.248.

[620] Ebenda. Mai – Juni 1888, KSA 13.530.

[621] Götzen-Dämmerung, »Streifzüge eines Unzeitgemässen« 11, in: KSA 6.119.

[622] Eduard von Hanslick: Vom Musikalisch-Schönen. Ein Beitrag zur Revision der Ästhetik der Tonkunst, Leipzig 1854. Reprint Darmstadt 1991, 6 f.: »Unzählige Mal wird in musikalischen Abhandlungen die Analogie herbeigerufen, die zweifellos zwischen Musik und der Bau-

Nietzsche hätte sich seine platonische Sichtweise von der Baukunst als dem künstlerischen Ausdruck objektiver Ideen und damit einer »echten« Kunst im Unterschied zur Musik von der Architekturtheorie durchaus bestätigen lassen können: Rudolf Adamy, der sich schon vor Wölfflin der Architektur aus psychologisierender Perspektive annimmt, stellt 1881 die Architektur als die abstrakteste aller Künste dar, die rein sinnlicher Reizmittel entbehre und in uns die Vorstellung an »ein Schicksal« hervorrufe, »dem wir alle unterworfen sind; zugleich aber giebt sie uns die tröstende Gewißheit, daß ein williges Fügen unter dessen Gewalt Raum genug zur Entfaltung des Guten und Schönen und Wahren bietet.« Auch an dem Hinweis auf die Mathematik, mit der Nietzsche jenes »Gesetz werden« als Charakteristikum der unzweideutigen Form des »grossen Stils« veranschaulicht, fehlt es bei Adamy nicht. Für ihn hat die Architektur »schon an sich durch ihre Verwandtschaft mit den mathematischen Wissenschaften einen eigenen gediegenen Werth und tritt doch überall das Gesetz der Materie unverhohlen zu Tage!«[623]

Bereits in »Menschliches, Allzumenschliches« wurde die Musik als eine spät auftretende Kunst abgewertet und damit von dem heiligen metaphysischen Sockel gestoßen, den die idealistische Philosophie ihr gebaut hatte. »Die Musik als Spätling jeder Cultur« – so war ein Aphorismus überschrieben, in dem die Musik in Tainescher Manier mit einer Pflanze verglichen wird, die »auf einem bestimmten Culturboden« unter allen anderen Gewächsen der Kunst, »als die letzte aller Pflanzen zum Vorschein« und folglich erst »im Herbst und Abblühen« zu der »ihr gehörenden Cultur« komme, »während gewöhnlich die ersten Boten und Anzeichen eines neuen Frühlings schon bemerkbar sind.« Bereits hier ist die Musik selbst eine Unzeitgemäße geworden. Ihr Klang ist Schwanengesang, sie »läutet (...) wie die Sprache eines versunkenen Zeitalters in eine erstaunte und neue Welt hinein und kommt zu spät.« Immerhin erscheint Nietzsche die Musik noch als die »ächt- und ebenbürtige Schwester der Gothik.«[624]

Der Architektur gebührt nun das Privileg, als Frühling in den Jahreszeiten der Künste die historische Bühne der Schöpfung zu betreten. Auch in Nietzsches begrifflicher Kennzeichnung der Musik als »Ton-Baukunst« schwingt dieses Evolutionsmodell von der Entstehung der Arten unüberhörbar mit. Auf dieser Grundlage stellt sich für ihn 1878 die Frage: »wenn unsere neuere Musik die Steine bewegen könnte, würde sie diese zu einer antiken Architektur zusammensetzen?«[625] Es ist offenbar schon gar keine Frage mehr, daß die Musik bauen und

---

kunst besteht. Ist aber je einem vernünftigem Architekten beigefallen, die Baukunst habe den Zweck, Gefühle zu erregen, oder es seien diese der Inhalt derselben?«

[623] Rudolf Adamy: Die Architektur als Kunst, Hannover 1881, 80.

[624] Menschliches, Allzumenschliches II, »Vermischte Meinungen und Sprüche«, Aphor. 171: »Die Musik als Spätling jeder Cultur«, KSA 2.450.

[625] Ebenda I, »Aus der Seele der Künstler und Schriftsteller«, Aphor. 219: »Religiöse Herkunft der neueren Musik«, KSA 2.179.

den Übergang ins Architektonische nehmen muß, auch wenn – oder gerade weil – die »neuere Musik« ihr diesen Schritt verweigert, denn die Antwort lautete: »Ich zweifle sehr.« Eine Musik, in der »der Affect, die Lust an erhöhten, weit gespannten Stimmungen, das Lebendig-werden-wollen um jeden Preis, der rasche Wechsel der Empfindung, die starke Reliefwirkung in Licht und Schatten, die Nebeneinanderstellung der Ekstase und des Naiven« regiert,[626] kann alles andere als klassische Architektur verkörpern. Darum scheint die »neuere Musik« auch weder eine direkte oder indirekte Verwandte von Antike oder Renaissance, sondern »Schwester« des Barock und damit Gegenrenaissance zu sein.

Die Versetzung der Musik in die »Herbstform der Kunst« vollzieht die Abwendung von der Schopenhauer- Wagnerschen Kunstwelt, in der die Musik zur mächtigsten der Künste und zum metaphysischen Weltwillen verklärt ist. Nietzsche verlangt es nach einer aufgeklärten Musik. Zugleich hat sie aber, nach ihrer Entzauberung als Weltmusik, einen hohlen Klang bekommen, so wie in »Menschliches, Allzumenschliches« die Architektur, ihrer metaphysischen Muttermilch entwöhnt, zur gefälligen Maske verkümmerte. Deshalb vernimmt Nietzsche im Klang der Musik nur noch »das allerletzte Austönen und Nachläuten einer Cultur«, aber nicht mehr »eine allgemeine überzeitliche menschliche Sprache, wie man glauben möchte (...).«[627] Auch Nietzsches Kulturphilosophie bereitet ihren Übergang ins Architektonische vor. Waren selbst bei Semper, dem Architekten an Wagners Seite, Musik und Architektur die beiden ursprünglichsten Manifestationen des Kunsttriebes und die auf unauflösliche Weise verschwisterten »kosmischen« Künste, deren »legislatorischen Rückhalt,« wie es in der Vorrede zum »Stil« heißt, »keine andre Kunst entbehren kann«,[628] so löst sich im Namen des »großen Stils« diese Gleichung einseitig auf. Allein das Architektonische kommt jetzt als »Gesetz unter Gesetzen« in den Genuß der metaphysischen Weihe einer allgemeinen Sprache, die sie ins Überzeitlich-Fatalistische entrückt. Die philosophische Parallele zu diesem Übergang der Musik ins Architektonische ist Nietzsches Wiederkunftsgedanke, mit dem das Werden unter die Bedingung des Seienden gebracht werden soll.

Mit der »Cardinal-Frage« nach dem Standort von Musik und Architektur im kulturhistorischen Prozeß begibt sich Nietzsche auf das Territorium der Systematik der Künste. Auf diesem Parkett bewegte sich vorzugsweise die idealistische Ästhetik nach Hegel und es ist an dieser Stelle nicht unangebracht, zur deutlicheren Erkennbarkeit auch Nietzsche in diesem Diskurs zu verorten, selbst wenn ihm an einer Klassifikation der Künste wenig gelegen war. Immerhin beschäftigen ihn, wie die Notizen vom Sommer 1888 zeigen, solche Fragen. Vielleicht ist auch die Aus-

---

[626] Ebenda, KSA 2.180.

[627] Siehe Kommentarband KSA 14.173.

[628] Semper: Der Stil I, Prolegomena, XXII. – Im Stil, II. 355 werden Baukunst und Musik als gleichermaßen »unbeugsam konservativ« bezeichnet.

leihe von Schriften des ihm früh vertrauten Denkers, mit dem er nicht nur die Musikleidenschaft teilte, nämlich Eduard von Hartmann (1842–1906), im Mai 1887 aus der Bibliothek von Chur[629] in diesen Zusammenhang zu bringen. Hartmann hatte 1886 den ersten Band seiner »Aesthetik« veröffentlicht und darin auch der »Stellung der Baukunst im System der Künste« ein eigenes Kapitel gewidmet, das einen historischen Querschnitt von Kant bis zu modernen Ästhetikern wie Fechner liefert, wobei insbesondere auf das Verhältnis zur Musik eingegangen wird.[630] Im zweiten Band, der 1887 unter dem Titel »Philosophie des Schönen« erscheint, ist die Architektur, Nietzsches Auffassung ähnlich, von den übrigen Künsten ausgenommen, weil sie, wie schon bei Plato ausgesprochen, nicht eine »bildende Kunst, sondern eine bauende Kunst« sei, die nicht »Abbilder von Realitäten, sondern Realitäten« schaffe.[631] Was die Architekturtheorie betrifft, so sind nicht nur Semper und Boetticher, sondern auch die von Psychologie und Physiologie angeregten Autoren der nächsten Generation, wie Adamy, Maertens und Göller[632] diesem stets gutinformierten und wohl deshalb auch von Nietzsche im-

---

[629] Friedrich Nietzsche. Chronik in Bildern und Texten. Stiftung Weimarer Klassik, München/Wien 2000, 665. – Schon in seiner Historienschrift setzt Nietzsche sich mit Hartmann und dessen berühmter »Philosophie des Unbewussten« ausführlich auseinander; auch in späteren Schriften, wie in der »Fröhlichen Wissenschaft«, »Jenseits von Gut und Böse« und in der »Götzen-Dämmerung« kommt er auf diesen Denker zurück. Auch in den Notizen taucht dieser Name immer wieder auf. – Hartmann scheint in mancher Hinsicht Nietzsche wesensverwandt gewesen zu sein. Auch Hartmann sieht sich selbst als einsamen und verkannten Denker, den die Gelehrtenwelt totgeschwiegen hat. Wie Nietzsche ist er sein Leben lang aktiv mit der Musik beschäftigt und ebenso ein sich an Schopenhauer anlehnender Selbstobjektivierer mit psychologisierendem Blick. Auch als scharfer Kritiker des Christentums (Die Selbstzersetzung des Christentums und die Religion der Zukunft, 1874) hat Hartmann sich betätigt. Zu Person und Werk, siehe: Otto Braun: Eduard von Hartmann, Stuttgart 1909 (Fromanns Klassiker der Philosophie).

[630] Eduard von Hartmann: Die deutsche Aesthetik seit Kant. Erster historisch-kritischer Teil der Aesthetik, Leipzig 1886, 461–484.

[631] Eduard von Hartmann: Philosophie des Schönen, Berlin 1887; 2. Aufl. 1924, 578: »Das Bauwerk ist eine Realität, die als Realität ihrem außerästhetischen Zwecke dient, und durch diese Dienstbarkeit mehr oder minder reale Gefühle (heimische Traulichkeit, Besitzerstolz, Patriotismus, Ehrfurcht, religiöse Andacht usw.) erweckt. Die Baukunst ist nicht eine bildende Kunst, sondern eine bauende Kunst, sie produziert nicht Bildwerke, sondern Bauwerke, nicht Bilder, Nachbildungen oder Abbilder von Realitäten, sondern Realitäten. Es ist ganz irrtümlich, die Baukunst zur bildenden Kunst zu rechnen, weil sie dreidimensionale Werke schafft wie die Plastik; wenn dieses Argument zuträfe, so gehörte ebensogut auch die ganze Tektonik zur bildenden Kunst, und der Tischler und Töpfer, welche dreidimensionale Kunstschränke und Kunstöfen produzieren, wären dann ebensogut »bildende Künstler«, wie der Bildhauer, der das Marmorbild eines Gottes oder Helden produziert.« – Auch Schmarsow: Das Wesen der architektonischen Schöpfung, Leipzig 1894, 2, 30, setzt sich mit Hartmanns Architekturbegriff kurz auseinander.

[632] H. Maertens: Der Optische-Maassstab oder die Theorie und Praxis des ästhetischen

mer wieder herangezogenen Autor bekannt, über den er sich als Denker zwar schon früh abschätzig äußerte, und den er den »geschwätzigen Nullen« zurechnete,[633] von dem er aber Freunden gegenüber eingestand: »Doch lese ich ihn viel, weil er die schönsten Kenntnisse hat (...).«[634]

Im Hegelschen System der Künste tritt die Architektur an erster und unterster Stelle als Vorstufe der Kunst auf. Kunst hat die Aufgabe, die stoffliche, »äußere Umgebung des Geistes« nach dessen Gesetzen zu gestalten und somit Materie dem Geist zu unterwerfen. Folglich ist die Architektur deshalb auch »als die der Existenz nach erste Kunst abzuhandeln« und an die unterste Stufe jenes Prozesses zu setzen, bei dem der Geist auf dem Weg zu sich selbst vorerst nur in den Formen der unorganischen Natur und der mechanisch schweren Masse von sich reden machen kann. Nietzsche wertet diesen idealistischen Geburtsfehler der Baukunst in Anlehnung an die Schopenhauerschen »Generalbasstöne der Natur« mit der Aussage, im Bauwerk solle sich »der Stolz, der Sieg über die Schwere, der Wille zur Macht versichtbaren«, ins Positive um.

Am anderen Ende des Hegelschen Spektrums der Künste steht die Poesie als diejenige Kunst, der es am vollkommensten gelingt, ein Objekt nach geistigen Gesetzen zu formen und diesem eine angemessene Erscheinungsform zu geben. Dichtung ist die reinste Kundgebung von Geist, denn hier ist das Objektive der schweren Materie ebenso wie der Raumdimensionen getilgt. Die Musik ist innerhalb der Hegelschen Dialektik vom welthistorischen Prozeß, in dem der Geist auf dem Weg durch den Stoff zu sich selbst kommt, ein »Durchgangspunkt in der Mitte zwischen der nur eine Vorstufe der Kunst darstellenden konkreten räumlichen Sinnlichkeit der Architektur und der vollendeten abstrakten Geistigkeit der Poesie.«[635] Die Aufhebung der räumlichen Objektivität als Darstellungsmittel verbindet Malerei und Musik, denn beide gestatten dem Äußeren nicht, »als Äußeres sich uns gegenüber ein festes Dasein anzueignen.«[636] Die Malerei verlagert die räumliche Objektivität ins Nebeneinander der Fläche, die Musik hebt das »ruhige Außerein-

---

Sehens in den bildenden Künsten, Bonn 1877 – Adolf Göller: Zur Aesthetik der Architektur, Stuttgart 1887.

[633] Nachgelassene Fragmente. September 1888, KSA 13.546. – Zu Nietzsche und Hartmann siehe: Maurice Weyembergh: F. Nietzsche et E. von Hartmann, Brüssel 1977 – Federico Gerratana: Der Wahn jenseits des Menschen : zur frühen E. v. Hartmann-Rezeption Nietzsches (1869–1874), in: Nietzsche-Studien, Bd. 17, Berlin/New York 1988, 391–433. – Wolfert von Rahden: Eduard von Hartmann »und« Nietzsche: zur Strategie der verzögerten Konterkritik Hartmanns an Nietzsche, in: Nietzsche-Studien, Bd. 13, Berlin/New York 1984, 481–502.

[634] An Erwin Rohde in Rom, (Basel, 11, November 1869), SB 3.73.

[635] Georg Friedrich Wilhelm Hegel: Ästhetik. Nach der 2. Ausg. Heinrich Gustav Hothos (1842), hrsg. von Friedrich Bassenge, Berlin/Weimar 1956, Frankfurt (o.J.), Einleitung IV, Das System der einzelnen Künste, I.93.

[636] Hegel: Ästhetik, II.260.

ander«, das Kriterium für Räumlichkeit, auf. Das »ruhige Außereinander« gerät in Bewegung und tritt ins zeitliche Nacheinander. Darin bilden Architektur und Musik als geistige Erfindungen einen antithetischen Gegensatz.[637]

Schon mit Nietzsches Einordnung der Musik als Erbin der Poesie[638] war die Musik über das Ende der Hegelschen Skala nicht nur als späte, sondern allzuspäte Kunst hinausgerückt. An diesem Punkt beginnt im Gegensatz zu Hegels objektivem Idealismus der subjektive Idealismus der romantischen Kunsttheorie Wagners mit der Prämisse von der Wortmusik als dem Ursprung aller Kunst den Kreislauf der Entwicklung neu. Fällt jene Prämisse, können die Rollen auf der ästhetischen Bühne neu verteilt werden, und Nietzsche fragt, »– wie steht es mit dem Zusammenhang der Musik und der bildenden Kunst? Und der Poesie?«[639]

Wer, wie Nietzsche, von der Musik als »Ton-Baukunst« und vom Musiker als vom »Ton-Baumeister« spricht, stellt die Architektur, mit oder ohne Hegel, als der Musik normativ vorangehend dar und macht sie zu einem postarchitektonischen Phänomen, ähnlich wie Semper im Sinne seiner Theorie der Vorläufertechniken vom Steinbau als eine Art »steinernen Zimmerei« oder von der modernen Eisenkonstruktion als »Eisenzimmerei« gesprochen hat.[640] Die Musik der Steine, aus denen »großer Stil« spricht, soll sich der Architektur der Klänge bemächtigen. Nietzsches leidende Ohren verlangen nach einer Zukunftsmusik, die sich nicht als tönende Innerlichkeit in ein romantisch-jenseitiges Idealschönes, womöglich sogar noch ins Mittelalterlich-Katholische flüchtet, sondern die als musikalische Besitzergreifung der objektiven Welt zur Verschönerung der Oberfläche der Erde und zur Selbsterhöhung des Menschen einen ganz diesseitigen, weltlichen Klang annimmt. Nietzsches saftige Bildersprache läßt daran keine Zweifel aufkommen, wenn er

---

[637] Ebenda, II.265: »Die Architektur ergreift die schwere sinnliche Masse in deren ruhigem Nebeneinander und räumlichen äußeren Gestalt, die Musik dagegen die aus der räumlichen Materie sich freiringende Tonseele in den qualitativen Unterschieden des Klangs und in der fortströmenden zeitlichen Bewegung.«

[638] Menschliches, Allzumenschliches I, »Aus der Seele der Künstler und Schriftsteller«, Aphor. 215, KSA 2.175: »Musik. — Die Musik ist nicht an und für sich so bedeutungsvoll für unser Inneres, so tief erregend, dass sie als unmittelbare Sprache des Gefühls gelten dürfte; sondern ihre uralte Verbindung mit der Poesie hat so viel Symbolik in die rhythmische Bewegung, in Stärke und Schwäche des Tones gelegt, dass wir jetzt wähnen, sie spräche direct zum Inneren und käme aus dem Inneren. (...) An sich ist keine Musik tief und bedeutungsvoll, sie spricht nicht vom ›Willen‹, vom ›Dinge an sich‹; das konnte der Intellect erst in einem Zeitalter wähnen, welches den ganzen Umfang des inneren Lebens für die musicalische Symbolik erobert hatte. Der Intellect selber hat diese Bedeutsamkeit erst in den Klang hineingelegt, wie er in die Verhältnisse von Linien und Massen bei der Architektur ebenfalls Bedeutsamkeit gelegt hat, welche aber an sich den mechanischen Gesetzen ganz fremd ist.«

[639] Nachgelassene Fragmente. Sommer – Herbst 1884, KSA 11.154.

[640] Vgl. Semper: Stil, II. 237, 526.

den Musiker als »ein Orakel, ein Priester, ja mehr als ein Priester, eine Art Mundstück des ›An-Sich‹ der Dinge, ein Telephon des Jenseits« beschreibt, der sich als »Bauchredner Gottes«[641] gebärdet, weil er Metaphysik redet.

Wirklich moderne Zukunftsmusik würde im Geiste des Baumeisters des Palazzo Pitti »bauen«. Mit dieser Geburt der Musik aus dem Geiste der Architektur wird die tragisch-pessimistische Musik-Philosophie Schopenhauers endgültig zu den Akten gelegt. Gegen diese Kunstmetaphysik, die in der ganzen Welt nur ein Jammertal sieht, das allein durch die Erzeugung einer erlösenden Vision vom Jenseits und durch den Trost von Kunst und Religion erträglich wird, führt Nietzsche die Kunst der italienischen Renaissance als Kunst der systematischen Idealisierung des Diesseitigen und Verschönerung des Lebens und des Individuums ins Feld. Vor diesem Hintergrund erscheint die aus Schmerzen geborene Wonne und die schauerlich-süße Unendlichkeit des »Tristan« als pure Gegenrenaissance.

Für Nietzsches Übergang ins Architektonische lassen sich aber auch in der akademischen Ästhetik des 19. Jahrhunderts Vorläufer finden, die früh gegen die Schopenhauersche Musikmetaphysik ebenso wie gegen die Wagnersche »Zukunftsmusik« in Stellung gegangen sind. Hermann Lotze wurde bereits erwähnt. Des weiteren ist auf den von Hegel und Fichte beeinflußten Kunstphilosophen Philipp Moritz Carriere (1817–1895) zu verweisen, der seit 1853 in München lehrte und 1859 seine zweibändige »Aesthetik. Die Idee des Schönen und ihre Verwirklichung durch Natur, Geist und Kunst« veröffentlichte, die 1873 in neuer Auflage erschien. In diesem Jahr nimmt Nietzsche bei den Vorarbeiten zu seinem »Strauss« und »Schopenhauer als Erzieher« von diesem Autor Notiz.

Für die Philosophie des »Realidealismus«, zu der sich auch Carrieres »Aesthetik« im Vorwort bekennt, hatte der frühe Nietzsche nur den spöttischen Kommentar vom berühmten »hölzernen Eisen« übrig.[642] Ablehnen mußte er auch den Kritiker Wagners. Die Argumente, die Carriere gegen die Vereinigung aller anderen Künste im »Kunstwerk der Zukunft« vorbringt, – das sei, »als wenn man die Plastik und die Malerei den colorirten Schnitzwerken opfern wolle« unterscheiden sich aber kaum von denen des späten Nietzsche. Trotz seines großen Talentes als Dichter und Musiker sei Wagner, so Carriere, aber »weder als Dichter noch als Musiker zu den wenigen Geistern ersten Ranges« zu rechnen, denn er habe Werke geschaffen, die ohne Text »rein musikalisch, nicht zu genießen sind, deren Text zwar ohne die Musik dürftig und mager erscheint, die aber in der Verbindung von Ton und Wort doch einen bedeutsamen und ergreifenden Eindruck machen.« Im Resümee heißt es, ein »ganzer Poet oder ein ganzer Musiker« seien »immer mehr

641 Zur Genealogie der Moral. Eine Streitschrift, KSA 5.346.

642 Nachgelassene Fragmente. Herbst 1873 – Winter 1873/74, KSA 7.738. Vgl. ebenda KSA 7.740. – Carriere wird auch in »Schopenhauer als Erzieher« erwähnt, siehe KSA 1.364.

werth als beide halb.«[643] Nietzsches Unterscheidung in »Schauspieler-Musik und Musiker-Musik«[644] besagt das Gleiche.

Carriere vertritt den Hegelschen Standpunkt, in der Geschichte der Künste habe »die Architektur am frühesten, die Musik am spätesten ihre eigentlich künstlerische Ausbildung erhalten.«[645] Auch bei ihm fehlt der Palazzo Pitti nicht in den Betrachtungen zur Baukunst.[646] Die Musik ist demgegenüber »eine durchaus subjective Kunst«, sie offenbart »Geist dem Geiste« und erscheint selbst immer nur als ein Werdendes. Sie setzt das Gefühl in Bewegung, läßt es auf- und abwogen und führt zur leidenschaftlichen Erregung oder Betäubung der Gemüter. Im Gegensatz dazu kann die Architektur, die durch ins Gleichgewicht gebrachte Naturkräfte auch das Gefühl zur Ruhe bringt, als ein im Sein Beharrendes erscheinen.[647]

In dem Aphorismus »Was alle Kunst will und nicht kann« aus »Menschliches, Allzumenschliches«, der dem Aphorismus »Die Musik als Spätling jeder Cultur« in dichtem Abstand nachfolgt, definiert Nietzsche die »schwerste und letzte Aufgabe des Künstlers« als »die Darstellung des Gleichbleibenden, in sich Ruhenden, Hohen, Einfachen, vom Einzelreiz weit Absehenden (...).«[648] Die Architektur ist für den späten Nietzsche die Kunstform, die solches doch kann, oder wenigstens besser als alle anderen kann. Unter dem Gedanken der ewigen Wiederkehr verschränkt Nietzsche Werden und Sein. Zarathustras Ausruf »Doch alle Lust will Ewigkeit –, – will tiefe, tiefe Ewigkeit!«[649] bindet die Lust des Werdens an das Gesetz des Seins. Werden heißt auch vergehen. Lust, die sich selbst will, will aber nicht vergehen, sondern sein. So sagt es das »Doch« am Anfang von Nietzsches Zeile. Auch hier trägt die Architektonik, die Kunst des bewegungslosen Verharrens im Raum, gegenüber der Musik, der Kunst des Werdens und Ver-

[643] Moriz Carriere: Aesthetik. Die Idee des Schönen und ihre Verwirklichung durch Natur, Geist und Kunst, 2 Bde, 2. neu bearb. Aufl. Leipzig 1873, II.446. – Weitere Werke von Carriere: Die Kunst im Zusammenhang der Culturentwicklung und die Ideale der Menschheit. 5 Bde, Leipzig 1863–1873. – Die sittliche Weltordnung. Leipzig 1877. – Carriere hat 1891 auch gegen Nietzsches »Jenseits von Gut und Böse« zur Feder gegriffen. Siehe Krummel: Nietzsche und der deutsche Geist, I.215.

[644] Nachgelassene Fragmente. Herbst 1885 – Herbst 1886, KSA 12.90.

[645] Carriere: Aesthetik, II.16.

[646] Ebenda, II.24, zur Wirkung des Palazzo Pitti: »(...) sie beruht auch darauf daß dort der rauhe Mauerstein in seiner cyclopischen Wucht sichtbar bleibt und dennoch durch die klare Macht des Ebenmaßes in den harmonischen Linien, Gliederung und Grundformen des Baus beherrscht wird; der Sieg der Idee über die trotzige Gewalt der Natur schmückt sich um so mehr mit dem Glanze der Erhabenheit, wenn die Stärke des überwundenen Widerstandes vor Augen steht und das Ungefüge selber sich der heitern Anmuth fügen muß.«

[647] Ebenda, II.311, 321, 406.

[648] Menschliches, Allzumenschliches II, »Aus der Seele der Künstler und Schriftsteller«, Aphor. 177, KSA 2.456.

[649] Also sprach Zarathustra III, KSA 4.286.

gehens, des Ertönens und Verklingens in der Zeit, als die der seienden Seite der Welt zugewandte, das Sein behausende Kunstform den Sieg davon, wie es im »Zarathustra« heißt:

> »Alles bricht, Alles wird neu gefügt; ewig baut sich das gleiche Haus des Seins. Alles scheidet, Alles grüsst sich wieder; ewig bleibt sich treu der Ring des Seins.«[650]

Musik »architektonischen Charakters« ist für Carriere die selbständig entwikkelte, reine Instrumentalmusik, gegen die sich Wagner als Verfechter der Einheit von Wortsprache und Tonsprache als »absolute Musik« prinzipiell sträubte, und die er als Unding abtat.[651] Sie ist ein »Werk der Neuzeit«,[652] denn jetzt lehnt sich die Musik nicht mehr an das Wort an, sondern »verwendet nur den Klang als solchen.« Als ein solches »Tongebäude«, so Carrieres Begriff, ist die Musik »die späteste Kunst, ein Werk der modernen Cultur.«[653] Nietzsches Materiallogik vom Stein, der mehr Stein ist, könnte auch für das tönende Klangmaterial der modernen »Ton-Baukunst« zutreffen. Carriere kritisierte nicht nur die Musik, sondern auch die Baukunst der Gegenwart, und auch er stellte sich die von Nietzsche aufgeworfene Frage, was denn wohl dabei herauskäme, wenn die Musik die Steine bewegte. Im Widerspruch zur eigenen Entwicklungstheorie wird bei Carriere der Spätling allerdings unversehens wieder zum Frühling: Gerade in der symphonischen Musik eines Haydn, Mozart und Beethoven seien vorbildhafte »gewaltige Tongebäude« geschaffen worden, die in ihrer Sinnhaftigkeit und Anmut »als die Erstlinge und Symbole einer neuen Kunst- und Lebensrichtung dastehen wie die Dome in der kirchlichen Herrlichkeit des Mittelalters.«[654]

Ergibt sich von hier vielleicht ein Zusammenhang zu Nietzsches Charakterisierung der Musik als ebenbürtiger »Schwester der Gothik«? Nietzsche wagte den Schritt, sich auch die zeitgenössische Musik, in die das Musikalisch-Malerische und das Psychologisch-Pittoreske Einzug gehalten hatte, als »Tongebäude« vorzustellen und sie in ihrer Rolle als Erstling zu betrachten: Das Labyrinth wurde von der »neueren Musik« als ahnbare Zukunftsarchitektur an die Wand gemalt, wie es der Zusatz besagte: »Die uns eigene und uns wirklich aussprechende Musik lässt es schon errathen!«[655] Zu guter letzt wird Wagner selbst von Nietzsche mit dem Minotaurus und Bayreuth mit dem Labyrinth verglichen.[656]

---

650 Ebenda, KSA 4.272 f.

651 Vgl. Wagner: Oper und Drama, 1851, in: Gesammelte Schriften, 1887, 3.233, wo das Ziel dahingehend beschrieben ist, »nämlich auf der Basis der absoluten Musik das wirkliche Drama zu Stande zu bringen.«

652 Carriere: Aesthetik, II.XIV.

653 Ebenda, II.404.

654 Ebenda, II.17.

655 Morgenröthe III, Aphor. 169: »Das Griechische uns sehr fremd«, KSA 3.152.

656 Der Fall Wagner. Ein Musikanten-Problem, Nachschrift, KSA 6.45.

Mit der bangen Frage vom Frühjahr 1888 – »Noch niemals hat ein Musiker gebaut, wie jener Baumeister, der den Palazzo Pitti schuf?« – macht Nietzsche in Sachen »Ton-Baukunst« einen entscheidenden typologischen Schritt vom Sakral- zum Profanbau vorwärts. Nicht an die Dome der kirchlichen Herrlichkeit des Mittelalters knüpft er, wie Carriere, seine Hoffnungen auf eine architektonisch gesinnte »Zukunftsmusik«, sondern an den stärksten privaten Monumentalbau der Neuzeit. Diese Wahl erscheint nur logisch, wenn man das Phänomen der architektonisch gesinnten Instrumentalmusik historisch als eine Erscheinung der Neuzeit betrachtet. Nietzsches Übergang ins Architektonische will keine »Ton-Baukunst« als neuromantischen Aufguß einer Kathedrale im Medium der Musik. Seine musikalische Phantasie zieht es vom mystischen Nebel des Nordens, der auch über dem Wagnerschen Klangmeer liegt, ins klare und warme Licht des Südens, in dem eine nicht minder monumental angehauchte, aber – wenn man es so sagen darf – irdisch-steinerne Palazzo-Musik à la Pitti zu ihrer Gestalt finden soll.

Es stellt sich an diesem Punkt die Frage, welches Bild Nietzsche überhaupt vom Palazzo Pitti gehabt hat, und was er über diesen Bau wußte, der von Vasari dem großen Renaissancebaumeister und Bahnbrecher neuzeitlicher Architektur, Filippo Brunelleschi, zugeschrieben worden ist. Daß es sich bei diesem Namen um den Schöpfer epochaler Bauwerke, wie der Florentiner Domkuppel, des Findelhauses, der Neuen Sakristei, der Pazzi-Kapelle, der Kirchen San Lorenzo und Santo Spirito handelte, dürfte Nietzsche durch die Lektüre des »Cicerone« bekannt gewesen sein. Mit der Baugeschichte dieses Palazzo war er aber sicherlich nicht näher vertraut. Um 1460 wurde der Bau wahrscheinlich nach dem Vorbild eines nicht zur Ausführung gekommenen Entwurfs von Brunelleschi für Cosimo Medici errichtet, allerdings nach 1560 durch Bartolomeo Ammanati (1511–1592), den Hauptmeister des Florentiner Manierismus, in der Breite und durch seitliche Hofanbauten erheblich erweitert, sodaß es sich hier selbst um einen halben Barockbau handelt. Im 18. Jahrhundert wurde der Bau schließlich noch um die vorderen Seitenflügel ergänzt. Beruhte Nietzsches Bedeutungszuweisung an den Palazzo Pitti wirklich auf eigener Inaugenscheinnahme, oder vertraute er bei seiner Verklärung dieses Bauwerks zum Paradigma lediglich den Aussagen seines »Cicerone«?

In den Notizen taucht der Palazzo Pitti in Verbindung mit dem »großen Stil« ohne direkten Verweis auf Burckhardt erstmals im August-September 1885 auf,[657] sofern die Datierung unzweifelhaft ist. Erst im November 1885 reist er selbst zum ersten und einzigen Mal nach Florenz. Es wird ein Kurzbesuch von nur zwei Tagen, die obendrein trüb und regnerisch sind. Über das, was er gesehen hat,

[657] Nachgelassene Fragmente. August – September 1885, KSA 11.624: »Der Künstler und der Wille zur Macht. Der Eindruck von Neutralität ist bezaubernd für Heerdenthiere. Palazzo Pitti und Phidias. Kunst je nach der Moral, für Heerde oder Führer: – – – die Widerlegung Gottes, eigentlich ist nur der moralische Gott widerlegt.«

hinterläßt er, wie gewöhnlich, keine Notizen. Ob dieser Bau tatsächlich uneingeschränkt dazu taugte, als Bastion des großen Stils und Instanz gegen die Dekadenz beschworen zu werden, darüber hätte Nietzsche beim Betreten des Hofes im Palazzo Pitti eigentlich ins Grübeln kommen müssen. Ammanati hatte an der Hofseite die Rustizierung der Fassade als Antwort auf die üppige Felsmacht der Vorderfront über alle drei Geschosse und alle drei Säulenordnungen in höchst unklassischer Manier hinweggezogen. Auf die urwüchsigen cyclopischen Steinschwellungen der Front folgt so ein dissonanter, klirrender Wechsel von scharfkantig zugeschnittenen Steinen und architektonischen Gliedern. Die raffinierte Art und Weise, wie Ammanati die Architektur die Wand zugunsten gesteigerter Licht- und Schatteneffekte förmlich aufwühlt, ließ sich aus »ciceronischer« Warte kaum anders als Verwilderung der Sprache und als Verfallssymptom charakterisieren.

Als hehres Vorbild wäre der Palazzo Pitti Nietzsche spätestens dann zweifelhaft geworden, wenn er gewußt hätte, daß Ammanati obendrein als Vertreter der Kunstauffassung der Gegenreformation zu zweifelhaftem historischem Ruhm gekommen war. Sein offener Brief, den er 1582 an die Florentiner Accademia del Disegno richtete, ist zu einem berühmten Dokument der Kunsttheorie der Gegenreformation geworden, weil sein Schreiber sich hier gegen die Darstellung des Nackten in der Kunst wendet und sogar darum bittet, die nackten Figuren seines bildhauerischen Frühwerkes gänzlich entfernen oder doch wenigstens bekleiden zu lassen. Daß Ammanati den Jesuiten beitrat, denen er sein ganzes Vermögen vermachte, hätte für Nietzsche das Maß sicherlich endgültig voll gemacht.

Nietzsches kunsthistorische Optik und seine ästhetische Moral bewegten sich also ganz und gar in den Kategorien des »Cicerone«. Dieses Frühwerk Burckhardts aus dem Jahr 1855 hält er wie ein Banner hoch, um mit ihm bis zuletzt gegen die Dekadenz und den Barock ins Feld zu ziehen, offenbar ohne Notiz davon zu nehmen, daß sich Burckhardts Verhältnis zum Barock längst entspannt hatte und die schroffe Ablehnung gelinder Sympathie gewichen war.

Daß Nietzsches Einstellung zur Kunst dieser Periode korrekturbedürftig war, legte ihm 1878 Mathilde Maier nahe, eine alte Freundin von Wagner, mit der auch Nietzsche verkehrte, und die er mit Freiexemplaren bedachte. Nach Erscheinen des ersten Teils von »Menschliches, Allzumenschliches« im Mai 1878 schreibt sie erschrocken über den neuen Nietzsche an den radikalen Infragesteller aller Wahrheiten einen Brief, auf den sie folgende Antwort erhält:

> »Jene metaphysische Vernebelung alles Wahren und Einfachen, der Kampf mit der Vernunft gegen die Vernunft, welcher in Allem und Jedem ein Wunder und Unding sehen will – dazu eine ganz entsprechende Barockkunst der Überspannung und der verherrlichten Maßlosigkeit – ich meine die Kunst Wagner's – dies Beides war es, was mich endlich krank und kränker machte.«[658]

[658] An Mathilde Maier in Mainz, Basel 15. 7. 1878, SB 5.337 ff.

Einer nachfolgenden Postkarte an Mathilde Maier vom 6. August 1878 fügt Nietzsche das Postskriptum an: »(Um's Himmels willen) lesen Sie über Barockstil J. Burckhardts Cicerone!!!«[659] Der Antwortbrief ist es wert, in einem längeren Auszug zitiert zu werden, denn Nietzsche erhält hier eine kluge Belehrung über seine engstirnige Auffassung vom Barock, die ihn nicht unbeeindruckt gelassen hat:

»Ich mußte hell auflachen bei Ihrem Verzweiflungsschrei: ›Um's Himmels Willen! lesen Sie ..... ! ! !‹ Glücklicherweise fehlte der Platz zu dem Nachsatz: ›und schwatzen Sie keinen solchen Unsinn!‹ Aber die drei Ausrufungszeichen sind bered(t)er, als alle Worte! – Mag aber im Cicerone stehen was will, – immerhin bedeutet ›Barock‹ in aller Welt einen Abweg vom Echten, Wahren, eine Ausartung! Und das war's, was ich nicht gelten lassen konnte! Ich weiß recht gut, daß es in der Periode der Barockkunst noch sehr große Erscheinungen gab, da der Verfall der Kunst natürlich nicht mit einem Schlage vor sich gehen kann. Ja daß man sogar behauptet Mich(el) Ang(elo) habe bereits die ersten Keime der Zerstörung groß gezogen! In dem Sinn, – mag's sein: die höchste Spitze ist immer dem Einsturz am nächsten!«[660]

Im Aphorismus 144, »Vom Barockstile« aus dem zweiten Teil von »Menschliches, Allzumenschliches«, der im März 1879 erscheint, hat Nietzsche seine Meinung gegenüber dem Barock um eine bemerkenswerte Note der Aufgeschlossenheit bereichert. Hier findet man einen erstaunlichen, um Differenzierung und Erkenntnis des Eigenwertes dieser Kunst bemühten Blickwinkel, der Wölfflins Position gegenüber »Renaissance und Barock« von 1888 vorweggreift, nämlich, wie der späte Burckhardt, den Barock zwar als Übersteigerung abzulehnenden, ihn dennoch aber als eine fortlebende Möglichkeit der Kunst zu betrachten. So liest man jetzt bei Nietzsche:

»Nur die Schlechtunterrichteten und Anmaassenden werden übrigens bei diesem Worte sogleich eine abschätzige Empfindung haben. Der Barockstil entsteht jedesmal beim Abblühen jeder grossen Kunst, wenn die Anforderungen in der Kunst des classischen Ausdrucks allzugross geworden sind, als ein Natur-Ereigniss, dem man wohl mit Schwermuth – weil es der Nacht voranläuft – zusehen wird, aber zugleich mit Bewunderung für die ihm eigenthümlichen Ersatzkünste des Ausdrucks und der Erzählung. Dahin gehört schon die Wahl von Stoffen und Vorwürfen höchster dramatischer Spannung, bei denen auch ohne Kunst das Herz zittert, weil Himmel und Hölle der Empfindung allzunah sind: dann die Beredtsamkeit der starken Affecte und Gebärden, des Hässlich-Erhabenen, der grossen Massen, überhaupt der Quantität an sich – wie diess sich schon bei Michelangelo, dem Vater oder Grossvater der italiänischen Barockkünstler, ankündigt – (...) diese Eigenschaften alle, in denen jener Stil seine Grösse hat, sind in den früheren, vorclassischen und classischen Epochen einer Kunstart nicht möglich, nicht erlaubt: solche Köstlichkeiten hängen lange als

[659] Postkarte an Mathilde Maier in Mainz, Grindelwald 6. August 1878, SB 5.344 ff.

[660] Mathilde Maier an Nietzsche in Grindelwald (Mainz, 14. August 1878) NB II.6/2, 962 f.

verbotene Früchte am Baume. – Gerade jetzt, wo die Musik in diese letzte Epoche übergeht, kann man das Phänomen des Barockstils in einer besonderen Pracht kennen lernen und Vieles durch Vergleichung daraus für frühere Zeiten lernen: denn es hat von den griechischen Zeiten ab schon oftmals einen Barockstil gegeben, in der Poesie, Beredtsamkeit, im Prosastile, in der Sculptur eben so wohl als bekanntermaassen in der Architektur – und jedesmal hat dieser Stil, ob es ihm gleich am höchsten Adel, an dem einer unschuldigen, unbewussten, sieghaften Vollkommenheit, gebricht, auch Vielen von den Besten und Ernstesten seiner Zeit wohl gethan: – wesshalb es, wie gesagt, anmaassend ist, ohne Weiteres ihn abschätzig zu beurtheilen, so sehr sich Jeder glücklich preisen darf, dessen Empfindung durch ihn nicht für den reineren und grösseren Stil unempfänglich gemacht wird.«[661]

Mit Michelangelo hatte Nietzsche schon als Student an der Universität Bonn nähere Bekanntschaft gemacht, wo er im Wintersemester 1864/65 Vorlesungen des Kunsthistorikers Anton Springer über Michelangelo und die Kunst des deutschen Mittelalters hört und außerdem an einem kunstgeschichtlichen Seminar teilnimmt.[662] Auch die Hochschätzung Michelangelos durch Semper muß Nietzsche zu Tribschener Tagen über Wagner zu Ohren gekommen sein, der von Sempers Kennzeichnung der Florentinischen Madonna als »tellurisch« und der Einschätzung, Michelangelo sei sogar ein größerer Künstler als Phidias gewesen, offenbar bleibend beeindruckt worden war.[663] Die Stilproblematik des Barock beschäftigte im Frühjahr 1879 auch Nietzsches engste Umgebung. So übermittelt ihm Heinrich Köselitz brieflich »eine andere Erklärung des Barockstils als in 144«, in der er für diesen, wie für jeden Stil in der Kunst, »drei Arten und Epochen« im Ringen zwischen Form und Inhalt nach quasi-hegelianischem Muster vermutet und an diese Erklärung die Bemerkung knüpft:

»Es münden zu viel Flüsse in den See des Barockstils, viel mehr, als in frühere Epochen. Desshalb brauchte man jedoch vor dem Versuch des Aussprechens

---

[661] Menschliches, Allzumenschliches II, »Vermischte Meinungen und Sprüche«, Aphor. 144: »Vom Barockstile«, KSA 2.437 ff.

[662] Friedrich Nietzsche. Chronik in Bildern und Texten. Stiftung Weimarer Klassik, München/Wien 2000, 117. – Vgl. auch: Ottmann (Hrsg.): Nietzsche Handbuch, Stuttgart/Weimar 2000, 190, mit Hinweis darauf, daß Nietzsches Vorlesungsnotizen bisher nicht ediert wurden.

[663] Cosima Wagner: Die Tagebücher, I. 459, Montag 13. November 1871: »(...) Der Winter ist da, Schnee, Wind und Kälte, R. sagt: »ich möchte ein geistvolles Buch über das Tellurische und Solarische lesen, über diese Wirkungen.« Dann zitiert er Semper, der ihm von der Madonna von Michelangelo in Florenz gesagt habe, sie sei tellurisch.«- Ebenda, I.949, Mittwoch 17. November 1875: »(...) mehrfache Besuche, abends Lenbach, Makart (...) und Semper, letzterer sehr müde und alt, herrlich lebendig, wie wir auf Michelangelo zu sprechen kommen, welcher »Gestalten aus dem Nirwana« hervorgerufen hätte; aus dem Sezieren der Toten (die Antike) hätte er eine neue Welt geschaffen, lebensvolle Gestalten, welche dennoch nicht dem Leben angehörten! Er sei viel größer als Phidias.«

noch nicht zurückzuschrecken. Ich wünschte sogar sehr, dass Burckhardt (der einzige wahrscheinlich, der es mit Geist und entsprechender Kenntniss wagen dürfte) auch eine ›Cultur des Barocco‹ schriebe.«[664]

Sicher würde Nietzsche auch die engsten Freunde von Burckhardtschen Betrachtungen zum Barock in Kenntnis gesetzt haben, hätte er sie selbst gehabt. Ganz ausgeschlossen erscheint dies nicht, schließlich standen beide in Basel miteinander in Kontakt. Daß für Nietzsche 1878 gerade der spanische Maler Murillo als Beispiel für die »Gegenrenaissance im Gebiete der Kunst« herhalten muß,[665] ist vielleicht als ein solches Indiz zu lesen. Im Pariser Louvre hatte Burckhardt 1843 seine allerersten Barockstudien getrieben und ein »Murillo-Tagebuch« angelegt, auf das er im Rahmen seiner ersten Barockvorlesung im Wintersemester 1878/1879 wieder zurückgreift.[666] Es ist Nietzsches letztes Semester an der Universität in Basel.

In den Notizen vom Frühjahr 1885 spricht Nietzsche von Michelangelo sogar als einem »Gesetzgeber« und geht damit einen deutlichen Schritt über Burckhardt hinaus, der die Rücksichtslosigkeiten dieses gewaltsamen Künstlers stets kritisiert und sich gegen einen Michelangelo-Kult verwahrt hatte, der »ihn als den offenbar höchst energischen Meister preist und daneben Rafael als Zuckerwasser herabsetzt.«[667] Die Notiz lautet:

> »NB. Ich ehre Michel Angelo höher als Raffael, weil er, durch alle christlichen Schleier und Befangenheiten seiner Zeit hindurch, die Ideale einer vornehmeren Cultur gesehn hat, als es die christlich-raffaelische ist: während Raffael treu und bescheiden nur die ihm gegebenen Werthschätzungen verherrlichte und keine weitersuchenden, sehnsüchtigen Instinkte in sich trug.«[668]

---

[664] Heinrich Köselitz an Nietzsche in Genf, Venedig 11. April 1879, NB II.6/2, 1086: »(...) eine wo die »Form« hinter dem »Inhalt« (beide Worte lieb' ich nicht) zurückbleibt (in der Malerei die Giottesken, die den Inhalt, die Handlung, im ergreifendsten Moment darstellen und hierin keiner spätern Epoche nachstehn, aber Alles steif, oft unschön geben, möglicherweise absichtlich so); eine andere – die Blüthezeit – wo sich Inhalt und Form fast, aber noch nicht ganz decken; der Künstler darf mit den Mitteln, die er vollkommen beherrscht, zurückhalten, weil er den Stoff bedeutend erfaßt hat; die dritte will mit den Mitteln, die sie auch vollkommen beherrscht, den Eindruck hervorbringen, als sei sie vom Gegenstand noch tiefer ergriffen gewesen, während es weniger der Fall war. Diess wäre eine andere Erklärung des Barockstils als in 144. Ich kehre mich freilich wenig an Erklärungen; im Gefühl und im Durcheinanderschwimmen der Vorstellungen hab' ich's deutlicher.«

[665] Menschliches, Allzumenschliches I, »Aus der Seele der Künstler und Schriftsteller«, Aphor. 219, KSA 2.179: »Die Musik war die Gegenrenaissance im Gebiete der Kunst, zu ihr gehört die spätere Malerei des Murillo, zu ihr vielleicht auch der Barockstil: mehr jedenfalls als die Architektur der Renaissance oder des Alterthums.«

[666] Kaegi: Burckhardt. Biographie, 6.667 ff.

[667] Jacob Burckhardt, privater Nachlaß, nach: Kaegi, ebenda, 6.590.

[668] Nachgelassene Fragmente. April – Juni 1885, KSA 11.470.

Auch hier sind die beiden Buchstaben »NB« fast aufschlußreicher als der folgende Text, denn sie verwiesen auf den Zwiespalt in Nietzsches eigener Brust. Mit dem »Nota Bene« zum Auftakt will Nietzsche sich an sein eigenes Dionysiertum erinnern, aus dem heraus ihm die verachtende Natur des Barockgenies als Vertreter des Gewaltmenschen näher liegen mußte als alle Klassizität. Aber auch bei eingestandener Sympathie für das Barock hätte sich an der Normativität des Palazzo Pitti nichts geändert. Als halber Barockbau wurde er nicht unbrauchbar, im Gegenteil, als solcher war er erst recht gemäß Nietzsches eigener »Seelen-Art« geschaffen.

Karl Friedrich Schinkel, Ansicht der oberen Treppenhalle
des Museums am Lustgarten.

Ephesos, Jüngeres Artemision.

II.6

Apollinische Weite und dionysische Höhe: Architektur der Erkennenden

In der »Fröhlichen Wissenschaft« erreicht der Übergang ins Architektonische seinen Höhepunkt. Als philosophischer Baumeister, der gleichsam als Architekturkritiker den erhabenen Systembau der Vernunft als trügerisch entlarvt hat, beginnt Nietzsche eine s e i n e m Denken gemäße Architektur zu imaginieren. »A r c h i t e k t u r d e r E r k e n n e n d e n« nennt er sie in der Überschrift des Aphorismus 280 der »Fröhlichen Wissenschaft«, und schon damit setzt er sich grundsätzlich von dem Modell der Architektur der E r k e n n t n i s ab, auf die es die Kantsche »Architektonik der reinen Vernunft« abgesehen hatte. Nietzsches Verhältnis zum Bauen tritt in ein neues Stadium ein. Im Namen eines konsequent aufklärerischen Denkens, dessen Geschäft das Zerlegen und Zertrümmern auch der hartnäckigsten Wahrheitstäuschungen ist, hatte Nietzsche sich selbst ein vorläufiges Bauverbot verordnet. Im Namen des metaphysischen Verdachts aller Wahrheitsgebäude wurde es ausgesprochen, wohlwissend, daß das Denken die Metaphysik niemals ganz überwinden, sondern sich ihr nur zu entziehen vermag, und daß jeder Denker baut, wenn er aus seinen Erkenntnissen etwas folgern, also einen Zusammenhang herstellen will. Alles andere wäre Ruinenromantik, nämlich sich positivistisch genügsam dem Kult der Trümmer und vergangener Wissenschaft oder den Fragmenten der eigenen Erkenntnis hinzugeben. Deshalb ist für den Nietzsche von »Menschliches, Allzumenschliches« die Aneignung der alten Bausubstanz und ihre Wiederverwendung der erste Schritt. Umbau statt Überbau lautet das Gebot der praktischen Vernunft.

Wer wie Nietzsche systematisch zweifelt, muß zwar zu dem Gedanken an das Bauen auf kritische Distanz gehen, konsequenterweise aber auch zu dem Gedanken an das Nichtbauen. Nietzsches »Wir wollen nicht vorzeitig bauen« von 1875 war eine Kompromißformel, die Aufschub gewährte und keineswegs eine grundsätzliche Verabschiedung des Bauens bedeutete. Ohne irgendeine Form des Bauens, im Sinne des Setzens von einem Grund als Prämisse für das Folgern, gibt es kein Denken, schon gar keine Wissenschaft und auch keine »fröhliche«, wie Nietzsche sie liefern will. Schließlich ist auch das Umbauen ein Bauen und bedarf eines Baukriteriums. Wie wäre also ein Bauen außerhalb der Bedingungen des Systembaus möglich? Diese Frage, an der auch die dekonstruktivistische Architektur unserer Zeit ihr heroisches Pathos der Selbstverzweiflung kultiviert hat, stellt Nietzsche sich seit seiner »Fröhlichen Wissenschaft«. Die »Architektur der Erkennenden« versucht darauf eine grundsätzliche Antwort zu geben.

Es beginnt, wie üblich, mit einer neuen Frage, nämlich inwieweit sich die bis dahin angenommene prinzipielle Umbaufähigkeit der alten Architektur der Glaubensgebäude tatsächlich für den modernen Menschen eignet. Kann sich das neue Subjekt der Erkenntnis, das sich von dem alten Subjekt durch den Willen zur Wahrheit statt des Glaubens an die Wahrheit unterscheidet, in den ihm hinterlassenen Räumen, die doch zur Verherrlichung religiöser oder wissenschaftlicher Irrtümer geschaffen wurden, überhaupt zu Hause fühlen? Das alte Baumaterial stellte diesbezüglich kein Hindernis dar, denn der Stein hat ja nicht gelitten, sondern im Gegenteil neue Möglichkeiten seiner selbst dazugewonnen. Mit seiner Frage nach der Angemessenheit leitet Nietzsche einen wichtigen methodischen Perspektivwechsel ein. Die kritische Betrachtung gilt nicht mehr der Entlarvung der erhabenen, aber täuschenden Architektonik der Vernunft, sondern den Bedingungen im Inneren eines solchen Gehäuses. Der von Außen auf die Gedanken-Architektur als Objekt gerichtete Blick, der hauptsächlich an den Möglichkeiten der Neuverwendung des Baumaterials interessiert war, weicht der Betrachtung der inneren Beschaffenheit einer Architektur, die auf das Subjekt der Erkenntnis zugeschnitten ist. Der Schritt von der architektonischen Einheit der Vernunft und ihrem System gebundener Teile zur räumlichen Einheit der Erkennenden, der Schritt vom Gebäude der Gedanken zum Raum der Denkenden bestimmt die neue Perspektive. Wir betreten die inneren Gemächer, treten dem Geist des Hauses und dem bauenden Geist näher. Dahin hatte Nietzsche uns bisher nur in seinem »Strauss« mitgenommen.

In einer Manuskriptvorstufe zur »Architektur der Erkennenden« heißt es:

> »Stille Stätten zum Nachdenken inmitten unserer Städte bauen – die Kirchen umbauen dazu. Die Erhabenheit des Denkens und Sich-Besinnens soll im Bau liegen. Die Kirche soll dies Monopol nicht mehr haben – es ist der Menschheit theuer zu stehen gekommen, daß die vita contemplativa immer religiosa sein sollte! (...) vielleicht aber könnten wir viele ihrer Bauwerke neben uns in unserem Sinn, zu unserem Sinn, umbauen, umschmücken. Einstweilen ist in einer reichen katholischen Kirche das Gefühl des Denkens **befangen** – ich wenigstens bin nicht grob genug dazu, meine Gedanken an solchen Stätten denken zu können.«[669]

Nietzsche denkt hier noch im wörtlichen Sinn an den Umbau und die Umnutzung der Glaubensgebäude. Er schlägt vor, die Kirchen, die nach dem Tod Gottes neu angeeignet und umgenutzt werden können, »umzuschmücken« und ihnen dadurch einen weltlichen Anstrich zu geben – eine Angelegenheit, die angesichts stark geschrumpfter Gemeindemitglieder die Kirche von heute als aktuelles Problem beschäftigt.

---

[669] Vorstufe zum Aphor. 280 der Fröhlichen Wissenschaft, Kommentarband, KSA 14.263.

In der »Fröhlichen Wissenschaft« betrachtet Nietzsche die Qualität dieser Räume losgelöst von ihrer alten metaphysischen Schale als etwas Eigenes. Es geht um den Raum, der es uns ermöglichen soll, die zu werden, die wir sind, indem er es erlaubt, zu uns selbst zu kommen. Diesem Anspruch auf Selbstgestaltung kann nicht mehr durch Umschmücken, sondern nur durch bewußte Schaffung eines eigens auf »unsere« Sinne ausgerichteten Raumes Genüge getan werden, wie es der Aphorismus 280 verlangt, der folgenden Wortlaut hat:

> »Architektur der Erkennenden. – Es bedarf einmal und wahrscheinlich bald einmal der Einsicht, was vor Allem unseren grossen Städten fehlt: stille und weite, weitgedehnte Orte zum Nachdenken, Orte mit hochräumigen langen Hallengängen für schlechtes oder allzu sonniges Wetter, wohin kein Geräusch der Wagen und der Ausrufer dringt und wo ein feinerer Anstand selbst dem Priester das laute Beten untersagen würde: Bauwerke und Anlagen, welche als Ganzes die Erhabenheit des Sich-Besinnens und Bei-Seitegehens ausdrücken. Die Zeit ist vorbei, wo die Kirche das Monopol des Nachdenkens besass, wo die vita contemplativa immer zuerst vita religiosa sein musste: und Alles, was die Kirche gebaut hat, drückt diesen Gedanken aus. Ich wüsste nicht, wie wir uns mit ihren Bauwerken, selbst wenn sie ihrer kirchlichen Bestimmung entkleidet würden, genügen lassen könnten; diese Bauwerke reden eine viel zu pathetische und befangene Sprache, als Häuser Gottes und Prunkstätten eines überweltlichen Verkehrs, als dass wir Gottlosen hier unsere Gedanken denken könnten. Wir wollen uns in Stein und Pflanze übersetzt haben, wir wollen in uns spazieren gehen, wenn wir in diesen Hallen und Gärten wandeln.«[670]

Diese Sätze sind die Summa von Nietzsches Architekturphilosophie, geschrieben in einer Phase der Euphorie im frühlingshaften Januar 1882 in Genua, wie das ganze »Vierte Buch« der »Fröhlichen Wissenschaft«, das er deshalb mit »Sanctus Januarius« untertitelt. Auch der Aphorismus über die Genueser Bauindividuen gehört hierzu. Neben die Verkörperungsarchitektur des Großen Stils, aus der uns »Gesichter aus vergangen Geschlechtern« anblicken, tritt die Erhabenheit des Raumes als inneres Bedürfnis des modernen Individuums, das notwendig eines ihm eigenen Raumes bedarf, um sich darin zu verwirklichen. Ein ähnlicher Gedanke hatte auch Wagner geleitet, der für die vollkommene Selbstverwirklichung seines Musikschauspiels einen neuen Theaterraum schaffen mußte. Nietzsches »Architektur der Erkennenden« ist allerdings ein umgekehrtes Bayreuth. In diesem Raum soll der Mensch nicht dionysisch benebelt und berauscht, sprich, außer sich geraten und umgeworfen werden, um zu sich selbst zu kommen, sondern umgekehrt, von allem Pathos der Pathetiker verschont werden, damit er sich an sich selbst aufrichten und es bei sich selbst aushalten kann. Deshalb sind hier leise betende Priester ebenso fehl am Platze wie Marktschreier mit ihren lauten Aufgeregtheiten. Ein Raum der Ruhe und der Leere wird imaginiert, der sich selbst gehört, frei

[670] Die fröhliche Wissenschaft IV, Aphor. 280: »Architektur der Erkennenden«, KSA 3.524 f.

von allem moralischen Pathos. Im Gegensatz zu den heldenhaft dastehenden Genueser Bauindividuen verinnerlicht sich der mit Machtschwere beladene Klang der Steine zum erhabenen Schweigen der Räume.

Warum diese Raumqualität einer Architektur der Erkennenden zugerechnet werden kann, erklärt sich fast von selbst. Gerade der moderne Mensch muß als Denker lernen, »zwischen zwei Lärmen noch seine Stille zu finden«.[671] Zwischen dem Heiligen und Profanen ist der Ort, an dem eigenes Selbstsein und geistige Unabhängigkeit erst möglich werden. Ferner bedarf es auch eines begünstigenden Klimas, um die verborgenen Gärten und Pflanzungen, die wir in uns tragen, sprießen zu lassen. Allzu düsteres Wetter ist für unser inneres Wachsen ebenso ungünstig wie allzu sonniges. Für seine eigentümliche Schwellenexistenz benötigt der Mensch die Vernunft der Architektur. Sie ist die Kunst, die ihm den idealen Rahmen seiner Existenz gibt, als Raumgestalterin nach seinen idealen Anschauungen und Dimensionen. Die Architektur erlaubt es dem Menschen als einzige aller Künste, simultan in der Phantasie und in der Wirklichkeit in sich selbst spazieren zu gehen, denn sie ist – um es mit August Schmarsow, dem Theoretiker des architektonischen Raumes, zu sagen – eine »Verdoppelung unseres Bewußtseins (...) zum eigenen Genügen und Genuß des Menschen.«[672] Schmarsow betreibt »Fröhliche Wissenschaft«, wenn er die Aufgabe der modernen Architekturtheorie dahingehend definiert, dem »wahren künstlerischen Ausdruck unseres eigensten Raumgefühles von heute« zum Durchbruch zu verhelfen.[673] Das empfindende und erkennende, seiner selbst im Schaffen und Genießen »fröhliche« Subjekt ist der Erbauer von Nietzsches »Architektur der Erkennenden«. In ihr schafft es sich ein Korrelat als architektonisches Ebenbild.

Seit »Menschliches, Allzumenschliches« erteilt Nietzsche jeder vermeintlich höheren Ästhetik eine Absage und erklärt die »Physiologie der Kunst« zum neuen Ziel. Er nimmt sich sogar vor, ihr einmal eine eigene Abhandlung zu widmen. Dem frühen Nietzsche war der »gehende und sprechende Mensch« bestimmend für »die Grundformen der Musik.«[674] Jetzt wird das herumwandelnde, und auch geistig

---

[671] Nachgelassene Fragmente. Herbst 1881, KSA 9.584: »Der Denker, der seine Stille gewöhnlich zwischen zwei Lärmen zu finden hat, wenn er sie überhaupt zu finden weiß! 6. Okt. 1881.« – Die fröhliche Wissenschaft IV, Aphor. 331, KSA 3.558: Lieber taub, als betäubt. – Ehemals wollte man sich einen Ruf machen: das genügt jetzt nicht mehr, da der Markt zu gross geworden ist, – es muss ein Geschrei sein. Die Folge ist, dass auch gute Kehlen sich überschreien, und die besten Waaren von heiseren Stimmen ausgeboten werden; ohne Marktschreierei und Heiserkeit giebt es jetzt kein Genie mehr. — Das ist nun freilich ein böses Zeitalter für den Denker: er muss lernen, zwischen zwei Lärmen noch seine Stille zu finden, und sich so lange taub stellen, bis er es ist. So lange er diess noch nicht gelernt hat, ist er freilich in Gefahr, vor Ungeduld und Kopfschmerzen zu Grunde zu gehen.«

[672] Schmarsow, Wesen der architektonischen Schöpfung, 1894, 23.

[673] Ebenda, 29.

[674] Nachgelassene Fragmente. 1871, KSA 7.317.

beweglich gewordene Subjekt zum Agenten eine neuen Architektur, die der Prämisse folgt, »vom Leibe auszugehen und ihn als Leitfaden zu benutzen. Er ist das viel reichere Phänomen, welches deutlichere Beobachtungen zuläßt.«[675]

In den Notizen vom Frühjahr 1884 stellt Nietzsche seinen »Grundriß« für ein neues Bauen in fünf Punkten zusammen:

> »1) Wir wollen unsere Sinne festhalten und den Glauben an sie – und sie zu Ende denken! Die Widersinnlichkeit der bisherigen Philosophie als der größte Widersinn des Menschen.
>
> 2) die vorhandene Welt, an der alles Irdisch-Lebendige gebaut hat, daß sie so scheint (dauerhaft und langsam bewegt) wollen wir weiter bauen – nicht aber als falsch wegkritisiren!
>
> 3) unsere Werthschätzungen bauen an ihr, sie betonen und unterstreichen. Welche Bedeutung hat es, wenn ganze Religionen sagen: ›es ist alles schlecht und falsch und böse!‹ Diese Verurtheilung des ganzen Prozesses kann nur ein Urtheil von Mißrathenen sein!
>
> 4) freilich, die Mißrathenen könnten die Leidendsten und Feinsten sein? Die Zufriedenen könnten wenig werth sein?
>
> 5) man muß das künstlerische Grundphänomen verstehen, welches Leben heißt – den bauenden Geist, der unter den ungünstigsten Umständen baut: auf die langsamste Weise
> – der **Beweis** für alle seine Combinationen muß erst neu gegeben werden: es erhält sich.«[676]

Diese fünf Punkte enthalten klare Vorgaben. Der Glaube an die eigenen Sinne muß als die moderne metaphysische Prämisse, die keiner Rechtfertigung aus dem Jenseits bedarf, an den Ausgangspunkt gesetzt werden. Ferner muß dieser neue Glaube an uns selbst einmal konsequent zu Ende gedacht werden. Dieses Denken führt weder an der Geschichte vorbei, noch will es das Geschaffene »wegkritisieren«. Tabula Rasa zu machen, »den ganzen Prozess« zu verurteilen, ist nur die Sache von »Mißrathenen«, von denjenigen, die nicht wertschätzen können und sich deshalb dafür an der Welt rächen wollen, daß sie zu kurz gekommen und die

---

[675] Ebenda. August – September 1885, KSA 11.635. – Schmarsow macht mit dem Anspruch Ernst, die empfindungsgemäßen Voraussetzungen des Optischen und Haptischen in den Ausgangspunkt der modernen Ästhetik zu rücken, und er sieht in diesen physiologischen Gesetzmäßigkeiten »das natürliche Bildungsgesetz aller räumlicher Produktion des Menschen«. (Wesen der architektonischen Schöpfung, 1894, 14) – In späteren Aufsätzen hat Schmarsow seine von der Wahrnehmung und dem Körpergefühl des Menschen geleitete Architekturtheorie vertieft: Ueber den Werth der Dimensionen im menschlichen Raumgebilde, in: Berichte über die Verhandlungen der Kgl. Sächsischen Gesellschaft der Wissenschaften, Philosophisch-Historische Klasse, Bd. 48, Leipzig 1896, 44–61. – Raumgestaltung als Wesen der architektonischen Schöpfung, in: Zeitschrift für Ästhetik und Kunstwissenschaft, IX 1914, 66–95.

[676] Nachgelassene Fragmente. Frühjahr 1884, KSA 11.128f.

»Leidenden« sind. Nicht Umsturz oder gar Nihilismus, sondern ein vom Vorhandenen ausgehender Neuanfang ist mit Nietzsches »wir wollen weiter bauen« gemeint. An eine Potenzierung der Geschichte im Sinne der Selbstüberwindung zum Zweck der Weiter- und Höherentwicklung ist gedacht. Gegen diese Selbstvollendung der eigenen Natur sträubt sich aber der Mensch aufgrund der Macht alter Gewohnheit. Vor diesem Hintergrund muß man das »künstlerische Grundphänomen, welches Leben heißt«, verstehen lernen, als den »bauenden Geist, der unter ungünstigsten Umständen baut«, nämlich als einen Geist, der gegen diese Widerstände ankämpft. Unter diesen Bedingungen des Kampfes baut und entwickelt das Leben seine höheren Stufen, indem es mit gleichsam darwinistischer Logik seinen Willen sich zu behaupten, durch energische Kraft und einen langen Atem unter Beweis stellt.

Potenzierung ist also Kultivierungsarbeit am Vorhandenen, denn zu den Notwendigkeiten von Natur und Geschichte gibt es keine Alternative. Einem Vorsatz gleich, stellt Nietzsche die unbedingte Bejahung des Notwendigen mit dem ersten Aphorismus seinem »Sanctus Januarius« voran:

> »Ich will immer mehr lernen, das Nothwendige an den Dingen als das Schöne sehen: — so werde ich Einer von Denen sein, welche die Dinge schön machen. Amor fati: das sei von nun an meine Liebe! Ich will keinen Krieg gegen das Hässliche führen. Ich will nicht anklagen, ich will nicht einmal die Ankläger anklagen. Wegsehen sei meine einzige Verneinung! Und, Alles in Allem und Grossen: ich will irgendwann einmal nur noch ein Ja-sagender sein!«[677]

Zarathustra ist derjenige, der nicht mehr das Falsche zertrümmern, sondern durch Bejahen und Bauen die Welt verschönern will. Er schätzt die Architektur, weil sie als eine Kunst der Notwendigkeit von der Welt redet und nicht von der Hinterwelt. Nachdem der Philosoph mit dem Hammer alles Morsche oder Baufällige beklopft, alle hohlen Stellen herausgefunden, die ganze Kärrnerarbeit des Reinigens besorgt und sich sogar um die Beschaffung des Baumaterials gekümmert hat, soll es endlich ans Bauen gehen. In dieser Hochstimmung steigt Zarathustra, wie Nietzsche ein Wanderprediger und Virtuose der Potenzierung, der ein Fest aus dem Leben machen will, von seiner Höhe herab und ruft zum Bauen. Aber es wollen sich keine Jünger als Bauarbeiter um diesen Architekten scharen. Der Prediger muß erkennen, daß er »nicht der Mund für diese Ohren«[678] ist. Er steht allein da mit seinem Traum vom Menschen als dem Architekten und Gartenkünstler seiner selbst, der sich in neuen Höhen anpflanzt und damit die Erde um neue Dimensionen verschönert. Erst in der nächsten und übernächsten Generation findet der einsame Rufer Gehör; vorzüglich bei solchen Architekten, die mit der neuen Architektur sogleich auch ein neues Leben und einen neuen Menschen herbeizwingen wol-

---

[677] Die fröhliche Wissenshaft IV, Aphor. 276 »Zum neuen Jahre«, KSA 3.521.

[678] Also sprach Zarathustra, Vorrede 5, KSA 4.18.

len. Der Gesamtkünstler Henry van de Velde verschlingt »aufs tiefste erschüttert« als junger Mann die Werke Nietzsches, die ihn »besser nährten als die wirkliche Nahrung« und bedauert Nietzsches frühen Tod, denn er hätte »in den Menschen meiner Generation die Schüler gefunden, nach denen sich sein ungeduldiges Genie zeit seines Lebens gesehnt hat.«[679]

Mit seinen fünf Punkten zu neuem Bauen steckte Nietzsche den geistigen Rahmen seiner »Architektur der Erkennenden« für den modernen wissenschaftlichen Menschen ab. Mit ihm beginnt der Mensch sein Leben und seine Zukunft selbst in die Hand zu nehmen; ihm erscheint auch der metaphysisch begründete, philosophische Systembau mit seinem Glauben an ein Wissen vom Absoluten als »Kinderei«.[680] Nur verknöcherte Menschen fühlen sich noch in einem solchermaßen »zurechtgezimmerten und festgeglaubten Hause der Erkenntniß« wohl, wie es Nietzsche in seinen Notizen aus dem Sommer 1885 festhält, in denen er sich als nicht schwindelfreier Architekt und Denker mit den Satz Mut macht, der die moderne Bauaufgabe definiert:

> »Es gehört eine ganz verschiedene Kraft und Beweglichkeit dazu, in einem unvollendeten System, mit freien unabgeschlossenen Aussichten, sich festzuhalten: als in einer dogmatischen Welt.«[681]

Der große Bau der Begriffe, den emsige Wissenschafts-Bienen im Glauben an die Architektonik der Vernunft aufstockten, wurde als wächserner Turmbau zu Babel entlarvt.[682] In den »Fundamenten irrthümlich angelegt«, schienen solche »Gebäude der Reparatur unfähig.«[683] Häuser dieser Art treiben einen Erkennenden, wie Zarathustra, in seiner Leidenschaft zur Erkenntnis ins Freie.[684] Nietzsches Losung

---

[679] Henry van de Velde, Geschichte meines Lebens, München 1962, 37,188,191,352. – Zum Nietzsche-Bezug vgl. auch A. M. Hammacher: Die Welt Henry van de Veldes, Köln 1967, S.154. – Ferner: Dirk Teuber: Henry van de Veldes Werkbund-Theater – ein Denkmal für Friedrich Nietzsche? in: Der westdeutsche Impuls 1900–1914. Kunst und Umweltgestaltung im Industriegebiet, Köln 1984, S. 114–132. – Jürgen Krause: »Märtyrer« und »Prophet.« Studien zum Nietzsche-Kult in der bildenden Kunst der Jahrhundertwende, Berlin/New York 1984. – Léon Ploegarts: Van de Velde and Nietzsche, in: Kostka/Wohlfahrt, Hrsg.: Nietzsche and »An Architecture of Our Minds«, 1999, 233–258.

[680] Nachgelassene Fragmente. Frühjahr 1884, KSA 11.49.

[681] Ebenda. April – Juni 1883, KSA 11.429.

[682] Ebenda. Juni – Juli 1883, KSA 10.381: »Bienenstöcke werden sie bauen wie Thürme von Babel.«

[683] Morgenröthe V, Aphor. 453, KSA 3.274.

[684] Also sprach Zarathustra II, »Von den Gelehrten«, KSA 4.160: »Denn diess ist die Wahrheit: ausgezogen bin ich aus dem Hause der Gelehrten: und die Thür habe ich noch hinter mir zugeworfen. – Zu lange sass meine Seele hungrig an ihrem Tische; nicht gleich ihnen, bin ich auf das Erkennen abgerichtet wie auf das Nüsseknacken. – Freiheit liebe ich und die Luft über frischer Erde; lieber noch will ich auf Ochsenhäuten schlafen, als auf ihren Würden und Achtbarkeiten.«

lautete, wir wollen »weiter bauen«, und diese Wendung ist mit Bedacht formuliert. Bei Nietzsche sind es Gedankenstriche und Worthervorhebungen, die wie die Klangzeichen in der Notenschrift den Ton der Musik ausmachen. Ginge es bei diesem »weiter bauen« nur um die geläufige zeitliche Fortsetzung der Tätigkeit, so wäre diese Hervorhebung überflüssig. Die Fortführung in räumliche Dimensionen macht erst ihren Sinn.

Das neue Haus ist gegenüber dem alten durch eine neue »Kraft und Beweglichkeit« geweitet. Im Gegensatz zu dem alten geschlossenen Bausystem wartet es »mit freien unabgeschlossenen Aussichten« auf. Mauern, die im Wege stehen und die freie Sicht verstellen, scheint es hier nicht mehr zu geben. Der zur Ehre Gottes errichtete Kirchenraum redete als Prunkstätte des »überweltlichen Verkehrs« eine pathetische Sprache. Die gotische Kathedrale, die mehr danach strebt, gegen den Stein als mit dem Stein zu bauen, öffnete zwar die Außenwände, füllte sie aber sogleich wieder mit riesigen Glasbildern zur Verklärung ihres Hallenraumes in farbiges Licht. In barocken Kirchenbauten durchstießen illusionistische Architekturmalereien mit Scheinperspektiven himmlischer Szenen selbst das Dach. Nietzsche befreit den Kontemplationsraum von einer solchen metaphysischen Verschleierung der Sicht. Der unverstellte Ausblick auf die gegebene Welt löst die Erlösungsvisionen vom Jenseits ab, denn Nietzsches Haus stellt sich nicht mehr als ein Massivbau dar, sondern scheint auf das Skelett des Raumrahmens reduziert zu sein. Das vom metaphysischen und stilistischen Unrat der Vergangenheit befreite, reine bauliche Gerüst der architektonischen Notwendigkeit wartet darauf, mit Nietzsche »als das Schöne« erkannt und durch künstlerische Gestaltung veredelt und geadelt zu werden. Es ist vielleicht keine zufällige Parallele, daß diese moderne Auffassung einer solchermaßen konstruktiv geprägten Architektur im 19. Jahrhundert gerade aus der Auseinandersetzung mit der Gotik hervorgeht und der Weg von Viollet le Duc und Berlage zu Le Corbusiers »Fünf Punkten zu einer neuen Architektur« oder zur Haut- und Knochenbauweise von Mies van der Rohe führt. Im Schutz der Öffnung wohnt und wandelt der moderne Mensch. Sie soll anstelle der alten Wand das ureigene architektonische Problem der Begrenzung lösen und Stille ebenso wie ein neues Maß an räumlicher Freiheit ermöglichen, wie es Nietzsches hochräumige Hallengänge der »Architektur der Erkennenden« andeuten wollen.

Ein weiteres sprachliches Detail in Nietzsches Bauphilosophie gilt es hervorzuheben. Er überschreibt seinen Aphorismus 280 der »Fröhlichen Wissenschaft« weder mit »Architektur der Erkenntnis«, noch mit »Architektur des Erkennenden«, sondern mit »Architektur der Erkennenden«. Im Plural überwindet Nietzsche die Einsamkeit seines monologischen Philosophierens. Erkennende sind nicht nur Einsame, die in Zwiesprache mit dem eigenen Ich herumwandern, sondern normalerweise solche, die sich auch miteinander im Gespräch befinden: Sie tauschen sich untereinander aus, betrachten sich als gemeinsam Lernende; unter ihnen gibt es kein hierarchisch-monologisches Vermitteln von Wahrheit von oben nach unten, keinen Kompetenzvorsprung. Der Dialog nebeneinanderherschreitender Erkenntnis, der Prozeß gemeinsamen Suchens und Findens verbindet die Spaziergänger. Ihre freie Bewegungsform bedeutet nicht, kein Ziel zu haben und in die Irre zu laufen, wohl aber, das Ziel nicht zu kennen. Diese Gangart der Erkenntnis entspricht zudem der Ziellosigkeit des Prozesses der Natur und dem modernen Verständnis vom Geschehen als einem Erkenntnisproblem. Für diesen Gedanken-Gang ein eigenes Haus zu schaffen, wäre die wirkliche Alternative zum Haus als Gefängnis oder Labyrinth.

Das offene Hin- und Herwandern zwischen Säulengängen, die ins Freie führen, ist die symbolträchtige Gangart für den philosophisch gebildeten Menschen der Aufklärung. Goethe wählte 1798 den Begriff »Propyläen« als Titel für eine Zeitschrift, um damit zum Ausdruck zu bringen, daß das Wissen sich auch »nach langem Umherwandeln (...) noch immer in den Vorhöfen befinde.«[685] Die Architektur des Zwischenraumes, die Schwelle, ist für den Philosophen der adäquate Aufenthaltsort und seine Architektur der Erkennenden kennzeichnet Goethe mit den Worten:

> »Stufe, Thor, Eingang, Vorhalle, der Raum zwischen Innern und Äussern, zwischen dem Heiligen und Gemeinen kann nur die Stelle seyn, auf der wir uns mit unseren Freunden aufhalten werden.«[686]

Der Altphilologe Karl Gottlob Schelle, dem es darauf ankommt, geistige Thätigkeit mit körperlicher zu verbinden, verfaßt 1802 eine »Kunst spatzieren zu gehen«, in der Nietzsches Gedanken-Gang der »Architektur der Erkennenden« bereits vorweggenommen ist. Nur selten komme, so Schelle, »der Geist bey unserer so sehr verwickelten Kultur ... zu sich selbst«; und auch das Beiseitegehen begründet Schelle damit, daß die »eigene Natur« des Menschen sich nur in Stunden entwickele, »wo er, von fremden Geistern unberührt, seinen Geist sich selbst wiedergiebt.« Deshalb müssen auch die äußeren Bedingungen des Spaziergangs, die richtige Entfernung bzw. Nähe zu Stadt und Natur, Geselligkeit und Einsamkeit genau in Betracht gezogen werden, wenn sich beim Lustwandeln »ein freyes Spiel der Gemüthskräfte«, bei dem der Mensch wieder zu sich selbst kommt, einstellen soll.[687] Nietzsche, der keinem Gedanken Glauben schenken mochte, »der nicht im Freien geboren ist und bei freier Bewegung – in dem nicht auch die Muskeln ein

---

[685] Johann Wolfgang Goethe, »Einleitung«, in: Propyläen. Erster Band. Erstes Stück, Tübingen 1797, Einleitung S. iii.

[686] Goethe, ebenda.

[687] Karl Gottlob Schelle, Spatziergänge oder die Kunst spatzieren zu gehen, Leipzig 1802; Reprint Hrsg. und mit einem Nachwort versehen von Markus Fauser, Hildesheim, Zürich, New York 1990, 72, 52.

Fest feiern«,[688] ist diese spezifische Form der Vereinigung von körperlicher Tätigkeit, sinnlichen Eindrücken und geistiger Aktivität als persönliche Praxis selbstverständlich. Mit Burckhardt spazierte er gelegentlich im Kreuzgang des Basler Münsters.[689] Durch Nietzsches Schwester ist überliefert, daß 1873 der Kauf eines alten kleinen Schlößchen bei Flims, das Haus Capol, kurzzeitig erwogen wurde, um es in eine Akademie als »zukünftige Bildungsanstalt« zu verwandeln. Zum Umbau dieses Hauses mit reichen Wandtäfelungen und Schnitzereien, die heute im Metropolitan Museum in New York zu bewundern sind, sollten an den Mauern »überdeckte Wandelgänge angelegt werden, da das Lehren und Unterreden möglichst wenig im Sitzen, sondern meist im Wandeln stattfinden sollte.«[690]

Der Mensch im Zustand des umherwandelnden Beobachters, der Betrachtungen anstellt – der Vorläufer des urbanen Beobachtungskünstlers, des Baudelairschen Flaneurs[691] –, gehörte um 1800 gleichsam zum lebendigen Inventar des griechischen Tempels. Hegels Beschreibung des griechischen Tempels als dem Ort der freien Begegnung und des zwanglosen Dialoges[692] spricht davon ebenso Bände wie die Personen, mit denen Schinkel etwa zur gleichen Zeit seine berühmte Perspektive aus der oberen Treppenhalle des Berliner Museums bevölkert. Kühn über die Brüstung hinausgelehnt, genießt der eine die besondere Aussicht; ins traute Zwiegespräch versunken wandeln andere zu Zweien; aufeinander Neugierige tauschen diskret ihre Blicke. Wer will, kann sein Interesse auch den Kunstwerken an den Wänden zuwenden.

Eine solche Synthese von Kunst und Leben war nach Nietzsches Geschmack, und wenn man ein passendes Bild suchen müßte, um seine »Architektur der Erkennenden« zu illustrieren, so wäre es wohl diese Schinkelsche Szene, die als Bild von solch treffender Prägung ist, daß man fast versucht ist, dem Schinkel-Bau selbst eine Mitwirkung am Aphorismus 280 der »Fröhlichen Wissenschaft« anzudichten.

---

[688] Ecce homo, »Warum ich so klug bin.« 1, KSA 6.281: »So wenig als möglich sitzen; keinem Gedanken Glauben schenken, der nicht im Freien geboren ist und bei freier Bewegung, — in dem nicht auch die Muskeln ein Fest feiern. Alle Vorurtheile kommen aus den Eingeweiden. — Das Sitzfleisch — ich sagte es schon einmal — die eigentliche Sünde wider den heiligen Geist.-«

[689] An Elisabeth Nietzsche in Naumburg, (Basel,) 8. Juli 1875, SB 5.71f.: »Heute war ich bei Franz Vischer, des Dankes wegen, nachher spazierte ich mit Jakob Burckhardt 3/4 Stunde im Münster-Kreuzgang.«

[690] Elisabeth Förster-Nietzsche: Das Leben Friedrich Nietzsches, Bd. II, Leipzig 1897, 117 ff. zit. nach Kaegi: Burckhardt. Biographie, 7.48.

[691] Harald Neumeyer: Der Flaneur. Konzeptionen der Moderne, Würzburg 1999.

[692] Hegel, Ästhetik, I.64: »Und so bleibt denn auch der Eindruck dieser Tempel zwar einfach und großartig, zugleich aber heiter, offen und behaglich, indem der ganze Bau mehr auf ein Umherstehen, Hin- und Herwandeln, Kommen und Gehen als auf die konzentrierte innere Sammlung einer ringsum eingeschlossenen, von Äußeren losgelösten Versammlung eingerichtet ist.«

Völlig ausgeschlossen scheint dieser Hintergedanke bei aller Unwahrscheinlichkeit übrigens nicht. Immerhin reist Nietzsche während der letzten Phase der Manuskriptherstellung der »Fröhlichen Wissenschaft« in der Hoffnung auf ein Rendezvous mit Lou von Salomé am 16. Juni 1882 für einen Tag nach Berlin, einer Stadt, die ihm selbst als »eine Unmöglichkeit« erscheint.[693] Der Berlin-Besuch wird ein Desaster, denn zu dem verabredeten Treffen kommt es nicht, und so reist er am nächsten Tag wieder ab. Zwei Tage später kündigt Nietzsche auf einer Postkarte seinem Verleger Schmeitzner den ersten Teil der Manuskripte zur »Fröhlichen Wissenschaft« an.[694] Was er von Berlin überhaupt gesehen hat, außer dem Grunewald,[695] wissen wir nicht. Die hinter einen Säulenvorhang zurückgezogene hochräumige, offene Treppenhalle von Schinkels Museum am Lustgarten wäre nach St. Peter in Rom, wo beide einander kennen lernten, in Berlin der ideale Rahmen gewesen, um nach Art der »Architektur der Erkennenden« im philosophischen Spaziergang die Sternenfreundschaft fortzusetzen.

Daß Nietzsche wohl bei seiner »Architektur der Erkennenden« immer an einen Tempel ebenso wie an eine bedeutende urbane Platzsituation dachte, was beides auch auf den Schinkel-Bau zuträfe, stellt eine Passage aus der »Genealogie der Moral« von 1887 klar:

> »Wenn Heraklit sich in die Freihöfe und Säulengänge des ungeheuren Artemis-Tempels zurückzog, so war diese ›Wüste‹ würdiger, ich gebe es zu: weshalb fehlen uns solche Tempel? (– sie fehlen uns vielleicht nicht: eben gedenke ich meines schönsten Studirzimmers, der Piazza di San Marco, Frühling vorausgesetzt, insgleichen Vormittag, die Zeit zwischen 10 und 12.) Das aber, dem Heraklit auswich, ist das Gleiche noch, dem wir jetzt aus dem Wege gehn: der Lärm und das Demokraten-Geschwätz der Ephesier, ihre Politik, ihre Neuigkeiten vom ›Reich‹ (Persien, man versteht mich), ihr Markt-Kram von ›Heute‹, – denn wir Philosophen brauchen zu allererst vor Einem Ruhe: vor allem ›Heute‹. Wir verehren das Stille, das Kalte, das Vornehme, das Ferne, das Vergangne, Jegliches überhaupt, bei dessen Aspekt die Seele sich nicht zu vertheidigen und zuzuschnüren hat, – Etwas, mit dem man reden kann, ohne laut zu reden. Man höre doch nur auf den Klang, den ein Geist hat, wenn er redet: jeder Geist hat seinen Klang, liebt seinen Klang.«[696]

---

[693] An Lou von Salomé in Zürich-Riesbach, Naumburg, Pfingsten (28. Mai 1882), SB 6.197: »Ich will nach Berlin reisen, in der Zeit wo Sie in Berlin sein werden, und von da mich sofort in einen der schönen tiefen Wälder zurückziehen, welche in der Nachbarschaft Berlins sind (...). Berlin selber ist für mich eine Unmöglichkeit. Also: im ›Grunewald‹ bleibe ich und warte die ganze Zeit ab (...).«

[694] An Ernst Schmeitzner in Chemnitz, Naumburg (19. Juni 1882), SB 6.208 f.

[695] An Lou von Salomé in Stibbe, (Naumburg, 18. Juni 1882), SB 6.206: »Also: ich habe eine kleine anscheinend sehr törichte Reise nach Berlin gemacht, bei der mir Alles mißrieth; Tags darauf fuhr ich zurück, über den Grunewald und mich selbst etwas aufgeklärter als sonst – ein wenig hohnlachend und sehr erschöpft.«

[696] Zur Genealogie der Moral, »Dritte Abhandlung: was bedeuten asketische Ideale?« 8, KSA 5.353.

Der Kirchenraum gab zwar den Anstoß zu Nietzsches »Architektur der Erkennenden«, ihr räumlicher Klang war unverkennbar durch die Musik des Südens, durch die Begegnung mit den Plätzen der italienischen Stadt geprägt. Räumliche Geschlossenheit, wie die der Piazza San Marco, verleiht einem Stadtplatz die Wirkung eines Zimmers, das man zu stillen Stunden als sein eigenes betrachten kann. Säumen Arkaden die Wände des Platzes, so läßt es sich dort wie in einer leergeräumten Kirche zwischen den Pfeilern wandeln. So kann das Haus wie eine kleine Stadt und die Stadt wie ein großes Haus ästhetisch erlebt und genossen werden. Alberti hat in der Renaissance mit diesem Gleichnis die dialektische Einheit von Architektur und Städtebau, die für die europäische Stadt der Neuzeit verbindlich werden sollte, beschrieben. Fortan betrachtete man Gebäude nicht mehr nur als Objekte, die sich in einem Raum voller anderer Objekte befinden, sondern als Teil eines Raumzusammenhanges, einer räumlich perspektivischen Struktur. Umgekehrt wird der Raum nicht mehr nur als der Ort des Objekts verstanden, sondern als Dimension einer räumlich-zeitlichen, und damit »geschichtlichen« Handlung. Erst jetzt verwandelt sich die Leere, die von keinem festen Körper ausgefüllt ist, in einen vom Menschen selbst gestalteten Raum, der mehr ist als nur eine »private Unendlichkeit«.

Die Folgen dieser Umwertung betreffen auch die Sprache der Steine. Sie prahlen nicht mehr lautstark mit dem massiven Pathos der Distanz, sondern sprechen weitaus zurückhaltender durch wohlartikulierte Gliederung und Struktur. Nietzsches Ausspruch – »Man höre doch nur auf den Klang, den ein Geist hat, wenn er redet: jeder Geist hat seinen Klang, liebt seinen Klang.« – gilt auch für den Geist der Neuzeit. Der aufgeklärte moderne »Machtmensch« bedient sich des architektonische Adels von Pfeiler- und Pilasterordnungen statt der Ungehobeltheit cyclopischen Quaderwerks. Öffnung statt Rustika ist das humanistische Postulat an die Physiognomik der Architektur, das lange vor Nietzsche nicht minder psychologisch-tiefsinnig begründet wird. Alberti weist darauf hin, daß Zinnen und Mauerkränze sich nicht als Schmuckformen für das Haus eines Privatmannes in der Stadt ziemen, weil diese zur Burg des Gewaltherrschers gehören; wer diese Elemente für sein Haus in der Stadt dennoch benütze, der zeige entweder Angst oder ein schlechtes Gewissen wegen begangener Frevel. Der Portikus, der »allen Bürgern zuliebe erfunden« worden ist, sei die rechte architektonische Zierde des Privatmannes, der sich um das Gemeinwesen verdient machen und dies auch zum Ausdruck bringen will. Mit dem Portikus schmückt das Haus die Straße ebenso wie die Straße zum Schmuck des Hauses wird. »Der Schmuck der Öffnungen verleiht den Gebäuden ungemein viel Reiz und Ansehen«,[697] – dieser Satz Albertis gilt, selbst wenn die Öffnungen nur symbolisch als plastisches Relief auf die Wand projiziert sind.

---

[697] Leon Battista Alberti: De re aedificatoria. (1485) Zehn Bücher über die Baukunst. Ins Deutsche übertragen von Max Theuer, Darmstadt 1975, 330.

Nach dieser Art ist Nietzsches schönstes Studierzimmer, die Piazza von San Marco, mit Arkaden als Portici gesäumt und mit Hundertschaften von Halbsäulen geschmückt. Später vermitteln die von Säulen- und Hallengängen gesäumten, ernsten und feierlichen Plätze der Stadt Turin, in ihrer »Schönheit von Stein und Marmor«, Nietzsche das Gefühl, »daß man wie in einem Salon zu sein glaubt.«[698] Daß ausgerechnet »jener Baumeister, der den Palazzo Pitti schuf«, auch den historischen Schöpfungsbau für diese neue Typologie einer städtischen »Architektur der Erkennenden« entworfen hat, entzog sich Nietzsches bescheidenen Kunstkenntnissen. Mit dem Findelhaus in Florenz, dem ein nach außen gekehrtes basilikales Kirchenschiff als Vorhalle dient, baute Brunelleschi 1420 ein Stück Stadt, das im Laufe der Jahrhunderte durch hinzukommende Bauten, die das Loggia-Motiv übernahmen, zur Piazza della SS. Annunziata komplettiert wurde. Inzwischen hatten Vasaris Uffizien gezeigt, wie man sich der neuen stadträumlichen Möglichkeit einer Arkadenarchitektur aus einem Guß bediente. Von ihrer »kirchlichen Bestimmung« entkleidete »Hallengänge«, bestimmt für das Beiseitegehen inmitten der Stadt, wurden damit geschaffen. Erst in Turin fühlt Nietzsche sich durch eine solche städtische Möglichkeit beglückt. Mehr als zehn Kilometer Arkadenarchitektur säumen hier die Straßen und Plätze, die sich aufgrund ihrer besonderen Qualität der Stille inmitten der Lebendigkeit als eine wahre Stadt der »Architektur der Erkennenden« entpuppt und hierdurch vor allen anderen Städten auszeichnet. In seinen Briefen aus Turin wird Nietzsche nicht müde, die »aristokratische Ruhe« der Stadt, die räumliche Großzügigkeit von Straßen und Plätzen, die hohen Portici und das schöne Pflaster (»Das schönste Pflaster der Welt.«[699]) immer wieder aufs Neue zu lobpreisen. Turin erscheint »auf unbeschreibliche Weise sympathisch.« In dieser Stadt, die Nietzsches Instinkten schmeichelt, »ist Alles frei und weit gerathen, zumal die Plätze, so daß man mitten in der Stadt ein stolzes Gefühl von Freiheit hat.«[700] Wohl deshalb macht er Turin das Kompliment: »der erste Ort, in dem ich möglich bin.«[701]

Nietzsche begegnet in Turin moderner europäischer Urbanität in Reinkultur. Die Qualität der öffentlichen Räume – inklusive der »Höhe der Caféhaus-Cultur« – ist hier ausschlaggebend, nicht die Demonstration architektonischer Individualität und Stärke. Turin verhilft Nietzsche ganz offensichtlich zu einem neuen Architekturerlebnis. Das mediterrane Genua erscheint von hier aus als eine »harte und düstre Stadt«.[702] Auch die Architektur der Palazzi betrachtet er mit neuen Augen, denn hier herrscht ein »Palaststil ohne Prätension«.[703] Es sind »Paläste, wie sie uns

[698] An Franziska Nietzsche in Naumburg, Turin (20. April 1888), SB 8.301.

[699] An Georg Brandes in Kopenhagen, Turin, 10. April 1888, SB 8.288.

[700] An Carl Fuchs in Danzig, Turin, 14. April 1888, SB 8.294.

[701] An Heinrich Köselitz in Venedig, Turin (20. April 1888), SB 8.299.

[702] An Heinrich Köselitz in Venedig, Turin, 7. April 1888, SB 8.285 f.

[703] Ebenda.

zu Sinnen reden: nicht Renaissance-Burgen.«[704] Damit war die Normativität der Rustika und auch die des Palazzo Pitti in Frage gestellt, und Nietzsche bestätigt das humanistische Argument der urbanen Integration des Palazzo, das schon Alberti vorbrachte.

Auch der landschaftliche Bezug Turins erscheint als neue, bemerkenswerte urbane Qualität. Das rechtwinklige Raster der alten Römerstadt mit ihren schnurgeraden Straßen läßt die schneebedeckten Alpen »mitten in der Stadt sichtbar« werden und trägt zu einer solchen Weite bei, daß sich selbst bei dem passioniertem Freiluftdenker und Spaziergänger Nietzsche das Gefühl einstellt, an einem Ort zu sein, »wo man nicht heraus will, nicht einmal in die Landschaft, wo man sich freut, in den Straßen zu gehn – früher hätte ich's für unmöglich gehalten.«[705]

Turin ist ein urbaner Glücksfall, eine »capitale Entdeckung«,[706] ein »Paradis für die Füße, auch für meine Augen«,[707] und Nietzsche preist sein Ideal der kompakten, fußgängerfreundlichen Stadt mit bewohnbarem Zentrum, das hier exemplarisch verwirklicht ist:

> »Das Problem, innerhalb der besten Quartiere einer Stadt, nahe, ganz nahe ihrem Zentrum, eine Einsiedler-Ruhe in ungeheur schönen und weiten Straßen zu finden – dies für Großstädte anscheinend unlösbare Problem ist hier gelöst. Die Stille ist hier noch die Regel, die Belebtheit, die ›Großstadt‹ gleichsam Ausnahme. Dabei annähernd 300 000 Einwohner.«[708]

Der vornehme Ton der öffentlichen Räume, die »ernste, fast großgesinnte Welt stiller Straßen«[709] prädestiniert Turin zu einer regelrechten Stadt der Erkennenden. Auch Nietzsche, der Prediger eines radikalen Aristokratismus und der Distanz, verwandelt sich hier schließlich in einen, der die gesellschaftliche Qualität von Architektur anerkennt. Daß diese Stadt gerade in der Zeit des Barock ihr Gesicht erhielt, der Periode, die ihm als Inbegriff der décadence gilt, fällt nicht mehr ins Gewicht. Für die Masse der Bauten, die jene bewundernswürdigen Räume bilden, gab es zwar »nur Einen commandirten Geschmack in Allem«,[710] es handelt sich hier also baulich um die sonst so gehaßten »Heerdenthiere« und nicht um Individuen, aber diese »Einheit des Geschmacks« gilt nun – im Gegensatz zum Lob auf die Tugenden der Genueser Stadtbaukunst – als Zeichen von Noblesse. Nur einzelne, besondere Bauwerke tun sich als Persönlichkeiten hervor. Hierbei handelt es sich wiederum vornehmlich um Barockbauten, die als phantasievolle Einsprengsel

---

[704] An Carl Fuchs in Danzig, Turin, 14. April 1888, SB 8.294.
[705] An Heinrich Köselitz in Berlin, Turin, 16. Dezember 1888, SB 8.529.
[706] An Heinrich Köselitz in Venedig, Turin (20. April 1888), SB 8.298.
[707] An Franz Overbeck in Basel, Turin, 10. April 1888, SB 8.292.
[708] An Heinrich Köselitz in Berlin, Turin, 14. Oktober 1888, SB 8.451.
[709] An Reinhardt von Seydlitz, Turin, 13. Mai 1888, KSA 8.313.
[710] An Heinrich Köselitz in Venedig, Turin, 7. April 1888, SB 8.285.

die Häusermasse der Residenzstadt beleben, wie etwa der Palazzo Carignano von Guarino Guarini, Nietzsches »grandioses Vis-à-Vis«[711] vor seinem Zimmer im Obergeschoß der Via Carlo Alberto 6. Diese Begegnung mit dem Barock hindert ihn aber nicht daran, sich auch nach der Begegnung mit Turin wie gewohnt über die »Architektur des Berninismus« vorzüglich in der Wagnerschen Musik zu ereifern[712] und die Architektur in der »Götzen-Dämmerung« ausschließlich auf das Machtberedsamkeits-Paradigma vom »grossen Stil« einzuschwören, für das der Palazzo Pitti steht. Der Stolz des Sieges über die Schwere, der sich in der Architektur als Machtberedsamkeit in Formen ausdrückt, bezieht sich wiederum nur auf die Masse. Die Ahnung, daß gerade die Weite des Raumes diesen Gedanken zum Ausdruck bringen könne, hat Nietzsche nicht wieder aufgegriffen, obwohl mit Zarathustra als »Prinz Vogelfrei« das Bauen in luftiger Höhe mit Adlernestern auf dem Baume der Zukunft beginnt.

Zum Florentiner Steingebirge sollte Nietzsche in Turin ein Pendant finden, von dem er aber erst in den letzten Tagen vor seinem Zusammenbruch spricht. Am 30. Dezember 1888, einem trüben Sonntag, an dem auch Nietzsches Bewußtsein bereits stark verdüstert ist, verfaßt er einen Briefentwurf an seinen Freund Heinrich Köselitz, mit folgenden, bereits im Einleitungskapitel zu diesem Buch teilweise zitierten, Turiner Bauwerke betreffenden Zeilen:

> »Vorhin gieng ich an der mole Antonelliana vorbei, dem genialsten Bauwerk, das vielleicht gebaut worden, – merkwürdig, es hat noch keinen Namen – aus einem absoluten Höhentrieb heraus, – erinnert an gar nichts außer an meinen Zarathustra. Ich habe es Ecce homo getauft und im Geiste einen ungeheuren freien Raum herum gestellt. – Dann gieng ich nach meinem palazzo, jetzt palazzo Madama – die madama dazu schaffen wir an –: kann vollkommen bleiben wie er ist, bei weitem die malerischeste Art von großgedachtem Schloß – namentlich ein Treppenhaus. (...) – Ich war noch beim Begräbniß des uralten Antonelli zugegen, diesen November. – er lebte genau so lange, bis Ecce homo, das Buch fertig war. – Das Buch und der Mensch dazu ...«[713]

Wie ebenfalls in der Einleitung erwähnt, identifiziert Nietzsche sich in seinem letztem Brief vom Anfang Januar 1889, gerichtet an Jacob Burckhardt, mit Antonelli selbst und verbindet damit die einladende Wendung: »Lieber Herr Professor, dieses Bauwerk sollten Sie sehn.« Daß diese Aufforderung nicht ganz wörtlich gemeint war, zeigt der folgende Satz, in dem Nietzsche sich mit dem Architekten dieses Bauwerks gleichsetzt, um dem Kunsthistoriker und Architekturkenner Burckhardt sogleich auch ein Urteil über die eigene Bauleistung zu entlocken:

---

[711] An Carl Fuchs in Danzig, Turin, 14. April 1888, SB 8.294.
[712] An Carl Fuchs in Danzig, Sils-Maria (15. August 1888), SB 8.401.
[713] An Heinrich Köselitz in Berlin, Turin (30. Dezember 1888), SB 8.565f.

»(...) da ich gänzlich unerfahren in Dingen bin, welche ich schaffe, so steht Ihnen jede Kritik zu, ich bin dankbar, ohne versprechen zu können, Nutzen zu ziehn. Wir Artisten sind unbelehrbar.«[714]

Mit der kühnen Höhe von 167 Metern ist die »Mole Antonelliana« als das höchste in Mauerwerk ausgeführte Bauwerk der Welt in die Baugeschichte eingegangen und wurde bereits zur Zeit ihrer Erbauung zum Wahrzeichen für Turin. Das allein erklärt allerdings kaum, was Nietzsche dazu bewog, sich im Ausbruch des Wahns mit diesem Bau und seinem Architekten zu identifizieren. Was bedeutet es, wenn Nietzsche diesen Bau auf den Namen »Ecce homo« tauft, und weshalb erinnert ihn dieser Bau mit seinem Höhentrieb an nichts anderes als seinen »Zarathustra«? Welche Art von Architektur zwischen Vernunft und Wahnsinn repräsentiert die »Mole Antonelliana«, daß sie Nietzsche im Zusammenbruch als die gebaute Verkörperung seines ganzen Denkens aufleuchten kann?

Um diese Zusammenhänge verständlich zu machen, muß der Blick noch einmal auf die Baugeschichte und das Bauwerk selbst gelenkt werden. 1863 erhielt der Ingenieur und Architekt Alessandro Antonelli (1798–1888), der sich 1841 durch die, so Pevsner, »seltsame Kuppel von S. Gaudenzio in Novara«[715] einen Namen gemacht hatte, den Auftrag zum Bau der Synagoge von Turin, in dessen Gebäude auch Ämter, Schuleinrichtungen und ein Heim untergebracht werden sollten. Wie bereits einleitend erwähnt, geht der jüdischen Gemeinde das Geld aus, und die Stadt Turin übernimmt 1878 das Grundstück und den begonnenen Kuppelbau, um ihn zum »Museo del Risorgimento Italiano« weiter auszubauen. Aber auch diese Nutzung zerschlägt sich und der Architekt führt den Bau schließlich als reinen Aussichtsturm in immer neue Höhen. Die Baugeschichte ist eine undurchsichtige Anhäufung von Widersächlichkeiten und Unregelmäßigkeiten, und Antonelli stieß auf alle erdenklichen Schwierigkeiten. Als der unbeirrbare Baukünstler neunzigjährig am 18. Oktober 1888 starb, war sein Hauptwerk bis auf die Laterne der Turmspitze fertig und sein Sohn übernahm die Vollendung. Die gewaltige Kuppel mit dem völlig ungewöhnlichen Turmaufbau wurde zum höchsten in Mauerwerk ausgeführten Gebäude der Welt und ist als technische Sensation in die Architekturgeschichte eingegangen.[716]

---

[714] An Jacob Burckhardt in Basel, (Turin,) Am 6 Januar 1889, SB 8. 579.

[715] Nikolaus Pevsner/Hugh Honour/John Fleming: Lexikon der Weltarchitektur. 2. erw. Aufl., München 1987, 31.

[716] Bruno Zevi: Storia dell' Architettura Moderna, Turin 1950, 220, vergleicht Antonelli mit Joseph Paxton, dem Erbauer des Londoner Kristallpalastes von 1851, dem Gründungsbau der filigranen Eisen- und Glasarchitektur. – Die Mole ist seit ihrer Erbauung in zahllosen Veröffentlichungen erwähnt und als technisches Bauwerk behandelt worden. 1870 wurde die Mole in der Zeitschrift für bildenden Kunst, Leipzig 1870, 43 in einem Reisebericht von M. Lohde erstmals erwähnt. – Als Publikationen neuerer Zeit sind zu nennen: Franco Rosso: Catalogo critico dell'Archivio Allessandro Antonelli, Vol. I: I disegni per la Mole di Torino, Museo Civico di

Schon beim Bau der Kuppel, die Antonelli auf die Kirche San Gaudenzio in Novara von Pellegrino Tibaldi aufsetzte, zeigte sich sein ausgeprägter Höhentrieb. Die Turmspitze über der Kuppel wurde im Laufe der Bauzeit, die sich von 1841 bis 1878 hinzog, mehr als doppelt so hoch wie ursprünglich geplant ausgeführt. Auch hier weist der Turm die typischen teleskopartigen Auszüge auf, mit denen sich die Turmspitze im Wechsel von Säulenkränzen und Pilasterringen schachtelhalmartig in etlichen Stufen immer höher und höher emporreckt, bis schließlich die Laterne als eine wahrhaftige Nadel in den Himmel sticht. Daß Antonelli offenbar ein gewisses Faible für gewaltsame Zuspitzungen zu eigen gewesen sein muß, beweist auch das 1881 auf einem äußerst schlanken dreieckigen Tortengrundstück errichtete Wohnhaus an der via Guilia di Barolo, Ecke Corso S. Maurizio, das zur Hauptstraße nur eine Fassade von der Breite einer einzigen Fensterachse aufweist und in der Spitze nur einen Stein breit ist und aus dieser Perspektive eher einer Kulisse als einem wirklichen Wohnhaus gleichkommt. Die feinschmeckerischen Turiner haben dem dreigeschossigen ockerfarbenen Putzbau nach Art der piemontesischen Küche mit »la pezza di polenta« einen passenden Namen gegeben.[717]

Der Turm der »Mole« richtet seine Nadel wie eine Lanzenspitze gegen den Himmel, als wollte der Architekt den höheren Mächten, aber auch der Architektur selbst den Kampf ansagen. Antonelli setzte ein Laternenhaus auf die Kuppel, das mit übereinandergestellter Säulenordnung auf einer von Konsolen gehaltenen Plattform für das Auge eine höchst instabile Lage einnimmt, ähnlich den liegenden Skulpturen Michelangelos, die von ihrem Lager herunterzurutschen drohen. Aus dieser Palladio-Miniatur einer Laternenvilla, die als Aussichtshäuschen mit der Logik einer Villa Rotonda in alle vier Himmelsrichtungen einen Giebel aufweist, wächst in nicht endenwollender Sequenz eines Teleskopfernrohrs die Turmnadel heraus. In tollkühner Manier spießt sie architektonische Ordnungen übereinander auf, als gelte es, die derart vom Boden aufgesammelte klassische Typologie zum Luftbad triumphierend in die Höhe zu halten. Diese tollkühne Spitze fiel 1904 bei einem leichten Erdbeben herab. 1953 stürzte der ganze Kuppelturm bei einen Sturm in die Tiefe und schlug in das Bauwerk ein, in das man schon 1931 ein mächtiges Stahlbetongerippe als Stützkorsett eingezogen hatte.

Torino, Torino 1975; ders.: Allessandro Antonelli e la Mole di Torino, Torino 1977; ders.: Allessandro Antonelli 1798–1888, Torino 1989. – Roberto Gabetti: Allessandro Antonelli, Milano 1989. – Der Bezug zu Nietzsche ist dabei weitestgehend übersehen worden und hat, wenn, dann bisher nur oberflächliche Betrachtung erfahren. So auch bei: Fulvio Irace: Twilight of the Torinese Gods, in: The Architect. Journal of the Royal Institute of Architecture, 93.1986, 21–24, und Analecto Verrecchia: Zarathustras Ende. Die Katastrophe Nietzsches in Turin, Wien/Köln/Graz 1986. – Zur restaurierten Mole siehe Sebastian Redecke: La Mole Antonelliana. Das neue Filmmuseum in Turin, in: Bauwelt, 91. Jg., 2000, H. 35, 18–27.

[717] Vgl. Il secolo di Antonelli: Novara 1798–1888. A cura di Daniela Biancolini, Instituto Geographico de Agostini, Novara 1988, 122.

Nach der Florentiner Domkuppel von Brunelleschi von 1425, deren Konstruktionsprinzip auch für Antonelli vorbildhaft ist, war die Mole die spektakulärste Bauleistung auf italienischem Boden, und man kann den Bau selbst als eine vertikal komprimierte vom Erdboden aufsteigende Geschichte der Architektur lesen. Den Unterbau bestimmt die klassische Formensprache des römischen Tempels, die Kuppel selbst vertritt das Mittelalter und die aufsteigende Kurve erinnert lebhaft an die spätmittelalterliche Dachform der von Palladio umgebauten sogenannten Basilica in Vicenza. Darüber tritt Palladio selbst mit einer Kombination aus der Villa Rotonda und Cornaro in Erscheinung, und aus ihr heraus wächst das Einhorn der barocken Tradition, die in Turin mit den Bauten eines Guarino Guarini ein außerordentliches Maß an konstruktiver wie gestalterischer Eigenwilligkeit hervorgebracht hat. Als dessen moderner Erbverwalter und Fortsetzer begreift sich offenbar Antonelli, selbst noch im 18. Jahrhundert geboren, den Emil Kaufmann zu recht in diese Traditionslinie eingeordnet hat.[718] Theatralische Überspitzung ist insgesamt ein Merkmal des piemontesischen Barock, der nicht nur mit Pfeilervorlagen gleich bündelweise argumentierte, sondern, wie bei Guarini, sich auch an kühnster konstruktiver wie formaler Höhenwindungen im Kuppelbau erfreute. Was die Turiner Barockarchitektur zu höchsten theatralischen Scheinwirkungen kultivierte, realisierte Antonelli im wirklichen Sein. Er führt ein Bauwerk tatsächlich in jene schwindelnde Höhe, die der Barock mit perspektivischen Kunstgriffen als Illusion inszenierte. Höher hinaus konnte kein traditionell in Mauerwerk ausgeführter Bau. Erst der Eiffelturm zeigte, welche Richtung technisch eingeschlagen werden mußte, um tatsächlich an den Wolken zu kratzen.

Antonelli hatte der Menschheit das Höchste gegeben, was sie zu bauen vermochte und darin identifiziert sich Nietzsche mit ihm, der mit seinem »Zarathustra« der Menschheit mit der Gestalt des »Übermenschen« das höchste Geschenk gemacht zu haben glaubt, ist der Mensch doch hier über sich selbst hinausgewachsen und hat den Geist der Schwere von Religion und Moral hinter und unter sich gelassen. Die Überhöhung des Lebens wird im »Zarathustra« mit der luftigen Architektur von Stufen und Pfeilern dargestellt, in denen das Leben sich steigend selbst überwindet, weil es in »weite Fernen« blicken will, »hinaus nach seligen Schönheiten, – darum brauchte es Höhe!«[719]

---

[718] Emil Kaufmann: Architecture in the Age of Reason, Cambridge 1966, 143.

[719] Also sprach Zarathustra II, in KSA 4.130: »In die Höhe will es sich bauen mit Pfeilern und Stufen, das Leben selber: in weite Fernen will es blicken und hinaus nach seligen Schönheiten, — darum braucht es Höhe! Und weil es Höhe braucht, braucht es Stufen und Widerspruch der Stufen und Steigenden! Steigen will das Leben und steigend sich überwinden.« – Ebenda IV, KSA 4.351: »Ihr seid nur Brücken: mögen Höhere auf euch hinüber schreiten! Ihr bedeutet Stufen: so zürnt Dem nicht, der über euch hinweg in seine Höhe steigt!«

Wie gewinne ich Höhe und Distanz, wie Weite und Ewigkeit? Diese Fragen treiben den vom Willen zur Erhabenheit besessenen Zarathustra um, den es am Ende seiner langen und vergeblichen Wanderung, diesen Glauben in die Welt zu tragen, am weisesten dünkt, sich wieder auf die einsame Bergspitze zurückzuziehen, von der aus sein Herabsteigen, sein Weg als Erkennender und sein »Untergang« begann. Und man könnte hinzufügen: Nie war Zarathustra dem Großen Mittag näher als auf der Spitze der Mole Antonelliana, unmittelbar vor dem Absturz in die Dunkelheit.

So hoch zu steigen, wie kein Denker stieg, in die reine Eisluft der Alpen, war Nietzsches Ziel. Daß zur Höhe die Einsamkeit gehört, ist der Preis für den, der vom Gipfel herab den Blick in die Welt werfen will. Deshalb konnte es um Nietzsche auch nicht still und hoch und einsam genug sein. Deshalb konnte ihm auch das Steigen über immer neue Stufentreppen und weitere Bogengänge, welche die »Baukunst« des freien Geistes als Gedankengebäude ersann, nicht steil und hoch genug hinaus gehen, und deshalb wähnte Nietzsche, der das Glück als eine »breite und langsame Treppe« bezeichnet,[720] sich am Ende aller Treppen wohnend:

> »Wie hoch ich wohne? Niemals noch zählte ich, wenn ich stieg, die Treppen bis zu mir: wo alle Treppen aufhören, da beginnt mein Dach und Fach. (–) Man wird dich noch an den Haaren in deinen Himmel ziehn müssen!«[721]

Die Höhe gewährt gleichsam den »architektonischen Blick« auf die Welt. Was im Durchschreiten auf der Ebene als Nacheinander, also als in zeitliche Folge getrennt betrachtet und wie eine Melodie von Bildern wahrgenommen wird, erscheint in der Übersicht aus der Höhe als ruhiges Nebeneinander und Auseinander im Raum. Für einen philosophischen Spaziergang, wie ihn die Zeit um 1800 literarisch erkundet hat, gehörte die Turmbesteigung gerade deshalb zum Pflichtprogramm. Nietzsches Schlußfolgerung, daß die Welt nur als ein ästhetisches Phänomen zu begreifen sei, hat Karl Philipp Moritz schon vor 1800 an seine Betrachtungen über den Unterschied zwischen dem Durchwandern von Straßen und der Besteigung eines Turms geknüpft. Beim Durchgehen der Straßen muß das Gedächtnis nach und nach »die Vorstellung von der ganzen Stadt« zusammensetzen. In der Übersicht vom Turm erscheint dasjenige nebeneinander, was zuvor nacheinander gesehen wurde, und Moritz zieht hieraus den Schluß, der uns an uns selbst verzweifeln lassen könnte:

> »Wir sagen, eine Straße folget auf die andere; und dieser Ausdruck ist selbst ein Beweis von Täuschung, indem wir die Folge unsrer Vorstellungen von der Straße,

[720] Nachgelassene Fragmente. Herbst 1881, KSA 9.595: »Das Glück, breite und langsame Treppe« – Sommer 1888, KSA 13.573: »auf breiter langsamer Treppe zu seinem Glück steigen(.)«

[721] Nachgelassene Fragmente. Herbst 1883, KSA 10.499.

mit den Straßen selbst verwechseln. – Was wir die Folge der Dinge nennen, ist also vielleicht bloß die Folge unserer Vorstellungen von diesen Dingen. Aber die Folge in diesen Vorstellungen selber muß denn doch wohl wirklich seyn?«[722]

Das Verhältnis von Vorstellung und Wahrnehmung steht seit Kant im Mittelpunkt des Philosophierens. Zu Nietzsches Denkerglück gehört es, die »ganze ewig wachsende Welt von Schätzungen, Farben, Gewichten, Perspectiven, Stufenleitern, Bejahungen und Verneinungen«[723] durch Ein- und Aussichten zu bereichern und allen »Schaffenden« mit seinem Zarathustra, der es unternahm, einen neuen Himmel zu bauen, »den Regenbogen (...) und alle die Treppen des Übermenschen« zu zeigen.[724] Dazu war es notwendig, über alle Stufenleitern hinaus rücksichtslos gegen sich selbst und andere, gleichsam mit dem Höhentrieb eines Antonelli, hinauszubauen und darin »Härte« zu zeigen, »das eigentliche Abzeichen einer dionysischen Natur«:[725]

»Meine Härte.
Ich muss weg über hundert Stufen,
Ich muss empor und hör euch rufen:
›Hart bist du; Sind wir denn von Stein?‹ –
Ich muss weg über hundert Stufen,
Und Niemand möchte Stufe sein.«[726]

Die »Mole Antonelliana«, dieser Nietzscheanische Cyclopenbau der Moderne, der es auf geniale Art und Weise verstand, mit Bergen zu bauen und in nie dagewesene Höhen zu führen, war die passende Kanzel, von der Zarathustra predigen konnte, die weißen Gipfel der Alpen vor Augen, die moderne Zivilisation unter sich, um von dieser Mastspitze der Erkenntnis aus die »Schwermüthigen« das Leichte, und die Menschen das Fliegen zu lehren:

»Das ist aber meine Lehre: wer einst fliegen lernen will, der muss erst stehn und gehn und laufen und klettern und tanzen lernen: – man erfliegt das Fliegen nicht!
Mit Strickleitern lernte ich manches Fenster erklettern, mit hurtigen Beinen klomm ich auf hohe Masten: auf hohen Masten der Erkenntniss sitzen dünkte mich keine geringe Seligkeit, –

---

722 Karl Philipp Moritz: Gegenwart und Vergangenheit. Sonderbare Zweifel und Trostgründe eines hypochondrischen Metaphysikers, in: Schriften zur Ästhetik und Poetik. Kritische Ausgabe, Hrsg. von Hans Joachim Stumpf, Tübingen 1962, 58.

723 Die fröhliche Wissenschaft IV, Aphor. 301, KSA 3.540.

724 Also sprach Zarathustra. »Zarathustra's Vorrede« 9, KSA 4.26.

725 Ecce homo, »Also sprach Zarathustra« 8, in: KSA 6.349: »Der Imperativ ›werdet hart!‹, die unterste Gewissheit darüber, dass alle Schaffenden hart sind, ist das eigentliche Abzeichen einer dionysischen Natur.«

726 Die fröhliche Wissenschaft, »Scherz, List und Rache«. Vorspiel in deutschen Reimen 26, KSA 3.358.

– gleich kleinen Flammen flackern auf hohen Masten: ein kleines Licht zwar, aber doch ein grosser Trost für verschlagene Schiffer und Schiffbrüchige! –
Auf vielerlei Weg und Weise kam ich zu meiner Wahrheit; nicht auf Einer Leiter stieg ich zur Höhe, wo mein Auge in meine Ferne schweift.
Und ungern nur fragte ich stets nach Wegen, – das gieng mir immer wider den Geschmack! Lieber fragte und versuchte ich die Wege selber. (...)
›Das – ist nun mein Weg, – wo ist der eure?‹ so antwortete ich Denen, welche mich ›nach dem Wege‹ fragten. Den Weg nämlich – den giebt es nicht!«[727]

In der »Mole Antonelliana« spitzt sich die »Architektur der Erkennenden« zur »Architektur des Erkennenden« zu. Auf der Wanderung zu dieser Höhe wird der Weg immer schmaler, einsamer, immer instabiler und ungeordneter, wie es die Architektur mit ihrer labil scheinenden Überschachtelung bis ins Zittern der Nadelspitze hinein symbolisiert. Auf der Spitze ist – so deutet es jede Figur als ihr plastischer Schmuck an – nur noch Platz für einen Einzigen. Hier ist kein Raum mehr für Gespräche unter Erkennenden, sondern der Ort für den, der es wagt, allein bis zum Äußersten zu gehen. Daß der kranke Nietzsche in seinem Größenwahn dieses Bauwerk und seinen Architekten als Verkörperung seiner selbst betrachtet, ist von zwingender Logik. Auch daß er diesen Bau »Ecce homo« tauft und um ihn »im Geiste einen ungeheuren freien Raum herum« stellt, ist nicht minder plausibel. Als radikaler Architekt der tabula rasa stellt Nietzsche den Bau als das herausragende, heroisch-einsame Einzelwesen frei, das keiner unmittelbaren Berührung und Beziehung zur Umgebung bedarf und wie das Genueser Bauindividuum seine private Unendlichkeit zwischen sich und die anderen legt. So macht er die »Mole« zum Kultobjekt des Erhabenen und zum Denkmal seiner eigenen Selbstüberhebung.

Dieser Bau verkörpert wie »Ecce homo« eine Selbstbiographie; nicht nur in bezug auf die geschichtliche Genealogie der Architektur, sondern auch im biographischen Sinn von Nietzsches eigener »Genealogie der Moral«, die vom Pfarrerssohn über den Professor zum Freigeist jenseits aller Moral von Gut und Böse führt. Auch die Mole hatte ihren religiösen Ursprung der Bestimmung zum Sakralbau hinter sich gelassen, ebenso scheiterte an ihr die Moral von Gesellschaft und Staat, sich diesen Bau zu eigen zu machen, und zum Schluß spitzt sich die Mole nur noch auf den Einzelnen zu, um dem in die Höhe Steigenden als »Architektur des Erkennenden« aus einsamer Höhe eine neue Aussicht auf die Welt zu gewähren. Dazu gehörte es auch, wie Nietzsche seinen Standpunkt des Unzeitgemäßen 1888 einmal kennzeichnet, »so unmodern wie möglich auf die Moderne herunterzublicken.«[728] Die Welt, in der wir uns mit den moralischen Begriffe von Gut und Böse Halt zu verschaffen suchen, läßt Nietzsche in dem dionysischen Glauben, daß man es nur außer sich bei sich selbst aushalte, weit unter sich zurück. Der sich

[727] Also sprach Zarathustra III, Vom Geist der Schwere, KSA 4.244 f.
[728] An Georg Brandes in Kopenhagen, Nizza, 19. Februar 1888, SB 8.258.

im Wahnsinn selbst abhanden Gekommene sieht sich schließlich als Menschwerdung von Gott, Jesus und Dionysos, in wechselnden Tagesrollen.

Nachdem der dritte Teil des »Zarathustra« erschienen war, schrieb Nietzsche Anfang Mai 1884 aus Venedig an Malwida von Meysenbug in Rom: »(...) und jetzt, nachdem ich mir diese Vorhalle meiner Philosophie gebaut habe, muß ich die Hand wieder anlegen und nicht müde werden, bis der Haupt-Bau fertig vor mir steht.«[729] Schon 1870, nach dem ersten Vortrag über das griechische Musikdrama, hatte Cosima Wagner Nietzsche den unbedingten Rat erteilt:

> »(...) machen Sie aus ihrem Vortrag ein Buch; (...) und da Ihr Fundament so sicher und tief liegt, welche Freude werden sie an der Ausführung des Baues (haben,) dessen äusserste Spitze Sie gleich dem Erbauer der gothischen Wunderwerke so hoch und kühn treiben können als Sie nur wollen.«[730]

In Turin steht dem Wahnsinnigen das eigene Wunderwerk als architektonisches Abbild seines Höhenrausches vor Augen, und er wird zu Antonelli selbst, dessen tollkühne Mole die Schwindelfreiheit auf die härteste Probe stellt. Diesen Zumutungen des dionysischen Taumels will uns Nietzsche auf der Höhe des Denkens aussetzen, das den festen Boden mit der Empfehlung hinter sich läßt:

> »Ich bin eine Stütze und ein Geländer am Strom – fasse mich wer mich fassen kann! Eine Krücke bin ich nicht(.)«[731]

---

[729] An Malwida von Meysenbug in Rom (Entwurf) (Venedig, Mai 1884), SB 6.499.

[730] Cosima von Bülow an Nietzsche in Basel, (Tribschen,) 5. Februar 1870, in: NB II.2, 139.

[731] Nachgelassene Fragmente. November 1882 – Februar 1883, KSA 10.14.

Mole Antonelliana, Turin.

Abkürzungen und Auswahlbibliographie

KSA = Friedrich Nietzsche. Sämtliche Werke. Kritische Studienausgabe in 15 Bänden. Herausgegeben von Giorgio Colli und Mazzino Montinari, München/Berlin/New York 1980

NB = Nietzsche Briefwechsel. Kritische Gesamtausgabe. Herausgegeben von Giorgio Colli und Mazzino Montinari. Briefe an Friedrich Nietzsche, Berlin/New York 1977.

SB = Friedrich Nietzsche. Sämtliche Briefe. Kritische Studienausgabe in 8 Bänden. Herausgegeben von Giorgio Colli und Mazzino Montinari, München/Berlin/New York 1986.

Günter Abel: Logik und Ästhetik, in: Nietzsche Studien, Band 16, Berlin/New York 1987, 112–148

Günter Abel: Nietzsche. Die Dynamik der Willen zur Macht und die ewige Wiederkehr, 2. Aufl., Berlin/New York 1998

Luca Crescenci: Verzeichnis der von Nietzsche aus der Universitätsbibliothek in Basel entliehenen Bücher (1869–1879), in: Nietzsche Studien, Bd. 23, Berlin/New York 1994, 388–442

Sander L. Gilman, Hrsg.: Begegnungen mit Nietzsche, Bonn 1981

David Marc Hoffmann, Hrsg.: Nietzsche und die Schweiz, Zürich 1994

Franz-Peter Hudek: Die Tyrannei der Musik. Nietzsches Wertung des Wagnerischen Musikdramas, Würzburg 1989

Curt Paul Janz: Friedrich Nietzsche Biographie, 3 Bände, München/Wien 1978

Alexandre Kostka und Irving Wohlfahrt, Hrsg.: Nietzsche and »An Architecture of Our Minds«, Los Angeles 1999 (Issues & Debates, The Getty Research Institute for the History of Art and the Humanities)

Frank Krummel: Nietzsche und der deutsche Geist, 3 Bände, Berlin/New York 1998

Theo Meyer: Nietzsche und die Kunst, Tübingen/Basel 1993

Johannes Mittenzwei: Das Musikalische in der Literatur. Ein Überblick von Gottfried von Straßburg bis Brecht, Halle 1962

Paul Moos: Die Philosophie der Musik. Von Kant bis Eduard von Hartmann. Ein Jahrhundert deutscher Geistesarbeit, 1901; 2. erg. Aufl. Stuttgart/Berlin/Leipzig 1922

Friedrich Nietzsche. Chronik in Bildern und Texten. Im Auftrag der Stiftung Weimarer Klassik zusammengestellt von Raymond J. Benders und Stefan Oettermann unter Mitarbeit von Hauke Reich und Sibylle Spiegel, München/Wien 2000

Max Oehler: Nietzsches Bibliothek, Vierzehnte Jahresgabe der Gesellschaft der Freunde des Nietzsche Archivs, Weimar 1942

Henning Ottmann, Hrsg.: Nietzsche-Handbuch. Leben-Werk-Wirkung, Stuttgart/Weimar 2000

Rüdiger Safranski: Nietzsche. Biographie seines Denkens, München/Wien 2000

Anacleto Verecchia: Zarathustras Ende. Die Katastrophe Nietzsches in Turin, Wien/Köln/Graz 1986

Vivetta Vivarelli: ›Vorschule des Sehens‹ und ›stilisierte Natur‹ in der »Morgenröthe« und der »Fröhlichen Wissenschaft,« in: Nietzsche-Studien, Bd. 20, Berlin, New York 1991, 134–151.

Julius Zeitler: Nietzsches Ästhetik, Leipzig 1900

Bildnachweise

Seite 13
Mole Antonelliana, Turin. (Foto vom Verf.)

Seite 14
Gottfried Semper. Ausschnitt aus dem Gruppenportrait vom »III. Curs der Bauschule« am Eidg. Polytechnikum Zürich 1870 (Institut für Geschichte und Theorie der Architektur (gta), ETH Zürich).
Nietzsche mit Bowler-Hut, von unbekannt, Herbst 1871 (Foto: Stiftung Weimarer Klassik, GSA 101/12).
Richard Wagner. Foto von Jules Bonnet. Tribschen, 1867 (Vorlage aus dem Nationalarchiv der Richard-Wagner-Stiftung Bayreuth).

Seite 32
Gottfried Semper: Wagner-Festspielhaus für München, Schaubild (Institut für Geschichte und Theorie der Architektur (gta), ETH Zürich).

Seite 34
Griechisches Vasengemälde nach Stackelberg, in Gottfried Semper: Der Stil in den technischen und tektonischen Künsten, Bd. II.

Seite 56
Richard Wagners Villa in Tribschen bei Luzern am Vierwaldstättersee (Foto: Stiftung Weimarer Klassik, GSA 101/615).
Die alte Universitätsbibliothek in Basel, Augustinergasse 2 (Foto: Staatsarchiv Basel-Stadt).
Die Urhütte. Frontispiz zu Marc-Antoine Laugiers: Essai sur l'architecture, 2. Aufl. Paris 1755.
Römisches Columbarium. Stich von Francesco Bianchini, Verona 1727.

Seite 78
Olympia, Zeus Tempel (Ausgrabungen zu Olympia, Bd. I, 1875–1876, Berlin [o. J.]).
Ephesos, Jüngeres Artemision (Rekonstruktion von Fritz Krischen: Die griechische Stadt, Berlin 1938).

Seite 92
Die architektonische Macht der Musik, dargestellt im Frontispiz zur englischen Ausgabe von Claude Perrault: A Treatise of the Five Orders of Columns in Architecture, London 1708.
Bayreuther Festspielhaus, Ansicht von Südwesten, Ende des 19. Jahrhunderts (Foto: Bayreuther Festspiele GmbH, Bildarchiv).

Seite 114
Modell des geplanten Richard-Wagner-Festspielhauses in München. Hermann Dürr, 1926/27, nach dem Originalmodell Gottfried Sempers von 1866 (Foto: Bayr. Verw. d. staatl. Schlösser, Gärten und Seen, München; Ludwig-II.-Museum, Herrenchiemsee).
Semper-Oper Dresden, Ende 19. Jahrhundert (Bildarchiv Foto Marburg).

Seite 134
Semper-Oper Dresden. Dionysos mit Ariadne auf Panthergespann (Sächsische Landesbibliothek. SLUB/Deutsche Fotothek. Fotograf Möbius).

Seite 136
Giovanni Battista Piranesi: Tempel des Bacchus, heute S. Urbano, aus den Vedute di Roma.

Seite 158

Der Atlant vom Olympeion in Agrigent, wiederaufgerichtet (Frontispiz aus C(harles) R(obert) Cockerell u. a.: Antiquities of Athens and other places in Greece, Sicily ... Supplement to the Antiquities of Athens. The Temple of Jupiter Olympius at Agrigentum, London 1830).

Seite 177

Genua mit Teilansicht der Villa Doria (Stahlstich von Payne, um 1860).

Seite 178

Giovanni Battista Piranesi: Fundamente des Hadrian-Mausoleums (Le Antichità Romane IV, Rom 1756).

Steine in der Fassade des Palazzo Pitti, Florenz (Foto vom Verf.).

Seite 188

Gimmelwald, Hotel Schilthorn im Berner Oberland. Postkarte aus Nietzsches eigener Sammlung (Foto: Stiftung Weimarer Klassik, GSA 101/530).

Villa Borghese in Rom. Stich von Simon Felice (Gio Battista Falda: Li Giardini di Roma..., Rom o. J.).

Seite 210

Palazzo Pitti, Fassade (Foto vom Verf.).

Palazzo Pitti, Fassade zum Hof (Foto vom Verf.).

Seite 230

Karl Friedrich Schinkel: Ansicht der oberen Treppenhalle des Museums am Lustgarten, aus der Sammlung architektonischer Entwürfe.

Ephesos, Jüngeres Artemision (Rekonstruktion von Fritz Krischen: Die griechische Stadt, Berlin 1938).

Seite 253

Mole Antonelliana, Turin (Foto: Daniele Regis, The Journal of Royal Architecture, 83. 1986).